心靈之眼的旅程

萊斯蕾・布蘭琪——著
廖婉如——譯

Journey Into the Mind's Eye

Lesley Blanch

每個人身上天生帶有鴉片

——波特萊爾

目次

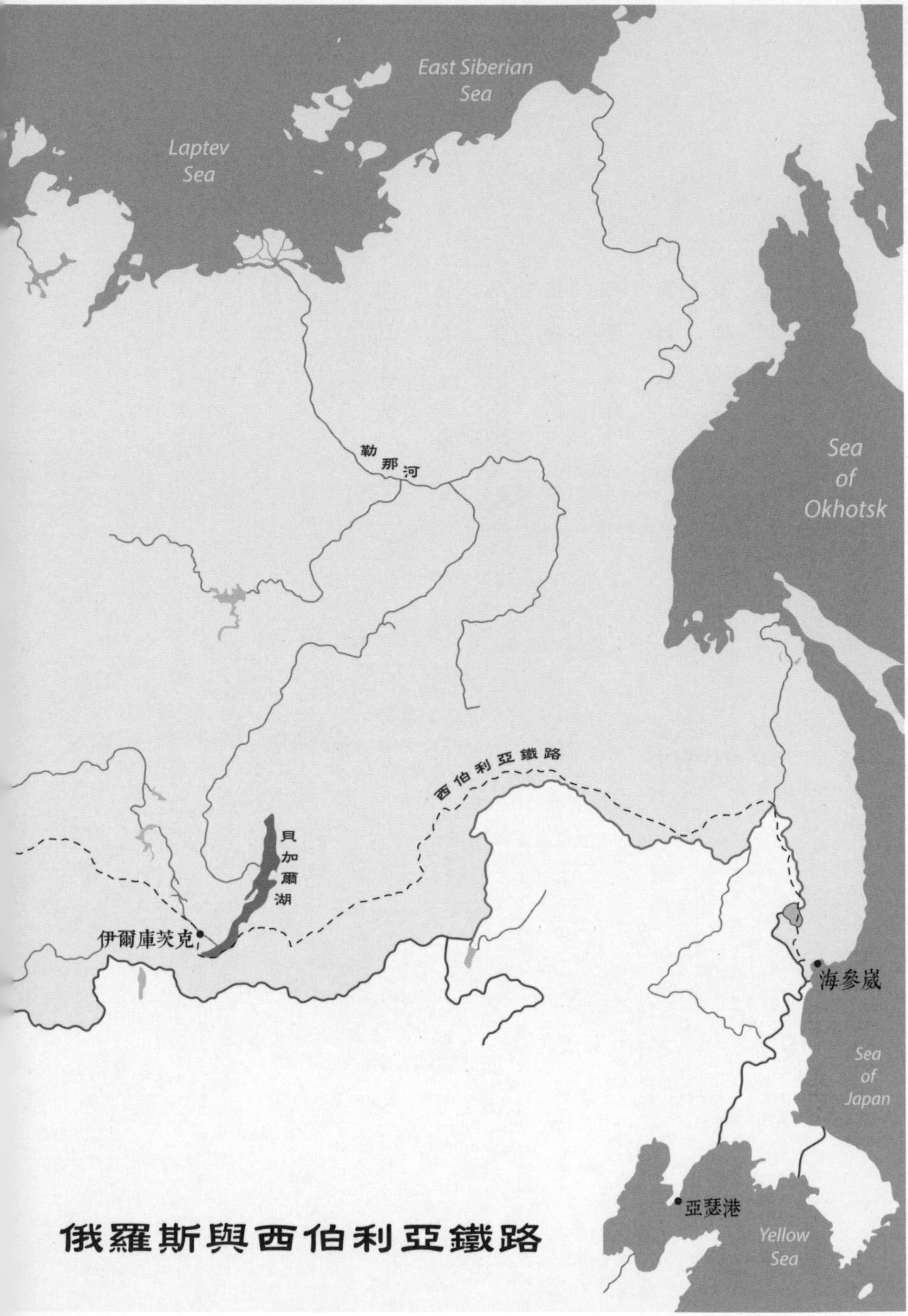
East Siberian Sea
Laptev Sea
Sea of Okhotsk
勒那河
西伯利亞鐵路
貝加爾湖
伊爾庫茨克
海參崴
Sea of Japan
亞瑟港
Yellow Sea

俄羅斯與西伯利亞鐵路

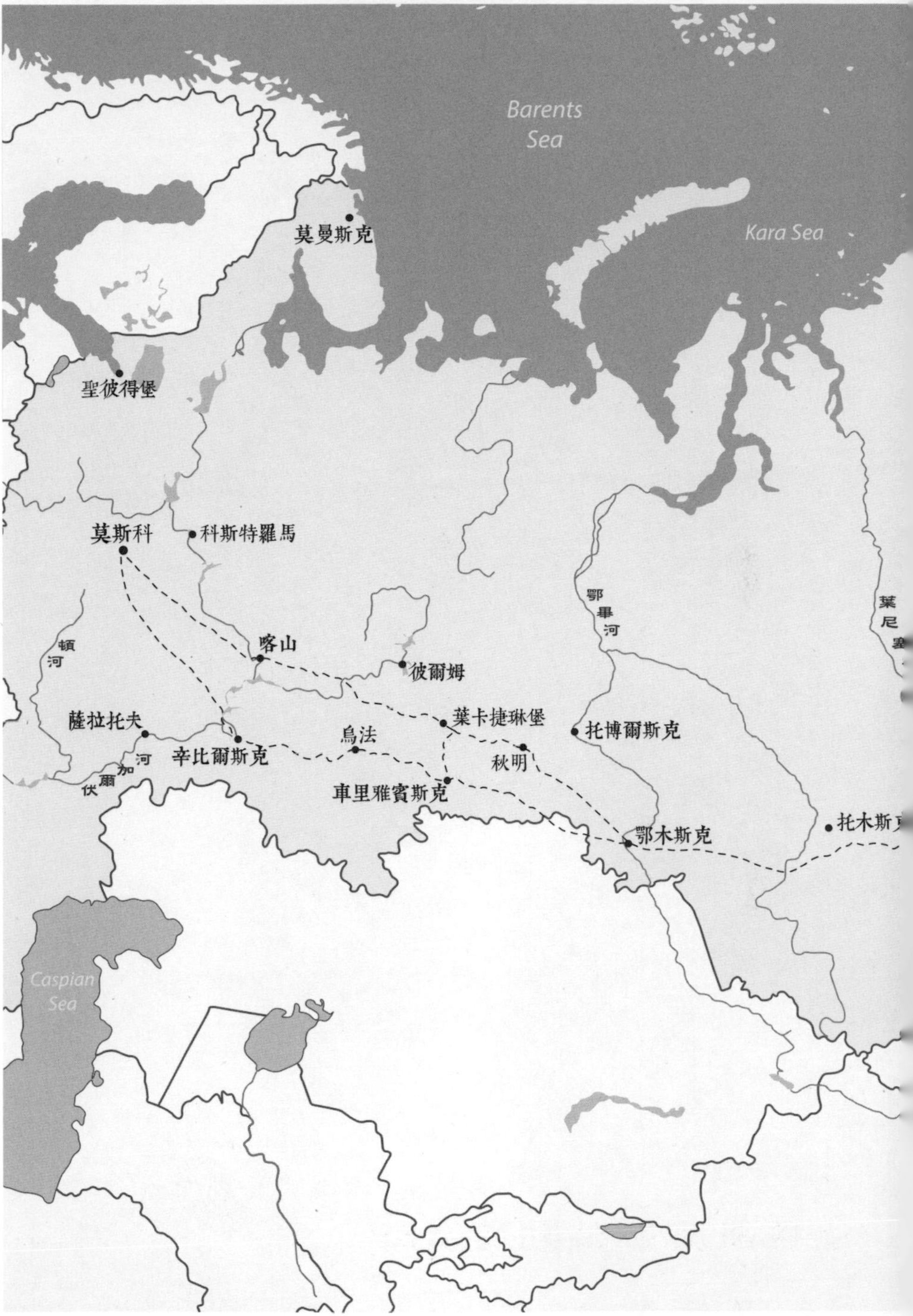

Barents Sea
Kara Sea
莫曼斯克
聖彼得堡
莫斯科
科斯特羅馬
頓河
喀山
彼爾姆
鄂畢河
葉尼塞
薩拉托夫
辛比爾斯克
烏法
葉卡捷琳堡
托博爾斯克
秋明
伏爾加河
車里雅賓斯克
鄂木斯克
托木斯克
Caspian Sea

第一部

旅人

那寂寞旅人是誰？
逐著月光飛奔我門前。
駕著馬車奔越大草原，
駿馬跟上森林裡的風。
北風襲人，
南風留人，
來到我門前的寂寞旅人是誰？
——不再寂寞。

西伯利亞歌謠——外貝加爾地區

第一章

在我四歲大時，俄羅斯的一雙大手攫住我。那雙手從未鬆開過。我心之所愛、感官的滿足和心靈的國度全都在那裡。這本書談的是我的執迷。維儂．李[1]在《多情的旅人》（*The Sentimental Traveller*）文集描寫她對義大利一往情深：「我們一生中會在某些時刻具有祝聖的神祕天賦，唉，最常是在童年時，我們潛心浸淫某事物，使得它卓然不同，永遠至高至聖。」於是義大利在她眼裡至高至聖，就像俄羅斯之於我。

~

旅人坐進搖椅歇息。皮草襯裡的大氅被壓褶出粗拙皺痕，像一口箱子框著他，幾條圍巾交纏在他下巴下。他皮膚緊繃的中國人黃面孔，映著幼兒房內的火光發紅燦亮，我們一起在那火上烤滴淌油汁的牛肉。即便這種會讓身子暖和起來的活動，他也無意脫下外套。

「你待會兒出門會冷死。」我的奶媽總這麼說。

「待過西伯利亞就不會。」**旅人**總這麼回答，例行的拌嘴。

他去過的地方當中，他的家鄉俄羅斯最令我神往。他來自莫斯科，「莫斯科佬」，他說，後來我知道他有韃靼人血統，大帳汗國或蒙古族在他奇特的外貌留下錯不了的印記。斜挑的黑眸，尖尖的耳朵，中國式的禿頂，經常是淡漠的臉孔偶爾會微微掠過的一抹殘酷笑容——莫不述說著亞洲，述說著金帳汗國，以及無邊無際的中亞；精神上他徜徉其中，事實上也是如此。

每當他到歐洲來，就會造訪我們，進到我的幼兒房來，坐在壁火旁，巨大的影子如老鷹展翅——在我眼中就像俄羅斯雙頭鷹——投映在薔薇色壁紙上。他會突如其來用一種古怪動作聳起肩做個手勢，將纖長手指往後扳得喀喀響，一根小拇指的指甲長得驚人。他用各個國家、城市、民族與事蹟編織出令人驚奇的羅網，為我召喚出一個璀璨閃亮的世界。如何在中亞湖泊釣巨蛇、為何石榴（當時我甚至沒看過石榴）據說帶有伊甸園的種子……韃靼人馬麥[2]坐在皮草內襯的織錦帳篷內吃的食物、波蘭吹號手（Trumpeter of Krakow）、馴鹿不為人知的生活。他祖母在烏克蘭的大宅，入口大廳的地板以正方形的藍螢石和水蒼玉鋪得像棋盤；他在我這般年紀時，會和兩個年邁的侏儒在棋盤地板上跳格子，而他曾祖母當家時這兩個侏儒就在屋子裡當差，始終蹦蹦跳跳上下樓梯傳口信，或為菸不離手的老夫人準備帶有特殊紫羅蘭香氣的香菸。

或者他會說起土撥鼠巴托（Tarbagan Bator）——蒙古傳說中的土撥鼠英雄，我最愛的人物之一——在開天闢地之初射下十二個當中數個高掛大空的烈日，「這勇敢的小土撥鼠用弓箭射下太陽，」**旅人**說，「這就是蒙古人至今不用弓箭射土撥鼠的原因。」

「所以妳瞧，不管是內蒙古或外蒙古，槍枝很少見，那裡的土撥鼠過得很快活。」他令人寬心地補了這一句，眼見在家有「黑美人」外號的我臉垮了下來。這每每預告著難以收場的嚎啕大哭就

1 Vernon Lee，本名Violet Paget，1856-1935，英國作家，以志異小說為人所知，著有許多評論藝術、音樂、旅行的文章。

2 Mamai，1335-1382，藍帳汗國及金帳汗國的軍事強人。

要爆發，一旦有人提起動物受虐如安娜．史威爾（Anna Sewell）筆下的同名故事[3]，或〈再會了，阿拉伯駿馬〉這首詩，或木訥的動物的任何不幸遭遇，皆是如此。

除了他經常心不在焉地撥弄的一串琥珀念珠，**旅人**還隨身帶著一根短小的瑪瑙湯匙。「吃魚子用的，」他說，「用湯匙舀來吃美味多了。」在我家餐桌上他從沒遇過這款珍饈，除非他自己帶來，而他有時會這麼做，慷慨帶著一磅顆顆肥大的灰色歐鰉魚魚子突然現身。「魚子醬。」廚師這麼稱呼它，聞起來很可疑。但我打從一開始就愛上了它。

有時他會跟我說童話故事——俄羅斯傳說，譬如英勇的伊亞．摩拉梅茲（Ilya Mourametz），或是為主人招來好運的駝背小馬（Konyiok Gorbunok）；或是被鏈綁在樹幹的神奇貓，向右轉圈圈會吟詩，向左轉圈圈會說童話……最棒的是，他會說起橫越半個世界、世上最奢華壯麗、跨越西伯利亞的大火車。

當時我深深著迷，到了今天，過了大半輩子之後，那魔咒仍在。他告訴我那火車的歷史，它的起源（最初似乎是一位名為杜爾先生〔Mr. Dull〕的英國人提議的）；沙皇說：「造一條鐵路！」於是就有了這條鐵路。他告訴我鐵路全長五千英里（加拿大太平洋鐵路是三千英里），描述火車的富麗堂皇：擺設黃銅床架而不是臥鋪，有圖書室、熱水浴，還有大鋼琴可消磨時間。從莫斯科到伊爾庫茨克——勉強可說是前往海參崴的中點，差不多要走上一星期。他談到大火車的滄桑血淚史；談到囚車，在中途小站掛上車尾的鐵柵欄卡車斗，可聽見一列列戴手銬腳鐐的可憐人，鏈鎖噹啷作響，沉甸甸的鐵具通常鏈著五磅重的木桿，他們唱著流放者的乞憐歌（the Miloserdnaya），一種哀淒絕望的喪曲。

「他們怎麼學會的？」我問，他的臉色大變。另一張面具，純然的憎惡，瞬間接替了那張亞洲臉孔上慣常的淡漠。

「徒步走有時要花上一年的時間才會抵達秋明（Tiumen），甚至走不到一半，」他說，「一小時走兩英里，戴著腳鐐一天走二十英里算是快的，他們有大把時間學唱乞憐歌，也有大把時間學著吃苦受罪、走上絕路。」他說，聳聳肩。「人生會教你很多事。」這是他最愛的名言之一。然後他把自己猛地從西伯利亞拉回倫敦，突然變得專橫。「多倒點茶！」他命令，我趕忙去取茶壺。

他向來堅持以俄羅斯的方式用玻璃杯喝茶。他喜歡把一匙的櫻桃醬放在茶碟上的茶杯旁。有時候他會學鄉下人把一塊方糖咬在齒間，隔著方糖大聲吸入一口茶。方糖在鄉下人眼裡是莫大的奢侈，可不能讓它過早溶解。**旅人**喝茶的方式也很奇怪。他從不用手端起玻璃杯，而是讓杯子留在桌上，低下頭以口就杯，很像駱駝飲水，邊喝還邊用他閃著淘氣光芒的小眼睛打量房間。那麼小的眼珠子如果還可以骨碌碌轉動的話，它們倒是心醉神迷地轉著。他尤其喜歡我母親買來的中國茶，而且強烈贊成她讓小娃兒喝中國茶。他甚至稱讚她給了我一只漂亮的舊伍斯特（Worcester）茶杯當我的專屬茶杯。

「我在妳這個年紀時，用帖木兒的翠玉杯喝茶。」他說，我深信不疑。

我多麼喜歡他！多麼喜歡他說的故事，以及他召喚來的西伯利亞列車轟隆隆響徹整個屋子。火車上有個小禮拜堂，他說，小禮拜堂由蠟燭點亮又掛滿聖像，長髮蓄鬍的東正教教士將信眾聚集在

3 指《神駒黑美人》。

鍍金的聖幛前禱告，並隨著蜿蜒駛過大草原的大火車頭搖擺。虔誠氛圍充盈整列火車。那是對國家的愛。當火車喀嚓喀嚓駛過橫跨窩瓦河（Volga）上的橋，男士們會起身脫帽向母親河窩瓦河致敬。

我牢記在心。每星期三和星期六，西伯利亞火車從莫斯科發車，往東走過七天路程來到伊爾庫茨克，繼而再深入西伯利亞心臟，穿越外貝加爾地區，沿著蒙古大草原和黃沙滾滾的戈壁沙漠邊緣徐徐移動。一條支線通往外蒙古，另一條支線沿著黑龍江通往有大批盜匪出沒的滿洲地區，最終在十天後抵達海參崴——俄羅斯在日本海攸關存亡的出口。還有一條延伸的鐵路通往紫禁城。

「城門塗著猩紅亮漆，有一百五十呎高，上面插著罪犯的人頭。」**旅人**說，用一隻大手剝開烤牛肉。

～

對我來說，一切都不同了。我愛上了**旅人**的旅行。漸漸地，我著迷於某個地平線，著迷於能帶我到那裡的火車；著迷於透過黃色蒙古面孔上一雙斜挑的機敏小眼，看見傳說中的火車頭和想像中的地景。那些亞洲荒原成了我熱烈渴欲的私密景致，在似睡似醒之間掠過我眼前；我無法揣摩的一個地域，卻深深癡迷，不可自拔，直到它成了一種挑戰，也是一種撤退。它成了我可以隱遁其中的另一個向度，逃離我溫馴、又抽離遊走其中的日常空間。打從一開始，**旅人**就懂我的亞洲癡狂，每次他來看我，總會帶給我從那些地景來的某樣東西。一大塊孔雀石，或哈薩克狐皮帽（聞起來有股惡臭）。一回他帶蒙古頭目的軍旗來，旗上垂掛著數條馬尾。我欣喜若狂。

「危險的髒東西！」奶媽說，把它拿得遠遠的，隨後扔進傘架裡。「他為什麼不帶穿民族服飾的娃娃來呢？那麼妳現在就有可觀的收藏了。」

但**旅人**可懂了。

沒錯，我懇求他帶一隻薩摩耶犬或至少一對法老老鼠來，他充耳不聞。法老老鼠是在西伯利亞成群出沒的古怪小傢伙，某種草原犬鼠，每當大火車隆隆駛過，牠們就會從地洞出來，充滿驚奇與興味蹲坐著觀看。他帶孔雀石給我當作補償，我把它放進金魚缸內，這魚缸在我心目中成了迷你貝加爾湖。在湖深處潛行的紫色綠色彩蝦，也是我心心念念想要的，只是關係到活體動物，**旅人**無法爽快答應。但我安慰自己說，我的朋友當中，沒有人可以拿蒙古頭目的馬尾旗來吹噓。我想，我認識的人當中也沒有人知道如何按**旅人**建議的方式拿一大盤布丁供奉杜莫伊（Domovoi）。

他說，杜莫伊是俄羅斯民間傳說裡模樣像小矮人的地精，自命為家的守護靈，不容易取悅，喜歡人們用布丁討好他。他肯定在我家某處，深知我多麼為俄羅斯著迷。杜莫伊不容漠視，否則會招來厄運。按傳統習俗，供奉杜莫伊的食物應該擺放在前門旁，一回，我父親被盛著烤羔羊肉、菠菜和薯泥的托盤絆倒，之後我家便不再供奉杜莫伊（我看不出理由何在）。後來我只在幼兒房的門邊擺供品，這些供品大部分被貓吃掉了。

漸漸地，搭乘西伯利亞火車旅行成了一種執念。但要如何實現？當時我的旅行經驗只在特定範圍內：全家到蘇塞克斯丘陵地（Sussex downs）或康沃爾（Cornish）海灘度假（泡過冰涼的海水浴後吃薑餅，夾帶幾條海草的海灘鞋擱在窗沿上晾乾）。但我從旅遊書和只要翻翻書頁便可盡情探索的一整個世界得到慰藉。在玩具櫃改裝的書櫥最上層，我一本正經貼上了「西伯利亞」標示，等著贈書到來。我很小就學會閱讀，到了七歲時，落到我手中的書我都會讀。我父親相信孩子可以在任何年紀讀任何讀物，當他無所顧忌地給了我一本杜斯妥也夫斯基的《死屋手記》，我母親認為朱爾．凡爾納（Jules Verne）的《沙皇密使》（*Michel Strogoff*）會比較合適，對此，我父親答說，他認定我吃力地讀完杜斯妥也夫斯基的苦難後，我對西伯利亞的狂熱會永遠被澆熄。我母親送的是薩米耶．德梅斯特（Xavier de Maistre）的《西伯利亞少女》（*La Jeune Sibérienne*），希望藉此精進我的法文，姑媽艾瑟爾給我阿希．德溫特（Harry de Windt）跨越西伯利亞北極圈，探訪流放地和政治犯的駭人描述。但我的熱情有增無減。

在擺滿了「玫瑰叢書」[4]、內斯比特[5]的作品及《柳林中的風聲》[6]的書架上方，我沾沾自喜自認我的西伯利亞藏書看起來格外令人驚艷。在地域跨度上自視甚高的這個毛病，我從未根除。不久，我得到很奇特的一套書，普里什文[7]著的《俄羅斯自然史》（*Russian Natural History*）。**旅人**得知我的藏書櫃開張，寄來阿特金森[8]的經典《黑龍江上游及下游流域紀行》（*Travels in the Regions of the Upper and Lower Amoor*），書裡附有十九世紀初最浪漫的插圖，畫著貝加爾湖岸的花崗岩懸崖峭壁、韃靼騎手和吉爾吉斯騎手以及有槽紋屋頂的佛寺。扉頁上他以龍飛鳳舞的字跡題寫著：「獻給妳的黑色書櫃」。

「西伯利亞！妳就等著生凍瘡吧，西伯利亞！」奶媽說，當我嘀咕著說要在倫敦的泥濘雪地外出時。我要磨練自己，為前往鄂木斯克（Omsk）和托木斯克（Tomsk）（後來我用這兩個城名為我兩隻小貓取名）以及西伯利亞鐵路沿線一些聽起來天寒地凍的神祕地方旅行做準備。上烏金斯克（Verkhne-Udinsk）、赤塔（Chita）和差勒戈爾（Chailor Gol），都是會颳起亞洲暴風雪的城鎮。儘管如此，奶媽還是理解我的奇特愛好，隔年聖誕節送我一套馬斯登[9]所著，裝幀華麗的《乘雪橇和馬匹走訪流放西伯利亞的痲瘋病人》（*On Sledge and Horse-back to the Outcast Siberian Lepers*）（她從波多貝洛〔Portobello〕路旁的手推車偶然買到的），一八九二年紐約出版。

「她肯定會從搖椅摔下來，」廚娘說，當我念給她聽更聳動的段落時。此外，她固執地不肯做「pelmeni」，一種俄羅斯餃子，著名的韃靼菜餚，**旅人**給了我那餃子的做法。

「西伯利亞主食，」他說，「很粗俗，但很容易飽。」他還說那種餃子可不容易做。

「應該是吧，」廚娘有心機地說，一面在烤肉上塗抹油脂，滿面的紅光洋溢著專業的自滿。

當我醉心於成吉思汗的騎兵隊為了隨時策馬機動突襲，習慣把裝滿肉乾的一只羊肚袋和另一只

4 Bibliothèque rose，一部特別為少女編的法文叢書，於一八五六年開始發行，此後一直修訂或增訂，直到現在。

5 Edith Nesbit，1858-1924，英國小說作家和詩人，在兒童文學的出版上使用內斯比特（E. Nesbit）為名，其最著名的文學作品為曾經改編成電影《沙仙活地魔》的奇幻魔法故事系列：《五個孩子和一個怪物》、《五個孩子和鳳凰與魔毯》、《五個孩子和一個護身符》三部曲。

6 *The Wind in the Willows*，英國小說家肯尼思．葛拉罕姆（Kenneth Grahame）的代表作，也是經典的兒童文學作品，出版於一九〇八年。

7 Mikhail Mikhailovich Prishvin，1873-1954，蘇聯作家。以創作描寫自然環境和風土人情的散文著稱，也創作許多膾炙人口的兒童故事。

8 Thomas Witlam Atkinson，1799-1861，英國皇家地理學會會員。一八五三年，阿特金森進入黑龍江流域考察，記錄了黑龍江河口、中下游的植被、河道、動物、禽鳥、貿易、居民等內容。回國後，阿特金森完成兩部考察著作，一是《東、西西伯利亞》；另一是《黑龍江上游和下游以及俄國所占的印度和中國區域行紀》。

9 Kate Marsden，1859-1931，一位熱忱奉獻的英國護士，該書記述一八九三年她前往西伯利亞偏遠地區，在痲瘋病人隔離區工作的經歷。

盛奶粉的囊袋掛在馬鞍下，廚娘也沒有比較配合。

「其實那跟帶著雜碎羊肚包[10]差不多。」我苦苦哀求，但她硬是不肯給我羊肚。我打算把它綁在我的三輪腳踏車，一有機會，就狂踩踏板一路騎到亞洲。

~

我七歲生日那天辦了一場派對。「七——神奇數字，亞洲各地的魔幻數字。」**旅人**裝腔作勢地說。切蛋糕的歡樂，在他談起托木斯克的姪女蘇菲卡．安德列耶芙娜如何過生日後，蒙上了陰霾。她總會收到西伯利亞傳統的生日鱘魚：一尾六呎長的巨魚，冷凍得硬邦邦的，綁著蝴蝶結。魚肚裡的魚子取出後，會填進特殊辛香草，盛在大鐵盤裡烹煮。「大得像棺木。」**旅人**說。瞬時所有果醬三明治和閃電泡芙都有如塵土。我想要一條西伯利亞鱘魚。

鱘魚出現的機率不比羊肚袋高，但**旅人**總是知道如何安慰我、激起我的好奇。一兩個星期後，我出疹子，被診斷為麻疹，他很有同情心，但也輕率，完全不理會可能感染和應該隔離的好言相勸。「我得過麻疹，才不信散播病菌那些鬼話，真是那樣，我早就把每一種亞洲瘟疫帶到這屋裡來了。」他說。所有反對都沒用。他在我床邊坐定，開始滔滔不絕說著最讓人忘憂的故事，談到他在我這個年紀時也得了麻疹，於是被送到烏拉山的巴什基爾人（Bashkir）營地，喝馬奶酒（Koumiss）治療。「假裝它是馬奶酒。」他會這麼說，見我別過臉去不想喝一碗看起來難以下嚥的盎格魯撒克遜湯糊。

但我的高燒不退反增，即便他說要是我在莫斯科得麻疹，他同樣會去把靈驗的伊比利亞聖母像請來。最神聖的聖像安放在紅場旁的伊比利亞聖母禮拜堂（Iverskaya chapel）；至尊的聖母聖像連同她專屬的坐轎，會到城裡出巡。穿制服的抬轎侍從為了表示尊敬，就算遇上暴風雪也不戴帽，他們把聖座抬到病人或垂死者床側，或為某個家族喜慶賜福。倘若聖母行程太多，信眾就會收到「蒙福的聖母御體疲累，今日不克前往」的老套答覆。

「一當聖母被抬上樓梯，妳就會停止出疹子，」他說，並用手在胸前畫了個十字。「但即便如此，疹斑還是會持續一陣子……不過我明天還是會特地帶一幅小聖像給妳，所以妳不用太難過，小花臉。」他說，把我和疹子等等一切擁入懷中。

他很早便進入我的生活，我幾乎想不起有任何時候我的生活不隨他打轉，想不起有任何時候我不對俄羅斯的一切癡迷。當時，彷彿要讓我童年的執迷成定局，我命中注定似地巧遇俄羅斯大公……

我執筆之際，現今的奇斯威克宮（Chiswick House）（當時是柏林頓府〔Burlington House〕）的帕拉第奧式優美建築[11]，是一座奢華的瘋人院，住著一小群家財萬貫的不幸者。院長是一位傑出的精神病學家，裡面的瘋子過著相當自由又有格調的生活。高貴華麗的屋內常舉辦晚宴，德文郡公爵夫人喬治安娜（Georgiana, Duchess of Devonshire）曾經在那裡接受輝格黨人（Whig society）奉承

10 haggis，把羊雜塞入羊肚烹煮而成，蘇格蘭的傳統菜色。

11 Andrea Palladio，安德烈亞．帕拉第奧，十六世紀義大利建築師，其建築講求比例及對稱設計，特色是列柱式的門廊和裝飾繁複的山牆。

諂媚，佳餚美饌被端上桌，卻附上木湯匙。那裡禁用刀叉餐具，防止一些被收容者製造危險。我總對這些不幸的可憐人有著孩子氣的熱烈興趣。奶媽認識門房的太太，偶爾她們在門邊聊天時，我會看到裡頭有人成天忙著用樹枝、細枝和裁成長條的床單建造飛鳥狀的巨大構造，一種飛行器。顯然是熱心的門房協助下，他在一大片寬闊草地上拖行這構造。一回我躲開奶媽的法眼，走上前去瞧。「它們飛不起來，永遠也飛不起來！」那人難過地說。

注定偶遇俄羅斯大公那天（當時大概是五歲），我在柏林頓府牆邊的安靜小路上滾鐵環。突然間大門敞開，一輛優雅的馬車從裡面的冬青叢現身，拉車的是一對棗紅色馬匹（馬匹拉車在當時已經成了一種奇特的舊日遺風——醒目的奇觀）。

「當心！」奶媽喊道，見我小跑步追著鐵圈。就在那當兒，一個巨妖般的人物從敞篷馬車跳下來，快速掠過我們，隨後為了避開我的鐵環突然轉向。他外觀的每個細節深印在我腦海。他穿著淺黃褐色長大衣，戴著大禮帽，一朵白花插在扣眼裡。臉上的鬍子濃黑，外貌大體上顯得兇惡又別具魅力。馬車夫跳下車追了上去，但門房已經逮住這瘋子，兩人陷入纏鬥。瘋子的黑鬍沾滿口沫，咆哮著讓人聽不懂的話，像一頭野獸死命掙扎。最後他被制伏，在昏迷的情況下被抬進門去。那頂大禮帽掉在塵土上，就落在我鐵環旁，閃閃發亮。我忽然感到反胃。有個男人走出來，將馬兒牽了進去。在這驚心動魄的一幕裡，牠們始終安靜佇立著。我們走過他身邊時，他給人安心地笑了笑，並對奶媽眨眨眼。「又是那位大公，」她說，「我從沒看過有人這樣惹麻煩的。外國人，難怪。」

俄羅斯人，難怪。

事發經過我記在心裡，後來說給**旅人**聽，而這一切只確認了我的一個信念，那就是俄羅斯人是世上最有趣的民族。

~

為了追求心中所愛，一切最好都要俄羅斯化。俄文叫做「siliodka」的鯡魚更美味。融化後便是果醬（kiciel）的覆盆子果凍也更可口。討厭的甘藍菜加到湯裡，翻身變成俄式酸菜湯（stchee）。我用同樣的狂熱收集俄羅斯的古老迷信，看見牧師我會吐口水去霉運，直到被摑耳光才改掉這裝模作樣的習慣。記得有一回在午餐桌上，我不吃紅肉西瓜，並說起在俄羅斯某些小村莊，村民認為那是不吉祥的食物，因為它看起來像施洗聖約翰被割斷的頸項。這強烈的明喻令我媽反胃到作嘔。

「變態的一群人。」我父親說。接著又為自己切了另一片西瓜吃。

我有個精美的娃娃屋，一座有古典柱廊的三層樓紅磚大宅。我非得把它改裝成某種斯拉夫建築不善罷干休。

我母親開心地一頭栽入我這雄心壯志，我們倆合力打造出古老俄羅斯教堂的洋蔥狀圓頂。我們用黏土塑形，烘烤後覆蓋在煙囪上並黏妥。我們拿莫斯科聖瓦西里大教堂（Vassilii Blajennii Cathedral）當樣本，在圓頂上彩繪棒棒糖條紋、星星以及小丑般七彩斑斕的效果。娃娃屋的立面漆上亮藍色——「在下雪天也很醒目」——在每個素淨的窗戶周圍加上石膏的旋曲花飾。圓頂放上鍍金紙板做的小十字架，凌駕新月之上，就像在舊印刷品看到的。它既不是教堂也不是宮殿，但明明白白充滿斯拉夫風格。我愛極了，而且保存多年，後來改裝成帽櫃（貝雷帽放閣樓，草帽放餐廳等等）。一九四四年倫敦大轟炸期間，它嚴重受損，因為在屋裡太占空間，要修理也太耗時，最後我把它送人。我始終懷念著它曾經召喚的幻想和往日時光。

就連我最初的縫紉作品，也受俄羅斯概念左右。我念的幼稚園非常老派，負責園務的是兩位上了年紀的皮克小姐，她們倆教授音樂入門、水彩畫和縫紉。我們可以流暢地說出幾個英國時期、背誦詩歌、學會簡單算數，也學屈膝禮和華爾滋。還有一位老邁的退休海軍陸戰隊員，人稱的中士，一週一次來「操練」我們，項目包括相當激烈的棍棒操。多年來一批又一批學生來來去去，皮克小姐們從沒想過更改或提升課程。因此，我們要在別名為南丁格爾、樣式過時的紅色法蘭絨寢居外套上學會縫繡。這種外套正是用那位名聲響亮女士的姓氏命名，她在斯庫台（Scutari）創辦醫院時設計的。皮克小姐要小學徒們用它來試手藝時，它早已過時。此外還有一種古怪的編織頭套，「巴拉克拉瓦頭套」[12]。皮克小姐們曾為年輕時在克里米亞戰爭打過仗、辭世已久的父親縫製這兩樣衣帽，但父親過世後便擱置一旁，最後拿來給好幾世代興趣缺缺的小學童練習縫紉用，一直到我入學期間仍是如此。聽到「巴拉克拉瓦」這魔幻字眼，我的狂熱被激起。因克爾曼戰役[13]和阿爾馬河戰役[14]，賽瓦斯托波爾圍城戰[15]和葉夫帕托里亞[16]，對我來說都是活生生的史詩。我聽**旅人**發表過俄羅斯進犯克里米亞半島的觀點，就像我為《輕騎兵進擊》[17]感到激動，我甚至神迷於納希莫夫海軍上將（Admiral Nakhimov）讓所有俄羅斯艦隊在塞瓦斯托波爾灣沉沒的堅忍卓絕。因此我埋首於南丁格爾法蘭絨，熱切地穿針引線、縫褶邊和刺上俄羅斯羽毛繡。

當時，我對俄羅斯的看法很單純。在我想像裡它始終在下雪，冬夏皆然，我總看見雪花紛飛的森林或城市；就像那裡的所有人——**旅人**除外——在我眼中無不裹著有皮草襯裡的及地大氅，像熊一般全身是毛。男人穿著與他們的鬍子及一綹綹長髮連成一氣的毛皮大衣，女人更是圓滾滾，走起路來搖搖晃晃像玩具，圓潤的紅臉頰圍著色彩鮮麗的頭巾。這些都是兒童繪本裡的圖樣，在我腦海縈繞不去；直到好幾年後，我才能想像俄羅斯的仲夏也有驕陽，但很快就會落下。我最初讀的俄羅斯經典，也被這種稚氣的想像制約，彷彿我搖了搖那種會製造出漫天雪花景象的玻璃紙鎮。因此，故事情節都是以一片雪白為背景。果戈里[18]筆下烏克蘭正午的熱浪、屠格涅夫的秋天樹林、收割時節的麥田，或聖彼得堡泛著珠光白的夏夜，都是透過這永恆不變的暴風雪景看到的。後來我費了好

---

12 Balaclava，套在頭上僅露出眼鼻的頭套，一八五四年克里米亞戰爭中的巴拉克拉瓦戰役，英法土聯軍圍攻塞瓦斯托波爾時，英國騎兵配戴這種頭套以應對寒冷的海風，因此得其名。

13 Inkerman，一八五四年克里米亞戰爭中俄軍和英法聯軍在因克爾曼地域對峙的一次戰役。

14 Alma，克里米亞戰爭期間，由英國、法國、鄂圖曼土耳其組成的聯軍進抵阿爾馬河，阿爾馬河戰役使得俄軍被迫退往塞瓦斯托波爾，聯軍在克里米亞半島站穩腳跟，奠定了局勢。

15 Sebastopol，位於烏克蘭，一八五四年至一八五五年克里米亞戰爭期間的一場戰役，雙方僵持了整整一年，最後英法聯軍得勝。

16 Eupatoria，位於克里米亞半島西岸的一座港口城市，克里米亞戰爭時期被英、法、土軍占領。

17 *Charge of the Light Brigade*，指在一八五四年十月二十五日的克里米亞戰爭的巴拉克拉瓦戰役中，英軍輕騎兵向俄軍發動的襲擊，死傷慘烈。英國桂冠詩人丁尼生（Alfred Tennyson）為此寫下了作品《輕騎兵進擊》，在字裡行間中突出了輕騎兵的英勇。

18 Nikolai Vasilyevich Gogol，1809-1852，出生於烏克蘭波爾塔瓦（Poltava）。俄國現實主義文學的奠基人之一，著作包括《狄康卡近鄉夜話》、諷刺喜劇《欽差大臣》、《死靈魂》。

大力氣將我的視野重新對焦，我才承認或才能欣賞，俄羅斯作者神奇召喚出來的天候地景，及其變化萬千的細微差別；或者說，因此得以看見那地景裡形形色色的人物。

我開始要求**旅人**帶我去俄羅斯。他通常會答說：「好啊，如果妳可以在星期二或星期五之前學會韃靼話。」或者，在他離開前學會。但我沒有語言天分，他很清楚。他花了兩星期教我唱一首描述鱷魚逛涅瓦大街的俄羅斯兒歌。小時候某次生病復原期間，我背熟了古斯拉夫語的字母（Kyrillic），以及克里姆林宮的塔樓和城門的名稱，主日門、救世主門、三一門等等，但我還是魯鈍地連正確說出最簡單的句子都沒辦法。眼見如此，他會叫我「Douraka-Glupi」、「Stupidichka」，也就是小傻瓜，甚至「Numskullina」，意思是小不點和呆瓜的混合。他總能想出最有創意的綽號，多年來他為我取了很多個，我最喜歡的是「Rocokoshka」，大略可譯為洛可可小貓咪。不過這個綽號是後來我開始顯露出那種幽微曖昧的女人味時取的。我執筆的此刻，個性相對上仍率直，肯定也很真誠，縱使有短暫的一陣子我甚至會把奶油拌入茶裡，死忠地學蒙古人把犛牛奶油拌入茶裡。

一回，知道他隔天要前往西伯利亞，我心情變得很糟。

「拜託你帶我一起去。拜託！我想坐我們說的火車，好不好？這一次帶我去吧，為什麼不行？」我渴望得忍不住掉下淚來。

旅人四肢大張坐在幼兒房的老沙發裡，他仍帶著那件皮草襯裡的大氅，只不過這會兒扔在腳邊。他在看《泰晤士報》社論，對內容頗不以為然。客廳裡有賓客，他不想加入他們，他不愛交際。

我那隻黑白交雜的寵物兔厄明楚德，爬進了他的外套裡打盹，就像牠也愛鑽進我父親外套裡。牠那雙有粉紅色內裡的毛茸茸長耳朵從他的外套翻領伸了出來。歡樂宴飲的聲音傳到了幼兒房；玻璃杯碰撞的叮噹聲，高聲的談話，還響起了為一名女高音伴奏的鋼琴聲。厄明楚德的耳朵善感地抽動著。**旅人**放下《泰晤士報》嘆了口氣，似乎更專注聆聽著歌聲，而非我的懇求。

「比你車輪下的塵土還不如……」只聞其聲不見其人的女高音唱著，誇張地加重音。

旅人皺了皺眉。「那種事她懂得可多了。」

我想必一臉困惑，因為他牽起我的手，眼神突然憂鬱起來。那雙斜挑眼定定看著我，彷彿看穿我的腦袋。

「別哭，我可愛的小**旅人**……明天我要怎麼帶妳去西伯利亞呢？我懷疑我有辦法帶妳到那裡……但是妳有強烈的欲望……我相信有一天妳會自己去到那裡，甚至在那裡找到我。」他嘆了口氣。

「哪裡？」我問，嗚咽地喘不過氣。

「任何地方，」他隨意答道，繼而拿起《泰晤士報》。

不一會兒他另有想法。「事實上，我們現在已經在那裡了，從沒離開過。魔法中的魔法！別那麼有限。『我是昨日，我是明日……』這是刻在古埃及遺址上的一句銘文，獻給神祇荷魯斯的。妳要想著自己就在想去的地方。「拉咪轟！我們走吧！」我依舊杵在幼兒房地板上動也沒動，於是他拉起我的手，露出了罕見的溫柔笑容；接著他擺出弓箭手拉弓的得意姿態，告訴我蒙古戰士如何在戈壁沙漠策馬奔騰，追逐他們朝空中射出的箭，橫越只有魔法才能解釋的距離。

「我記得他們一首古老的歌，」他說，「飛吧！飛吧！盡情飛吧！因為我是神箭手，他如是說。」

「妳一定要學會他們的祕訣，」他繼續說，「魔法無所不在——在戈壁沙漠，也在幼兒房裡。」

而我不得不以此為滿足。

沒人帶我去西伯利亞，在絕望中我只好轉而求助魔法。說不定我會發現可以立即帶我到那裡的咒語。魔法中的魔法。儘管**旅人**聲稱他相信魔法，當我問他有關魔法的問題時，他也不是沒有絲毫慌張。他專心聽我發問，承諾要找到一個可以實現願望的祕方，很久以前，有位西伯利亞薩滿巫師曾給他這麼一個祕方，而那巫師恰好就住在安加拉河（Angara）的薩滿岩（Shaman Kamen）。

「有效嗎？」我問。

「就像咒語一樣。」他說。手在胸前畫十字的同時融入他的魔法。他也建議我應該去布拉格的通靈師大街（Street of the Necromancers），我可以在那裡遇見一些能幫得上忙的人。但是布拉格距離幼兒房其實跟西伯利亞一樣遙不可及。

不久之後，我收到一塊泛黃的白綢方巾，被摺成古怪形狀，表面布滿猶太教神祕符號。**旅人**寫道，務必在滿月的頭三個晚上把這塊布蓋在頭上。可能的話，我要喝駝背白母馬的奶水，而且（這有點詭異，他警告說）奶水要撒上從百歲老人拔來的三根鬍鬚。

這果然詭異得難以做到，我只好訴諸於沒那麼棘手的自製魔法，他提議的一廂情願法，我滿懷希望地實踐了好一陣子。我收集了許多畫面最生動的西伯利亞老明信片：狗群在雪地上拉車、西伯利亞列車的餐車廂內部、某個商棧、貝加爾湖上的破冰者，或伊爾庫茨克大街，然後把這些圖片帶上床，用藏在棉被下的手電筒（爸媽不准我在床上看書）照亮置於有放大鏡效果的玻璃紙鎮下一張張圖片，讓它們呈現立體的真實感。接著我屏氣凝神，將中指與食指交叉，用雅庫特[19]語數到十

（在某個濕冷的星期天，**旅人**教我用雅庫特語數數兒作樂），想像自己身處那放大的景致中。bir、iki、ous、tar、bar、ali、sekki，我數著數著，一頭栽入閃閃發光的某個奇妙白色世界裡。在地圖上遙遠北方的那些城鎮名，傑希巴斯（Tsissibas）和優庫達克（Yuk-Tak），撒拉戈拉克（Sarak-Kalak）和別庫（Bete Kul），聽起來像馴鹿角上掛的鈴鐺叮鈴響，牠們拉著車在各城鎮之間遞送郵件。只要我看著某個景致睡著，醒來就會發現身在其中……或至少在夢中去過那裡，我自製的魔法這麼告訴我。但是早晨醒來我仍在床上，記不得做了什麼夢，結果還是到不了西伯利亞。

要怎麼去到那裡？單憑我渴望的強度，如何抵達莫斯科、塔什庫爾干（Tash Kurgan）、烏拉山山麓或其他地方？除夕夜，我依舊嚴守俄羅斯傳統，在一張紙寫下我的心願（自然是去西伯利亞），然後把那紙燒了，還隆重地吃紙灰。那粉灰得強嚥才行，但我還是硬吞下去——這樣你才能冀望心願成真，只不過嘴邊會留下汙跡，我家人並不鼓勵我這麼做。咒語無一奏效，我開始興起偷跑到東方的念頭。但我存的私房錢只夠我最遠去到多佛[20]，儘管我在過時期刊裡讀到，為了獎勵移民，俄國政府大幅降低前往西伯利亞的票價，整家人旅行一百英里只要花幾便士。我迷上了鄉下人搭貨車車廂旅行，他們和自家養的牲畜挨擠在一起，兩三頭牛、幾隻鵝、幾隻羊、幾隻狗、幾個孩子和一位老祖母，還有鍋碗瓢盆，以及一捆捆堆到了車頂的乾草，用來一路上餵給牲口吃。在我眼裡，那成了漫長的野餐，乘火車的郊遊，而且周圍盡是可愛動物……說不定明年夏天我可以安排這

19 Yakute，俄羅斯西伯利亞北部的原住民族。

20 Dover，英國肯特郡海港。

樣的一趟單獨出遊？

我決定盡快把這項計畫說給**旅人**聽，難耐地等待適當時機。我想他就跟所有男人一樣，酒足飯飽之際最為可親。那個下午我們在大英博物館度過。在版畫展覽室，**旅人**一直在研究館藏的西藏畫、鑲金葉的畫卷、繁複的雲海、在竹林裡穿梭神采奕奕的老虎，以及在深山裡沉思的聖賢。

從小我就很習慣長時間待在博物館，我父親喜歡悠遊其中，我總會陪著他去，一星期好幾回。因此我早已培養出進行這類出遊的耐力；但**旅人**顯然已虛脫無力。我不智地提議離開時不妨順道穿越民族誌展覽區，瀏覽阿茲特克水晶骷髏頭以及波斯瓷器，同一展覽室也有一些卡扎爾王朝[21]繪畫，畫中真人大小的舞孃，其染紅的手腳從鑲珠寶的硬挺織錦衣袍中伸出，濃眉下的媚眼斜睇，她們啣著一枝紅玫瑰擺出撩人姿態，或者以單腳站立，甚或特技表演似的以倒立姿勢端上一杯雪酪。我想，她們一定很像**旅人**仔細描述過的沙馬基[22]傳奇舞孃，因此戈平瑙[23]筆下的激昂人物鄔牡丹潔罕（Oum Djehane），成了我最愛的女英豪之一，我總愛模仿她，打扮得俗麗，而且用紅墨把手染紅。但**旅人**沒有心情也沒有腳力再繼續瀏覽閒逛，於是他把我拖離博物館，瞥也沒瞥一眼亞洲美人。

為了安慰我，他提議喝茶歇歇腳。我苦等的這一刻終於來臨。在痛快的吃喝一番之後，我將宣布計畫搭乘移民的貨車車廂前往西伯利亞。我狡猾地建議前往牛津街的布薩德（Buzzard），那間消失已久的店家裡其豪華盛宴是我童年最精彩的亮點。圈上花環的高聳白糖皮結婚蛋糕展示在長長的矮窗上。沒那麼壯觀的受洗蛋糕、生日蛋糕和精美布丁，擺在結婚蛋糕兩側，應許著店內難以想像的愉悅。在布薩德店內喝茶從不令人失望；學校放期中假在倫敦大劇院（Coliseum）看完下午場表演之後，我們通常會上那裡吃點心，聖誕節購物日的高潮也在那裡，以及偶爾的意外甜頭，就像現在一樣。

在一陣虔誠的靜默後，我們開始享用盛宴。洋李蛋糕，顏色像紅酒一樣深，夾著厚厚一層杏仁膏，整個包上耀眼的白糖衣。巧克力閃電泡芙、咖啡閃電泡芙、栗子奶油塔、白蘭地卷心餅、奶油號角麵包、爆出打發奶油的千層酥皮、蛋白霜餅、一口蛋糕、草莓夾心蛋糕、玫瑰糖衣、紫羅蘭糖衣……

最後**旅人**中途退出，成了美食的傷兵。點了菸之後他叫了另一壺加檸檬的中國茶。

「他們說檸檬很有幫助。」他沮喪地說。

「幫助什麼？」我一面問一面對洋李蛋糕發動最後一回輝煌的攻擊。

「治胃痛，」他簡短地說，繼而又開口道：「這跟一個人習慣吃什麼有關。我是吃醃瓜和鹹魚長大的，都是些妳母親認為不利消化的食物；不過這一些妳樣樣都可以吃。」——他伸手往被吃光的盛宴揮了揮——「但我每一分鐘都覺得更難受。」

顯然這不是提起那趟旅程的好時機。

「反正也都吃光了，我們散散步消化一下吧。」他說，豎起外套的領子，走入霧濛濛的濕冷暮色中。他走路很有個人風格，像貓一樣無聲踱步，而且他總穿著一雙軟皮靴子，步態就更像貓了。

---

21 Kadjhar Court，伊朗北部卡扎爾部落（現代屬於土庫曼人）首領阿迦．穆罕默德．汗建立的王朝。

22 Shemakha，亞塞拜然的城鎮，位於高加索山區。

23 Joseph Arthur Comte de Gobineau，1816-1882，法國外交官、小說家、人種學者和社會思想家。代表作有《七星派》、《亞細亞故事》、《波斯史》、《中亞宗教和哲學》及《人種不平等論》等。

那雙靴子和常見的俄羅斯靴子很不一樣，我從沒在歐洲看過同樣的靴子。只能在伊爾庫茨克買到，他說，事實上那是從蒙古人穿的土爾扈特靴改良的。往上翹的鈍鞋尖沒那麼明顯，但鞋跟有著經典的繡花圖樣，與鞋尖的船頭輪廓相仿。據說這是為了紀念蒙古軍打的一次勝仗；在一次進擊中蒙古軍把鞋子反著穿，結果讓敵軍陣腳大亂。**旅人**的靴子柔軟得像穿拖鞋走路，我感恩地心想著（小孩子對於這類不合常情的事總覺得難為情），幸好這靴子罩在褲管下並不明顯。我們越過公園，抄近路走過騎士橋（Knightsbridge）和南肯辛頓（South Kensington）之間的小廣場和露台，我判斷此時提起貨車廂旅行應該是明智的，或者，如果無法搭乘貨車廂的話，談談他下次回西伯利亞時我與他同行的可能性——我從沒想過他不跟我們在一起時會在西伯利亞以外的地方。

「未滿十歲的小孩免費。」我滿懷希望地說。

小脆餅、蛋白霜餅和洋李蛋糕無疑仍折磨著他，雖然同樣的那些東西在我胃裡簡直輕如鴻毛；不論如何，他不尋常地嚴厲拒絕我，甚至不想討論這件事。

「不可能，荒謬！妳沒有現實感嗎？別再說了。我不能帶妳一起去，我跟妳說一百遍了，再說我也不想帶妳去！至少現在不想。」一眼見我忍不住哭了出來，他口氣放軟補了最後那一句。

這一切如此無望，我不停啜泣，沒有人了解我，連他也不懂我。而且他現在生氣了。我還要等多久？我永遠沒辦法獨自去西伯利亞。我不會長大，我會先死去。我還要捱過很多年、很多年的學校生活……我絕望地哽咽。

「噓，小傻瓜！噓！」當我嗚咽加倍時他低聲說，憂心地環顧安靜的廣場。

「妳不能在街上哭——這是不行的，瞧！」他指著貼在花園欄杆上的告示，上面寫著「此處嚴禁演奏樂器和沿街叫賣（street cries）」。

第二章

不久，我轉到另一所學校就讀，一間著重體能的大學校，以提供出色的全人教育見稱；但這僅意味著打曲棍球（還有板球）比讀書重要，以及花很多時間在體育館進行令人筋疲力盡的活動。我厭惡學校生活的一切；尤其討厭跳馬和雙槓，在那些項目上我總像未凝固的奶凍一樣晃晃顫顫。即便我發現體育女老師出生於西伯利亞，在沒有暖氣但回音不斷的拱頂運動場，所要忍受的悲慘也沒有減少。

據說沃爾霍夫斯基小姐正是著名的俄羅斯自由主義作家菲利克斯．沃爾霍夫斯基（Felix Volkhovsky）的女兒。他在一八七八年被扣上「加入意圖在未來推翻目前政府形式的組織」的含糊罪名，流放西伯利亞。他被關押在可怖的彼得羅巴甫洛夫斯克（Petropavlovsk）堡壘，後來遭判處無期徒刑流放托木斯克。年輕的妻子隨他同行，在途中生了病，最後不想拖累他而自殺身亡。沃爾霍夫斯基厄運連連；女兒凱特也消瘦而死；後來他又被流放更偏遠的地方，去到蒙古邊境的一個不知名小鎮。但在那裡，他把僅存的女兒薇拉託給朋友照顧，展開最大膽的逃亡，成功地經由日本抵達美洲。女兒後來喬裝成男孩，被暗中帶出西伯利亞，來到倫敦與等著她的父親重逢。

當年的小薇拉，如今幹練有勁，穿著體操衫，綁辮子的黑髮盤在頭上，一副俄羅斯鄉下人的打扮，卻厲聲喊著前進口號，督促我們在體操上有好的表現。即便她頂著俄羅斯出身的光環，也無法讓我盲目地無視她把我的人生變得難受的事實。然而，綁著臉懸在高空鞦韆上，我會霎時忘了屈辱，看著在一對吊環上毫不費力地扭動身姿的她，化為西伯利亞雪地裡某個傳奇女傑。她手撐住繩索身子忽上忽下，這般操練在我眼中頓時猶如逃獄而充滿魅力。沙皇密使麥可・史壯高夫也隱身陰暗中，帶著一對健步如飛的蒙古矮馬，和一把出鞘的刀……，他和我將一起逃離可汗的酷刑，越過西伯利亞針葉林和大草原奔向自由。沒錯，沃爾霍夫斯基小姐熟知我所渴望的那些廣袤神祕的地域……然後她的嗓音會戳穿我的白日夢，像抽鞭子般鋒利。

「妳要懸在那裡懸到明早嗎？」

我的身與心一同砰一聲重重落地。我會把一本阿特金森的《黑龍江上游及下游流域紀行》，或者更棒的是一本《沙皇密使》藏在運動衫底下，讓胸部像洗衣板似的，溜進鋼松木隔間的廁所，我唯一的避難所，然後花一兩個鐘頭沉浸在不受干擾的平靜裡，對周遭嘩啦啦的沖水聲充耳不聞，或者把它當安加拉河的湍流。我讀著：

「你叫什麼名字？」

「麥可・史壯高夫，陛下」

「職級？」

「陛下的信使團團長」

「你了解西伯利亞？」

「陛下，我是西伯利亞人……」

「把這封信，」沙皇說，「交給我的兄弟，俄羅斯大公，交給他本人！但你要穿越戰亂的鄉間，被叛軍控制和被韃靼族侵略的地區，他們會不計任何代價攔截這封信……你能抵達伊爾庫茨克？」

「陛下，我會抵達伊爾庫茨克！」

然後在二十六章篇幅之後，歷經磨難和無數試煉，他達成使命。多麼動人的故事。

～

隨著我執迷的力道加深，它影響了每件事，在我母親看來，它似乎扭曲了我的教育（然而事實上只是往不尋常的方向發展）。和留里克王朝[24]或羅曼諾夫王朝[25]相比，金雀花王朝[26]和斯圖亞特王朝[27]對我毫無意義。美國於一八六二年廢奴，在我眼裡不過是俄羅斯在前一年一八六一年解放農奴所引發的迴響。一四七九年突然變得格外重要，因為入侵俄羅斯的韃靼族在該年覆亡[28]，我想，韃靼人入侵肯定也把**旅人**的首位蒙古祖先帶到莫斯科。我家有的零星幾卷「傳播有用知識協會」發行的《一分錢百科全書》[29]對我來說有如至寶，我是從擺滿了老舊發霉廉價小說的櫥櫃翻找出這些

24 Rurik，俄羅斯歷史上的第一個王朝，由八至十一世紀縱橫四海的維京海盜建立。
25 Romanov，一六一三年米哈伊爾．羅曼諾夫擔任沙皇，建立羅曼諾夫王朝，前後統治俄羅斯三百零五年。
26 Houses of Plantagenet，英國王朝，1154-1399。
27 Houses of Stuart，英國王朝，1603-1714。
28 莫斯科大公伊凡三世擊敗金帳汗國解體後的大帳汗國，使俄羅斯從蒙古統治中獨立出來。
29 *Penny Cyclopedia*，1828-1843年由喬治隆恩（George Long）編纂的百科全書，共發行了二十七卷和三本增訂本。

書，它們也是我父親收藏的維多利亞時代文物的一部分，其中一八三七年卷最具可讀性，因為普希金[30]就是在這一年於決鬥中遇害。但是該年那卷《一分錢百科全書》卻提都沒提這樁黑暗事件，當我跟父親抱怨這項遺漏，他只建議我，我應該著手創立我自己的「傳播無用知識協會」。

「被妖精掉包的小孩！」他會這麼叫我，當我的迷戀愈發不可收拾，不過他的口氣裡帶有理解，因為他也喜愛普希金的傳說，也隱遁在他的幻想世界裡，大多時候是動也不動地沉浸在他最愛的拉塔齊葉菸草（Latakiyeh tobacco）燃燒的泛藍煙霧中，以及從他房內的摩爾式雕花窗孔（moucharabieh）斷斷續續篩進來的日常晝光中。

在我們父女倆夾攻下，我可憐的母親面對她覺得有必要又正當的那些實際問題，打的是一場毫無勝算的仗，對此她私底下也感到厭惡。總之，我們家既不傳統也不務實。

學校給我的評語令人不安。「上課做白日夢……」、「缺乏團隊精神……」、「心情陰晴不定，愛躲躲藏藏」等都是常見的句子。女校長是位妄自尊大的威嚴人物，偶爾會在走廊巡視，身上的學院袍在陣陣清風中飄動，將我們無情地暴露在她的目光下。她跟我母親談到我時，說得更具體。換句話說，當她要表達看法，一個眼神就可以震住我母親。我這個年紀的小孩，她說，不該知道諸如「舊禮儀派」[31]這類特殊事件——最好還是研讀舊約聖經——也不該在上到伊莉莎白女皇的歷史時，發問沙皇伊凡四世的求愛意圖[32]，這純粹是愛現。我花太多時間在圖書館，每每想辦法躲開運動會和體育課。而且我拒絕接受堅信禮[33]，真是令人遺憾……這種事她身為校長真是從沒遇過！對此，我母親倒是無言以對，因為她也發現我固執得不可思議。那個學期，跟我同年的女孩們都準備要接受堅信禮；有些人誇耀說，為了準備英國國教主教主持的這個儀式，還特地去拜會神職人員。但我表明態度，毅然拒絕受洗。除了東正教其餘免談，我跟母親這麼說，而她就這麼一次完全失控，摑了我一巴掌。我心意堅定，還有父親當靠山，而他不願意在這件事上對我施壓；對他來說這事無關緊要。校長說，我任性不守成規的例子不只這一件。「沒有團隊精神」，她帶噓聲不滿地說，我母親聽到這可怕的奚落，神情萎靡。接著，最糟糕的是，我的期中報告選了個格外令人不快的題目……

做母親的知道嗎？校長嚴厲地問。得知題目是「瘋君」沙皇保羅一世的遇刺，我母親倒是鬆了口氣。

她早知道，打從一開始她就知道，她不可能主導或引導我讀些什麼。那個學期，《復活》（*Resurrection*）是我最愛的一本書，儘管她對那本書充滿疑慮，但她安慰自己說，我肯定大半都看不懂（完全正確）。就挑選讀物這個問題，她也從我父親得不到半點支持，因為他堅持我可以看任何我想看的書，不管合不合適。於是我自然而然進入了俄國小說家所召喚的世界，一個充斥著學校課堂裡不認可的無數人物的不當世界。

---

30 Alexander Sergeyevitch Pushkin，1799-1837，俄國詩人、小說家，有「俄羅斯詩歌的太陽」、「俄國現代文學之父」的美譽，開創了俄羅斯詩歌的黃金時期以及寫實小說路線。代表作有《魯斯蘭和柳蜜拉》、《青銅騎士》，詩體小說《葉夫根尼．奧涅金》，短篇小說《黑桃皇后》、長篇小說《上尉的女兒》等。

31 Old Belivers sect，俄羅斯傳統上以東正教為國教，十七世紀中葉東正教會在教義及禮拜儀式進行改革，抗議改革的「舊禮儀派」出走，與教會決裂另起爐灶。

32 一五四七年伊凡四世執政，正式自稱為沙皇，也把莫斯科大公國改為俄羅斯沙皇國，晚年曾向英國的「童貞女王」伊莉莎白一世求愛。

33 在天主教和英國聖公會，堅信禮是年輕人成為教會正式成員的一種儀式。

一回旅人意外加入我們一同前往北德文（North Devon）度假。當天早餐前，騎紅色單車滿頭大汗的少年郵差送來一封電報，通知旅人即將抵達，在我眼裡，這名郵差彷彿上帝的信使，為凡人捎來至福。

我的雙親接到消息，心裡則是五味雜陳。「可惜他不打高爾夫球」，我父親這麼反應，而我母親想到要款待這位異國賓客就嘆氣。旅人的出現總令她緊張；她會為了張羅食物和穿著打扮大驚小怪。不過她還是熱情歡迎他，我父親也是。他們很早以前就認識了，應該早於他們結婚之前，我這麼想。

我則滿心焦慮著，擔心不能穿新的一襲禮服到火車站去接他。「當然可以，如果妳想要看起來很可笑的話。」我母親說，作為最有女人味的女人，有時還沒貫徹己見似乎就已讓步。不管如何，我乘著小馬拉的輕便馬車，在六點鐘來到維多利亞時期建造的哥德式黃色小車站外，穿著漂亮的利伯緹（Liberty）[34]綢緞，當然是一副可笑的模樣。

旅人在逗人開心這方面倒是很內行，他一見我盛裝打扮，倒退了幾步，上下打量我一番後，說這是他看過最美的衣裳，穿在我身上讓我顯得成熟好幾歲（這般說辭，在那個年紀的我聽來可是無上的讚美），於是我挽著他的手，得意洋洋地回家。

他走入我們的生活，「就像躺進一張鵝毛床」，用他的話來說；他津津有味地吃小圓麵包、凝乳、牧羊人派和他一無所知的其他食物。就連我最不愛吃的東西，譬如大黃（rhubarb），也被他意外打上光鍍了金似的。

「大黃！妳不喜歡吃大黃？妳會喜歡的，如果妳知道它的名稱由來。」他狡猾地說。「Rha是在地人對窩瓦河的稱呼，河的沿岸大量種植這種植物。我的國家總被其他人認為很野蠻，因此拉丁文的野蠻一字『barbara』就被加了上去。結果有了『rhubarb』一字，意思是在窩瓦河的野蠻地區生長的植物。沒錯，我猜妳聽完之後，會想要再來一份。」

有時候我們會捕蝦或採海藻；或者全家搭乘馬車前往布德（Bude）享用康沃爾奶油茶點[35]。在下午茶館入座，把凝塊奶油（clotted cream）拌入少許金黃糖漿或自製果醬後，他會專注地聽隔壁桌的人談話，興味盎然地聆聽形形色色的英國口音。肯辛頓英文、牛津腔、東區腔等等的細微差別令他著迷：他對在地口語尤其感興趣，會探究其意義和來源。操倫敦腔的人慣用的反唇相稽——「你才是呢！」令他不解；不過他深信奶媽的口頭禪「再見（ta-ta）」，用在告別或外出之際——「我要走了，再見（going ta-ta）」、「我要出去一下（going for a ta-ta）」，源自伊莉莎白時代遠征韃靼地區[36]的毛皮商人。

「這很明顯」，他說，打算用這個主題寫一本專著。

我在懸崖發現一個藏身處，鑽進那熱帶體型的歐洲蕨叢林，我可以在綠蔭裡一待數小時。我在

34 成立於一八七五年，在一八九〇年已然是紡織品設計的代名詞，以原創印花和色彩設計見稱，至今仍是英國首屈一指的織品品牌。

35 Cornish Cream tea，典型的英國下午茶點心，源自德文郡，主要包括一壺英式紅茶、司康餅、康沃爾式凝塊奶油和果醬。

36 High Tartarie，自裏海和烏拉山脈到太平洋的中、北亞廣闊地區，中世紀時蒙古人所統治的地區。

那裡讀著葉爾馬克[37]攻占西伯利亞的故事，同時快意地聽著家人從岬角的另一端焦急地呼喚我。這海角被稱作俠客廬（Gallantry Bower），據信是走私者的巢窩。崖壁上有很多洞窟，但我不擅長攀崖，從沒發現走私者。俠客廬是我的私密基地，直到**旅人**抵達。後來我們會一同躲到這祕密的綠蔭基地。我們攀登卵石小徑，被海水沖上岸的粉紅小貝殼散布在小徑上的毛地黃之間。偶爾**旅人**會問起樹或花草的名稱。「勿忘我，」我說，「空戀花、迷霧中的愛、愛在淌血、心之安逸。」

「誰說英國人不多愁善感！」

我也會反過來問他俄羅斯有哪些野花，但他童年顯然沒待過鄉下。他想了好一會兒說：「我記得烏克蘭有一種野花，有綠色和白色條紋。我想我們把它叫做『山中雪』……」然後，我會說動他描述兒時的俄羅斯富豪人家喜愛誇耀的那種充滿南國風情的過熱溫室：大岩桐、非洲茉莉、蘭花和橘樹莫不花開茂盛的暖房，在周遭一片雪白的襯托下更顯鮮麗奪目，倘若遇上舉辦派對的夜晚，就會點亮數百支歡樂的燭火。

爬過隧道般的歐洲蕨叢林，便來到俠客廬的核心，在飽受搖蚊折騰之餘，午後的其餘時光我們就待在那裡「談俄羅斯」，餓了就吃紅醋栗或葡萄乾餅乾，盡情玩「出走遊戲」，那是我們認識之初，俄羅斯的連結剛形成時想出來的遊戲。我們藉這遊戲隨心所欲放任想像。一人先在心裡想好某事件與地點，也就是一同出走的地方，當然是在俄羅斯。另一人有三次機會猜出那地方何在。

「在下諾夫哥羅德（Nijni-Novgorod）的集市？」**旅人**猜。

「不是，還有兩次機會。」

「嗯……在幡旗慶典當成吉思汗的貴賓？」

「不是，但很接近了。」

「那麼，在西伯利亞……我知道！我們乘著雪橇，在森林裡奔馳，被狼群追趕——不過我們不會有事，因為哥薩克人及時趕到！」

西伯利亞！它讓我們倆心醉神迷。

「妳為什麼那麼想去西伯利亞？」他問，我說不上來。

「俠客廬還不夠嗎？我猜妳更想待在蒙古包吧？或坐上西伯利亞火車？」

比更想還想。

~

我一直在讀哈克（Huc）和高貝特（Gabbet）在韃靼地區的見聞，這兩位耶穌會教士曾經前往蒙古腹地遊歷，他們筆下的蒙古高僧呼圖克圖激發了我的想像。有時候我會央求**旅人**用蒙古方言說一些句子給我聽，總覺得那充滿異國風情的語音非常悅耳，不過一看到他寫的蒙古字，我同意蘇格蘭傳教士季雅各[38]——「蒙古使徒」，我兒時的英雄——的說法，看起來像一截打結的繩。很快地我打造出另一個幻想，生活在西伯利亞之外的戈壁沙漠中，住在懸掛黃絲綢和擺設猩紅漆器家具的壯

---

37 Yermak Timofeyevich，1532-1585，哥薩克首領，一五七九年，接受斯特羅加諾夫家族的召募進軍西伯利亞。一五八二年率軍占領西伯利亞汗國首都喀什里克（Qashliq）。

38 James Gilmour，1843 -1891，出生於蘇格蘭，倫敦宣道會的傳教士，在蒙古宣教二十一年。

麗蒙古包裡。呼圖克圖和我會在那裡自立門戶。我是他的左右手，以女王之姿治理蒙古。我們披著雪豹皮出行，騎著鈍鼻的蒙古矮馬，越過寒風刺骨的平原，朝喀喇崑崙山中埋藏的寶藏奔馳。當夜幕低垂，我們回到蒙古包，會有穿藏紅色僧袍的喇嘛為我們吹奏法螺和銅製、銀製的巨大筒欽，召集營地的人前來觀賞不兒罕山區的神聖舞蹈或摔角比賽。我們有一群摔角手，我知道摔角是蒙古生活的一大特色。蒙古包前鋪了地毯，一旁備有沉甸甸的俄式黃銅茶炊款待眾人。我會沏綠茶——呼圖克圖說那是他喝過的極品，他的五官仍模糊。當他把做工精美、鑲有綠松石和珊瑚的流蘇頭飾戴在我頭上，他自然變成了**旅人**。

不久我便向他透露這一首亞洲牧歌，他回敬我一首當時的流行熱門曲，填上有押韻的自編歌詞：

「我想跟呼圖克圖私奔，

如果他不想，好心的先生，你願意嗎？

我若非跟著你就是跟著呼圖克圖，

如果他不行，那就是你。」

「但願妳知道，妳會把蒙古人嚇死！呼圖克圖在他們心目中可是非常神聖的人物……，這就好比妳和蘭柏宮（Lambeth Palace）的大主教有染一樣，……不過，這點子不賴，妳和呼圖克圖……」填詞作曲開心之餘，他突然以靈活得驚人的身手蹦蹦跳跳，雙腳又踏又踢，用上了柴可夫斯基芭蕾舞劇裡「三位伊凡」[39]的狂放。

「我不曉得你會跳舞。」我被這些激烈的跳躍給迷住了。

「只要是俄羅斯人都會跳舞。」他簡短地說，然後戛然停下舞步。我沒再看過他跳舞，他這人變化莫測。

他厭惡勢利眼、裝腔作勢和所有的常規禮俗。然而當郵局職員、計程車司機或任何人用他眼中的不懂體恤或粗魯無禮的舉動（最愛扣的罪名）惹惱他時，他總會一口氣咕噥一長串感嘆。「想想看當年我曾祖父抵達基輔時大主教還親自到城門迎接而且城裡每一口鐘都在鳴響！」

我們從未得知他的曾祖父有何豐功偉業可獲得這般奉承的迎接。「搞不好是某個異象向他們顯示，那老人的曾孫將會創出一番大業。」我父親被**旅人**的急性子惹火之際這麼說。

～

他躺在俠客廬捲曲歐洲蕨葉和毛地黃下方，中國神祇似的剃光黃頭顱枕著乾草和淡紫色小花。那雙斜挑眼凝視上方，眨也不眨，盯著從蕨葉隙縫中篩下來的陽光。一如往常，他撥弄著一串伊斯蘭念珠，咔嗒咔嗒撥過一顆顆珠子，同時緩緩吟唱我努力去聽懂的俄羅斯歌曲。他唱起歌來仍保有說話時的深沉沙啞音質，就跟他無數鄉親一樣，具有最低男低音（basso profondo）的活力與深邃；儘管該民族那明白無誤的沙啞音質像一層紗罩著每個音域，生動感人又強而有力，即使是最輕盈的男高音，也絲毫沒有義大利人的糖蜜般音質。

「你在唱什麼歌？」

「一首古老的俄羅斯歌曲——妳不會懂的——反正妳還不懂。」他躺在那裡，直盯著我們上方

39《睡美人》舞劇裡三位哥薩克人的三人舞。

的蕨葉屋頂，笑得詭祕。

後來我聽到那首歌很多次。歌詞大意是，有個小販上集市和一位姑娘作生意——一塊紅色天鵝絨換一個吻……只有夜晚知曉他們生意有沒有作成。「快快長高吧，」小販對著麥田說，「快快長高吧，幫我們隱藏祕密。」

～

旅人更常來到英國。他的來來去去也更加神祕。沒有人知道他從哪來或去向何方。一九一八年的俄國革命和反革命延燒亞洲。羅曼諾夫一家人[40]在葉卡捷琳堡（Ekaterinburg）的地窖裡被殺害。滿洲國軍閥混戰，盜匪橫行；突厥斯坦—西伯利亞鐵路的軌道是用刺刀挖的。目光慘白的瘋狂男爵馮恩琴[41]凶殘蹂躪外蒙古，企圖招募佛教僧侶軍團。白軍[42]軍官和紅軍[43]委員都隱身在蒙古軍裡。

「他肯定是其中一員，」我父親說，當時我們有好一陣子沒見到**旅人**。假使他回到那裡，是出於渴望，還是聽命行事？亞洲腹地才是他真正的背景，離開那裡他總像在流亡。

「我不認為妳的鄉愁會比我的深，」他說，罕見地承認他的流亡狀態。人可能思念一無所悉的地方嗎？話說回來，我對它一無所悉嗎？它不也一度是我的背景？

「我可以清楚地想像妳在那裡，」他說，「當妳真正去到那裡，我想妳會覺得像回到家一樣。」

「別把這些念頭灌輸到她腦裡。」我母親的口氣透著不尋常的尖銳。**旅人**和我坐在沙發裡，一同看著一本俄羅斯畫冊，他正把每幅畫下方的標題翻譯給我聽。那畫冊裡的畫也許是特列季亞科夫[44]的收藏品。多年後在莫斯科，我看到了那些畫當中的許多真跡。弗瑞斯琴察金（Vassili

Vassilyevich Vereschtschagin）的「撒馬爾罕的烏茲別克戰士」、「三位魁梧的斯拉夫戰士」、稱霸西伯利亞草原的傳奇騎士、普希金的肖像……，我仔細審視每一幅畫。

「拍賣年輕農奴」，**旅人**耐心地翻譯。「騎灰狼的伊凡王子」、「處決火槍手」……他翻頁，隨後打住，仔細注視另一幅畫，抬眼端詳我的臉，又回頭盯著那幅畫。

「瞧！」他得意洋洋地說。「這是妳！妳看！妳果然屬於那裡！」

他斜瞟我母親一眼，那眼神搞不好閃過一抹惡意。「妳再也找不到比這更像妳的畫像了。」他說得斬釘截鐵。

「妳一直在那裡。魔法中的魔法！現在妳任何時候想去那裡，『Chort!』只需走進那畫框內就成了。這比出走遊戲還棒哪！」

「請你別教她說俄羅斯粗話。」我母親開口。「Chort」，本意是有牛角的惡魔，這字眼比起他說

---

40 指末代沙皇一家人，包括尼古拉二世、亞歷山德拉皇后和四個女兒及王儲，遭布爾什維克革命者殺害。

41 Baron Von Ungern Sternberg，沙俄陸軍中將，後加入俄國白軍，在俄國內戰期間，以其殘酷手段而得到了「血腥男爵」和「瘋狂男爵」的外號。

42 白軍指一九一八年至一九二〇年間在俄國內戰中對抗蘇俄工農紅軍的軍隊，主要由支持沙皇的保皇黨和自由主義者等反布爾什維克勢力組成。

43 Red Commissars，紅軍起源於一九一七年十月革命，俄國內戰期間布爾什維克黨創立的軍隊。

44 Pavel Mikhaylovich Tretyakov，1832-1898，十九世紀俄羅斯商人也是著名的藝術品收藏家，於一八五六年創辦特列季亞科夫畫廊，是目前世界上收藏俄羅斯繪畫作品最多的藝術博物館，一八九二年特列季亞科夫將他所有收藏品捐獻給國家，這個畫廊成為國家博物館。

的各式各樣俄羅斯粗話，可說是溫和有餘的一個語助詞，後來我時而聽到他奔放有勁地狂飆粗言穢語。但古怪的是，**旅人**很少用俄語爆粗口，更常利用法語在損人方面的巧妙高竿。「法語，」他說，「是一種可以把惡意表達得很優雅，把憤怒表達得很斯文的語言，儘管這本身很矛盾。斯文是不涉情緒的，但法語還是可以把憤恨表達得很到位。當我要洩恨，我發覺法文句子很妙，像有毒的飛標。不過法語不是愛情的語言，不管它說了什麼——也不管說了多麼多！愛情是所有法國人的執迷！柔情蜜意……他們不懂這個詞的真諦。英語才是激情與詩意兼具……不過當我戀愛，我會回歸俄語。俄語才是愛情的語言。」

沉默籠罩著我們。**旅人**想到愛情；我母親無疑也是。但我一如往常想到俄羅斯；使勁繼續玩這個最新版的出走遊戲。我招搖地把桌上的笨重畫冊放到膝蓋上。**旅人**向內凝視的目光再次轉向他周遭的世界以及翻開的書頁。

書頁上展示著十九世紀初俄羅斯人擅長的風俗畫。我凝視著迷人的雪景。某個市郊，一個戴皮草帽的年輕人拖著一個小雪橇，上面載滿家用品、籃子、陶皿和一具黃銅茶炊。他穿皮草滾邊的長袍，腳上蹬著高筒靴踩著雪地嘎吱作響。他熱切地看著身旁的女孩。他是她的戀人還是丈夫？他們要一起成家，還是他是個魯莽的商人，對她胡攪蠻纏？她穿著寬鬆的斗篷，斗篷下的手似乎套著暖手筒。她光滑的年輕面孔猶豫地面向他。這是耐人尋味的一幅畫，充滿了最出色的風俗畫特有的那種雖是靜態、卻扣人心弦的特質，使得畫面變成栩栩如生的活布景，讓我們渴望身歷其境。我發現那女孩的長相跟我有幾分神似。

「但你在哪？」我問，在我的新次元裡感到孤單。

「噢，誰曉得？也許我們會在另一幅畫裡找到我們倆，駕著妳愛的三駕馬車飛快奔出畫框。『馬兒快跑！』（Gaida troika）」他唱，嗓音尖銳得像抽響鞭子。「『馬兒快跑！』我離開後妳要繼續找。」他命令，然後像一聲雷鳴般消失。又或者，不久後消失在另一回合的不知去向——這一回很久。我們從不知道他不跟我們在一起時人會在哪兒，他很會閃躲這類問題。阿拉伯有句諺語說：「隱匿你的信條、財寶和行跡。」這句話說不定是他的座右銘。我們聽說他負責某方面的出口生意；但出口什麼呢？奴隸、餅乾還是槍枝？從哪裡出口到哪裡？這有無限多種組合。我父母親傾向於認為他是特務。尤其是目前大戰在即。內奸？雙面間諜？他們無奈地吐出不祥的字眼。為了誰——對抗誰？

我們始終不得而知。他們不由自主地愛護他，接受他來來去去，他像某種奇異鳥，闖入我們生活的擾人傢伙，但也帶來戲劇、色彩和困惑。我毫無保留地愛他，愛他的怪異，也愛我從他身上感受到的危險氛圍，不論他身為冒險者，還是身為男人，而我在童年之初，已經在下意識裡深深認知到這一點。因此，愛著他，我愛他的背景，愛圍繞他、形塑他的一切，而且我努力去洞悉斯拉夫國度這謎樣的遙遠幽域，我感覺到我的根源深植在某個深不可測的過去。我似乎始終了解他，始終愛著他，而且進到他的世界我才總算回到了家。

第三章

旅人送我的那些不可預測又叫人心滿意足的大量禮物，比之於我大部分同學會收到的盒裝巧克力、針線盒或麂皮封面祈禱書，似乎具有神祕特質，無愧於他神怪般的性格。

一串大琥珀珠串繫著褪色的絲緞流蘇，原來是聖城馬什哈德（Meshed）的穆斯林念珠。鑲華麗刺繡的土庫曼鞍囊，我想配得上穆罕默德那匹長了雙翼的神馬「布拉克」。有一陣子我對西伯利亞火車的忠誠一度動搖，反而更傾心於緩慢跨越中亞大草原的雙峰駝商隊，這類商隊是俄羅斯繫鏈穆斯林的許多環節之一。一回，在我們有一段時間沒有**旅人**的消息之後，一份適合成人的最浪漫禮物抵達，我格外樂得在五年級同學面前炫耀，因為那是個香菸盒，深黑的鋼盒鑲嵌銀質細工，是高加索地區特有的製品。外殼上除了燙金的**旅人**姓名縮寫外，還有一些象徵與俄羅斯軍團紋飾。就如我聽聞的，送女學童這樣的禮物無疑非常古怪。

「有何不可？等到有人會送她香菸盒的時候，我可能已不在人世，沒法送她這個禮物。」他氣沖沖說。至今我仍保存著，從沒用非來自土耳其或巴爾幹半島的香菸玷汙它，它似乎就該裝從那裡來的香菸。至於**旅人**，他打破了我對他享樂主義的既定概念，反倒喜歡抽可怕難聞的黃花菸草（mahorka），比薩拉比亞地區[45]三級菸草的廢渣，一般只在士兵或莊稼漢之間才找得到。他給我的最初印象，就是他經常從一口錫罐裡取黃花菸草來捲菸，那錫罐是他隨身攜帶的大量旅行用品之一。後來，當他再也不能隨意往返俄羅斯後，他堅稱，遺留在俄羅斯而不可復得的一切當中，最令他朝思暮想的就是黃花菸草。

每年復活節，我都會收到迷人的俄羅斯傳統彩蛋。有些是紙漿藝術，精美地裝飾著沙俄帝鵰或軍徽；有些則彩繪鮮麗的農村圖樣。六歲那年，他送我一個深藍色琺瑯小彩蛋，蛋身嵌上碎鑽構成的蝴蝶結圖樣，一只奢華的法貝熱[46]彩蛋。

「送鑽石給小孩子，這很不自然，不是嗎？」奶媽輕蔑地說，把它放在我拿不到的地方，最後我母親拿去裝飾她的梳妝台，用一條藍色緞帶掛在鏡子旁。我特別喜歡的一顆彩蛋是深紫色的藍螢石，柔和的表面布滿金褐紋理。這是我可以自己保管的一顆，我把它放在三匹騰躍的馬拉的木雕雪橇內，而這馬拉的雪橇是我的另一個俄羅斯禮物。某個聖徒紀念日，他送我一尊聖像和一座掛聖像的銀燈。

「很有裝飾性，」他說，他向來不理會宗教性含意，常引述孔廟刻的孔夫子的話，「祭神如神在」。不過他會細心地看著我以正確的方式懸掛聖像——要掛在房裡的東邊角落。他告訴我，俄羅斯小孩會在該就寢的時候就著小燈長時間看書。他們從不害怕黑暗，因為聖像始終在那裡，為他們發出光亮，陪伴他們一整夜——俄羅斯冬季的漫漫長夜……現在我在倫敦也有這個溫暖的形象照耀著我。

不過在我們的掃窗婦人貝茲太太看來，聖像的陪伴作用並不明顯；我得意地秀給她看我的新寶物時，她搖搖晃晃地輕率坐在窗沿上。

「哎呀！祂們的眼睛只會跟著妳打轉。簡直讓人起雞皮疙瘩！有靈性，是嗎？在我看來像會吃人似的。我跟妳說呀，我可不會把它擺在過夜的房裡。」

---

45 Bessarabian，東歐聶斯特河、普魯特河、多瑙河和黑海形成的三角地帶。

46 Peter Carl Fabergé，俄羅斯著名金匠，珠寶首飾匠人、工藝美術設計家，其製作的復活節蛋，即法貝熱彩蛋，被俄國和各國皇室視為珍品。

一整晚，西伯利亞火車在幼兒房飛快奔馳；掠過搖椅，穿越有玫瑰花樣的牆，把我帶向西伯利亞大草原，前往鄂木斯克，安德列耶芙娜的生日派對，而這場盛宴的焦點是一尾飾綁著緞帶的大鱘魚。我穿著純白禮服正要入席，卻被樓下某處的門砰一聲吵醒，瞬間穿越時空回到房裡，看見閃爍的紅光在我的聖像前輕輕搖曳……就如安德列耶芙娜房內的光輝。我翻身，回到西伯利亞，回到暴風雪和狼群，還有我後來很喜歡的淒美故事，關於一位心地高尚的西伯利亞少年救了某個法國流亡者美麗自負的女兒，後來在伊爾庫茨克成為舞蹈家。唉，費奧多爾不過是個農奴，而熱內薇耶芙是個高傲的貴族，他們之間社會地位的懸殊落差，就像費奧多爾從北極熊的爪子中救走她時跳過的冰原裂縫一樣大。

社會地位懸殊這種微妙處，我當時尚未意識到，我只是沉醉在充滿在地色彩的故事，看著熱內薇耶芙自始至尾的哀悽與癡狂，也覺得她多愁善感。她不曉得自己能和一位英俊的農奴和北極熊在西伯利亞冰原有多麼幸運嗎？

我躺在溫暖的倫敦被窩裡，熱切渴望自己能有她的運氣……西伯利亞！俄羅斯！俄羅斯……我睡著之前最後看到的，是**旅人**從莫斯科帶給我的銀框聖像前的搖曳光點。

〜

他送的禮物並非全是俄羅斯來的或稀有罕見的，譬如鑲綴彩石與米珠的蝴蝶結垂掛著一部迷你古蘭經：這是「bouti」，曾經是喀山富有的韃靼女士最喜愛的飾物，因此我始終珍藏著。包裹從世界各地寄來，特別是在我們好一陣子沒有他的消息之後：維也納聖誕市集來的口吹玻璃聖誕樹小天使，有著鍍金捲髮和肥嘟嘟的粉嫩臉頰，「因為它讓我想到妳」。母親收到的是西藏來的一尊樸美的青銅佛陀像。我收到的明信片當中，就像我的家庭教師說的，有一些顯得格調不佳（在福拉歌那[47]的「退去衣衫」〔La chemise enlevee〕的一張彩色複印中，嬰兒誘人的粉嫩臀部上有他潦草的字跡，寫著「想念妳，女士」）。來自中美洲某嘉年華的古怪紙漿動物面具，紫色和白色猴子或紅鹿頭，裝在破損的帽盒內抵達，帽盒上仍見巴黎知名女帽製造商的商標。一個很漂亮的珠母製維多利亞風格茶葉罐，附有六個獨立隔層，在我另一次的生日抵達，我至今仍保有它，而它經歷過倫敦大轟炸以及我這輩子後來的飄泊遷徙。每一隔層裝滿不同種類的茶葉：綠茶、珠茶、在松木上薰焙過的正山小種、上等紅茶和茉莉花茶……盒內夾帶一張髒兮兮的塔羅紙牌，紙牌上他潦草地手寫另一個簡明訊息：「懂得品茶跟懂得品酒一樣重要。」

旅人和我都有一種擁有的欲望；雖然就我所知，他居無定所，他的所有物分散世界各地。有些東西多年來一直裝箱儲藏，有的裝在他鼓鼓的口袋裡，從一件外套移到另一件，他從未說起那些隨身物對他的特殊意義。

在談話過程中他總會說：「那讓我想到——我有個東西，妳肯定會喜歡——布哈拉[48]的長

---

47 Jean-Honore Fragonard，1732-1806，法國風俗畫、風景畫、肖像畫及歷史畫畫家；也是圖案師、裝潢家及蝕刻銅版畫家。

48 Bokhara，烏茲別克西南部的一座城市。

袍……搭配晨褸很好看，我一定要給妳。咦，放在哪兒呢？」或者，「我上次在加茲溫[49]給妳買了彩漆波斯鏡……」但他沒有說為何會去加茲溫。

他會出神發怔好半晌，費勁去想這些物品在何處，然後滿不在乎拋到腦後。但幾個月或幾年後，這些東西會出現，絳紅色和紫羅蘭色的綢緞襖袍，塞在邊邊角角爆開的破損紙包裹內，包裹上散布著許多模糊難辨的海關戳印，還有塞在摩洛哥錫製小茶壺內的許多明信片。

於是我自然而然養成的愛好就這樣成形了。我很小就開始收集**東西**——物品，而非藝術品，而且隨身攜帶，即便是最短程的旅行。我從來不懂「輕裝上路」這句話。跟**旅人**一樣，我總帶著一大堆行李出發。書房裡的物品愈堆愈多，我父母總顧慮著囤積的危險。當然還有經常要撣走塵埃的麻煩。但**旅人**了解我深沉的渴望。

「物品很忠實，當人離開，它們留在原地。」他說，賦予物品生命，認為物體有自身的主體性。對此，我也有同感。從小我總覺得自己跟所謂的無生命物體心有靈犀。對我來說，無生命這形容詞從來不適用。黃銅鑲邊的阿拉伯櫃或凹陷的手扶椅，莫不向我放聲泣訴過往身世。

浪漫得無可遏抑的瑪麗．巴希克采夫[50]，深知與物體的這種靈犀相通；她描述童年家鄉什尼亞科夫（Tcherniakov）時寫道：「人們嘲笑從家具和照片找尋記憶的人，嘲笑會對那些東西說早安、道再見的人，嘲笑會把一截木頭和某樣東西當朋友的人，而那些東西因為有用處又經常可見……成了你生活的一部分……」

從舊貨鋪蒙塵的窗外窺看，或在街市注視著廢棄物，我總感覺到與物體之間的靈犀相通。賣場或倉庫是我與它們相逢的地方，也可能是它們的葬身之處。當我的目光落在某個顯然並不特別的東西時，它卻在眾物喧譁之中對我幽幽傾訴，彼此相認的澎湃情感溢滿我胸臆。接著，假使我有能力買下它，它就有了歸屬，在我的所有物裡有一席之地，與來到——也可說是回到——我身邊的其他物品一同安頓下來。究竟有誰能說物品、人還有「所謂的靈魂」，在共同邁向永生的道路上，曾在另一個時空裡與我們朝夕共處又熟悉不已呢？

因此，也許憑著一股返祖的衝動，我決定要收集俄羅斯的一切。我以同等的熱切，渴望擁有東方部族宿營會用的那種奇特的黃銅茶炊，或鑲著碩大綠寶石的穗狀頭冠（kokoshnik），發出霸氣逼人的璀璨光芒，帶著俄羅斯品味獨特且清晰可辨的過度。

~

一九二〇年。戰爭結束，大戰後的那些年，**旅人**再度現身。一如以往像神怪似的突然冒出來，不容人發問，甚至不容我父母親詢問，而他們持續在臆測。「我在這裡，和你們在一起，你們知道我當下的一切，又何必要知道我在別處的那些事？」他會這麼說，把我們無辜的好奇轉為陰險的惡意。然後他會大談特談有關時間與空間的亂糟糟理論，說除非有直接接觸，否則人或物並不存在。以上全都非常令人困惑，但他的意思很明白：不要刺探。

當時有很多為俄羅斯發起的慈善義賣，我試著誘引他參加，但他興趣缺缺。「全是那些上了年

---

49 Kazvin，位於伊朗。

50 Marie Bashkirtsieff，1860-1884，出生於烏克蘭，俄國作家、畫家、雕塑家。

紀的女大公打著慈善的名義賤賣別人的珍藏！」他說，實在有失公允，因為那些物品有很多是她們在帝俄瓦解時搶救出來的個人物品，現在要欣然出售。但他並不埋單。

「那麼，去吧，去給自己找個帕勒克漆盒（Palekh box）……但我記得菲多斯基諾（Fedoskino）才是以漆畫為業的村莊，還有在莫斯科賊市（Stchoukin Dvor）的殺價。我可不想把尋寶變成行善或社交活動，甚至不會為了妳那雙藍眼睛這麼做，小姑娘。」

「可是我的眼珠是綠色的，」我照實地費力提醒他。「那麼，是綠松石的藍綠色。」他詩情地回答，接著伸手在口袋摸索，拿出一顆未經雕琢的石頭，擺到我眼珠子旁加以對照，然後小心地再放回口袋，說他遠行時那石頭可以作為提醒。

後來我聽說，他拒絕捐出任何東西，結果在俄羅斯救援組織掀起一場風暴；更糟的是，一提起列寧這名字（對俄國流亡者來說是大忌），他總習慣性地說：

「多麼討喜的一對夫妻！」

「你怎麼可以這麼激怒人？」我母親說。

「該讚美就要讚美，」他答道，「他們被流亡放到米努辛斯克（Minusinsk）時我常和他們見面，那裡是個昏天暗地的地方，就在西伯利亞中央上方。他的談吐是一流的，她的廚藝也是。」他後來又補了這一句：「我很感激他們。」

當我世故的姑媽艾瑟爾犀利地談到無政府主義者不大可能有好手藝，他有備而來。

「可別以為惡魔就不懂得吃。我從不懷疑浮士德用龍蝦舒芙蕾贏得瑪格麗特芳心。如果妳以為西伯利亞的蠻荒沒什麼誘惑，讓我告訴妳，雅庫特人被看得比布加勒斯特[51]人更放蕩。」

他在米努辛斯克做什麼，我們始終不得而知。

當我年滿十四，「七的兩倍，魔力加倍」，**旅人**說。他送我生平第一具俄羅斯茶炊，一個矮胖的黃銅器具。我發現它不容易使用，不過那是他送的禮，也是俄羅斯的永恆象徵——象徵我所渴欲的「俄羅斯的一切」，因此我努力摸熟如何用木炭煮水，聽到水滾的咕嚕咕嚕聲總感到欣慰。不管茶炊發出的咕嚕咕嚕聲多麼輕柔，它似乎永遠主宰著房間，帶來無與倫比的陪伴感和篤定感。這是俄羅斯人心愛的一樣東西，很少有人不帶著它旅行；即便是現在，他們活得堅定踏實有目標，有些人還是帶著俄羅斯茶炊上火車或飛機，給自己電壺或保溫瓶給不了的慰藉。

大約這時候，我得到後來畢生珍藏的一樣寶物：一八九三年版的《穆瑞的俄羅斯指南》（*Murray's Guide Book for Russia*）[52]。這厚厚一小本絳紅色的書，始終是我最愛的床頭書，雖然它塞滿了如今看來浪漫有餘卻精準不足的陳述。眼下在書房內，我帶著陶醉又激動的心情翻開來讀：「庫爾斯克（Koursk）。二十分鐘。火車停靠站。附有快餐食堂。車站距離城鎮三俄里，居民五萬。二十三間教堂。五間女修道院。聖母顯靈（Bogoroditsky-Znamensky）修道院建於一六一二年，紀念波蘭人猶

51 Buckarest，羅馬尼亞首都。

52 一八三六年起由約翰·穆瑞（John Murray）在倫敦出版的旅遊指南，一九一五年後，這一系列旅遊書以《藍色指南》繼續發行。

科夫斯基（Hetman Jolkevski，揚言要入城劫掠）的撤退。位於庫拉河（Koura）和圖斯卡拉河（Touskara）交匯處。肥沃土地環抱。西瓜的集散中心，外銷遠至中國邊疆。一年一度的庫爾斯克節慶，復活節後第十週舉行。大教堂（有許多有趣的聖像）。波爾托拉茨基飯店（Hotel Poltoratsky）（單人房每天四盧布。在餐廳用膳，推薦早餐）。德米多夫〔Demidov〕公共花園（每星期三和夏季的週六夜晚有樂隊表演）。地區首府，主教座堂所在地。很多公共建築，包括精神病院和感化院。建議喝瓶裝水或礦泉水。」

雖然頭一次讀這些及其他的類似敘述，也許看不出重要性，但它對我意義非凡。庫爾斯克！多麼令人神往。庫爾斯克，俄羅斯人常說那裡的夜鶯會唱十二種不同的曲子……也許命運之神要我預作準備，以便在遙遠的未來嫁給羅曼·卡什夫[53]，也就是大家所知的羅曼·加里（Gary）這位歸化法國的俄羅斯人，他的祖先就是來自庫爾斯克的歐烏辛斯基（Owczinsky）家族。

其實每個條目在我眼裡都充滿魔力，不管是前往巴庫[54]火車時刻表、隱士廬博物館的館藏，或下諾夫哥羅德節慶，只要它召喚出我心目中的地景——我心渴望的地景？

當我透過**旅人**抵達我想像中的俄羅斯，他也透過我稚氣的熱情、我對他的照單全收，再度抵達他已失去的俄羅斯——甚或是他在描述之際發現的從未知曉的俄羅斯。回首從前，我想他也展開了旅程，進入腦海深處，觸及內心的渴欲。某種返祖的渴望拉引著他，去尋索遙遠土地上的記憶或消失已久的回聲。

他也有他自己的咒語和魔法，有時他雙手握著我的手彷彿它是某種法寶，眼神迷濛地遁入那意味著他正在「思念俄羅斯」的向內凝望，然後他會反覆哼著一首西伯利亞民謠，有著縈繞心頭的副歌：

「來到我門前的寂寞旅人是誰？
不再寂寞。」
總算來到我的房門前，他不再寂寞。

~

當**旅人**再度現身，他簡直就是搬到我們家，進入我們的生活，用他慣有的手法擋掉所有的提問。我從來無法恰當地估量出我父母親對他的態度。我父親似乎喜歡他作伴，但以一種超然的方式：從舞台前方的位子看著他誇張的出場和退場，以及趣味無窮的獨白。我母親較不超然。她聽得入迷，但有時似乎顯得怪異地冷漠，尤其是關於西伯利亞。

「那裡肯定很不便利，我真不曉得他喜歡那裡的什麼。」她會這麼說，一面跟採購清單或當天菜色纏鬥。我曾經問過她，為什麼她沒去俄羅斯——當很早以前她剛認識**旅人**時，當她已經成年而且可以自由地去她想去的任何地方時。

53 Romain Kacew，1914-1980，法國小說家，外交官，是唯一兩次獲得龔古爾文學獎的作家。
54 Baku，亞塞拜然首都。

「人從來都不是真的自由。」她謎樣的回答。但這答案不能滿足我，我慢慢發現我母親甘於受約束，這讓她避開了下決心去冒險的壓力。身體不好、缺錢、對他人的責任等等，這些事漸漸成了她的盟友：她選擇安穩。

我書架上的書此時已多到氾濫。最初的西伯利亞書庫已經擴充得令人驚嘆，罕見書籍譬如一八五二年出版的《一名流放女子的西伯利亞啟示》（*Revelations of Siberia by a banished Lady*）或《蒙古使徒季雅各》（*Gilmour of the Mongols*）令我自豪，此外還有往南延伸到果戈里的烏克蘭以及別斯圖熱夫—馬林斯基[55]的故事裡被浪漫化的哥薩克人等許多沒那麼在地性的題材。**旅人**以慣常的冷淡看待那些書。

「《阿馬拉特酋長》[56]？《韃靼人的奴隸》（*En Esclavage chez les Tartares*）[57]？我的天啊！妳應該讀列斯科夫[58]和佩什斯基—梅爾尼可夫（Perchersky-Melnikov）[59]，如果妳想洞察真正的古俄羅斯的話，」他說，「還有戈拉夫里夫（Golovliev），而且赫爾岑[60]是我們所有作家中最有意思的一個。一個超凡人物……妳知道在我年少時他的書是被禁的嗎？我們的審查制度格外徹底。我相信列寧就深受他的影響……一個偉大的心靈，一個偉大的人物……」他陷入沉默，肩膀弓起，雙眼空茫地凝視前方，那古怪眼神始終令我困惑。

「一個偉大的人物？列寧？肯定不是列寧。」菈薇絲小姐抽著鼻子尖聲說，一個蒼白清瘦的嬌小第厄普人[61]，每星期來我家兩次，教我法文和算術，我毫無天賦的兩個科目。

旅人聳聳肩。

「每個人看法不同，端看你的立場、有什麼損失或有什麼好處而定。」

他陰鬱地凝視窗外，看著一名富有的行人和穿制服的隨行保母推著整潔的嬰兒車，臉頰粉嫩的乘客揮舞著昂貴的玩具，一隻快活的狗恰恰好跟在後頭。

他用食指指著我。

「這一切都很和諧，就像妳的奶媽以前常說的。在這裡，妳有很多東西可失去……我們——俄羅斯大多數人——有很多東西要爭取。縱使要付出那些代價……而且別忘了，我們落後你們歐洲人起碼四百年。」他繼續說，再次把他自身和他的民族歸為亞洲人。

這是我少數幾回聽他談起政治，在書房談這種話題很白費力氣。

---

55 Aleksandr Bestuzhev-Marlinsky，1797-1847，俄國作家，十二月黨人。十二月黨人起義失敗後被流放至高加索地區。在流放地別斯圖熱夫化名「馬林斯基」繼續創作。他先被流放到雅庫特，後來前往哥薩克服役，死於一八三七年的一場戰役。

56 *Ammalat Beg*，別斯圖熱夫—馬林斯基的作品，酋長阿馬拉特是高加索山區的部落首領，力抗俄羅斯入侵。

57 Henryk Sienkiewicz，1846-1916，波蘭作家，主要作品為歷史小說「衛國三部曲」，一九〇五年獲得諾貝爾文學獎。

58 Nikolai Leskov，1831-1895，俄國記者、小說家，曾加入基輔的自由主義圈子，以反虛無主義思想獲得名譽。主要作品有《姆欽斯科縣的馬克白夫人》、《圖拉的斜眼左撇子和鋼跳蚤的故事》以及《神職人員》。

59 本名帕維爾·伊萬諾維奇·梅爾尼可夫（Pavel Ivanovich Melnikov），1818-1883，俄羅斯小說家，筆名安德烈·佩什斯基（Andrei Pechersky），著名作品為《林間》與《山崗》，描繪俄羅斯鄉間生活，以及兩本關於舊禮儀派的史詩長篇小說。

60 Aleksandr Ivanovich Herzen，1812-1870，俄國思想家、革命活動家，出生莫斯科貴族家庭，少年時受十二月黨人起義影響，立誓反抗沙皇專制暴政。一八三五年以「對社會有極大危險的自由思想者」的罪名被沙皇政府逮捕並流放。一八四七年去國流亡，旅居法國、義大利等地。一八五二年來到倫敦，創辦「自由俄羅斯印刷所」，出版刊物《北極星》和《警鐘》，通過地下渠道發往俄國。代表作有《誰之罪》、《往事與隨想》。

61 Dieppoise，法國上諾曼第地區瀕臨英吉利海峽的城市。

「我的茶呢？」他要求，看著我們——他的奴隸——趕忙去張羅，一副等人奉茶的自滿模樣。他照例享用了一杯茶和一匙櫻桃醬之後，心滿意足地談起西伯利亞，再次說起那些他深知會令我神往的荒原。

但這回他說起亡命失所的俄羅斯白軍，在紅潮進逼下節節撤退，往東一天比一天退得更遠。他們長途跋涉，坐貨車、騎馬或可能的任何方式。一九一七年西伯利亞火車發出最後一班東行列車，但那些顛沛流離的人艱苦步行多年，越過這一片荒地。西伯利亞的小城鎮能給的從來不多，除了空間之外，就是寂靜：在某些小城，你可以在正午時分的大街上聽見手錶的滴答聲，整個城彷彿靜止，也乏味到只要有人收到電報，就會被當成報章傳閱——消遣一番。大如池塘的水坑，陰沉的天空，沙塵或泥濘，一兩間骯髒的店鋪，一座綠色圓頂的小教堂，大街上成排的破敗木屋中，最醒目的是一棟黃色的灰泥建築：警察總部。差不多是這般景象。憲兵署空無一人，門隨風擺盪，象徵威權的帝鵰，被路過的一夥獲釋囚犯給毀損。

新秩序花了很長時間才抵達西伯利亞；當時，它還在莫斯科慢慢成形。值此之際，流離失所的人仍持續往東遷徙；饑荒和斑疹傷寒讓他們的行列大幅削減。有些人在途中倒下，有些人撐了下來：將軍們淪為路邊破爛客棧的門房，他們的女兒在流浪的投機份子、中國商人或因大革命獲釋卻還沒被新俄羅斯收編利用、邋遢又粗暴的昔日囚犯之間攬客。一些流亡者帶著細軟抵達中國和外面世界，獲得南森護照[62]和新生活。另一些兩手空空抵達邊疆，當起計程車司機或侍者，或者純粹當親王，簡直把那身分當職業。這些俄羅斯人是那一批流亡者當中最先成為二十世紀之恥與問題——難民——而我們已習於接受他們的命運無可避免。

「移民潮——戰後期間大規模的離境出走——是俄羅斯歷史罕見的一章。」女大公瑪麗亞・帕芙洛芙娜（Marie Pavlovna）寫道。流亡者北逃——至芬蘭，往東——到西伯利亞以及更遠處。超過一百萬人進行這特殊的遷徙。他們也往西去，去到波蘭邊境，南至黑海和土耳其。官兵和百姓一起撤離。混亂、絕望、茫然、疾病和恐懼——這些是流亡者的命運。一艘英國巡航艦載走俄羅斯皇太后瑪麗亞・費奧多羅芙娜（Marie Feodorovna）及其隨從。突然間有三十萬名貧病交加的俄羅斯人湧入君士坦丁堡。英國、法國和美國大使館努力營救這場苦難。流行病肆虐，斑疹傷寒爆發。西班牙流感重挫筋疲力竭的人們，他們缺乏食物、衣物和棲身處……**旅人**講述這一切。

一九二〇年，高加索和克里米亞半島的反布爾什維克勢力最後一搏遭到鎮壓。此時，各路軍隊湧入土耳其，光是撤退到加里波利[63]半島的這些落魄無望的男人就有六萬名以上。霍亂蔓延。倖存下來的人追隨弗蘭格爾將軍[64]，將軍帶著那批被解散的庫班哥薩克人（Kuban Cossacks）找活路，堅定陪伴他們撐過等待巴爾幹半島國家接納或前往更遠處討生活的歲月。他們現在要重新打一場更艱苦的仗，對抗失業和幻滅。同軍團的一伙人可找到需要一組人進行的工作——當礦工或農工。這

62 Nansen passport，一九二〇年代俄國內戰，加上鄂圖曼土耳其境內的種族屠殺，東歐爆發難民潮。挪威探險家、人道主義者和外交家南森（Fridtjof Nansen），一九二一年被任命為國際聯盟難民事務高級專員，倡議給無國籍公民發行護照，即「南森護照」。護照持有人不能入籍定居地，但能免於遣返，而且能到不同國家找工作。

63 Gallipoli，位於土耳其。

64 Freiherr Peter von Wrangel，1878-1928，俄羅斯帝國軍官，出身於屬於波羅的海德國人的弗蘭格爾家族。在俄國內戰後半段擔任了俄羅斯南部反布爾什維克白軍的指揮官。

類的一個軍隊單位在巴黎落腳，後來我認識了其中幾位。他們保有所有軍紀以及軍團的銳氣，住在很像兵營的小木屋，形成聚居地，在鐵路調車場當搬運工人或貨運工人。

「只要他們不當信號手或火車司機都行。」**旅人**嚴厲地說。他對同胞的機械能力沒有信心。後來我時而不禁納悶，他會如何看待下一個世代的俄羅斯人——蘇聯公民——在科學和機械上的傑出成就。

~

旅人一面譴責俄國大革命的恐怖，而在那場革命裡他的很多朋友也都慘烈喪生，也一面熱烈說起大革命的理念，並刻意不談趨炎附勢的流亡貴族。那些利用貴族頭銜來牟利或結婚以求安穩發達的人，尤其令**旅人**光火。其中一位貴族份外了解倫敦社會的輕信心態，他娶了一位富商巨賈的女兒，雇用兩名俄羅斯貼身保鑣，還特意要他們穿上哥薩克風格的華麗制服。保鑣隨侍在側，在晚宴上就直挺挺佇立在主子的座椅後方，雙臂交叉於胸前，相當引人注目（你可以想見他們在樓梯下多情善感的起居室引起女僕之間何等騷動），或者當主子坐在劇院包廂時佇立兩側。這般的浮誇，**旅人**說，在羅曼諾夫皇族的人眼裡簡直不得體，而上述這位貴族在俄羅斯肯定也沒這種習性，因為他只是個小小諸侯，在「天鵝絨之書」[65]上的位階不比哥薩克人保鑣高多少。不過他在倫敦社會造成轟動，這畢竟也是他的本意。

旅人一向痛斥這種投機主義者。就是這類的王公諸侯拖垮了國家，他說；他要大幹一場，打倒過去百年來的宮廷與政權，從亞歷山大一世晚年的暴虐不仁，尼古拉一世在位的專制，到亞歷山大二世夭折的自由主義，亞歷山大三世反動的保守統治，最後到末代羅曼諾夫王朝的怠惰無能和沉痾積弊，皇親國戚和整個宮廷的失責。「為什麼俄羅斯頂端那些握有無上權力的人毫無道德責任感，不像你們的地主。他們只想著一件事──享樂。那不是高傲，高傲都被你們英國人壟斷了。你們生來就是閣下，殖民我們其他人。不，俄羅斯人是完全另一種狀況，王公貴族之間是沒有王法的，只有奇想。當然有少數例外；克魯泡特金親王[66]就是一個，可希克霍夫親王（Prince Khilkhov）也是，他曾經在妳的西伯利亞鐵路當架線工。但妳看得出來為什麼革命必須出現。」

旅人有時會帶我去另一個俄羅斯移民的圈子，在那裡他通常脾氣溫和些。那是個知識份子圈，一群落魄的聰明人，仍舊深信自由主義，仍舊引述赫爾岑的話。他們聚集在髒臭的地下室或茶館，菸抽得兇，也咳得兇。如同無數貴族，他們也是另一個世界的倖存者，但我的迷戀，我的閱讀涉獵，讓我得以在某種程度上跟隨他們進入屬於他們的斯拉夫世界。他們精通各種語言，熟稔各種文化，會跟我談柏拉圖、彼得．施雷米爾[67]、泥人[68]、嘎姆雷特[69]──他們把那陰鬱的丹麥人的名字發

65 Livre de Velours，登錄俄國最顯赫家族宗譜世系的官方簿冊，以紅絲絨布裝幀，故得其名。

66 Prince Kropotkin，1842-1921，俄國革命家和地理學家，父親是俄國世襲親王，但他拋棄了貴族繼承權，主張無政府共產主義，被人稱為「無政府親王」。代表著作有《田野、工廠和工場》、《互助論：進化的一種因素》、《奪取麵包》。

67 Peter Schlemil，應指德國作家阿德爾伯特．馮．夏米索（Adelbert von Chamisso，1781-1838）具有自傳性質的書信體小說──《失去影子的人：彼得．施雷米爾的奇幻故事》裡的人物。

68 Golem，希伯來傳說中，用黏土、石頭或青銅製成的無思考能力卻可以自由行動的巨人，意指上帝未塑造完全，沒有靈魂的人類。

69 the Gamlet，指莎士比亞的名劇《哈姆雷特》，劇中男主角哈姆雷特是丹麥王子。

成那樣的音。我會跟他們問起那位出口成詩、而且強迫家人答話時也要作詩的俄羅斯獨裁者；或在聖彼得堡大街上遛寵物狼的侍衛長；或央求他們背一段萊蒙托夫[70]的長詩《惡魔》（*Demon*），那詩的主題（惡靈對一名珍珠般純潔少女的暗戀）我覺得浪漫得無法言喻。我沒問他們西伯利亞——那是另一碼事，只屬於**旅人**和我。

那些流亡者對於最殊異的英國文學展現出驚人的知識廣度，他們談論「帕斯頓情書」[71]、約翰·彌爾[72]的作品、《愛麗絲夢遊仙境》或復辟時期的詩人。他們格外欣賞查特頓[73]，視他為烈士，也許是在閣樓輕生引起了共鳴。他們彼此之間用法語交談，但我發現，只要一談到政治（這情況還滿常有的），他們就改用母語，彷彿其他語言無表述這議題的迫切性。此外，就像**旅人**告訴我的，能夠說如此純正的俄語是受過最良好教育的俄羅斯人一大標記：一般來說，會說法語和德語被認為很時髦——會說英語也是，那證明了你有個英國奶媽——自視不凡的極致，但俄羅斯奶媽比較是粗枝大葉、缺乏教育的那一類人，從僕役中揀選出來的，並不被看重。

他們的嗓音所散發的活力總令我著迷，和他們疲態倦容成鮮明對比；在這些靜止的面具上倏忽掠過、幾乎察覺不到的情緒波動，把最晦澀難懂的交流提升為一種戲劇性的奇觀。

不管有沒有疲態，他們表現出非凡的精力。工作或娛樂都全心全意投入。他們的生活很苦。男人靠當家教或翻譯謀生，女人包針線活兒來做，在小餐館或一般家庭幫傭。他們在俄羅斯經濟動盪之初就抵達英國，當時一次大戰結束，俄羅斯國內開始出現物資短缺的堪憂現象。英國婦女在軍火工廠或在土地上幹活，已經嘗到經濟獨立的滋味，不願意再回歸家庭主持家務。於是晨來夜去的女傭年代露出曙光。地下室再也不會擠滿思慮欠周、不問是非的打雜女傭（英國版的農奴）。而在樓上，心煩意亂的家庭主婦在陳舊、不便的屋子裡努力裝門面。很多俄羅斯婦女在這類的家庭找到活兒幹，大體上她們和女雇主一樣不稱職。不過雙方都滿意這樣的安排。

我知道**旅人**欣賞這些流亡者的不滅鬥志，但他也痛惜這些知識份子天生在政治上起不了作用。他喜歡逗弄他們，抨擊托爾斯泰還有高爾基[74]是偽君子，醜惡的裝腔作勢者。他會引述列寧評論托爾斯泰的話，說得口沫橫飛：「托爾斯泰信徒盡是懦弱迂腐的歇斯底里者，又叫做俄羅斯知識份子，他們捶胸頓足，公開自責——令人作嘔，高呼要竭力達到完美，還要戒吃肉改吃飯。」

這番話每每激怒他們，他們普遍崇拜托爾斯泰，不吃肉是因為經濟拮据，而且人人都憎惡列寧。達陣得分後，**旅人**又繼續逗弄他們，貶損參與政治的作家。

「托爾斯泰可是亞斯納亞—博利爾納（Yasnaya Polyana）莊園的主人，而高爾基享受著拿坡里灣的美景，兩人奮力不懈從事政治和土地改革？呸！到頭來兩人都言不由衷……當肥皂箱被人占走。介入文學把身為藝術家的他們毀了，向來如此。『詩的意義該是詩意，如此而已』，就像普希

---

70 Mikhail Lermontov，1814-1841，生於莫斯科，浪漫詩人與小說家，被視為普希金的後繼者。長詩《惡魔》抨擊了黑暗的農奴制社會。中篇小說《當代英雄》描寫貴族知識份子在沙皇統治下精神空虛的生活。

71 The Paston Letters，一四七七年Margery Brews以英文寫了一封最古老的情書給心上人John Paston。

72 John Stuart Mill，1806-1873，是十九世紀的自由主義大師，著作包括《論自由》、《論代議政治》、《邏輯學體系》、《政治經濟學原理》等。

73 Thomas Chatterton，1752-1770，哥德文藝復興運動詩人，才氣縱橫，十七歲時服砒霜自盡。

74 Gorky Maxim，1868-1936，沙俄後期和蘇聯初期的作家，蘇聯社會主義現實主義文學的奠基人，政治活動家。著名的散文詩《海燕之歌》是一篇無產階級革命戰鬥的頌歌。其戲劇特別是《小市民》、《底層》在當時俄國劇壇引起了轟動。

金說的。文學也不該碰政治。」

那些知識份子視為生活支柱的冗長政治討論令他不耐，他也不同情那些把大革命視為一時狀態的人，對於打算追隨騎白馬的皮烏蘇茨基元帥（Narshal Pilsudski）奔向俄羅斯，深信失土可以收復的人更是不以為然。

他看得很清楚，他認識的俄羅斯已經消失，但他似乎也不懷疑，有朝一日另一個世界將會意氣風發地嶄露頭角。然而他知道那個世界與他原本熟悉的沒有相通處，他深信俄羅斯人的力量、他們偉大的天命。有時他會故作神祕，在書房裡踱來踱去，引述杜斯妥也夫斯基的話說，末日劫難的大天使早在每個農民額頭上刻寫世界的命運。接著，他拋開對於涉足政治的作家的譴責，一副宛若安德列．謝尼埃[75]再世的樣子，慷慨激昂地說出杜斯妥也夫斯基為普希金紀念館揭幕時深具遠見的演說詞：「毫無疑問，俄國人的命運關乎泛歐洲和全世界的命運。做一個真正的俄國人，充分地成為一個俄國人，意味著成為世界人，……我們的天命是創造普世的福祉，但靠的不是刀劍，靠的是我們的兄弟情誼將人類團結起來……。」

受到這股熱情的感染，我買來《作家日記》[76]，杜斯妥也夫斯基的那篇頌詞便收錄其中；我在書房裡讀得飄飄然，自然而然從**旅人**吸取其政治態度，一如我所有的品味。我想，這種習於自我耽溺的生活，使得他忠於一個逝去世界的表面樣態；然而我有的印象是，每一回他從難以解釋的離開或失蹤再次現身，他離他最初所熟悉的愜意生活更遠，也更靠近當時遠在我們的邊陲之外、正在成形中的嶄新世界。

回到我母親爐邊的溫和氛圍，遠離政治和世俗掛慮，他會不屑地說起「墮落的拜占庭宮廷腐敗的殘存」，意指圍繞在費奧多羅芙娜皇太后身邊的少數一群可悲的羅曼諾夫王朝親族及其隨從，當時費奧多羅芙娜皇太后投靠胞姊亞歷山德拉王后（Queen Alexandra），英國王太后，住在馬爾博羅宮。由於英國皇室和羅曼諾夫王朝有親屬關係，當時流落英國的俄羅斯王公貴族的一舉一動，經常是倫敦人茶餘飯後的話題，我會盯著《閒談者》[77]雜誌刊登的他們的照片仔細看。在皇太后及其女兒之後，權貴圈則以女大公瑪莉・巴伕洛夫納（Marie Pavlovna）及其兄弟狄米崔・巴伕洛夫納（Dimitri）大公為首，當時尤蘇波夫家族[78]等其他很多皇親國戚尚未移居巴黎。

讓我一頭栽入收集熱的那些俄羅斯慈善義賣，本質上也具有細膩的社會功能，因為有愈來愈多的俄羅斯貴族跟他們的英國同儕聯手為貧困的同胞募款。當我揮霍零用錢，預支了零花去買俄羅斯

---

75 Andre Chenier，1762-1794，法國詩人，出生於君士坦丁堡，三歲時被父母帶回法國。法國大革命期間，由於他主張君主立憲制，最終在「革命恐怖」下，被送上斷頭台。

76 *Pages from the Journal of an Author*，杜斯妥也夫斯基的作品，寫於一八七三—一八八一年。

77 *The Tatler*，一九〇一年開始發行的時尚雜誌，內容鎖定上流生活的點滴，供應英國上流社會必要的資訊、娛樂與評鑑。

78 Yussoupovs，俄國鉅富門閥，指的是費利克斯・尤蘇波夫親王（Prince Felix Felixovich Yusupov）。一九一六年，尤蘇波夫親王與狄米崔・巴伕洛夫納大公等眾多志士們刺殺了沙皇寵信的國師拉斯普京。俄國革命後，尤蘇波夫親王攜妻子伊琳娜移居法國。

小玩意兒之際，我會飢渴地盯著名稱具歷史意義、與俄羅斯密不可分的東西。從某位嘉立津公主坐鎮的小吃攤遞上來的一個皮羅什基油炸包（Piroshki）和一杯焦糖色的克瓦斯[79]，在我眼裡神聖無比，猶如聖餐餅和聖酒。雖然從歷史傳承來說，我還真希望是從某位緬希科夫[80]的手上而不是嘉立津公主接過這個皮羅什基油炸包。頭一位緬希科夫親王不就是販售酥派餡餅出身，最後風風光光成為彼得大帝的愛將嗎？從我手中的皮羅什基油炸包，到在遙遠的地方由緬希科夫的某個後代子孫遞出去的那些，對我來說都意義非凡。

就這樣，沉湎於俄羅斯的過往，我無視它驚人的當前，不怎麼關心正在形成的歷史，譬如拉斯普京[81]、在葉卡捷琳堡的伊帕提夫之屋[82]、曙光號巡洋艦[83]、高爾察克海軍統帥[84]遭捷克和法國指揮官出賣、饑荒、五年計畫[85]、列寧的統治，或其他攸關俄羅斯興衰的里程碑。

我進入想像中的幽域，追逐著紀念物——死亡的象徵。

79 kvass，一種用黑麥麵包發酵而成的低酒精飲料。

80 Alexander Menshikov，1673-1729，緬希科夫出身寒微，父親是做糕餅甜點的師傅。彼得大帝年少時結識緬希科夫，與他組織青年軍，從事攻城陷陣的軍事訓練。他們以「普列奥布拉仁斯基軍團」為名，後來成為彼得大帝最信賴的私人衛隊。緬希科夫也因此被彼得大帝打破階級的限制封為親王。

81 Rasputin，1869-1916，生在農家，以巫醫為業，後來被引薦入宮，醫治沙皇太子的血友病，沙皇尼古拉二世及皇后對他寵信有加，拉斯普京的權力逐日龐大，荒淫無道。一九一六年尤蘇波夫親王設宴將之殺害。

82 Ipatiev House，俄國爆發十月革命，尼古拉二世全家被布爾什維克軍隊逮捕，囚禁於葉卡捷琳堡的伊帕提夫之屋，最後被士兵在地窖集體槍決。

83 Cruiser Aurora，一九一七年曙光號的官兵接受布爾什維克黨指示，開進涅瓦河，率先向當時的臨時政府所在地冬宮開炮。「『十月革命』一聲炮響」就是指曙光號巡洋艦炮打冬宮發出進攻的信號。

84 Admiral Kolchak，俄國內戰期間的白軍領袖，一九一八年至一九二〇年，他曾在西伯利亞西南的鄂木斯克建立反共主義政權臨時全俄羅斯政府，自任最高領袖兼全俄海陸軍隊總司令。在白軍分崩離析的同時，他遭到了背叛。最終被布爾什維克擊敗，被俘後處死。

85 Five Year Plans，一九二四年史達林執政，為了使蘇聯從農業國一舉躍升成為工業大國，並建立一個獨立自主的社會主義經濟體系，於一九二八年開始推行五年期的計畫經濟，在兩個「五年計畫」的經濟政策推動下，蘇聯全力發展重工業，將工業的總產值大幅提升。

第二部

俠客廬

「就情感方面來說，俄羅斯人是世上最溫和的野獸，
他們的爪子深藏不露，不幸的是魅力不減。」

——德・古斯廷（De Custine）[1]

1 Astolphe de Custine，1790-1857，法國貴族與作家，以遊記聞名，特別是他的俄羅斯紀行《一八三九年的俄羅斯》。他自稱是堅定的反君主主義者，書中集中了對俄國從國家到社會到民族的一切負面情結的描述。

第四章

我第一次見識到巴黎是在十七歲時，這也是拜**旅人**所賜。他在那裡有一層公寓，裡頭擺滿了他的家當和多年來四處飄蕩的收集品。那地方通常出租，不過他當時入住那裡，暫時安頓下來。他寫信給我母親說，假使我可以到巴黎過復活節會是很不錯的體驗，於是，我家人一副把我當他私人財產似的，準時送了過去，並由菈薇絲小姐作陪，這位黑色小甲蟲似的人物，不僅沒把我的功課教好，也還是沒完沒了的吸鼻子。除了在倫敦待過幾年，她從沒離開第厄普，對巴黎的認識也不比我多，但她堅持我們入住她一位老朋友經營的一間位於拱廊街的小飯店。對此，**旅人**也不得不同意。

當我們的火車駛抵巴黎北站，他捧著兩束鮮花等在剪票口。菈薇絲小姐原本很抗拒這整個計畫，深深懷疑**旅人**別有用心，但這當兒態度也緩和下來。**旅人**是那種偶爾會在公眾場合表露內心情感的窩心的人。他向來深不可測的韃靼人面孔此刻出賣了他。見到我們，他開心不已，顯得奉承又感人；我們擁抱彼此時，我覺得淚水在他狹小的眼眶裡打轉。

「我的小姑娘！」他說，「妳總算來了！」話才說完，那一雙狹小的眼睛冷冷地盯著我的帽子看，一頂很漂亮的草帽，只是有點破舊了。他手一伸從我頭上扯下帽子，順勢往地上一扔，然後把它踢向鐵軌，一名腳伕正好路過，把它撿回來給我。

「別再讓我看到妳戴那頂帽子！」他說，同時摸了摸我那一頭他很欣賞的亂髮。菈薇絲小姐怒視著，那束花的緩和效果大打折扣。**旅人**避開計程車，把我們帶上一輛出租小馬車，當時的巴黎仍有這類的車。

「我知道妳會想坐小馬車。」他說，接著用口哨吹起伊芙特・居蓓[1]唱的「小馬車」，一回居蓓難得在倫敦登台演唱，令我父母心馳神迷。他打開話匣子，壞心眼地瞄著菈薇絲小姐。他說的都不是她想聽的事，當他提議前往某家餐廳在栗樹蔭下喝餐前酒時，她出於報復婉拒他的邀請。於是，就在一刻，**旅人**正式發動了兩方持續了一整個假期的戰爭，他吩咐馬車夫把車停在一間外觀簡直詭異的小型鐵架建物，他走了進去，幾乎隱身其中。

「失禮了，小姐，」他返回車上時有禮貌地說，「一時內急，實在顧不得替別人著想了。」

怒氣顯現在菈薇絲小姐僵硬身軀的每個角度，也聚集在她臉上，我們待在巴黎的整個期間從未散去。

她選擇入住拱廊街那間外觀親切的小飯店的真正原因，很快就變得明朗。老朋友經營的不說，從那裡還可以望見贖罪禮拜堂（Chapelle Expiatoire），那是外觀陰冷的一棟希臘羅馬式建築，和周遭頗不搭調，但它紀念著不幸的路易十六國王和皇后最初的葬身處。這悽楚的遺址，在身為熱切的保皇主義者菈薇絲小姐和她的友人飯店女主人眼裡特別崇高。次日我頭一次出遊，就是陪同她們把一個醜陋的花圈放在聖壇前；不過在**旅人**的默許下，我也爭取到另一趟行程當作補償，那就是前往蒙帕納斯墓園（Montparnasse）把一束漂亮得多的鮮花放在穆拉維耶夫墳前；穆拉維耶夫—阿穆爾

1 Yvette Guilbert，歌曲大多充滿潑辣的喜劇嘲諷，幽默搞怪的表情與誇張的肢體語言是她的標誌性作風。常出沒巴黎黑貓夜總會、紅磨坊。

斯基伯爵（Nikolay Muraviev-Amursky），西伯利亞總督，從中國奪得黑龍江地區，他的名字始終和西伯利亞的發展連結在一起。

「獻花是致敬的一個好方式，」**旅人**說，故意在墓園逗留，讓菈薇絲小姐在一旁發愁。「在俄羅斯我們總會表達對他的敬意。我記得伊爾庫茨克的老派人士經過穆拉維耶夫的雕像前，都習慣脫帽或鞠躬。上一輩的學童學到要把最古老的城鎮大諾夫哥羅德（Great Novgorod）尊稱為『大諾夫哥羅德老爺』。」但菈薇絲小姐對民族主義的這類片段毫無興趣。俄羅斯在她眼裡是遭天譴之地，它的每一面都是惡魔的示現、野蠻落後的化身、赤色禍害。

儘管她不熟悉巴黎，卻還是為我們排出令人生畏的行程。聖母院、羅浮宮、植物園、凡爾賽宮、傷兵院[2]（雖然她是從保皇主義者觀點來看待這地方）和萬神殿只是起頭。參觀巴黎古監獄（The Conciergerie），從等候廳（Salle des pas Perdus）走到瑪麗・安東尼皇后（Marie Antoinette）上斷頭台前待過的牢房默禱，則是折磨人的一趟出遊。接著還有聖禮拜堂和眾議員宮、瑪德蓮教堂和蒙馬特的聖心堂，在聖心堂，**旅人**建議說我們也應該去拜訪墓園。

「去海涅[3]的墳前憑弔如何？妳可以在那裡獻上另一個花圈。妳似乎染上這習慣了。他也是個值得紀念的人，不管是不是德國人。既然來了，中午何不就地野餐？突厥人會整天待在墓園裡，吃喝、小睡、做愛……」

我伸腳在桌下踢了他一下，就怕他會繼續說，在古早年代君士坦丁堡的妓女常把卡希姆帕恰墓園（Khassim-Pacha）當作幽會和做生意的地點……這是他較香豔的故事之一，常令我父母皺眉頭。但就這麼一次，他識相地回到較安全的話題。

在安排行程時，菈薇絲小姐並沒有把**旅人**考慮在內，而他人一到，立時在周遭平添或散發一股亞洲氛圍。他對巴黎很熟，我只把這城市看成他鄉親同胞展演的布景，但這不是他的錯，不如說是他的影響力。那些奇特又迷人的俄羅斯流亡者，當時已有數千人之多聚居巴黎，帶來他們本身既怠惰又猛烈的特殊氣氛、他們的傳奇和生活方式，全都比流亡到倫敦的更加多彩多姿，而倫敦的俄國人都顯得落魄潦倒。在巴黎他們更容易適應，但不是真的融入。我想，沒有哪個斯拉夫人出了斯拉夫疆域能夠真正融入在地。基本上他們維持原封不動——也許是不被西方文明腐化；他們假仿西方文明，把這種假仿當甲殼罩在更脆弱的斯拉夫自我上。當時我並未洞悉這一點，而是下意識地從**旅人**身上察覺到，而今也從他的朋友身上感覺到。每個俄羅斯人在其外表底下，都藏有一種難以言喻的素質；那是他們自身特有的黑暗或深度。說不定是他們血液裡的亞洲性；不論如何，西方始終難窺其奧，那也是俄羅斯人的特長，他們可以任意隱遁其中的另一個維度。

關於他們的一切都令我著迷；他們在巴黎的生活、從前在俄羅斯的生活、逃離祖國的聳動情

---

2 傷兵院是一六七〇年法王路易十四為收容受傷戰士而建的。一八六一年拿破崙的靈柩被搬到傷兵院教堂下面。

3 Christian Johann Heinrich Heine，1797-1856，德國浪漫主義詩人，也是評論家、熱心於政治的新聞工作者。猶太裔，受法國自由革命的影響，故多革命與抒情的創作，對社會有尖銳的批判。著有《北海之歌》、《西班牙詩集》、《新德國文學史》等。

節，以及在其他情況下來到巴黎的早期俄羅斯人之際遇：屠格涅夫苦戀寶琳・維亞朵[4]，客居維亞朵府中；托爾斯泰避開妓女的誘惑；赫爾岑和巴枯寧沉浸於革命理念。

菈薇絲小姐告訴我克洛維[5]征服眾多法蘭克部落的故事只是枉費口舌，我想聽沙皇亞歷山大一世及麾下大將和威靈頓（Wellington）及布呂歇爾（Blucher）[6]——聯軍的統帥——在被攻克的城市會師的故事。我只能從**旅人**告訴我的俄羅斯事物，主觀地觀看這座城市。因此，我最喜歡的行程是在街上轉，考察俄羅斯軍隊在一八一四年耀武揚威地在巴黎逗留的場景。在布呂歇爾、波羅的海俄羅斯人巴克萊德托利[7]以及反法同盟的無數親王大舉入侵之下，巴黎遭受猛攻。蒙馬特失陷於卡帕奇耶維契（Kaptsievitch）和巴奇耶維契（Batsievitch）將軍，他們驅逐馬爾蒙[8]和莫蒂埃[9]帶領的四萬名法國兵和一百五十座加農砲。當年的三月三十一日，巴黎投降了——「今天是週年紀念日」，**旅人**提醒我。

當勝利者進入巴黎，外貌古怪的俄羅斯軍隊開進波恩努維大道（Bonne Nouvelle Boulevard）和聖丹尼門（Porte St. Denis），領頭的就是沙皇亞歷山大一世。我佇立在巨大城門下，聽著**旅人**描述西伯利亞大草原的蓬毛矮馬拖著補給車和砲車，騎兵隊——有些騎士同樣的頭髮蓬亂——戴著皮草帽坐在羊皮鞍墊上，北方臉孔上有著塌鼻子和小眼睛，在看得憂心忡忡的法國群眾眼裡，他們似乎就是從中國長城或關外來的蠻夷。

還有來自俄羅斯各地的人；烏克蘭人、卡爾穆克人（Kalmuck）、吉爾吉斯人以及從西伯利亞來手持弓箭的通古斯族（Tungus）；戴尖頂頭盔身穿鎖子甲的索卡西亞酋長（Circassian），還有戴皮草帽持長矛的哥薩克人——護駕剛上任的巴黎提督奧斯登—薩肯將軍（General Osten-Sacken）

的榮譽衛兵。薩肯將軍不怎麼留意外表，不可一世地騎著以繩索當挽具的坐騎。但有些狂妄的年輕軍官配戴鑲珠寶的刀劍，披著皮草襯裡的豪奢斗篷；他們大多蓄長髮，頭髮披散在別肩章的肩膀上，在時尚感十足的法國人看來，猶如中世紀的人。這些充滿異國色彩的人物中，不僅有十一年後將被稱為十二月黨人[10]的那些滿懷理想卻作風魯莽的核心人物，而他們為了立一部憲法，發動了一場逞勇卻失策的起義。還有另一位更出色的人物，一位卡爾穆克親王，他招募自己的軍團與俄羅斯人並肩作戰，坐鎮指揮露宿香榭麗舍大道與哥薩克軍團為鄰的卡爾穆克族人。這位亞洲親王在巴黎掀起轟動，尤其是在社會風氣上，改變了在舊制度[11]下黑皮膚摩爾人都是當聽差的這個認知。

---

4 Pauline Viardot-Garcia，1821-1910，西班牙裔法國歌唱家。屠格涅夫長年愛慕她，終生未結婚。屠格涅夫與寶琳的丈夫維亞朵先生在理念上頗為投契，一度客居維亞朵家中。

5 Clovis，481-511，被視為法蘭克王國的創建者和第一任國王。

6 一八一五年，橫掃歐洲大陸的拿破崙在比利時滑鐵盧遭逢失敗，輸給了威靈頓公爵（Duke of Wellington）及布呂歇爾（Gebhard Leberecht von Blucher）領導的英國與普魯士聯軍，拿破崙帝國因而崩解。

7 Mikhail Bogdanovich Barklay-de-Tolli，1761-1815，俄羅斯帝國陸軍元帥，第六、第七次反法同盟中的帝俄皇家陸軍總司令親王，戰爭大臣（1810-1813）。

8 Auguste de Marmont，1774-1852，法國將軍和貴族。一八〇九年晉升為法國元帥。一八一四年負責巴黎城防。

9 Édouard Adolphe Casimir Joseph Mortier，1768-1835，拿破崙的法國元帥之一。一八一二年入侵俄羅斯時任青年近衛軍軍長，攻占莫斯科後，任莫斯科總督。

10 一八二五年俄國貴族革命家發動的反對農奴制度和沙皇專制制度的武裝起義，起義發生在十二月，領導這次起義的貴族革命家在俄國歷史上被稱為「十二月黨人」。

11 ancient regime，尤指一七八九年法國大革命前的社會及政治制度。

伊沙貝[12]曾為他畫肖像。**旅人**告訴我，在法國畫家看來，所有的卡爾穆克人都長一個樣兒；不管是哪位親王或他的傳令兵都有寬大的臉、斜挑的眼和一張闊嘴，而且面無表情。當親王久坐變得不耐，伊沙貝建議用他的傳令兵當替身，畫完成後，這位親王的肖像驚人地酷似本尊。

當時，巴黎有八十萬人口，新湧入的十五萬名外國士兵在首都各處駐紮，彷彿一座龐大軍營落在宏偉浮華之間。香榭麗舍大道兩側，在含苞待放的栗樹下，俄羅斯軍營和亞洲圓頂帳篷一座挨著一座，這龐大人群一路蔓延，遠至馬約門（Porte Maillot）。在帕西（Passy）有幾名士兵看見一間裝潢店家裡一張大型壁紙，上面印著生動逼真的林間空地，因而闖了進去，打算要去砍木柴，店主人設法把他們的注意力移轉到附近的布洛涅森林（Bois de Boulogne），那裡比較能達成他們的目的。

「巴黎父親，你現在該為莫斯科母親付出代價。」士兵這麼說；但他們戰勝後脾氣溫厚，也證實是隨和的征服者。法國人很快就忘了他們的可怖，叫他們好孩子，覺得他們比德國軍隊或英國軍隊和善多了。很多女人發覺他們難以抵擋，年輕軍官（通常是最有教養的一群，熱愛博物館、畫廊和新觀念）也到處尋歡作樂，獵取聞名的巴黎歡愉。他們在格雷內勒（Grenelle）司令部的閒差事和各種誘惑之間穿梭，流連皇家宮殿、歌劇院，上托托尼（Tortoni）餐廳享用耳鬢廝磨的晚餐，甚或在法布格（Faubourg）的凹室享受更豪放的殷勤，品嘗征服的愉悅，而士兵們也搭上女傭同樣快活。**旅人**說，當時所有女人都想被征服。

對此，菈薇絲小姐哼了一聲。她堅持要陪著我們，不管我們上哪兒去，只不過一副好似被我們綁在車輪上的俘虜模樣，我跟**旅人**這麼說。

「準確來說，她也喜歡被征服，用另外的方式。這樣的女人是最快樂的烈士。她們把悲慘當嗜好。」

在她的傷口上抹鹽（或者說縱容她？），**旅人**開始詳述沙皇亞歷山大一世的寬宏大度。他無意以暴君之姿在巴黎施加統治。

「無須擔憂任何事，」他在對巴黎市民發布的文告這麼說，「無須擔憂你們的錢財、你們的公共建築、你們的私有房宅或家庭，」（「表現井然有序給法國人看」，**旅人**嘟噥著，補了這句不聽見也難的旁白。）「這座城市將受到我的庇護，」沙皇這麼說，「我在法國沒有敵人——或者說只有一個敵人，拿破崙——他已經垮台……我來是要帶給你們和平。」

「在那之後，沒有人說我們是蠻夷。」**旅人**總結道，而菈薇絲小姐似乎深受打擊而語塞。

～

在巴黎，不管我們上哪去，看見什麼，那不幸的法國女人始終進行著沒有贏面的戰爭，設法要我擺脫滿腦子的俄羅斯，因為走在最貴氣的街道，視野被最宏偉的景色占據，我內心依然聽到馬蹄聲……沙皇亞歷山大的軍隊騎的那些蓬毛鈍鼻矮馬：從西伯利亞大草原來的人馬……渴望著不可得的大草原。

「妳讓我想起那隻飛回家鄉的鳥，看見自己來自何處。」**旅人**深情地說。

一路上全是俄羅斯。在亞歷山大三世橋旁的新橋相形失色。在法蘭西喜劇院的下午場，我相信

12 Eugène Isabey，1803-1886，法國畫家與版畫家。

《費德爾》[13]就是要跟我過不去，因為我聽見在契訶夫的一齣劇裡剛開了皮圖瓦香檳（Pitoievs）。不論如何，謝爾蓋·達基列夫[14]和拉赫曼尼諾夫[15]都是**旅人**的朋友，而有一兩回，達基列夫——**旅人**總是叫他謝爾蓋·帕夫洛維奇（Sergei Pavlovitch）——讓我觀賞排練，噢，我樂翻了，噢，多難得的殊榮！叫人飄飄欲仙。但菈薇絲小姐從沒被邀到後台來，不得不呆坐在外好幾個鐘頭，她會生悶氣也不是沒道理。沙卡洛夫（Sakharovs）、亞歷山大（Alexandre）還有克勞帝德（Clotilde），跟著佛瑞[16]和巴哈的音樂，揮擺著他們典型的舞姿，聽取**旅人**的意見。科米薩耶夫斯基（Komisarjevsky）帶著製作奧斯特洛夫斯基[17]一齣劇作的企劃來，不久也加入這不拘一格的舞團；當夏里亞賓[18]出現，我得以親眼欣賞俄羅斯戲劇天才最偉大的一面，而這些崇高人物似乎沒有人反對讓一個看得目瞪口呆的學校女生待在他們身旁。他們在顛峰之際移居他鄉，好一段期間未曾凋零。

一回拉赫曼尼諾夫被朋友們說動彈琴，我正坐在**旅人**身旁。拉赫曼尼諾夫總是被同胞圍繞著。他老是說，「沒有他們，我就沒法呼吸。」他位於杭布葉（Rambouillet）的住處，重現了俄羅斯的村舍生活型態。在那裡，只要他沒把自己封閉在音樂裡，他會變得溫和，會打網球，吃一大堆俄羅斯美食，而大夥圍繞著永恆的軸心——一具俄羅斯茶炊。每當他彈琴，那張怪異的冷硬面具從未變得柔和，臉部肌肉動也不動。他狂暴地彈奏蕭邦練習曲，讓人想起黑海的某首悲傷歌曲，或者巴哈的觸技曲。

在更歡快的脈絡裡有尼基塔·巴列夫[19]，他的家庭生活和他創立的蝙蝠劇團一樣風格鮮明，還有佛汀斯基[20]，用他低啞嗓音和失意丑角的氣質風靡柏林和巴黎的夜總會。當時有伊凡·莫斯瓊克罕（Ivan Mosjukhine），走紅的淘氣誘惑者，默劇的莫斯瓊克罕，演過無數英雄人物、基恩[21]、卡薩諾瓦或沙皇密使。我是在更久以後才看他的電影。但我曾近距離見過這位誘惑者本人。當時他在巴黎拍電影，我在**旅人**住處，坐看這兩位斯拉夫人搬演的劇碼，或者應該說是通俗劇。這兩人完全面無表情，卻各自凝聚出濃烈的情緒氛圍。**旅人**靠他那張扁平臉孔和那雙眯縫眼；莫斯瓊克罕靠他紙一般白的膚色、長鼻梁和一雙大杏眼，散發出既浪蕩又悲情的氣息，彷彿被他自己的卡薩諾瓦傳奇所嘲弄。他們攤躺在圍繞整個房間的低矮土耳其長臥榻，身側有一具俄羅斯茶炊，令人舒心地嗡嗡響著；頭頂上有一幅閃閃發亮的銀框聖像釘在牆上。傳統、迷信和宗教儀式都是**旅人**所抨擊的，但他依舊迷戀其中。

他們倆偏愛談論法國劇院的情況——腐敗，他們憤憤然地說——腐敗透頂。之後他們會轉而談

---

13 *Phèdre*，法國劇作家拉辛（Racine）的著名劇作。

14 Sergei Pavlovich Diaghilev，二十世紀最有影響力現代藝術先驅，俄羅斯芭蕾舞團創辦人。

15 Sergei Rachmaninoff，1873-1943，出生於俄國的作曲家、指揮家及鋼琴演奏家。

16 Gabriel Urbain Fauré，1845-1924，法國作曲家、管風琴家、鋼琴家。

17 Ostrovsky，1823-1886，俄國劇作家，俄國現代劇院的創建者。以《智者千慮必有一失》、《大雷雨》和《沒有陪嫁的新娘》著名。

18 Fyodor Chaliapin，1873-1938，俄國聲樂家，男低音。

19 Nikita Balieff，1877-1936，俄羅斯舞台表演者，因熱愛喜劇創立蝙蝠劇團，在莫斯科聲名大噪。一九一七年大革命後，流亡巴黎。

20 Alexander Nikolayevich Vertinsky，1889-1957，俄羅斯詩人、演員、作曲家和歌手。

21 Kean，應為艾德蒙德·基恩（Edmund Kean），1787-1833，英國著名莎士比亞戲劇演員。

到人生大體上的無望。他們通常用法語交談，所以我可以聽懂他們簡直是縱情地耽溺於生活的純然悲慘……然後會有一股怨氣，我注意到，俄羅斯人在言談之間經常會冒出這類情緒，像某種督夏[22]。接著輪到談身體狀況，他們會進而比較各自的肝功能和其他器官，而且兩人都同意自己的五臟六腑全徹底敗壞。

旅人的房間是我見過最特別的。眼下我生平頭一次從他挑選的物品來看他：焰藍或絳紅的深色牆壁（他說是仿舊時俄羅斯的路邊客棧）掛著風格純樸的版畫，描繪鄉下人獵熊或醉醺醺走出客棧撲倒在雪地上。家具擺設混合土耳其風格與淡金色克若利安（Karelian）樺木製的簡樸帝俄風格，低矮的土耳其小咖啡桌面有珠母貝嵌花。地板鋪著許多地毯，以鋪張的方式呈十字交叉重疊，後來讓我聯想到清真寺。

旅人在品味上從未適度，不是一大堆，就是空空如也。「一大堆有什麼不好？」他會這麼說，看不慣我父親在裝飾上的簡樸感——一次只擺一張波斯地毯和一口中國碗。他最精緻的幾張氈毯彷彿色彩斑斕的波濤自地板湧現奔騰，淹沒長臥榻。他最愛的角落堆疊著達吉斯坦（Daghestani）氈毯，並放肆地在上面擺著大十字提花刺繡靠枕，繡著茂盛的維多利亞玫瑰、鸚鵡和串珠的西班牙獵犬。俄羅斯茶炊旁有一具黃銅和搪瓷的中國鴉片菸管。這樣東西總令菈薇絲小姐不悅，一看見它就噘起嘴。

「妳有阿斯匹靈，我有鴉片。其實都是同樣的東西。」**旅人**會嘲弄地這樣說。一聽到他這樣說，她就會報復地回嘴，說時候不早我們該走了。聖禮拜堂一定要去，不能再耽擱了。她會催促我離開，不讓**旅人**進一步提議去參觀克呂尼博物館，「那裡收藏各種中世紀貞操帶不容錯過……回來喝茶歇息吧，我再跟妳們說關於貞操帶的有趣故事。」他射了一記回馬槍。

那難忘的第一次巴黎行，**旅人**是為了要兌現一個承諾已久的諾言，帶我參加俄羅斯復活節午夜彌撒。因此，在俄羅斯復活節——那年的俄羅斯復活節落在我們的復活節之後十八天——前的倒數兩個星期日，**旅人**帶我到達魯街（Rue Daru）的聖亞歷山大・涅夫斯基主教座堂（Cathedral of St. Alexander Nevski）暖身。「倒不是我相信這種白法術[23]。」他說，當他俯身親吻聖像。每一次他都給我一支蠟燭，他自己則點燃三支；為了誰，或為了什麼事，我從不知道。我們會一同看著它們在為了愛和信仰而點燃的一片小火光中閃爍搖曳。陶陶然置身我所有渴望、**旅人**所有故事的核心，我佇立他身邊，如癡如醉聽著頭一次聽到的博爾特尼揚斯基[24]或圖爾恰尼諾夫（Turchaninov）的沉鬱聖歌，歌聲盤桓，飄向金色穹頂，穿透泛著藍色、充滿焚香的空氣，而那歌聲跟那空氣一樣迷濛。這裡沒有管風琴音樂的轟鳴，沒有男童唱詩班的空靈嗓音，而是善男信女更單純溫暖的歌聲，凡夫俗子懷著東正教信徒獨有的神祕又私密的熱情渴慕上主。

這種迷濛又有勁的音色唯有斯拉夫喉嚨發得出來。或者說斯拉夫丹田才發得出來。法國人的歌

---

22 dousha，梵文，通常指力量或毛病。印度阿育吠陀理論中，人的身體由大自然的五元素（空、風、火、水、土）整合形成三種能量型態或體質，稱為三督夏：風型Vata（空＋風）、火型Pitta（火＋水）、土型Kapha（水＋土）。

23 white magic，驅使天神的法術，相對於驅使魔鬼的黑法術而言。

24 Dimitri Stepanovitch Bortniansky，1751-1825，烏克蘭作曲家。

聲似乎是從鼻子出來，而英國人的從牙齒出來（義大利人，我們必須承認，是直接從肺部出來的），唯有俄羅斯的歌聲發自臟腑——從他們的丹田和他們的心——彷彿源自土地本身的反作用力與生命力。屠格涅夫寫過俄羅斯嗓音裡這種民族性質感，描述村落歌手亞科夫（Yakov）參加小酒館歌唱比賽：「他唱著，每個音符吐出無可言喻的民族性，廣袤無垠的質感，彷彿西伯利亞大草原在我們眼前開展，無邊無際……一縷真實熱切的俄羅斯靈魂在那裡發聲，直入你心……。」

他們在教堂裡這般唱著，憂鬱的雙眸凝望著記憶中的某段過往，手指以急切得怪異的方式在胸前畫了個十字後，往胸口收攏，好似要掏出他們的心；焚香氣味濃得令人發暈，蠟燭在聖像前淌蠟，流亡者拜倒虔心祈求。

對我來說，這確證了我所有的渴望，確證俄羅斯的身與靈。當我們湧入空蕩蕩的週日街頭，我覺得自己也是個流亡者。**旅人**在裡頭逗留了一會兒，跟教士說話，那些看似邪惡的人物蓄著長髮和花白的鬍子，或者跟包黑頭巾戴高帽的修女說話，而她們很可能全是從伊凡四世（Ivan the Terrible）的克里姆林宮的某個低矮圓頂小禮拜堂派來的。他穿梭在教堂庭院的這一小群面容憔悴的寒酸男人之間，他們似乎全都認識他；他們似乎也都怕他，我想；要看穿斯拉夫面具並不容易，他的或他們的都是。即便在這些聚集的臉孔之中——美與醜如此明白無誤不是歐洲式的，他的看起來更是典型的亞洲臉孔。

在我的幼兒房，他是我見過長相最奇怪的人，在我記憶裡也是。我把他跟我那本《一千零一夜》的插畫聯想在一起。他沒有中國人傳統的辮子，也沒有長絡的小鬍子，但他酷似化作一陣煙消失的神怪。他的來來去去確實也像有魔法一樣。

但是在達魯街過的那個復活節，看著他身處一群被沖上這片狹小「俄羅斯海灘」的陌生難民中，我突然意識到他是人、是個男人，而不是我兒時的那個神怪。是我長大了？還是他似乎更年輕？在我的幼兒房，他像個遙遠、甚至是古代的人物，因為他雞蛋般光頭的緣故。在倫敦，光頭是上了年紀的象徵。在這裡，我看到很多禿頭或剃光的頭跟歲數無關，而是從軍的標記，或者亞洲某些宗教團體的標記。因為所有的東正教教士都蓄著長髮和飄垂的鬍子，那當時，有一群從外蒙古來的俄羅斯人，隸屬於必須剃度的僧侶軍團。這些人當中的一些，**旅人**認識，看著他置身他們之間，我才第一次真正看見他：一個四十好幾的男人，舉手投足帶有幾許緊繃。以前我從沒感覺到這一點，因為在我家或在我的幼兒房，他總是四肢大張攤在沙發上，或像沒有骨頭似地懶洋洋陷在搖椅裡。見到這些流亡者對待他的樣子，防備之中甚至帶有幾分畏懼，看著這些人跟他說話的方式，還有女人觀看他的樣子，當下我覺得他是個陌生人——是個男人。這是最令人不安的。

我覺得自己是趁他不備窺視他，捕捉到隱藏在**旅人**面具下的那個男人，在一種不得體和擅自闖入的感覺下，我把頭轉開，再次熱切凝視頭頂上圓鼓鼓穹頂的弧線以及金色十字架，試著把它們永遠烙印在我腦海裡。當時我不曉得日後能認識這類穹頂建築，在它們真正的背景裡，聳立於拉斯特雷利[25]的教堂之上，倒映在頓河（the Don）平靜的水面上，或孤寂地矗立在西伯利亞大草原上。我用目光深情地勾勒鼓起的圓頂輪廓，只覺它們美得無以言喻；它們彷彿斯拉夫傳奇的美麗火鳥升騰，令奧

25 Francesco Bartolomeo Rastrelli，1700-1771，義大利建築師，以巴洛克晚期的風格著名，代表性建築為聖彼得堡的冬宮和聖彼得堡郊外沙皇村的凱薩琳宮。

斯曼男爵改造下庸俗荒蕪的巴黎感到羞愧，其不變的法國邏輯也始終令我膽寒。**旅人**突然來到我身邊。

「說夠多話了，現在該吃點東西，只不過根據教堂規定，我們應該齋戒禁食。」於是他帶我離開，到一家擁擠不堪的俄羅斯小酒館喝甘藍菜湯和罌粟籽蛋糕。

「小酒館『bistro』一字是俄文，意思是急忙、趕快，」他說，「我們的軍隊占領巴黎時把這個字帶來了。」那沙啞的嗓音再一次錯不了地透出一絲驕傲。

雖然他的生活方式很國際化，遠古的祖先還是韃靼人，但他骨子裡是最徹底的斯拉夫人。我用斯拉夫一詞而非俄羅斯，是因為我們要如何定義或確切說明雜揉了從北極圈到黑海、從波蘭到中國的上百個種族的這個民族原型呢？他似乎是集這些種族於一身，又並非完全屬於其中哪一族，因此也就不可能把他放入哪個出身背景裡；就一名革命者來說，他太奢華，也太憤世嫉俗。就一名知識份子來說，太活躍；就造反起義來說，太務實也太公開，就一名貴族來說，太過不受禮教束縛；就一個資產階級來說也太過冒險。他無法被歸類。這每一類人的些許特質在他身上都看得到，除了一種滯怠狀態，它在最糟的情況下令人想起岡察洛夫[26]筆下的奧勃洛莫夫[27]；在最好情況下，他的心如止水令人想到佛僧入定。他性格的每一面都相互矛盾或抑制。

抑制這字眼也許不適合用在他身上，因為他是無拘無束的人。但他的遮遮掩掩已到了誇張的程度。在他身上，遮遮掩掩是一門藝術，是他樂在其中的一件事，為遮掩而遮掩。亞洲人最狡詐的心機，他都能看穿，而且認為人心皆如此迂迴，還從他最單純的盎格魯薩克遜友人身上引證狡猾費解的行徑：他們搞不懂他何以如此，而他的不信任也經常傷人感情。然而在他看來，憑表面作判斷對於他的智力和敵手在本質上都是一種侮辱——他把所有人看成真正或潛在的敵人，也許我和母親除外。大體上這是一種尊重的表示。英國人的單純總令他不解。「他們不是傻子就是偽善，沒有其他解釋。」他會這麼說。

他對他的韃靼血統很自豪。韃靼血統似乎格外優異（就像美洲的紅印地安人血統）。韃靼人逐漸成為俄羅斯的統治者、新貴族階級，他說。他們把權力本能帶進較單純的俄羅斯性情中，此外也帶進少許的背信棄義。韃靼血統親王被迫皈依東正教，但他們靜待時機。偉大的貴族鐵騎[28]家族與他們通婚，逐漸形成尤蘇波夫家族、奧盧索夫家族（Ourousoffs）、契戈岱耶夫家族（Tchegodaievs）等等。韃靼血脈強大無比，在西方人經常視為典型俄羅斯人五官的高額、塌鼻和斜挑眼，仍可追溯出它的痕跡。

我覺得這一切浪漫無比。它融入了我想像中以暴風雪為原型的景致，在那之中，普希金筆下的杜布羅夫斯基（Dubrovsky）、蘇丹沙皇（the Tzar Saltan）[29]、新少女修道院[30]的修女們、哥薩克酋

---

26 Ivan Goncharov，1812-1891，俄羅斯小說家，代表作為《奧勃洛莫夫》。

27 Oblomov，岡察洛夫在這部小說裡創造了一位反英雄角色奧駁洛莫夫，將一位非常富有、成天無所事事的人，描繪得活靈活現。用意在於挖苦當時那些慵懶貴族的生活。

28 Boyar，十五世紀後半期開始，俄羅斯軍隊的成分漸漸由武裝農奴變為世襲貴族鐵騎，這些職業軍人同樣為他們的領地償付義務。部隊中的貴族體系在伊凡四世（1530-1584）統治期間達到頂峰，沙皇對廣大中小貴族承諾領地，從而控制軍官隊伍。

29 普希金的詩作《蘇丹沙皇的故事》。

30 Novodievitchi Convebt，位於莫斯科西南方，建於一五二四年，是沙皇時期皇室女性的修道所，俄國皇室在此安置皇家中失寵、嫁不出去或死了丈夫的女性，許多公主、皇后跟妃子，終其一生在這修道院幽居。

長普拉托夫（the Hetman Platoff）和西伯利亞征服者葉爾馬克，全都聚集在克里姆林宮台階上，站在托爾斯泰筆下的安德烈親王[31]身旁，唱著《鮑里斯．戈篤諾夫》[32]的歌曲。於是，**旅人**會故意作對，引述古斯廷的《一八三九年的俄羅斯》激怒我，我有早期的一本，但不常讀它，討厭那書裡吹毛求疵的口氣：「你不知道這趟俄羅斯旅行，是帶著輕鬆的心情來滋養幻想……」

「妳有那些幻想，小姑娘，雖然妳不盡然用輕鬆心情看待俄羅斯……但妳恣意地浪漫。我不曉得當妳真正到了那裡，要如何甘於那裡的一切。妳一定要了解，妳的想像和真實狀況天差地別。妳想像自己坐在那種老式的背靠背馬車（dolgoushka）在鄉間晃蕩，或乘著契契可夫[33]所駕的折疊式車頂馬車[34]從有金色圓頂的某座城市奔向另一座，妳簡直不須拉韁繩，因為妳有通行御狀——那是同樣過時的通行證，可讓妳換上接力的馬匹。且讓我告訴妳，唯有像通行御狀這種古老的東西才能帶妳到妳幻想的國度。今天的簽證——當妳得到簽證——只會向妳顯示當今的俄羅斯，那跟妳在腦海中看到的並不相符，小姐。」

然後他會再度引述古斯廷，而且叫人氣惱地十足貼切——「『兩個國家……一個是在東方的俄羅斯，一個是我們想展示的俄羅斯』，以妳的狀況是，妳想看到的俄羅斯。」

對於這一點，我無言以對，即使我不圓滑地提醒他，他似乎也想用他自己的方式，或者說我們的方式去看俄羅斯——我們想看到的俄羅斯。

有時候，他又實際得很，帶我去流亡白軍軍官經營的那種不虛裝門面的小俱樂部。這些人是弗蘭格爾將軍的殘餘部隊，他們按部隊單位一同生活和工作，保有大部分的軍紀，士氣依舊高昂。這是我短暫接觸過、而今無人聞問的一個奇特團體。他們保留軍團徽章，時時撫拭、刻鑿和上漆，每當搭起營帳時甚至會用鵝卵石排出軍徽圖樣。有時他們會設法搭一座小教堂或簡樸的食堂，重現他們記憶中舊日的生活與思維。我所描述的那段期間，也就是我頭一次遇見他們之際，他們的命運坎坷，但仍懷抱希望，盼著有天能回到自己的家鄉，回到他們熟悉的國土。一般來說他們對政治並不敏感，很少人受過訓練而能夠深度解讀政治和國際情勢。因此他們仍深信神聖的俄羅斯、母親俄羅斯有朝一日會再次庇護他們。

流亡的部隊官兵，少有人再見到更好的歲月。這些人不屬於投機的王公貴族少數族群，不像在皮加樂區[35]的夜總會踩踏狂野舞步，有時會躍入癡迷女繼承人的懷抱、闖勁十足的喬治亞人。這些人是比較單純的人，假使他們懂語文，通常會在銀行或商貿找到工作；他們通常不會變成計程車司機，而且這一批人多年來是巴黎街景的一部分。此刻我回顧從前來描寫他們，深知他們最終難免凋零；縱使我頭一次遇見他們時，也多少感覺到他們的悲劇性。當弗蘭格爾將軍在他的《回憶錄》提及，無名戰士墓——第一次世界大戰紀念碑——唯獨俄羅斯軍隊無人聞問，可說是為他們寫下了墓

31 Prince Andrei，托爾斯泰小說《戰爭與和平》裡的人物。
32 *Boris Goudenov*，俄羅斯作曲家穆索斯基（Modest Mussorgsky）的歌劇，改編自普希金的同名劇作。
33 Tchitchikov，果戈里的作品《死魂靈》的男主角。
34 britchka，契契可夫就是駕著這台馬車四處奔波去收集死靈魂。
35 Pigalle，巴黎環繞皮加樂廣場的地區，位於巴黎第九區和巴黎十八區。

誌銘。

在這些人當中很多是**旅人**的朋友，就像他在更不拘一格的俄羅斯藝術家和音樂家圈子裡有很多朋友。他在他們流亡之初，也就在土耳其時，便認識他們，而且從沒斷了聯繫。他們一起討生活，掙得一盤盤俄羅斯酸菜湯，總會回想舊日時光，對於輸掉的戰役進行事後剖析。「用心去聽，」**旅人**告誡我，見我的心思在遊蕩。「聽聽那些人說話，他們述說的歷史很少人會想記住。」於是我聽著，看著他們的臉孔鮮活起來，聽著他們的嗓音深沉而帶有感情。不像西方民族在遇到壓力時嗓音會變尖，俄羅斯人的嗓音只會愈發沙啞深沉。他們總會憤慨地回想關鍵的一九一九年所處的艱難局勢，協約國聯軍四面包抄死傷慘重的俄羅斯。

當三路不同的白軍在對抗布爾什維克黨勢力，協約國聯軍似乎無所顧忌地計畫著各自的突襲，南北夾擊，打算在這耗竭的國家奪取優勢。隨著內戰惡化，他們透過被貪婪染成金色的眼鏡觀望著。原本在波斯攻打土耳其人的英軍北伐，在巴庫登陸，占領了豐沃的油田區。巴統[36]被宣稱是受英國保護的「自由」城市，而英國監管著石油和原物料的運輸——輸往英國。而誰在那裡阻擋他們？這混亂而耗竭的國家似乎束手無策。法國派兩個師的部隊占領重要港口敖德薩[37]，法國戰艦就在黑海巡邏。禿鷹正在逼近。

義大利人抵達提比里斯[38]，他們的最高司令快活地描述此次軍事調動的目的：「協助喬治亞獨立建國」，但提比里斯鄰近北高加索的鎂礦，其地利之便不容忽視。希臘兩個師接著抵達，而羅馬尼亞人──如同**旅人**輕蔑地說「就連羅馬尼亞人」──也占領比薩拉比亞和烏克蘭。一支英國艦隊宰制著被宣稱為拉脫維亞和愛沙尼亞國土的波羅的海各港口。美軍和日軍則在海參崴登陸「經營」北部。一九一九年春，九個獨立國在俄羅斯土地上成立而且被協約國勢力承認。

俄羅斯人發現自己孤立於各自的族群及地理疆界內，前所未有的孤立，因為受困於遙遠的距離、寬闊的山川以及往往是難以穿越的風雪，消息就算傳遞得了也很緩慢。電報通訊大體上故障；烏克蘭不知道巴什基爾發生什麼事，高加索地區也和莫斯科斷了音訊；所有的訊息只能仰賴信使僥倖抵達。當這群談話者詳加敘述國家大事，我則暢快地神遊到早期更浪漫的建制，譬如哥薩克信使──通常是文盲──他們會根據遞送信件上蓋的封印決定移動的速度。三枚鴿羽代表必須晝夜疾馳，兩枚鴿羽，策馬快步；若沒有羽毛，則可以悠哉漫步。

麻煩的是，流亡者說，沒有什麼事是按照計畫進行的。那些布爾什維克黨人是最頑固的一伙人：他們無疑就是沒有垮台，不像白軍將領和協約國聯軍最高司令自信滿滿預料的那樣。這些頑固的無產階級者打定主意要保有自己的國家。

一九二〇年四月，美軍撤出海參崴，接著聯軍勢力也一一看清，退出這場戰局才是上策。希臘兩支步兵師由布爾什維克游擊隊開路。一艘法國戰艦上的官兵發生嘩變，士兵們拒絕攻打自己的同

36 Batoum，今日喬治亞西南部的阿查拉自治共和國首府，位於黑海之濱。
37 Odessa，黑海西北岸的港灣都市，亦是烏克蘭重要的各種物資集散地及重要貿易港口。
38 Tbilisi，今日喬治亞的首都，也是外高加索地區的著名古都。

類——平民百姓——不管是俄羅斯紅軍與否。從甲板下方傳來的〈馬賽曲〉旋律聽起來頗為不祥，當法國最高統帥下令撤離地面部隊，很快地他們便航向家鄉。對俄羅斯白軍來說，對紅軍也一樣，那場仗已經結束。對雙方來說，眼前的一場新的經濟戰爭已經開打；就各自的情況而言，都必須為存活而戰鬥。在巴黎，弗蘭格爾將軍一如在君士坦丁堡時一樣，支持著戰敗流亡的殘存部隊，他的手下官兵四處幹活維生，以免淪落行乞的恥辱。他們曾是訓練有素的士兵，但現在是勞工；務農或者當搬運工，譬如有一組人在小教堂站（Gare de la Chapelle）拿十字鎬或鍬鏟幹一些挖鑿的粗活。只要能活口，他們什麼都做，不管在法國、在巴爾幹半島、近東，或是願意庇護他們的任何國家。有些人稍微幸運些，在敘利亞組了一支雄赳赳的騎兵隊。套將軍的話來說：「部隊官兵不願意在提供他們棲身之處的國家成為負擔，靠幹活養活自身，等待著戰鬥的號令響起、再為祖國盡忠的那一天。」

這些失落的部隊官兵很多是從西伯利亞來的，他們隨著各種戰線往西移動，最後和剩餘的官兵自遙遠的克里米亞半島撤退。西伯利亞士兵總被視為最強悍的戰士，他們捱得起各種艱險，裝備也比其他人都少。因為必須長途跋涉，他們通常最後抵達前線，就像加拿大部隊或澳洲部隊一樣。「不過一旦抵達，」**旅人**說，欽佩之情讓他通常面無表情的臉孔亮了起來。

「西伯利亞人，」他繼續自言自語，「說來古怪，有那麼多西伯利亞人上戰場，那些被判處監禁或流放西伯利亞、受沙俄政權迫害失去一切的人的後代子孫，那些在禁制的陰影下長大的後代子孫，仍舊成群結隊加入白軍[39]去打仗，對抗紅軍。他們是為了冒險犯難，而不是出於理想，我想。戰爭打破了西伯利亞生活的單調乏味。」

我就坐在無人聞問的官兵之中，一群依然懷著信念等待機會的官兵之中，聽他們談俄羅斯——流亡者眼中的俄羅斯，它如今已成了一種迷思，就像奇鐵茲[40]這座傳說中的城市，林姆斯基—高沙可夫（Rimsky-Korsakov）的歌劇[41]裡消失的國度，躺在湖底，懷念它的人有時會聽到湖底傳來鐘聲，甚至看見它短暫地顯現美妙風華。於是，這些流亡者因此看見了失去的祖國依然從遠處為他們發散光芒。

第五章

在俄羅斯復活節之前，菈薇絲小姐已經度過她自己的嚴肅復活節。我不得不陪她到布瓦西—丹格拉斯街（Rue Boissy-d'Anglas）街上的英國禮拜堂，戴著緊綳的手套和嚴肅的帽子禮拜上主，在英國大使和英國僑界其他成員陪同下，她自認已經光榮地履行身為我的家庭女教師的責任。在俄羅斯復活節前夕，**旅人**費盡唇舌說動她不須陪同我們參加在聖亞歷山大涅夫斯基教堂舉行的儀式。看

39　白軍屬於保皇主義者陣營。

40　Kitej，相傳十三世紀欽察汗國的蒙古軍隊攻至俄羅斯的奇鐵茲城城牆邊，該城完全沒有任何防禦工事。城內的居民狂熱的祈禱，向上帝祈求救贖。忽然間蒙古軍隊四周冒出大量的湧泉，蒙古人只得撤退，並眼睜睜看著該城沉入水中。傳說風和日麗時，可以聽見湖底傳來的鐘聲以及人們的歌聲。也有人宣稱，最虔誠的人可以看見奇鐵茲城內舉行宗教遊行所散射出來的光芒，甚至可以看到位於湖底的建築物。

41　指《匿蹤的奇鐵茲城以及費芙洛尼亞》（一九〇七）是根據奇鐵茲城的傳說寫成的。

在該活動的宗教本質分上，她同意我在深夜外出。此外，**旅人**也擔心長時間的站立她會吃不消（在東正教教堂裡信徒不是站立就是跪著）。不過最終是東正教的腐化氣氛說服她不跟著來，身為新教徒的她把那種氣氛看得比天主教儀式更可疑，於是在白天的緊湊觀光行程耗盡體力後，她早早便就寢。

晚間十點**旅人**和我動身前往達魯街。他來飯店接我，為我穿上大衣。我們低聲交談，我想我們倆都擔心，菈薇絲小姐會在最後一刻突然走出房門，不准我深夜外出——即便是如此虔誠的活動。

「身為流亡者的一個好處是，」他一面說一面把長大衣披在肩上，他習慣把大衣當斗篷那樣穿。「我不再有夜晚的家庭聚會。復活節向來是家鄉那些可怕聚會的藉口——最令人窒息的家庭活動。妳是英國人，妳不會懂的——你們都很疏離。」

「我不懂，你到我們家來都說你非常喜歡我們的家庭生活。」

「喔，那是另一回事，那不是我的家庭生活。人一定要像杜鵑鳥一樣強占別人的窩。」

手牽著手——我們從沒改掉的一個愉快的孩子氣習性——我們望向燈火輝煌的巴黎街道，此時我們搭的計程車正穿越達魯街。來到德拉尼瓦街（Rue de la Neve）轉角時，車流陷入壅塞，大批群眾匯集在此，朝俄羅斯大教堂緩步走去。每扇窗戶內的人們無不伸長脖子觀看這車水馬龍的景況。教堂外人潮洶湧，我們花了一點時間才慢慢擠進那壓低聲音又歡喜雀躍的人群。

俄羅斯東正教復活節儀式的象徵意義深刻感人。教堂內一片闃黑，悲鬱而平靜，教士和神職人員等待著基督復活的那一刻。我們點亮蠟燭，緩慢移動到最美妙、最古老的顯靈聖像前，把蠟燭留在那裡。一轉身，**旅人**便拉起我的手臂，開始把我往門口推。

「我們去等待在戶外繞行的行列，妳等著看，很漂亮唷！」我順從又失望地跟著他，鑽進人群中，朝門口移動。

「繞行的行列是今晚的重頭戲。」他說，對我解說圍著教堂的繞行，表達的是使徒們發現基督不在墳裡的徬徨與懷疑。於是一整列人步出牆外尋找基督，在繞第三回時，接受了奇蹟，再次入內，宣告基督復活了。是的，復活了！

當我們等在那兒，夜晚的空氣聞起來潮濕又新鮮，庭院裡早開的紫丁香花香氣，壓過了從教堂內隨著低沉吟誦的片段飄盪而來的陣陣焚香。無聲佇立在窗內觀看的法國居民也感染到某種張力。就在午夜前，教堂大門敞開，一大片繽紛燭光如洪流湧出，閃閃生輝的行列徐徐繞行建築物三次，一面行進一面吟誦。在手中細蠟燭的映照下，大主教和高級教士身上繡著浮花織錦的華麗祭袍，連同鑲鑽的頭冠，熠熠發光。穿繡金斗袍的教士和侍祭，搖盪著焚香爐並高舉旗幡和聖像，在黑暗中映射光芒。最後，踏著緩慢沉穩的步伐，在肅穆中透著欣喜，他們再度進入教堂，在那裡向等待的人群宣告，基督復活了。頓時頌唱聲和狂喜的樂音響起，頭頂上敲起洪亮的鐘聲。

基督復活了！是的，復活了！人群高聲歡呼，用手在胸前劃十字，繼而拜倒在地，然後彼此吻頰，不論朋友和陌生人，人人用象徵三位一體的三個吻相互致意。

旅人和我也交換這樣的吻頰；只是當他吻我時，他玄武岩般深黑的眸子變得迷濛。他擁我入懷，再次親吻我，然後在轉身之前，粗暴地將我推開。

「復活節之吻！你對我起的誓！」他引述普希金的詩句，我知道，因為我熟記譯成英文的大部分普希金詩句。這兩句苦澀的句子，是詩人聽聞情人雅瑪麗亞．里米契（Amalia Rimich）過世的消息時寫的——他撲倒在她墳上的痛苦哭喊。我納悶**旅人**為何在此時說出這兩句詩，而他說得如此深情熱烈又是思念著誰？隱隱約約有一股沒有對象的妒意包圍著我。當時我並沒想到，**旅人**也許是想念著某個抽象事物——隨著他的青春消逝的俄羅斯，而這兩句苦澀的訣別，是發自流亡者而非情人的吶喊。「復活節之吻已逝！但你對我起的誓，尚未兌現！」但我當時的腦袋還想不到這些形而上的推測。周遭的場景吸引著我，很快地便忘記了對想像中某個有血有肉的人忌妒，回神看著過復活節的人群擁抱彼此，相互祝賀，然後各自散開，奔赴開齋盛宴——傳統的饗宴，擺上甜奶渣蛋糕[42]、圓柱形甜麵包（koulitch）、魚子醬、彩繪蛋等等的大筵席，端看有多少財力。街道漸漸清空，在窗後看熱鬧的法國人砰一聲關上窗遮板，街區重拾慣常的寧靜。**旅人**默不作聲，傾身靠著欄杆，他的大衣領豎起，他的瞇縫眼凝視著空無。

「在以前，」——他聳聳肩——「我跟妳說過，我們會困在可怕的家庭聚會走不開。」

「不過稍後可以去找吉普賽人吶！」我慫恿他。

「妳瘋了嗎？在復活節夜晚找茨崗人？在其他夜晚可以去找他們……復活節另當別論，在神聖的俄羅斯，我們嚴肅看待復活節。在復活節前一週，甚至沒有人會跟自己的老婆行房，更別說跟別人的老婆了。」

他的臉色沉了下來。「妳記得麗鄔芭（Liouba）嗎？」他問，看我一臉茫然他似乎覺得掃興。

「妳當然不記得——妳不可能記得，我忘了，當時妳還沒出生，他們就把她幹掉了。」他生氣地說，讓我覺得慚愧。「該就寢了，小姐。」他厲聲說，並招了一輛路過的計程車。

當車子行駛在空蕩蕩的街道上，我大膽問說，麗鄔芭為什麼被殺？

「沒妳的事。」他兩眼直瞪前方，那雙瞇縫眼像兩條黑線。他突然臉色一變，露出他那不懷好意卻又叫人開心的笑容。

「我們有幾個茨岡人住在這裡，妳知道的，從巴爾幹半島來的。他們不過復活節——除非有好生意上門。我想我們可以去看看他們在做什麼，走吧？」

「我們一起去？」我在想菈薇絲小姐會怎麼看待這一趟離題的出遊。

「這很有教育性，」他答道，同時給了計程車司機（一位俄羅斯佬）在帕西的一個地址。我們疾駛向萬劫不復。

在我的想像裡，茨岡人是黃褐膚色的蠻族，圍繞著營火狂舞，恣意撥彈吉他，慵懶躺在熊皮上，愛得狂野卻堅貞高尚，就像普希金在《阿列科》[43]裡的描述，自豪地遵守部落的律法。然而，倘若他們是我想像中在室內的那一類，那麼，儘管有同樣的黃褐膚色和野性氣息，他們的布景會是絳紅與金色的餐館，掛滿鏡子和枝形大吊燈。眼下閃閃生輝的前景充滿了更狂野的人物。一群驃騎兵用美豔芭蕾舞孃的絲緞舞鞋飲酒。詭異地蒙面的幾個男人，仍穿著貂皮襯裡的厚重大氅，叫來香檳，更多的香檳，把鈔票扔向空中，被茨岡人的音樂激得發狂，逼迫他們的女人在桌上裸身跳舞，就在此時，同樣發狂的茨岡人拿起吉他和小提琴往對方的頭上砸，接著衝向戶外的暴風雪，留下浪

42 paskha，以起司、奶油、鮮奶油等混合而成的冷凍甜品，常製作成梯形，外層有白色奶渣，象徵著基督的純潔。表面有宗教符號，意思是耶穌復活了。一般吃之前在上面插上蠟燭並點燃。

43 *Aleko*，普希金寫於一八二四年的詩，那時他在俄國南部高加索地區流放，觀察當地吉普賽人的生活。

蕩子去挑釁決鬥，或轟開他們的腦袋。全程都配上了「雙吉他」[44]的旋律。

我們抵達的那家毫不矯飾的夜總會，不出所料看起來很掃興。我從沒去過夜總會，帶著微微失望踉蹌地走進那黑暗的小房間。**旅人**解釋說，他偏愛這地方是因為在這裡表演的幾個茨崗人，比受雇於更高雅場地的那些已經沉淪的團體更值得。

「那一幫人穿上花俏的服裝——閃亮的絲緞俄式村衫，一年比一年閃亮——唱法國大眾愛聽的那種歌。這些人不一樣，妳看著吧。」他為我們倆點了俄羅斯煎餅（blini），交代侍者預留給我兩倍分量的甜奶渣蛋糕，他憑著先知一般的精準知道，甜奶渣蛋糕自此永遠會是我的最愛。伏特加和香檳被送上來；「伏特加不是給妳的，小姐。」他說，一口氣把幾小杯一仰而盡，迅速吃了幾個皮羅什基油炸包。

「妳覺得這款香檳如何？」他問，口氣裡暗示著，假使我不是行家，起碼也要有些見識才是，而不是如他所知的生平頭一回。

「我們俄羅斯有一句俗話說，」他繼續說，「人活著不能沒有香檳和茨崗人。另一句是：只有愛上茨崗人才懂得何謂天堂……我懂，我曾經愛過一個，那真是天堂，但要付出代價。茨崗人是昂貴的嗜好。我看妳還是待在英國養寵物比較好。再來一點香檳？」他傾身將我的杯子倒滿。

我啜飲著，擺出私心希望是一副不在意的樣子，我慢慢覺得周遭變得友善了些。縱使鄰近廁所內尼加拉瓜瀑布似的沖水聲，也驅散不了讓這場景亮了起來、越發熱烈的放蕩作樂。法國人會頻頻上廁所，我總覺得很不尋常。不管我進餐館或咖啡廳，總會看到排一長列的人，不管鈕扣解開了沒，永遠行色匆匆，和侍者擦撞，擋住了餐桌之間的狹小空間。在這夜總會裡，似乎不見「女洗手間」的標誌，我想我得裝做若無其事的樣子去排隊，或者像奶媽以前常說的，「想辦法」在隊伍裡占位。在我童年時期的英國，進出洗手間要盡可能不引人注目，而且男女廁所是明顯區分開來的。

「不用，謝謝，我不需要。」我說，回答**旅人**對我如廁需要的關切。

「不，妳不可能不需要，我們離開飯店好幾個鐘頭了。」他堅定地說。「妳最好起身去把這事了結，再說，」他高竿地又說了一句，「妳愈快學到不會對這種事大驚小怪，愈快能夠忍受妳渴望的亞洲之旅！如果妳到了外蒙古，那裡可是沒有『女廁』唷。」

我不需他再多費唇舌。

回座後，我看見茨崗人魚貫進場，在靠牆的長椅入座。他們不如我想像中的狂野。雖然有黃褐膚色和烏黑頭髮，但外觀既不別致也不浪漫。沒有熊皮，沒有鈴鼓，也沒有俗麗的方頭巾。女人在裙裝外披著披巾；男人未剃鬚，沒戴領巾，穿著深色日常衣裝，完全沒有我想像中的魔力，直到我慢慢察覺到在神色肅穆的面具下動人的野性力量。

屋內的俄羅斯人鼓掌歡迎他們，大聲喊出想聽的曲目。茨崗人動也不動，瞪視前方。

「可憐的人兒，他們還是待在蒙帕納斯比較自在，他們討厭帕西。」**旅人**說，「不過他們來這裡是因為大公的緣故，他們在等他；他通常大約在這時候抵達。」

實在很難想像，我曾有一面之緣的那個蒼白悲傷的大公和一群外表粗獷的人有什麼關連。我不知道他在巴黎仍舊保有些許昔日的聖彼得堡風格，不管縮減多少，他登門光顧來資助他喜好的茨崗

---

44 The Two Guitars，俄羅斯民謠，充滿吉普賽風格。

音樂，讓這一夥人養家活口，最後在我們現在待的這個小餐館裡謀得生計。實際上，茨崗人已經成了他的私人樂隊，比起他在帝俄的光輝歲月認識他們時，在流亡情況下他們更是完全屬於他。

在一片濃稠黑暗中，那些茨崗人認出了**旅人**，於是湧向我們這一桌，熱情地上前來跟他打招呼。他們盯著我看，炯炯發光的黑眸子眨也不眨，然後微微一笑，露出狼一般的白齒，給我一種他們實際上是在嘲笑我的印象。他們很可能是在嘲笑我，我一身女學生模樣的粉紅衣裝，看起來肯定很突兀。不過他們很客氣，欠身後問說，「這位barishnaya（年輕女士）」想聽他們唱什麼歌曲。此時，其中一位較年長的女人，矮矮胖胖蟾蜍模樣頭髮蓬亂，向**旅人**走來，用上漆的木托盤端來一杯香檳。她隆重地向他獻上那杯酒，唱起顯然是一首歡迎歌，隨而整個樂團也加入。**旅人**稍後解釋說，這是茨崗人的慣例。

我們向誰敬酒？

我們向誰祝願？

向眼前這位紳士。

茨崗人圍了上來，蟾蜍模樣的女人坐在**旅人**身旁，粗大的手臂繞上他的肩膀。跟其他幾個女人一樣，她看起來憔悴但並不老：或者說，似乎看不出歲數。他深情看著她。「她真是個美人……算了！她仍然是最會唱的一個。」

茨崗人婉拒他請的酒；他們很少喝酒，雖然他們通常會誘使觀眾喝得爛醉。不久，他們魚貫回到座位，空茫地盯著此時已過度擁擠的房間。俄羅斯人更加大聲地嚷著他們愛聽的曲目，但茨崗人依舊一臉無動於衷，直到有人低聲耳語知會他們，大公當晚不會前來。（「困在家庭派對裡走不開，毫無疑問。」**旅人**說，做了個鬼臉。）

一個非常高的茨崗人頂著蓬亂花白頭髮，突然間像活過來似的，拿起吉他開始引吭悲嚎，聲音像一條鞭索劃過煙霧繚繞的房間。光用一個音，大草原的荒涼和林中孤狼的嚎叫將我們包圍，餐桌上的嘈雜聲全靜了下來。我打了個冷顫，驚駭與愉悅交錯襲來。此時其餘的團員加了進來，一開始是附和，很快地便與音樂合而為一，他們會把副歌交給聽眾唱，或者回到憂戚小調，淒厲的嗓音彷彿要掙脫世上所有苦痛。雖然他們仍是一臉僵硬冷酷，但有幾個女人這會兒開始轉另一種調子吟唱，嗓音裡帶有具穿透力的甜美溫柔，多年後我才發現，那是俄羅斯吉普賽人獨有的。西班牙的吉普賽人，不論他們的佛朗明哥多麼火熱，不管他們的阿拉伯音調多麼淒楚，都沒有這特殊的音調如此令人心碎。

本來我還以為這些茨崗人沒有魔法呢？此時我懂得**旅人**口中日以繼夜、夜以繼日與他們相處的那種魔力；會為了他們的音樂散盡家財的那種魔力。眼下我終於懂得他們對普希金和杜斯妥也夫斯基、年少的托爾斯泰等等無數人所施的魔法。在這通風不良的小房間，沒有多餘的時間和念頭——只有感覺。差十分四點，侍者的腕錶上發磷光的刻度如此顯示，當他把另一瓶香檳放進冰桶。我驕傲地發覺到我從沒熬夜熬到這麼晚。

旅人靜默不語，聽得忘我，彷彿嗑了藥。他不時會激動起來，丟給我一些些陪伴或解釋。「妳在這裡看夠了俄羅斯人嗎？沒錯，就茨崗人來說，這很真實……妳聽！這是他們最有名的古老歌曲之一……『你吻了我黝黑的肩膀，我愛你永不渝。』嗯。她當然愛他。譜出這首歌那當時，不是人人都會欣賞曬黑的肌膚。妳那糖霜般的肌膚在當時更流行。我想我應該叫妳洛多佩（Rhodope），這是希臘文，意思是玫瑰般的肌膚。」

這是我生平頭一次聽到有人形容我的肌膚，我震住了。我心想，長大這件事本身提供了最迷人的可能性。

旅人又開口了，彷彿是對自己說話：真是奇怪，他說，對於舊日商賈階級和王公貴族——護衛隊和親王——來說，茨崗人總是具有莫大的魅力，但是對中產階級就是沒有吸引力。

「反正是像怪物的一群人。這已經夠讓人討厭的了——好像還需要更多理由一樣……」他的聲音漸漸變小。我再熟悉不過的那種向內凝望的眼神又出現，我很不喜歡這種眼神，因為這會讓他遁入我去不到的地方。他無疑在思念俄羅斯，思念舊愛——他在茨崗人的音樂聲中相識的戀人。樂團繼續唱著，陶醉在他們本身的節奏中，聲勢愈來愈大。悲痛、歡快或纏綿，他們唱著戀人駕三駕馬車冒著暴風雪去找心上人：他們唱「比火焰或驕陽更猛烈」的愛情；唱出黑暗森林和沉睡中的紮營地，唱出背叛與分離：「心靈之歌」，還有曾經令托爾斯泰感動落淚的「夜星之歌」。

也許是我如癡如醉的模樣太明顯了，他們這會兒又圍上我們這一桌，再來一回敬香檳酒的儀式，只不過這一輪他們向年輕小姐——我——敬酒。

「我們向誰敬酒？我們向誰祝願？」他們唱著。

「他們問妳想聽什麼歌，」**旅人**轉述，我激動得腦中一時空白。以我對俄羅斯的癡迷，我只想到最平常的民謠「黑眼睛」（Black Eyes），或因為發慌，想到「伏爾加河縴夫曲」（The Song of the Volga Boatmen），而這首歌我事實上從未喜歡過，即便我聽到夏里亞賓唱。

見我慌亂，**旅人**幫我解圍。「我幫妳選吧！」他說，於是茨崗人為我唱了「黑披巾」（The

Black Shawl），以普希金的詩句作詞，還有最令人揪心的旋律，充滿激情與別離。

時間已過五點。在吉普賽音樂和香檳（**旅人**用香檳的俄語champagnskoye來點，醉人效果加倍）作用下，我變得輕率，跟著他一同舉杯，祝菈薇絲小姐暴政必亡——接著借另一次乾杯，提議最後一次敬酒：「敬我們的西伯利亞火車之旅！」

「kama mataut!」**旅人**突然說，向我舉杯，臉上掛著他狡猾逗弄的微笑，看著我一臉茫然。「『kama mataut』那是茨崗人方言，我的小傻瓜，如果妳更像個語言學家，妳就會知道那是什麼意思！」

又或者更像個女人，他也許會補上這一句。kama mataut——我愛妳。

～

也許是茨崗音樂傳說中的魔咒發威，我想，那晚將我倆關係定了調——他引誘我，我被他引誘。回首過去，我認為**旅人**的作為並不光彩，違反了每一種榮譽準則。他不僅引誘了未成年少女，還是老朋友的女兒，而他們託他在國外照顧她。不過我們倆都沒有絲毫的良心不安，事情也從未曝光。**旅人**精心導演了這整件事，我想。

我們作夢似地在雨後的空曠街道上朝我的飯店走去，途中他停下腳步，拉起我的手轉圈圈，用古怪急切的方式看著我，觸探、解讀我雙眼背後的心思。

「我的小姑娘——妳要我得體地愛妳——還是該說不得體地？」

「你的意思是……？」

「妳想我還會有什麼意思，小傻瓜？」這會兒他吻了我，求愛的吻，但我已經被征服——亂了方寸。「不要問菈薇絲小姐會怎麼說——她無話可說。」

我也說不出話來。我的夢想和願望，我所有浪漫渴望的核心，突然在我面前等著實現。我不確定我要什麼、有什麼感覺，只知街道和天空和我的腦袋令人暈眩地旋轉。好比身在露天遊樂場，煙囪頂管、巴黎閣樓、樹梢、**旅人**的臉，全都令人迷亂地迴旋著。漸漸地它們愈轉愈慢，最後靜止，我發現自己再次走在同一條街道上。但它應該是一條俄羅斯的街道才對……我嘆了口氣，想起我的昔日幻想——西伯利亞火車的蜜月旅行。**旅人**讀出我的喟嘆。

「沒錯，我知道，妳想要坐上我們的火車，但那是不可能的……事實上，我想妳是愛上了那火車，而不是我……等等，不過……妳讓我想到一個主意……」得意洋洋的一抹古怪神情掠過那些通常是毫無表情的五官。「我的小姑娘！妳應該坐火車，應該被寵壞！我們就把它變成西伯利亞火車……」他看看手錶。「六點。我想像不到什麼樣的火車會在這個時間跑，也想像不到它們開往哪裡。但有件事很確定，我絕不會在工人的火車上把妳寵壞……喔，我的小姑娘，我的安琪兒，但願妳知道及時搶得先機有多麼美妙！妳應該再長大一些，我應該再年輕一些……算了！我們贏了，我們騙過了時間。去西伯利亞！」

他催促我進到一輛路過的計程車，吩咐司機走拱廊街到里昂車站。

「要去拿我的行李嗎？」我好似在欲望狂潮的席捲下抓著一根稻草。

「別傻了，我們沒有要私奔，做這種事妳也不需要衣服。相反的，我會留話給菈薇絲小姐。」

「你究竟要跟她說什麼？」

「很簡單，就說我們昨晚在教堂遇見我的老朋友，他們意外邀請我們到鄉間去看看他們的古堡，妳也覺得很有意思。我們一早就出發，料想她不會反對，我們也不想一大早把她吵醒。妳看著吧，會圓滿解決的。」

果真如此。我們趕上一輛開往第戎的特快車，車內幾乎空無一人；驗票員窸窸窣窣收起一筆慷慨小費後，很快便同意讓我們鎖在一間小包廂內。**旅人**一本正經地啪一聲放下窗簾。「我們在西伯利亞火車上了。」他斷然宣布，然後開始讓我信服。鎖在有愛人和魚子醬的天地裡……永恆的白日夢……車上沒有魚子醬，我們事先在車站快餐部買到一些，但那裡有愛，滿滿的愛。我稚氣的想像和當下顯露在我眼前、迫切狂暴又令人著迷的肉體國度融合為一。不再有躊躇，沒有懷疑也沒有絲毫恐懼。只有愛意，只有幸福。

「kama mataut!」我呢喃著，但我吐出的話消失在轟隆的車輪聲。

於是我們相愛著，當火車飛奔在本該是、對我來說也似乎是西伯利亞大草原的法國平原。

旅人伸手猛一拉把一扇窗簾拉開。

「我想看看在日光下的妳，以妳的年紀，妳不需要粉紅色遮光簾，也不需要那些無聊情話。」

我靠在刺癢的紅絲絨座椅上看著頭頂上的電線杆和信號塔急速掠過。有灰白條紋的白楊木本該是白樺木；雨本該是雪。不過這已無關緊要。中國人似的黃頭顱靠了過來，斜挑眼垂視著，一如往常的神祕莫測，但粗啞的嗓音變得柔和。

「那麼，在特快車上被寵壞的滋味如何，我可笑的小旅人？不用費心跟我說。妳看起來非常開心。妳從沒有道德感，這一點和良好的領悟力是妳最討喜的兩個特質……現在趕快穿好衣服！我們快到了！」

我們勉強拼湊出外表的體面。**旅人**在打領帶，我在椅子底下摸索褲襪，我看見他斜瞟的眼睛閃著格外狡猾的光芒，令我心神蕩漾。「妳知道，」他沉思道，「我一向喜歡你們偉大的馬爾博羅公爵（Duke of Marlborough）的日記裡有一段，當他從戰場返家衝向公爵夫人莎拉：『連軍靴都來不及脫，就取悅我的夫人兩次。』非常貼切的表達了一個男人有多麼想要一個女人。女人不同，她們浪費大把時間克制她們的欲望（和我們的），為了擺設和她們的外表。過來，小姑娘，馬上過來！我現在就要妳！」

火車速度緩了下來，挨近小站，隨而戛然止住之際，我們才回過神來。一身皺垮垮的又一陣倉皇忙亂，還要壓抑住歇斯底里的笑意，我們虛軟地來到月台上，周遭充斥著電車的喧囂和行色匆匆的人群。

「我們要去一間看起來醜陋但深知何謂舒適的飯店。那裡的餐廳是一流的，聞名全法國。我們先睡到下午茶時間，然後再看看情況。」我的愛人說。

他訂了兩個房間，護送我進房，為我點了早午餐，然後祝我睡得香甜。

走在沉淪的道路上，我感到被怠慢——甚至被拒，不會有雙人床出現。**旅人**一如既往讀出我的心思。

「別太貪心，還有時間。再說，我不能讓妳玩膩了；快睡吧，我們再看看。」

後來**旅人**進我房裡，解釋我們不是來第戎觀光的，所以我期待去城裡轉轉是沒道理的。「妳想看什麼？芥末醬工廠？看看窗外，妳從這裡就可以清楚看到大教堂……它沒什麼特別的，在我看來……很快地我們就下樓去吃一頓豐盛的晚餐。」

這時，一列火車轟隆隆掠過窗外，交通指示杆隨著震耳的噹噹聲落下，鳴笛聲大作，腳伕吆喝著，蒸騰熱氣猛地噴發。整棟飯店簡直跟著火車震動，因為它就蓋在車站邊，跟法國國家鐵路的建物是一體的。不過它極其舒適，絳紅色地毯和有白色扶手套的厚絨布扶手椅呼應著火車內的裝潢；而且，就像**旅人**說的，那床鋪和餐廳同樣是一流的。他沉默地久久研究那令人驚豔的菜單，然後點了大致上由當地菜餚構成的一餐。

「這是個崇尚物質的城市，我們在感官的世界裡。」他說，津津有味地大吃起來。

「你很不浪漫。」

「沒錯，我很務實。我可不是天天在第戎。這裡是美食中心。況且，我也不是天天在火車上引誘少女。感情需要餵養。請把法式酸辣醬遞過來，好嗎？這一味特別的好。」

稍早前已經跟菈薇絲小姐通過電話，**旅人**滔滔不絕的解釋壓下了她抗議的抱怨。風和日麗的好天氣，會再多待一天，男爵的盛情難卻。他們的花園現在正是最美的時候。見識一下法國鄉間生活最宜人的時節，對我來說是多麼難得的機會。一次難忘的經驗，他說，他的目光對上我的。沒錯，我們明天晚上會回去，不，很難說幾點到，這要看車班，他說，抬眸再度對上我的目光，在她還沒來得及問我們在哪裡便掛了電話。

我們在第戎，或者說就只待在飯店，度過了那晚以及隔日一整天，我沒能去參觀大教堂或到城裡看看。

「妳將來有的是時間觀光，事情總有先後。」**旅人**說，鑽進黃色緞面的鳧絨被底下，並邀我跟他進入他的蒙古包。

出走遊戲的魔幻戰勝了鄰近調車場裡火車轉軌的喧囂和飯店臥房的傳統擺設。我們獨自在西伯利亞針葉林裡無垠的雪白寂靜裡，聽著積雪從頭頂上的樹枝落地之際輕柔的砰一聲，聽著某隻野獸在附近徘徊覓食之際踩踏細枝椏的細碎聲。

「我愛你！我愛你！」我們當中哪一個在說話？激情的頂點不適合說話，但我們的身體替我們發聲。

這是西伯利亞，這是蒙古包，這是奔越森林的三駕馬車，這是完美的俠客廬。這正是我想像中的歡愛，很久以前當我在德文陸岬的歐洲蕨叢底下蜷窩在**旅人**身邊時。這正是我一向知道的我們愛情的模樣。

「只要我們在一起，像這樣與外隔絕，就永遠是在俠客廬。」**旅人**說，當他聽我提起那最初的綠蔭藏身處。他的嗓音聽來怪異，突然間他烏黑的斜挑眼蒙上淚水。他譏諷地笑了笑，陡然改變心情。「小傻瓜，妳不曉得我是墮落的怪獸？我年過四十，妳未滿十八。妳把我變成貪婪的好色之徒。」

我開口跟他說，我覺得他把我們的愛情說成這樣很可怕，但他打斷我的話。

「過來這裡，妳這浪漫的傻姑娘，我不能讓妳孤單。」

第六章

隔年秋天我被送往義大利。那裡比前一所體育監獄好一些，但我還是無法融入這群女學生，夢想著參加社交季、找個夫婿、生兩三個穿上荷葉邊衣飾的寶寶。對於成年生活，我有別的想法。

「結業？假使妳再待久一點，差不多就可以結業了。」**旅人**嘲諷地說。他來探望我，未事先告知。一位修女來圖書室接我，那是個被柏樹遮蔽的幽暗房間，我本來應該在那裡讀佩特[45]的《文藝復興》，但我事實上沉浸在偷帶進來的一本大仲馬的《擊劍大師》（*Le Maître d'Armes*），幻想自己是追隨愛人到西伯利亞的法裔女英豪；據**旅人**的說法，那是大仲馬寫得最糟的一本，而且通篇誹謗，扭曲事實，對他來說，十二月黨人的悲劇不管從哪一面來看都是神聖的。

「有位先生在接待室等妳，」修女說，「妳母親寫信交代過，妳可以跟他外出。」我知道不會是別人，雖然我將近一年沒見到他。我跑過冰冷的鋪石迴廊進到接待室，發現他在跟瑪達蓮娜修女談話，他說根據蒙古人的說法，帖木兒的上十二代祖先是來自童真女的無垢受孕。

「當然跟妳們的聖母是不一樣的。」他快快補了一句，免得讓瑪達蓮娜修女感到絲毫冒犯。瑪達蓮娜修女安詳微笑著，知道他無意冒犯，於是頂著寬大白頭巾離開，留下我們。

我們穿越橄欖樹林朝大門走去，經過正在夾竹桃和黃楊木盆栽之間忙活的老園丁路奇身邊。他

45 Walter Pater，沃爾特・佩特，1839-1894，英國著名文藝批評家、作家。

挺起身子，祝福我們有幸運的一天。太陽高掛，一如既往。但對我來說，它此刻彷彿迸射著熱帶灼光。**旅人**停下腳步，凝神聆聽。

「夜鶯在正午鳴叫！在十月天？」他說，「……跟『Krim』一樣。」他總用俄語「Krim」來指稱克里米亞半島，我覺得這樣稱呼很有異國情調，也不會讓我聯想到慘烈的克里米亞戰爭，使我腦海浮現一幅看過的版畫，描繪著英國兵還有無辜的英國馬——喔！這是最恐怖的——在俄羅斯槍炮襲擊下痛苦地打滾而亡。

「克里米亞！你回去那裡嗎？看到了巴赫奇薩萊宮[46]的淚泉？回西伯利亞？趕快告訴我，什麼都別漏掉！」托斯卡尼的風景淡出，我只見韃靼市集，或遼闊的大草原。**旅人**大笑，似乎心情很好。

「妳的腦袋從來不想別的，是吧？不管怎樣，今天不同以往，我們留在此時此地，我要給妳一個驚喜。」他一臉被逗樂的狡猾模樣。

「是吃的還是穿的？」我問，去年聖誕節他送我魚子醬和一副暖手筒。

「不是吃的也不是穿的，是愛或恨。」他答道，神祕依舊。

在雅致的石砌門外，有兩個年輕人坐在扶欄上眺望山谷。就我來看，一個約莫是我的年紀，另一個大我幾歲。兩個都長得跟**旅人**很像，同樣有雙烏黑斜挑的瞇縫眼，但有一點不同——而且我會說是討喜的不同，要不是關乎**旅人**的一切對我來說都很誘人——這兩個年輕人都有一頭簡直像覆羽似的濃密亞洲人藍墨色頭髮。兩人穿大衣的方式也都跟他一個樣，把它當成斗篷披在肩上，顯得一派瀟灑。

「我兒子。」**旅人**宣布。

「我不知道你結婚了。」我傻傻地說。

「我沒有,妳怎麼會那樣想?」他說,輕拍我的手指關節,拍掉我的因循守舊。

「卡姆朗!謝爾蓋!這位是夏洛蒂・羅斯(Charlotte Russe)。」這是他為我取的小名之一,一來是我的親俄傾向,二來是我有無限大的肚量吃下一款同名的英國布丁。

這兩位斯拉夫人恭敬地鞠躬,然後與我們一同往前走。他們沒開口說話,但我們都邊走邊偷瞄彼此。斯拉夫人占上風,因為他們生來斜向的眼睛,比起我一雙玩偶似的盎格魯薩克遜圓眼,顯然更容易從眼角偷瞄。

「那麼今天要做什麼呢?」旅人問,他當然無意聽取我可能提出的任何建議。「我們要不要去吃香濃蛋糕(他知道我抗拒不了這種東西)?我們要不要正式拜會女大公?」他提起幾位拮据地住在城外、上了年紀的知名俄羅斯女大公。「或者我們乾脆逃跑算了,當然是跑去西伯利亞。」他補了一句,目光對上我的。「既然妳變成這麼守舊的修道院姑娘,也許妳會希望先結婚再去?這樣妳可以當我兒子的小媽……媽姆!」見我臉漲紅,他惡毒地大笑。「沒錯,這是個好主意,」他繼續說,「我總說每個女人起碼要嫁三次。妳最好先從嫁我開始……妳不如就……我不如就……那麼,就這麼說定了。卡姆朗!謝爾蓋!你們覺得夏洛蒂・羅斯當你們的後母如何?她會大大寵壞你們。

46 Bakhtchisarai,巴赫奇薩萊為克里米亞汗國首都,巴赫奇薩萊宮為韃靼可汗王的居所,宮中有一座噴泉名為淚泉,意指為了信仰而犧牲的穆斯林聖徒的「淚眼」。一則淒美傳說則稱,淚泉是某位韃靼可汗因哀思戀人而建造。普希金曾到此遊覽,於一八二四年寫下的著名愛情長詩《巴赫奇薩萊的噴泉》。

說不定你們可以教她說俄語。我可教不來。不管怎樣，妳仍舊會用雅庫特語數到十，對吧，寶貝？」他焦急地問，聽到我笨拙地發出一些音節 bir、iki、ous、tar、bar、ali、sekki……他顯然被鬥得很樂。

我徹底興奮過了頭，開始跟我未來的繼子說明雅庫特族這個西伯利亞部落據說帶有圖蘭人[47]血統，他們的語言跟突厥語很像。這兩個年輕人看來很困惑，聽到我為了說明觀點開始一口氣背出發音相似的突厥數字 bir、iki、utch、dort、besh、alti、yedi……，他們更是一臉茫然。

「我愛妳，但今天的文化課到此為止。」**旅人**說。

「卡姆朗、謝爾蓋，來跟你爸的未婚妻請安！」未婚妻！在迷亂之中，我看見這兩個年輕人——我現成的俄羅斯家人——牽起我的手俯身行禮。我是他們未來的繼母，這念頭叫我心花怒放。這是頭一次有人向我行吻手禮，雖然這喜樂很短暫。

「親吻年輕未婚女子的手！你們不曉得這樣很失禮？」他們的父親厲聲說。「你們太教我吃驚了。成何體統！所有的親手禮都是彼得堡腐敗的垃圾。你們真該丟掉這種上流社會的東西，它不適合未來世界，也不適合妳，媽姆，」他繼續說，以我的新綽號為樂。「妳不應該在這裡，妳應該在俄羅斯，二十年前就該在俄羅斯。從前出了個意外……」他突然看起來很憔悴——甚至老態。他將長手指往後扳發出咯嗒響，雙眼向內凝視，那種古怪的目光總意味著他正懷念一個逝去的世界，企圖要把它的魅影再次喚回他身邊。

「啊！欲望沒有解藥。」他嘆了口氣。「那是亞維拉的聖女德勒薩（Saint Theresa of Avila）說過的話。妳們女子精修學校有沒有教導她的事蹟？」他慣常的嘲弄語氣回來了，這時我們正擠進一輛出租車，它等在墨索里尼新闢的輝煌公路上。

「婚約夫婦要十指緊扣坐後座。」他說，把他兒子們塞到司機旁邊，司機是個矮壯的人，他熟練地駛過托斯卡尼山區一連串險彎道路時激動地抱怨不停。

「現在來談談婚禮吧，」**旅人**開口道，我們稍後坐在廣場吃冰淇淋時。「我想妳期待一場傳統的婚禮，有天使般的合唱團，有大主教親自賜福，還有我們要戴在頭上的可笑金冠？我知道妳要這樣的婚禮。」他似乎被這整個念頭逗樂。「你們兩個可以負責捧頭冠，」他對兒子們說，他們始終用單音節答話，而且始終很順從。我注意到他們對父親畢恭畢敬，儘管他們像奶媽說的浪蕩子模樣（哪方面像，她從沒說明），不過在**旅人**身旁，他們馬上變得乖順卑屈。撿到一個現成俄羅斯家庭的念頭叫我樂開懷，因此我當時對他們毫不感興趣。

在充滿拜占庭輝煌象徵的俄羅斯教堂成婚，長久以來是我浪漫渴盼的精華。在那裡，頭戴金冠的新郎新娘也成為王與后。我癡想的蜜月，這回是真正的蜜月，是我跟我對俄羅斯的愛的神祕圓房，一定要在西伯利亞火車上，跟愛人和魚子醬鎖在一起。總算！這回他無法回絕我。我從沒想過我們無法搭上西伯利亞火車，假使火車當時仍在營運的話。政治從來不是我會關心的事——或者說，感覺上是與我無關的事。政治是報紙頭條，而且報紙也一概進不了女修院。我只知道，西伯利亞火車就像南瓜馬車，會在神奇的場合神奇地出現。唉！光芒萬丈的地平線卻有烏雲罩頂，**旅人**口氣裡的嘲弄令我不快。稍後，他把卡姆朗和謝爾蓋打發到電影院看《啟示錄中的四騎士》，我不高

---

47 Turanian，圖蘭是波斯語中對中亞的稱呼，本意為圖爾人（Tur）的土地。

興地跟他說，他在其他人面前提起這話題——像我們的婚事這等話題——把一切搞得很糟。尤其是在他兒子們面前，他跟另一個女人生的兒子。

「另一個女人？妳是說其他女人吧。」他罕見的揚聲大笑。「我可憐的小呆瓜，難道妳看不出來這兩個男孩的血統不一樣？謝爾蓋的母親是喬治亞人，來自提比里斯，卡姆朗的母親是半個突厥人——別把突厥和土耳其搞混了，那可是天差地別——他們分布在整個中亞。喬治亞女人很有魅力，天生討喜——性子火爆，但也輕佻。突厥女人可就一點也不輕佻。卡姆朗的母親也是個美人，但完全不同——很難相處……就像她父親。他是個吉爾吉斯酋長，或者說黑吉爾吉斯族（Kara）的一支，他們是皮膚黝黑的一族。他擁有一千座帳篷的財產，他們的財富是以帳篷來計算，妳曉得的。據說他是小帳[48]可汗之一的後裔，順道一提這可是最大的部族，他的妻室之一，我的丈母娘，我相信是帖木兒的後裔——我想妳可以禮貌地稱呼她丈母娘，不過就像我說的，我沒結過婚。別叫我解釋亞洲式的自視不凡，也別想像他們全是蠻夷。我認識的一名酋長在展開夏季遷徙之際會在鞍囊放一本魏崙[49]的詩集。我是在塞米巴拉金斯克城外[50]尋找韃靼人陵墓時認識卡姆朗的母親，而塞米巴拉金斯克，順便開導妳一下，曾經是七屋州[51]的首府。懂嗎？我愛旅行，我也愛小孩。對我來說，這兩樣多多益善。不要一臉正經的。既然講到這話題，其實我還有兩個兒子。我的老大是跟一個滿洲姑娘生的，我想他現在住海參崴。很多年沒見到這對母子了。老么薩姆恭的母親來自天山山區（亞洲女人總叫我難以抗拒），但我不知道她的下落，那孩子也是。真遺憾，他是個很有趣的小男孩……我總是生男生，所以準備迎接兒子吧。」

見我的表情，他補了一句：「歸根結柢，也許妳最好是回到精修學校去。妳還沒準備好要進入這個世界。妳應該就讀斯莫爾尼（Smolny）。」（斯莫爾尼宮是聖彼得堡的一所貴族女子學院，由伊莉莎白女皇〔Empress Elizabeth〕創立，坐落於舊日的女修道院，華美無比的一棟建築物。）

「在斯莫爾尼的生活世俗多了，……曾經有一名女學生卡緹雅・多爾戈魯卡婭（Katia Dolgorukaya）勾引沙皇亞歷山大二世求愛。妳知道這故事吧？她的結局還可以，他的也是……我們的也都是，不論如何……」他陰鬱地補了一句。

我們進到托納波尼（Tornabuoni）的一家咖啡廳坐等卡姆朗和謝爾蓋，不久之後他們加入我們，說要吃點東西，並描述電影裡魯道夫・瓦倫蒂諾（Rudolph Valentino）和愛麗絲・特里（Alice Terry）的情愛場面如何煽情。時間不早了——以修道院的標準來說，很快地我不得不離開這新發現的迷人亞洲家庭生活。**旅人**陪我回到修道院門口，我們在門牆的陰影裡低語道別。在急速變暗的檸檬色天空襯托下，橙樹林尖葉的剪影鋒利得像裁剪的黑紙。

「我討厭這樣離開妳，小妞兒。」

「我也同樣討厭被這樣留下來，」我苦澀地說，壓制著他可能會提議當場私奔的狂野希望。

---

48 Little Horde，哈薩克汗國部落被分為分大帳、中帳、小帳，小帳分布在烏拉河至裏海的地區。哈薩克汗國（一四五六年至一四六五年間創立）位於現今的哈薩克斯坦共和國的東南部分的七河流域。

49 Paul Verlaine，1844-1896，法國象徵派詩人。

50 Semipalatinsk，是哈薩克斯坦東哈薩克斯坦州的一座城市，位於額爾齊斯河畔。

51 Province of the Seven Tents，塞米巴拉金斯克一七一八年開埠，建於一座藏傳佛教寺院的遺址上。由於寺院原來有七座建築物，因此俄語塞米巴拉金斯克的意思是「七座樓房」。

「不，貪心鬼，」他一如既往讀出我的心思，「我們會有好一陣子不能隨心所欲地在一起，……但我們可以寫信，妳可知我一直保留妳寫給我的第一封情書？大概也是妳寫的第一封情書，妳六歲時寫的，妳寫說：『請快快回來，我愛你我愛你。你最忠誠的。』況且我從沒保存其他人的信。這一點應該會滿足妳……而且，該死！我還跟妳求婚呢！我從沒跟別的女人這麼做過。目前只能如此了，暫時如此。」

牆的另一頭，小教堂的鐘突然叮噹響起，透著生硬的堅持，他猛烈吻我，然後轉身離開，沒再回頭。

~

之後，將近一年的時間，**旅人**消失無蹤，我沒再聽他提起結婚的燦爛遠景，也沒再聽聞謝爾蓋和卡姆朗的消息。仍在就學又洋洋得意地用雅庫特語從一數到十的未來繼母肯定嚇到他們了。我覺得自己被遺棄——被放逐孤島上過著常規生活——不時氣憤煩躁。我佩服那個為了追隨愛人托馬斯．貝克特（Thomas à Becket），徒步跨越歐洲的果敢女孩，她不但語言不通也沒有財力，終究還是在倫敦找到他，用的是一個簡單的方法，一路上對著她遇到的每個人反覆說出他的名字。我能夠用同樣的方式深入亞洲腹地，在走向渴盼的地平線一路上反覆說出**旅人**的名字嗎？我知道我很快會被電話、電報和邊境管制攔住——文明的網絡。我在絕望中拋開大仲馬的西伯利亞，開始鑽研俄羅斯歷史。

旅人說起俄羅斯相關的條約、理念、神祕主義者或罪犯，無不說得活靈活現，栩栩如生！在他眼裡，俄羅斯歷史的哪些面向最有意思？我努力思忖，並想像我的自學成果將如何令他讚嘆。我當時並不明白，一個飽讀詩書的女人很可能令人掃興，而不是散發魅力，也不明白要想取悅對方就該巧妙藏鋒。於是，我在波坦金[52]的外交政策、十二月黨人起義和俄羅斯如何消滅中亞汗國之間，估量著孰輕孰重。塔克土庫曼人（Tekke Turcomans）的背水一戰對上西伯利亞及十二月黨人牢獄之災這永恆的吸引力，難分勝負。選擇沙漠還是大草原？

當我猶豫不決，布哈拉的泥牆要塞在我眼前升起，在熱浪中顫動，跟**旅人**描述的一樣乖戾。我看見回教王的堡壘宮殿亞克王城（Ark Fortress）。在懸掛氈毯和絢麗綢緞的露台上，我看見回教王纏著頭巾一臉慍色，他是中亞權力遊戲的一個棋子，因為布哈拉位於俄羅斯通往印度的路徑，再過二十三年就會被俄羅斯殲滅。新月、十字、錘子與鐮刀。由來已久的主權爭奪戰。中亞地區的絢爛色彩和凶猛殘暴像一團火焰，圍繞在又冷又暗的圖書室裡沉思的我。多年後我踏上了土庫曼地區，在亞克王城前駐足，穿越高聳城門，在昔日囚牢徘徊，蘇維埃當局把那裡當作舊日汗王和沙皇統治的暴政例證。

在修道院圖書室裡，沒有水晶球為我預言未來的旅程，我仍必須衡量鑽研中亞或西伯利亞史地各自的優點。西伯利亞必然勝出。帶著放縱的快感，我的心思飄到有柵欄的窗外，越過花園裡修剪

52 Grigory Potemkin，1739-1791，俄羅斯帝國軍事領袖、政客、貴族，曾任克里米亞總督。其功勳包括吞併克里米亞（1783）和第六次俄土戰爭的勝利（1787-1792）。

整齊的樹籬，在菲佐雷[53]地區狀如塞浦路斯矛的丘陵之上騰飛，往北越過亞平寧山脈，繼而再北上，在時光中倒流，直到我抵達圍繞聖彼得堡樞密院廣場的龐大灰色花崗岩建築群，回到一八二五年十二月那關鍵的一天，十二月黨人在那裡起義——那暴虎馮河之舉，導致他們不是被處決，就是終身流放西伯利亞。

～

十二月黨人起義，「站著等待的革命」，得名於這起悲愴行動發生的月份。本質上它是爭取自由的一次夭折行動，而非一場革命。除了其他的改革訴求，這次行動的目標是要求制定一部憲法——俄羅斯人聞所未聞的東西。但整件事的進行顯露的外行與不智，使得它自始就注定會失敗。起義者氣勢洶洶，呼聲雷動；他們揮舞著匕首，但誅殺的對象是誰，卻沒有明確計畫。最重要的是，有太多的空談。在那些漫長的夜裡，關注政治的斯拉夫知識份子所熱中的那種滿懷理想的夸夸其談，就像我在巴黎或倫敦的俄羅斯流亡者之間聽到的，到頭來都沒有結果。

號召這項行動的是年輕的軍官菁英，一群貴族出身、有教養的人。這些御林軍官甫自拿破崙戰爭歸來，醉心於在海外嘗過的自由，那是戰勝的俄軍在一八一四年進駐巴黎的一段歡騰歲月，他們在那裡經常出入知識份子的沙龍，如同他們也經常流連上流社會；在法國思想與生活的各個層面吹拂的自由之風，叫他們驚奇，讓他們覺醒。回國後，以共濟會的方式成立的祕密會社在俄羅斯各地湧現。他們的目標很可佩。制定一部憲法、更人道的軍隊管理以及廢止當時剛強制實施的二十五年軍役，加上解放農奴和其他的自由改革，都是他們共同的主張。就個別來說，他們當中很多人已經著手解放自家的農奴，或在自身的領地進行土地改革。「北方協會」、「斯拉夫聯會」和「南方祕密會社」集結了一群身分顯赫的貴族：沃孔斯基親王（Volkonsky）、特魯別茨基親王（Troubetsky）、奧博倫斯基親王（Obolensky）和巴里亞亭斯基親王（Bariatinsky）全都一心想當改革者。出身於最尊貴的門第世系，他們家財萬貫，坐擁無限的地產和特權，因此也潛在地握有關鍵權力。

可是卻沒做出什麼大事來，這些健談的空想家在後續的五年間繼續聚會（年輕的普希金也是其中一員，但涉入不深），計畫著愈來愈多不切實際的方法，要克服在他們周身日益壯大的反動風氣。一八二五年，沙皇亞歷山大一世駕崩，由於他膝下無嗣，王位的繼承一時之間懸而未決。胞弟康斯坦丁大公本應繼承皇位，但他宣告放棄繼承，當時他以總督身分外駐波蘭，不久前才與一名波蘭女子祕密成婚。一般尚未知悉皇位繼承權落到么弟尼古拉大公身上。在混亂不明的情況下，軍隊被召集並宣誓效忠時，仍不清楚要向誰宣示，有些還因為向康斯坦丁大公宣示而失效。

祕密會社便是選在這個時機點要求立憲，否則拒不接受尼古拉為沙皇。這看似簡單有餘的決定，卻充斥著可怕的混亂和躁動。

最後這些理想主義者決定在聖彼得堡樞密院廣場法科涅（Falconet）的彼得大帝騎馬雕像下起義，其純真的信念多麼感人，其莽撞的行動又是多麼教人氣惱。那天是十二月十四日；年輕的尼古拉大公已經宣誓登基成為尼古拉一世，等著朝臣百官和軍隊向他宣誓效忠。這位冷酷的暴君自始便展現冷血無情，使得他成為可憎的鎮壓象徵，尤其是對於十二月黨人的家屬，他從未有絲毫憐憫。

53 Fiesole，義大利托斯卡尼區佛羅倫斯郊區的市鎮。

他深信王權神授：他自視為神受膏者，俄羅斯帝國皇帝。造反是褻瀆。他下令調來所有軍隊。三千名敢死的造反者對上三千名騎兵、九千名步兵和一千名砲兵。在那遼闊的廣場的每一面，士兵佇立等待著。起義的官兵比起他們訴求的諸多偉大理想少得可憐。他們沒有準備作戰計畫。一切的戰鬥都只在他們心裡。

當近衛騎兵（Chevalier Guards）騰躍而出，在沙皇身後就定位，其中有十四名成員來自各個祕密組織。他們仍有時間支援起義的同志，但似乎嚇得無法動彈。同樣站著等待的群眾變得不耐，開始奚落沙皇軍隊，拿起石頭和磚塊往他們身上砸。人民同情起義的官兵，而且帶伏特加來讓他們祛寒暖身。這造成不利的效果；有些官兵喝醉了，手上的步槍噹啷一聲掉到結凍的地面上。短暫的冬季白晝漸漸暗了下來，其中一位急躁的起義領導人卡可夫斯基（Kakhovsky）突然發難，舉起手槍對著聖彼得堡總督米羅拉多維奇將軍（General Miloradovitch）扣扳機，後者受了重傷，跌下馬背。

沙皇白鑞似的恐怖目光把這一幕看在眼裡，為了事後清算也記下了每一個謀反者的臉孔。接著他下令砲兵開火。但沒有人行動。命令再次下達，但砲手再次躊躇不動，不願意向同袍開火。起義官兵還有時間——鋌而走險的最後機會——舉槍發動攻擊。一位名叫布希欽（Pushchin）的平民力勸官兵馬上採取行動；但說也奇怪，起義的軍官沒有人發號施令。沙皇再一次命令軍隊開火，此時，起義官兵和民眾終於開始奔逃，或是在掃射火力中倒下。為時已晚，少數起義者設法拚死一搏，有意撤退過橋，攻下彼得保羅碉堡作為據點，抵抗追兵襲擊。但沙皇命令槍隊前進堤岸，射殺在冰封的涅瓦河上飛奔的造反者。一陣槍林彈雨，結冰的河面被打得粉碎，裂口吞噬了許多屍身，直到來春河水解凍，屍首才浮出水面，恐怖地讓人想起那一天。「站著等待的革命」結束了。尼古拉的報復尚未開始。

這是俄羅斯歷史性一刻背後錯綜複雜的部分脈絡，我當時才著手研究，而且篤定地知道有一天我將認識在西伯利亞續篇登場的那片土地。

～

那一整個冬天，佛羅倫斯冷冽噬人，幸好**旅人**的信帶來溫暖。他經常寫信來，措詞謹慎，但我們有時會使用暗號或密語；以前他談起藏匿在窩瓦河以北森林中的舊禮儀派其奇特信仰和習俗時，曾跟我解說過這些暗語。在十七世紀，這些暗語曾用在外交往來，但後來被廢棄，結果被舊禮儀派採行，用在修道院和教長之間的祕密通信裡，以抵抗大牧首尼孔（Patriarch Nikon）的改革，護衛他們的分離派教義。而今，我們借用被竄改的俄羅斯字母及這套暗語，口齒不清地互訴情衷。

雖然沒有人會察看我的信，修女們沒被授權這麼做，我想**旅人**和我都很享受這項隱蔽的活動，它強化了悅人的罪惡感，況且我們經常仔細回味第戎那一趟出遊，也確實有些事我們必須遮遮掩掩。特拉蒙坦那風[54]越過亞平寧山呼嘯而來，我睡在沒有暖氣的石牆石地板房間，躺在床鋪上，被窩裡放著當地人不雅地稱之為「床上教士」的裝火炭小玩意兒仍覺不夠暖，但一讀再讀**旅人**充滿暗語的信，回想更溫暖的火車車廂，身子依然發燙。因此，我們雖分隔兩地，仍保有親密的幻覺。我需要這種慰藉，因為在修道院的剩餘日月極其乏味。英國僑界偶爾舉辦的電影欣賞或下午茶派對，

---

54 tramontana，義大利或亞得里亞海及地中海鄰近地區吹的冷冽北風。

與駐守要塞的年輕軍官的遠距調情……我都沒興趣。除卻巫山不是雲。

也許我的心神不寧表現在我的喜怒無常、對讀書或周遭一切提不起勁。也許修女們跟我母親發牢騷而她得出了結論。縱使我和**旅人**的真實關係她一無所知，她一向知道我的癡迷。當負責寄信的修女告知我母親，我一星期寫三四封信給他，她寫了一封溫柔又堅定的信給我。我的課業不順利，她擔心他變成我人生中一股太過干擾的影響力……（變成？他一直如此，打從我第一次記住他，當他在幼兒房的火爐邊烤麵包和塗抹牛肉汁時。）我納悶父母是否知悉那四個亞洲兒子的存在，或者不知怎的知悉我們的計畫——戴金冠的婚禮。我感覺到，這件事可不會被以同理心看待。

「我們的**旅人**再度啟程，」我母親在信裡說，「也許停一陣子不要寫信比較好。他計畫去阿富汗斯坦一趟，那裡出了一些麻煩。」因為要擺平麻煩，她說，他沒有時間寫信，而我應該小心，別寫太多信去煩他。雖然我們都知道那些麻煩——尤其如果又是發生在亞洲——對**旅人**而言總是難以抗拒，但我相信他會繼續寫信給我，而他也確實如此。不過我很氣母親的態度，也覺得她試圖擋在我和我的斯拉夫天命之間，對此我心生怨懟，而這怨懟縈繞不去，漸漸深化成不信任。我也氣她把**旅人**說成我們的**旅人**。他是我的，我的，整個是我的。當下我意識到，沒有人可以完全信賴。

~

「這裡熱得嚇人，」**旅人**寫道，「但他們懂得怎麼沏好茶。」信的首句是「九月，喀布爾南部」，接著：

「沒什麼事要忙，所以我有時間看看這個國家，它讓我想到哥薩克。野餐必須煞費力氣。真希望妳在這裡，我的小姑娘。妳永無饜足的遊客胃口會在這裡得到滿足。這裡什麼都有。危險、美麗、純真、腐敗、天花、梅毒、停滯……我能用的字彙都用光了——反正這裡是亞洲。我想像妳在這裡，坐在一把綠傘下寫生，沒留意到山區爆發槍戰。我想如果部落的人包圍了妳，妳會對他們說，別做傻事了。滿不錯的對策，整體來說。我是在『tchai-hana』寫信給妳，這是某種茶屋，有一座小橋越過溪流，我們坐在橋上喝茶，看著底下潺潺流水。」

「我們？」……我的心被鋒利的忌妒刺穿。他跟誰在那茶屋裡？另一個**旅人**？某個手指繪上指甲花染花紋的波斯美人？傳說中的沙馬基舞孃？

「轉告妳母親我發現煮米飯的新方法。」信繼續寫道。「這需要一口起碼三呎寬的大銅鍋。最好在哈洛德百貨找找看。順道一提，罪犯在這裡過得比在妳心愛的西伯利亞還慘。他們把犯人關進鐵籠裡，掛在岩石上，讓他們慢慢死去。最後一任首相在一座深谷上方擺盪了將近兩星期才身亡。但他們為他辦了隆重喪禮——穿上全副衣裝。我得穿燕尾服，在這種熱浪中！」

信接著請求代為領取送洗的衣物，以及將幾本書歸還倫敦圖書館——書當然是以別人的名義借的。茶屋的氛圍似乎讓他想起很多事要辦，就是沒想到我心心念念的戴金冠婚禮。

第三部

借來的人生

我的愛滿盈
我的情獨鍾

——貝多斯（Thomas Beddoes）

第七章

到了夏天，旅人的冒險心情想必消失了，因為他回到倫敦，很快說服我母親接受他的計畫；他提議我加入他和兩個兒子前往科西嘉島度假，「因為那裡讓我想到高加索。我瘋狂的蒙特內哥羅舅母，優鐸希亞女伯爵，也會在那裡。」他寫道，「只是一般的家庭出遊……」雖然我父母親理解的家庭出遊和蒙特內哥羅來的瘋狂舅母以及非婚生兒子（旅人似乎大膽宣稱他們是私生子，無疑察覺到我的家庭對這類事情的豁達看法）理解的不同，不過對他們來說，出國旅遊的教育意義似乎比其他考量都來得重要。再者我們到第戎出遊的事，他們仍不知情，而我的第戎旅行教育，堪稱游走在自由的危險邊緣。他們同意了這趟科西嘉之旅。因此，命中注定我會再次聽進他每一句話，躺在他臂彎裡，墜入更深的俄羅斯魔咒。

我們的旅途並非沒有意外，當天一早我們在里昂車站集合，烈日高照，危險地讓人脾氣暴躁。我們要搭特快車到馬賽，即便如此，抵達時也差不多是午夜了。旅人不信任臥鋪車廂，也不信賴用餐車廂。於是他宣布，我們搭日間車，在車上野餐。菈薇絲小姐護送我上火車，當我們走近車廂包廂，便聽到他對腳伕破口大罵，斥責腳伕粗手粗腳對待他那口大型俄羅斯茶炊。瞥見旅人穿藍絲綢睡衣戴麂皮手套，菈薇絲小姐似乎很窘。

「長途旅行我總會換上這類衣服。」一見她面露尷尬他這麼說，而我不禁在想，橫越戈壁沙漠時他會怎麼穿。

此時我被引見給瘋狂的蒙特內哥羅舅母。她穿著布滿亮麗花卉的綢緞衣裳，飽滿的曲線畢露；幾串珍珠項鍊勒脖子似的纏繞在肥胖的頸項，雖然天氣熱，她仍舊披著相當破舊的皮草披肩，頻頻從肩上滑落又頻頻被拉回原位。她彷彿渾身浸潤在格外具異國情調的某種香氣裡，舉手投足都使得陣陣芳香飄盪整個包廂——我格外覺得好聞，想起我母親和她的友人用香水時，總用得極其節制，認定只要比一丁點兒還多都會顯得庸俗。此時我理解到，在優鐸希亞女伯爵身上，凡此種種都不會得到她們的認可。她胭脂搽得大膽，抹得又濃又廣，就像拉吉萊勒[1]畫筆下的肖像，她的頭髮呈現使用散沫花染劑用得毫不吝嗇的那種濃橘色。紮綁緊實的辮子盤在頭上，形成冠狀頭飾，明明白白表露俄羅斯出身。她的眉毛是隨意的兩道斜撇，烏黑得毫不妥協，就像她那一對跟**旅人**一樣呈亞洲式斜挑的小杏眼。儘管珠串纍纍、胭脂搶眼、香水濃厚，但她一點也不粗俗，反而帶著既高雅又宜人的氣息迎向我。

「我終於見到妳了，我聽到很多關於妳的事。」我納悶著她究竟聽到什麼……她伸出的手，形態優美，纖細白皙，柔若無骨，戴了很多戒指，那是嬌貴的十九世紀的手，讓人想起安格爾[2]的肖像畫。

她微笑著，凝重地深思，彷彿在掂我斤兩，得出結論後，又回頭專注於她的心思。一種憂戚的氛圍環繞著她，古怪突兀，因為她精明小巧的鼻子以一種最雀躍的方式往上翹。她似乎是個矛盾的

---

1 Nicolas de Largilliere，1656-1746，法國洛可可畫家。

2 Jean-Auguste-Dominique Ingres，1780-1867，法國歷史畫、人像畫及風俗畫家。

人，我對她格外有興趣，因為她是我見到的第一位**旅人**家人。不知怎的，我沒有把他的兩個兒子看成他真正的家人——他們身上沒有我深信優鐸希亞女伯爵能透露給我的俄羅斯根源和生動的莫斯科舊日。謝爾蓋和卡姆朗是旅人的延伸、附屬和回音，但優鐸希亞女伯爵必然跟**旅人**有很多共同的早年背景。

我滿足地入座，腦海裡已經準備好一長串問題在適當時機提出來。

優鐸希亞女伯爵此時把心思擺在她腳邊地板上一個模樣複雜的東西。她解釋說，這是土耳其水菸；其盤繞的軟管接在一只優雅的紅寶石色刻花玻璃壺，她把它放在走道旁的角落，因而進出包廂的人都會被絆倒，順勢把裝菸草和炭火的銀質器具撒落在地，危險地拉扯連在壺體上的琥珀菸嘴，而壺內的玫瑰水正在沸騰。

「我的水菸壺從不離身，從不，」她鄭重地說，「它讓人通體舒泰啊。」但我發現，她特別會為小事煩躁。天氣、塔羅牌（她每天算牌，當作一整天的行動準則）或弄丟的髮叉，似乎比她時而思忖的更嚴重麻煩事——逝去的青春、消失的財富、或被謀殺的親戚——來得重要。跟**旅人**一樣，她似乎也從災難中找到某種樂趣。

不見卡姆朗和謝爾蓋的蹤影，我想我們這趟旅程恐有災難性的開端。

「如果他們沒趕上火車，我就廢掉他們的繼承權，雖然他們是私生子。」**旅人**氣憤地說，一對和藹的英國夫婦原本暗示要坐到中間座位，反而滿臉吃驚，隨即離開包廂。

正當火車開始移動，那兩個年輕人一個箭步衝上火車。他們父親的臉垮了下來。他總愛戲劇性或懸疑性，先前一直把頭探出窗外，眼見月台清空，料想他兒子們肯定趕不上，還樂得眉開眼笑。

他們帶著一隻龐大的白色羊毛犬，我生平見過的體型最大、毛髮最蓬亂也最好奇的動物。

「噢，杭弟也來了。」他溺愛地說。「但我不會把牠跟行李箱放在一起，妳知道要把牠帶過去有多困難。」

後來我得知「杭弟」是杭道夫的簡稱，「巴斯克維爾的杭道夫」[3]，謝爾蓋解釋，又說福爾摩斯是他最喜歡的作家。這隻狗是可蒙犬，**旅人**說，蒙古牧羊犬最稀有的品種，出了亞洲很罕見，雖然馬札爾人（Magyar）在一千年前便把這種狗帶到匈牙利平原。杭道夫出生於普斯塔大草原（Puszta），去年才帶來法國。

這隻可蒙犬糾結如繩索的白皮毛彷彿長毛氈質地的鐘乳石披掛在身上，可愛的棕眼珠藏在濃厚的劉海後方閃閃發亮。

「那層皮毛可讓牠們抵禦狼的攻擊和酷寒，」**旅人**說，「也會讓羊群接納牠們，母羊認為牠是某種的守護天使。」

他跟我要了梳子，開始爬梳杭道夫皮毛上一些打結的地方。

可蒙犬神經質地低吠，努力爬上我的腿尋求保護。

「牠有八十三磅重。」卡姆朗憐愛地說，看著野餐籃。「爸爸，拜託，能不能讓牠……」

「絕對不行，」他父親厲聲道，「我不曉得你要帶牠來，我沒準備適合牠的食物。雞骨頭很危

3 Hondof the Baskervilles，《巴斯克維爾的獵犬》Hound of the Baskervilles的諧音，《巴斯克維爾的獵犬》是英國作家柯南·道爾的一篇偵探小說，講述了近乎靈異的惡犬所製造的恐怖命案，屬於福爾摩斯偵探系列。

險，龍蝦更別提了。肉醬會讓牠便祕。」

女伯爵從她算好的塔羅牌抬起眼說，這一趟將是非常愉快的旅程。但愉快與否被擱置下來，因車長前來剪票，看見一隻狗在一般車廂內，引起一陣眾所周知的那種高盧騷動。動物沒有車票，不論如何必須待在行李車廂內，他說。火爆場面隨之而來。

儘管俄羅斯式惡言謾罵據信是難以想像的暴烈，我看到**旅人**在盛怒下仍堅信法語是表達憤怒的最佳語言。他偶爾也會用上他樂於學會的淺顯英文。這會兒，惡狠狠飆出讓他家人吃驚地倒抽一口氣的母語後，車長終於不顧身分用更不好聽的法語反擊道：「請勿妨礙公務。」**旅人**用英文回敬一句：「你才不要妨礙我。」車長無疑聽不懂這句話，但他臉色更加鐵青，外表已完全不見克制，他擺出宛若塔爾馬[4]再世的態度，帶噓聲說道：「向你母親代為致意！」

旅人的火氣也到達演戲的程度，簡直快被車長在包廂內散發的大蒜味給悶死，揚言要打開車門，如果車長膽敢碰狗一根寒毛，被甩到鐵軌上的不是他就是車長。突然湧進的風、煤煙、火星和嘈雜聲淹沒了我們。女伯爵把水菸攬到胸口，茶炊這時翻倒了，熱水像小瀑布一般流瀉在厚絨布座椅上。雖然穿著絲綢睡衣戴灰手套，**旅人**仍是一副不好惹的模樣，當卡姆朗和謝爾蓋威嚇地圍上去，那官員轉身離開。**旅人**坐回椅子上，看似身心經過一番洗滌淨化，我伸手把茶炊立起來。杭道夫趁著混戰之利，專注於食物籃，把頭和耳朵深深埋進冷雞肉碎屑裡。我發現女伯爵的小杏眼裡泛著淚光。

「我今早就從塔羅牌看見了，」她悲嘆道，「這趟旅行不會有好事，我們頭頂上有一顆黑星。」

列車長可沒那麼輕易放棄。他帶著一本記事本折返，目光仍惡狠狠，但鎮定許多，官方權力讓他感到安全。無視杭道夫半心半意地嗥叫，車長這會兒要記下**旅人**的姓名與地址準備法辦，只不過要寫下他的姓名與地址可是困難重重，在俄羅斯父系名字之後，是長長一大串位於中美洲大抵是瞎編的地址，充滿了「Xochimilco」那一類的字眼。**旅人**反將他一軍。但列車長贏了最後一回，他宣布說，他還要以惡言汙衊公職人員這一條法辦**旅人**，語畢他走了出去，再度折返時多了一位制服精美的鐵路公司高階官員，後者極其禮貌地向我們欠身，接著便以一種堅決的權威逕自把杭道夫帶走，無視一片比火車喀啦喀啦行進更大聲的叫囂和威脅。**旅人**此時已經被憤怒和挫折大大扭曲，叫罵出最後一句十足高盧的辱罵，諸如：「去啊，回娘胎裡重新做人去啊！」這時很多旅客從他們的包廂探出頭來，以讚許的表情張望走道。能把法語說得如此熟練的外國人是可敬的——而且又是對著看到制服便肅然起敬、且讓法國人所敬仰的官員飆罵，更是加倍可敬。

「惹是生非！他永遠惹是生非！」女伯爵帶著齒擦的力道喃喃說著，並解釋道，在從前的俄羅斯，這個詞通常用來形容那些行徑張狂，招惹非議和流言蜚語的人。「有些人就是頗好此道。」她下結論。

我總發現，這類的騷動儘管會讓**旅人**周遭陷入緊張而虛脫的狀態，但在他身上起了最振奮的效果。騷動令他感到刺激又放鬆。發洩完怒氣，他現在一副平靜喜樂的樣子，很容易被說動來談談其他的旅行，我很喜歡聽的那種旅行；順著頓河前往傳奇的韃靼城阿斯特拉罕（Astrakhan），人稱的「沙漠之星」；天天乘著滿載西瓜的汽輪、統艙乘客會演奏六角手風琴。或談談另一趟沿著西伯利

4 Francois-Joseph Talma，1763-1826，法國演員。

亞火車支線的旅行，橫越亞洲一望無際的金色大漠，大漠上只見老鷹盤旋其上，還有成吉思汗的傳說依舊盛行。又或談談他祖母那一代人熟悉的那種乘四輪馬車的旅行，氣派十足，可躺臥的轎式馬車（dormeuse）由四匹馬並列拉著，假使道路分外崎嶇，就再多加兩匹馬力。各種舒適設備一應俱全，以防萬一：有雙陸棋盤和精選的小藏書櫃來排遣無聊；有鵝絨坐墊、寢用織品及聖像來提升中途投宿的舒適。廚子通常乘著會把一身骨頭和鍋碗瓢盆震得嘎嘎響的無彈簧四輪大馬車（tarantass），飛快趕在轎式馬車之前先行抵達，為男女主人備妥晚餐。

旅人祖母出遊通常會有另一輛馬車跟在後頭，載著她專屬的美髮師和接生婆，她的虛榮就跟她的多產（她有十四個孩子）一樣誇張。這些預防措施，起因於某次旅行途中參加鄉紳舞會，當地找來的美髮師沒把她的髮型打理妥當，讓她在跳方陣舞跳到一半懊惱得離開會場，又在離開的十五分鐘後生下她的二兒子，**旅人**的父親，而生產當時身邊只有一個驚惶失措的女僕。

旅人曾聽說過的一個人物，是我格外羨慕的對象。他總莊重地稱她為「窩瓦河旅者」。他父親憶起，她是個家財萬貫的老寡婦，性情古怪，在薩拉托夫（Saratoff）地區擁有龐大的地產。由於家族夙怨糾葛，甚至丈夫生前便如此，她深信親戚們圖謀暗殺她。丈夫過世後，她便離開住屋，在長達三十年期間，夏天乘坐定期於薩拉托夫和阿斯特拉罕之間迷人河段往返的汽輪，在窩瓦河上穿梭，冬天則在薩拉托夫—莫斯科鐵路上來來回回度過。她受到輪船及火車員工敬重，她認識定居該河路和鐵路沿線的所有卓越人物，她被當女王一樣對待。不論她途中停駐何處，等待她抵達的友人會驅車前往碼頭或車站，而她就在那裡接見他們。她從不離開專屬的火車包廂或船艙（她不想冒險讓格外惡毒的某些親戚太靠近），而是在窗邊或在舷欄探過身子，接見上流社會，聽他們恭維，交換八卦，伸手接受吻手禮或對他們比劃十字，在他們開始令她厭煩之前便離開。她把她的客艙擺設得非常舒適；一具鍍金的茶炊、書籍和繡花床帷幔，而她的火車包廂據說貼滿了聖像，還有擺在窗邊的許多芳香植物盆栽飄散著香氣。在我眼裡，這始終是最完美的生活方式，然而在當時她卻被視為瘋狂。

女伯爵愜意地呼著水菸，雙眼半閉，神情顯得悲歡交集。我們其他人則從容地解決杭道夫吃剩的野餐，配著一杯杯數不清的茶，**旅人**已經把茶炊恢復原狀，並熟練地沏茶。

除了我之外，沒人想到要帶本書在旅行中閱讀，當我翻開《德洛迪疑案》[5]，他們都嫉羨地看著我。於是**旅人**從我手中奪走這本書，把它拆成五個部分，分發給每個人，不管順序，很快擺平這件事。結果謝爾蓋分到最後一章，中間部分落到我手中，同樣費解的部分由其他人去推敲。

「怎麼啦？現在你們手上都有東西可看了，不是嗎？」**旅人**說，一副自以為公正公平的樣子，雖然我發現他把開頭的篇章留給自己。其餘的車程，他差兩個兒子輪流去陪伴在行李車廂的杭道夫，同時也把飲食原則一概拋到車窗外，頻頻要我走過一整列火車把熟食送去給那隻狗，而不是牠的人類同伴。

當最後一抹微弱的餘暉照亮快到馬賽前的葡萄園，我們已把肉醬、龍蝦和草莓塔吃完了，只剩黃瓜三明治。

「糕餅和蔬菜對狗沒有好處，」**旅人**說，「不過妳還是送過去，看看牠想吃什麼。」**旅人**沒提到

---

5 *The Mystery of Edwin Drood*，狄更斯小說。

被遣走的兒子。

我被挑中來執行這項任務，而不是在包廂裡的另一個兒子，他說是因為只有英國人真的懂狗而且對狗有感情。我踉踉蹌蹌地走過一整列火車，跨過修女的硬紙板手提箱和返艦的法國水手行囊。進到行李車廂時，光線穿透迅速聚攏的黑暗，我看見卡姆朗，兩個兒子當中較大的一個，正睡在裝郵件的麻袋上，暗黑的頭枕在可蒙犬毛茸茸的腹肚上。這兩個一見美食，都大口吃了起來。杭道夫把牠那像蹄一般的爪子壓在我的大腿上深情懇求，**旅人**的兒子用跟他父親一個樣兒的狡猾目光斜瞟我一眼，同時也流露些許杭道夫那般的懇求。

「所以妳會跟我爸結婚？」他問，微笑，怯生而近乎是陰沉的咧嘴笑，使得他灰黃的臉亮了起來，露出一口亞洲某些民族才有的方正皓齒，非常方正。我發現，卡姆朗身上完全沒有歐洲氣息，這一點讓我更喜歡他。

「你們要住哪裡？」他繼續問道，「我希望是住巴黎，我也可以一道過來。」他說著簡單英語，比說法語自在多了，雖然他總想回到法國，就像現在。

「我從沒有家，」他繼續說，「我想要有個家……想要多了解我父親。我相信妳比我或謝爾蓋更了解他。」他嘆了口氣，一抹孤獨的神情掠過他扁平、年輕的臉。瞬間我看見**旅人**年輕的模樣，感覺到我的心撲通狂跳。

「你會帶杭道夫來嗎？」我問，掩飾我的慌亂。

「如果爸爸准許的話。」他說，我再次注意到這對兒子對**旅人**表現出幾乎是斯拉夫式的遵從。對他們來說，對我來說也是，他的話就是王法。

第八章

科西嘉島當時還未受破壞。就像俄羅斯，尚未變成觀光客青睞的時髦度假處。那裡旅店不多，觀光客更少。船班每週兩次從尼斯出發，載著糧食和牲口。有一條小鐵路穿越仙人掌密布的丘陵地，車班並不固定。島上有一些車，大多是形狀醜怪的計程車，大概是歷經馬恩（Marne）的光輝歲月之後退役來到這裡。那鄉間地形陡峭險峻，根據幾個俄羅斯流亡者說，和高加索地區很像，而他們落腳的巴斯提亞（Bastia）或稱紅島（L'Île-Rousse），得名於紅色斑岩陡坡，但我偏愛把它想成俄羅斯島（L'Île-Russe），和我們這一行人的背景很相稱。在卡爾維（Calvi），尤蘇波夫親王及其夫人伊琳娜（Irina）女大公有一座樸實的小莊園，聚集在那裡的一群流亡者仍討論著拉斯普京謀殺案的每個細節。尤蘇波夫親王逃離俄羅斯時幾乎拋下所有家產，其所擁有的華貴珠寶、地產與宮殿加總起來，超越了羅曼諾夫家族和其餘所有貴族的總和。如同很多他們的同類，他們對錢財的價值毫無概念。他們設法帶出了兩幅林布蘭的畫、一顆巨型黑珍珠和一筆錢，據信這些財物雖不能維持奢華生活，但足夠讓他們過得舒適。俄羅斯人的揮霍是不考慮生活經濟的，而且當時尤蘇波夫夫婦慷慨過了頭，身旁經常圍繞著一群食客和無謂的僕役，也熱中贊助各種救濟組織，而這些組織卻又運作不彰。不久他們散盡財產，在傻氣的驚異之餘倒也聽天由命。距離我們下榻的飯店不遠，有個切爾克斯族上校[6]

6 Tcherkess，切爾克斯人是一個西北高加索民族，俄羅斯人和土耳其人稱為Cherkess，譯為切爾克斯人，英文稱Circassians，譯為「索卡西亞人」。

經營的小酒吧，那上校是瀟灑倜儻那一型，曾經是聞名的「驍勇騎旅」（Dikiya Divizia）一員，在高加索地區和克里米亞半島前線奮勇抵抗過布爾什維克。他們都一致認為，科西嘉島的山脈是縮小版的高加索山。

「迷你的別什塔山（Beshtau）」，切爾克斯上校說，指著高聳於森林之上高低起伏、雲霧繚繞的山峰。

每晚，在裝飾著馬刀和雙刃刀（高加索「shashkas」和「kindjali」，我從書上得知）、不通風的小酒吧，我聽著我深愛的談話和歌唱。某個沒人知道來歷，面色青白的沉默男子，有時會從角落裡現身，唱起俄羅斯昔日的農家民謠，他通常點一小瓶伏特加，在角落待一整晚。他那透著深沉渴望的厲聲悲嘯，彷彿使勁要讓歌聲穿越地中海，朝北飛過法國，再往更遠的北方，越過匈牙利大草原，抵達家鄉一隅，好讓他呼號的最後回音終能落定。當在場每個流亡者隨之在各自心中回到家土，一片靜默籠罩酒吧。

帶著同樣的渴望，我凝望屋外星辰稀疏的一片闃黑，想像自己身處心目中的地景——高加索山區。遠在那山丘之上有基姆里山寨（aoul of Ghimri），我告訴自己……哈吉．穆拉特[7]及其門徒將沿著同一條路徑自山區策馬奔馳而下，涉過塔雷克河[8]——死亡之河（我又讀了一次萊蒙托夫），而偉大的伊瑪目．沙米爾[9]將在那山石上拚死一搏，因為那裡正是古尼布（Gounib）山區。

蒙特內哥羅舅母從不到酒吧，我們的確很少看到她。早上她都待在飯店露台算塔羅牌。九點鐘整，她就會開始看牌預言當日運勢，就像當今的人打開晨間新聞一樣。她的頭條摘要總是悲觀的。一回突然颳起一陣島上特有的強風，把她的牌吹散了，於是她差我去海灘撿一袋鵝卵石回來當紙鎮。

「試著找看看紅玉髓或瑪瑙，」她說，「暴風雨過後它們總會被沖上岸。」

當**旅人**解釋說，這一季的天氣格外的好，我們只能撿回普通的灰色鵝卵石，她非常不悅。「都是那對尤蘇波夫夫婦，」她說，「好似不到海灘掏沙，他們的貴重珠寶就不夠多一樣……何必呢，我聽說，在莫斯科的加冕舞會上，他母親戴著一套紅寶石首飾，顆顆比草莓還大……現在他們卻把這裡的紅玉髓都搜刮光了。」

聽到她這樣說，**旅人**接口說起韃靼人生性揮霍。憑他的古怪本領，能把遙遠的從前和當下的世界銜接在一起，他談到帖木兒的媳婦習慣拿珍珠餵金魚，輕輕鬆鬆把埃及豔后比下去，因為埃及豔后畢竟只是在一個男人身上浪費了一顆珍珠。

～

科西嘉的海灘沒有出產優鐸希亞舅母想要的珍寶，我則認為，整座島似乎對訪客心存某種敵意。時而酷熱，時而乾旱，蜿蜒得令人暈眩的上坡路布著曬得發燙的岩石，還有蜥蜴大量出沒，又或一陣勁風忽然襲來，天空立時暗沉，自山區來的冰雹猛砸而下，把一場野餐變成暴露在大自然的一次試煉。

7　Hadji Mourad，1795-1852，1811-1864年間達吉斯坦（Dagestan）人和車臣人抵抗俄羅斯帝國併吞期間重要的阿瓦爾人領袖。

8　Terek，是北高加索的主要河流。發源於喬治亞，流經俄羅斯北奧塞梯、印古什、車臣，最後在達吉斯坦注入裏海。

9　Iman Shamyl，1797-1871，是達吉斯坦和車臣的穆斯林山民領袖，曾經在高加索戰爭期間抵抗俄羅斯帝國征服長達二十五年之久。一八五九年，沙米爾在古尼布山區投降。

我大膽問**旅人**，為何選擇科西嘉島度假，儘管它讓人想起高加索，但也經常讓人熱得或冷得受不了。對此他答道：

「因為我是間諜，小姐。大家都這麼說，不是嗎？那些話想必妳也聽得夠多。在這裡很容易進行偷雞摸狗的事。不妨去看看走私有多盛行。荒野的海岸、偏僻的村子和茂密的灌木叢地帶可以做掩護，完美的地域。妳不信我嗎？」

也許我信。這與他的神祕氣息一致，而且對我的感情來說也沒有差別。我不禁在想，他做什麼樣的事或是什麼樣的人會摧毀我對他的愛。鬥牛士？還是大型獵物的獵人？……若是如此，我對他的感情還是一樣嗎？幸好我不必面對這嚴苛的考驗，我繼續愛著他，毫無保留。

旅人討厭大自然，每每大張旗鼓地表明。他也厭惡日常散步這項英國人的習性，只有在我強逼之下才肯陪我散步。

「英國人的那些散步和清洗——很危險，會讓人成癮。」他會這麼說，當我在午睡之後開始鼓動他。我依然保有這兒時習慣，一天沒散步就渾身不對勁，好比奶媽老看不慣我在早晨看小說一樣，即便我們家書卷氣濃厚。非文學類——論文、傳記、旅遊，這些書隨時可看，它們是被認可的讀物；但小說，不管多經典，只能在下午看——下午茶以後的時間。這類盎格魯薩克遜的紀律，**旅人**並不熟悉，他往往一整個早上霸占浴室或廁所，讀當代小說，毫不在意對他人造成的不便。如果某本書令他格外不快，他會把它扔進馬桶裡，證明他的不屑。然後不可避免地就要處理水管不通的麻煩。

「我不意外，」他會這麼說，當我們不滿地對他抗議。「這種垃圾多得可以堵塞下水道。」

當優鐸希亞舅母憂思著塔羅牌不祥的暗示：吊死鬼、刀劍和滴血的心不時出現，卡姆朗和謝爾蓋則經常和切爾克斯上校在一起，練習左輪手槍射擊，並在酒吧裡學著調最有創意的雞尾酒。

「只要他們沒有調給自己喝就好了。」他們的父親冷淡地說。他本身只喝伏特加，嚴格地只讓我喝當地紅酒。

這兩個少年的個性大不相同。謝爾蓋好動、好交際，顯然只顧自身的好處，**旅人**說，這是遺傳自她母親，那喬治亞美人。

「喬治亞人都是投機份子，機敏精明。那孩子會善用他的外表和魅力，總能逢凶化吉。」他父親說，讚許地看著他，他正替一個模樣苗條的法國女人拿浴巾和遮陽傘，往海灘走去，那女人在附近有一座別墅，偶爾會在酒吧裡和他跳舞，教他跳探戈，而他很有跳探戈的天分。我覺得她深得時髦的精髓，她確實是，分外帶有一種亮麗的優雅；但優鐸希亞舅媽和**旅人**都覺得她欠缺格調。

「我知道她這一類的女人，為午餐穿衣打扮，為喝茶寬衣解帶。」他刻薄地說，女伯爵抽著水菸吞雲吐霧，也贊同地搖搖頭。她始終保有那巴爾幹半島的近東習慣，以搖頭來表示贊同，以點頭來表示不苟同；多年後當我住在保加利亞，那習慣每每令我困惑又發笑。

那女人的遮陽傘在通往海邊的梨果仙人掌樹籬之間一上一下地移動，當它在小徑上被折彎之際，我看見它晃動著，無疑是被謝爾蓋的熱情攻勢給壓倒了。

不知怎地，我從沒把他和他父親聯想在一起。外表上他和父親相像，但有一點很不一樣，我想，他太自信、太討喜、太俊俏。除了那雙斜挑的黑眸，他臉孔上的亞洲特質不多。他很可能會被錯認為拉丁美洲裔。卡姆朗則不同，他是父親的翻版，十足的亞洲。

「妳會寵壞這兩個孩子，我一向知道妳會；但妳偏愛卡姆朗，這顯而易見。別叫謝爾蓋生妒，也別叫我生妒。別讓我忌妒我自己的兒子！」他大笑，「我想妳不知道阿克巴（Akbar）的寵妃傳說吧？他下令將她活埋，只因為他看見她對他兒子微笑。」他戲劇性地停頓，讓這則警告的衝擊滲透發酵，接著他重拾慣有的口氣，說卡姆朗向來是個問題。「他是個遊魂。俄羅斯曾經全是他這一類人，渾渾噩噩度日，因小事而滿足，或滿足於無所事事。沒有好奇心，沒有渴望。我不知道他這性子是打哪來的，反正不是從我來的。我在他身上也看不到突厥人或吉爾吉斯人的性子。他不會帶著獵鷹跨上馬鞍騎十五個鐘頭獵食。他只會在蒙古包閒晃，像奧勃洛莫夫[10]一樣整天賴在起居室。我無法想像他在歐洲如何謀生。我想他只會虛度人生。」

「我想他會希望跟我們住在一起，在巴黎。」我怯怯地說，不想再次被指責偏心。「也許你可以幫他找到事做，讓他發揮語言能力？畢竟他會五種語言，如果把突厥語算進來的話。而且他的英文可以進步得很快，我會幫他。他應該找一些可以四處去旅行的事情做……像你一樣。」我說，非常大膽，因為從來不知道**旅人**來來去去的真正本質，我總納悶著揭曉的那一刻是否就要到來。

旅人的眼珠子斜瞥，打量那四肢大張的兒子，在陽光下動也不動，就像這島上不時颳起的冷冽狂風令人動彈不得。

「看看他！他不可能旅行，甚至不可能做個商務旅人，」他父親說，「旅行需要有精力充沛的心靈和精力充沛的身體。好奇心是精力的一種形式。他沒有。他似乎只要活著就很滿足，只要存在就滿足。」

「你的意思是，因存在而滿足，而不是因擁有而滿足？我想那應該很不錯。」我說，看到他鄙夷地瞅了我一眼。

「妳最好別那麼想，小姐，否則妳永遠到不了西伯利亞。」他厲聲說，並回頭繼續責難卡姆朗。「他一整個早上都在露台晃，就像從前的乞丐在莫斯科教堂門口徘徊，有高壯的廢人，也有衰老的傢伙，有瞎子，有瘸子，也有懶人——一群有害的人。他屬於那裡，除非回到山寨[11]。」

「我覺得你太嚴苛，畢竟他沒有妨礙別人。」我大膽地說。卡姆朗的孤涼氣息，他寂寞的身影，觸動了我。而且在我激起的戲劇性氣氛之後，他的平靜有時格外討喜。

「嚴苛？不，我只是未卜先知。他的人生會像朽木腐敗，妳等著瞧。」

我再次看向在下方台階上那靜止的人物。我常在俄羅斯人身上注意到這種特殊的平靜特質。這和奧勃洛莫夫的怠滯無關，不管**旅人**多麼言之鑿鑿拿他當例證。里爾克（Rilke）評論杜斯妥也夫斯基的《死屋手記》時，也點出斯拉夫式消極的提升作用。

「斯拉夫靈魂存在著某種程度的屈從，」他寫道，「甚至在遭受強大的壓制侵害時，靈魂會縮進它打造的祕密基地，活著的某種深層維度，在那裡找到絕對的自由，不管外在情勢多麼險峻。」

---

10 Oblomov，俄國小說家岡察洛夫（Ivan Goncharov）同名小說中的主人翁。小說生動地塑造了奧勃洛莫夫這個「多餘人」的慵懶怠惰，他善良、正直，對令人窒息的現實不滿，但不想採取行動改變現實，僅追求寧靜生活。

11 aoul，指高加索特別是達吉斯坦地區一種堡壘型村落，一般由石頭建造有兩層高，建在懸崖上，防止敵人入侵。

說不定正是這種特質，使得他們作為一個民族，能夠如此堅忍地承受數世紀以來歷任統治者所施加的諸多磨難。

旅人不願承認自己沒把兒子們安頓在比較正常或有利的生活方式中，優鐸希亞舅母直言不諱地質疑他這一點。

她說，這兩個孩子沒有背景，沒有錢，沒有機會，甚至沒有國家，你突然闖入他們的生活，款待他們一連串豐盛的餐食，像現在這樣帶他們度假，事後又把他們完全忘掉，或者在他們期待你幫忙或給意見的時候憤恨發火，有什麼好處？「何必呢？你甚至懶得替他們弄到適當的文件。」她輕蔑地補了一句，繼而貶損她自己總算取得的南森護照。「當然，有總比沒有好，但對我來說，它現在也無關緊要了。可是他們的人生才剛起步，他們住在重視文件的法國，你們真的應該替他們著想，尤其是你。」她說，暗示**旅人**自稱有門路弄到通常不可得的許可證。**旅人**聳聳肩，開口要答話，但她生氣地打斷他，愈說愈起勁。

倒不如把他們留在俄羅斯算了，她繼續說，讓他們變成那一群豺狼般的孩子，到處流浪搶劫、無法無天過生活的那一幫流浪兒，大革命的孩子，無家可歸、無所寄託的孤兒，蔑視所有權威，叫遭到突襲的所有人聞之喪膽。

「至少在一幫流浪兒之中他們有歸屬感。」她瞪視著**旅人**，然後繼續追擊，像坦克壓境：「對於他們挑上的那種女人，你打算怎麼做？我想他們都有女人了。」

旅人再次聳聳肩。「我能怎麼做？我親愛的優鐸希亞，我又沒有成家——再也沒有奶媽來打理這些事。」

見我一副要打破砂鍋問到底的樣子，他詳細進行了有趣的說明。「妳瞧，在從前，那種事被安排得妥妥當當，沒有你們英國人的偽善和洗冷水浴。和妳讀的那些沒用小說所想像的完全相反，我們的年輕人不是永遠只會端起粉紅香檳跟他們的女人敬酒。我們很年輕就『開始』，但不是在妓院，這一切非常自然，一向是家裡的老奶媽來安排這種事。我記得在我們家，奶媽會關照我們男生，一旦她認為時候到了，她會跟我母親說：『夫人，我們得考慮新聘一位女僕。迪米崔小主人已經十六歲……到了他該探索自己的時候。』然後媽媽會挑一個健康的農村女孩，就是那樣了。」「那是個美妙的安排。被選來服侍小主人的那些女孩子總是很自豪。她們喜歡我們的制服；我們看起來很瀟灑——不管是不是學生。當時每個人都穿某種制服。在我的高中，制服是深紅色，鑲著銀穗帶……但我記得，直到我們考過畢業考，數學教授才帶我們所有人上妓院慶祝。那個年代事情真的安排得非常好。」

他望向露台，卡姆朗這會兒在某棵仙人掌狹窄的涼蔭邊緣睡著了。

「懶惰的年輕蠢蛋，他連讓自己舒舒服服睡個午覺都辦不到。他如果連那種小事都照顧不好自己，我當然不必為他的文件負責，更別說他的性生活。」他父親說，把卡姆朗從他的視線甩開。

~

我們發現飯店內有一台老鋼琴。造型奇特，纖長而優雅，很像蕭邦在馬約卡島用過的那種鋼琴。鋼琴內住著一窩老鼠，在包著毛氈的音鎚上繁衍。牠們一發現我們靠近就會倉促逃竄，飛快跑過琴弦，小小的爪子撥出跳躍的滑奏。

在科西嘉島的炎熱正午，我們在空蕩微暗的交誼廳避暑，並肩坐著猛力彈奏「尤金・奧涅金」[12]的波蘭舞曲。不管任何音樂都令**旅人**激動澎湃，當他挑了一首纏綿悱惻的曲子，阿拉畢耶夫[13]的「夜鶯」，並告訴我其悠揚的旋律來自一位犯了小錯而被流放西伯利亞的音樂家時，他黃色高顴骨上方閃著淚光。接著他試著重現林姆斯基—高沙可夫（Rimsky-korsakoff）的歌劇《奇鐵茲城》。他哼哼唱唱，時而撫弄、時而猛敲琴鍵，這神妙憂傷的曲子他彈得荒腔走板，但我聽得如癡如醉，和他一同啜泣，當他召喚出沉沒在如鏡面般平靜的湖泊底下失落的心愛城市。

他翻找出手巾，小心蓋上鋼琴蓋，免得驚動老鼠，我們雙手聯彈時我發現那一窩老鼠躲到鋼琴的最遠端。牠們是離開還是返回共鳴的住所，我們不得而知；我們的結論是，牠們是戀家的動物。

~

旅人走訪過世上很多首府，見識過各種娛樂，他最喜歡的莫過於小小的消遣，譬如在露天電影院（坐在板凳上）看電影，或到廣場轉一轉——我們會在那裡閒晃，喝一瓶白酒，看看張貼在市政廳牆上的上週報紙。有時候我會試圖引誘他陪我例行散步。

「我們不妨走到碼頭去看看郵輪進港了沒。」

「滑頭，妳滿腦子只想著散步，就跟杭弟一樣。別叫我運動。讓我告訴妳，如果妳曾經橫越戈壁沙漠，像我一樣，就夠妳一輩子散步了。當吉爾吉斯人和卡爾穆克人格外有個好處是，他們從不走路。他們跳上矮馬，從一座帳篷飛奔至另一座……腳從沒踏上地面，如果避免得了……就像美國人坐在汽車裡一樣。」

「那麼我們去騎馬。」我提議。

「坐在騾背上？打從我離開俄羅斯，還沒看過像樣的坐騎。」他咕噥，接著話匣子一開，描述起純種的卡拉巴赫馬[14]、奧洛芙黑駒（Orloff blacks）以及外蒙古的賽駱駝。他在飯店花園的一棵桉樹下堅定地坐下來，深知只要開口說故事，我就會忘了散步。

「妳應該看看馮恩琴男爵的白馬，」他開始說，「好一匹駿馬。牠的轡頭裝飾著兩隻最烏黑的黑貂。」

「黑貂？」我對毛皮很陌生，在西方，毛皮會讓人聯想到奢華。

「巴爾古津黑貂[15]，跟妳的帽子一樣黑，」他用通俗的話來回答。他熱中於這些離題的日常用語，有時這些日常用語他其實並沒聽懂。聽到奶媽輕聲細語叫我「妳這可憐蟲（poor little mite）」，事後他會說成「可憐的小白蟻（poor little termite）」，他也把凍瘡說成冷凍瘡，凍瘡曾是英國幼兒房常見的話題（在俄羅斯顯然沒有凍瘡，那裡只有凍傷）。雖然他會多國語言，卻從沒更正這些小錯誤。爭辯（argue）被他說成爭（arg）。

「小姑娘！別爭！」他會惱火的大聲說。「你們英文發音是沒有規則的。再說，『爭』聽起來更

---

12 Eugene Onegin，俄國作曲家柴可夫斯基所譜曲的三幕歌劇，基於俄國詩人普希金一八三〇年發表的同名長篇詩體小說改編而成。
13 Alexander Alexandrovich Alabiev，1787-1851，俄國作曲家，俄羅斯藝術歌曲之父之一。
14 Karabakhs，原產於亞塞拜然，是相當古老的山區騎乘品種。
15 Bargouzin，俄羅斯巴爾古津的紫貂最為珍貴，沙皇時期是俄羅斯皇族才能穿的皮草。

斬釘截鐵。」他一貫地辯解。

我記得有一回在我家午餐桌上，他提起當天下午要和我父親去里奇蒙公園（Richmond Park），結果把午餐搞得烏雲籠罩。

「在回程路上，我希望能享受幾個高貴的處女。」他快活地說。我母親微微楞住，沒喝咖啡便藉口到哈洛德百貨公司採買而離席。

愛吃甜食的**旅人**腦袋裡想的是一盤無辜的小蛋糕，知名的里奇蒙英式蛋塔[16]。當誤會冰釋，他按自己的方式親吻我母親的手，吻在手心，而非手背。

「你們英國女人是天使，」他說，「但天使有沒有食欲？」聽他這麼說，我母親對他使了個古怪的眼色，那眼色我看過好幾回，每當他逗她笑或鋪張地溺愛我時就會出現。

~

在卡爾維的露台，一陣冷風吹得弱小的香蕉樹叢窸窣響，那是有如鱗片剝落的乾枯聲音，彷彿這熱帶植物怨恨著被移植到如此惡劣的環境。但斜照屋頂的落日依然光輝燦亮。在慢慢聚攏的陰影中，**旅人**坐在壁火旁，用他的回憶和想像讓我暖和，他說起西伯利亞老虎，體型最大最兇猛的品種，仍然可以在蘆葦叢生的貝加爾湖岸找到，牠們的皮毛是奶白色的，而非黃褐色。他說起某個野馬品種，西伯利亞原生種，以最先發現這種馬的動物學家普雷傑瓦斯基（Prjevalsky）的姓氏命名。他也說起傳奇的神駒（huluk），成吉思汗稱之為欽點大將，每次蒙古大軍打仗，神駒總是衝在百萬鐵騎最前面，衝鋒陷陣，立下了赫赫戰功。蒙古人說神駒的肋骨可長成一片骨板，像鐵甲板似的；一旦骨板發育成熟，神駒可以抵抗狼群的攻擊……狼群深知這一點，所以從不攻擊成年馬，只攻擊幼馬；又或**旅人**是這麼說的。

他會詳述這類奇聞軼事，有時也會說一些更實際的事，談起他跟吉爾吉斯人一同生活，跟他們一起趕著牲口在荒漠遷徙。這過程他很熟悉，因為他追求卡姆朗母親時，曾有一整個夏季跟著他們在高原上的牧地逐草而居。他們大致上過著和大帳汗國的祖先一樣的生活，他說。「但那種生活阻止不了你母親在裁縫店和美髮店揮霍，當我把她帶回聖彼得堡。」他繼續說，惡狠狠瞪視著卡姆朗。卡姆朗愁眉苦臉地起身離開，杭道夫同情地跟在他後頭溜走了。

把卡姆朗打發走後，他父親倒是舒心地又開始說故事。**旅人**的心思像一條飛龍盤旋奔馳，雲遊無數場景與背景，說起喀山（Kazan），而波坦金的八萬冊藏書，最後被安頓在喀山市圖書館的書架上。說起第一批玫瑰如何從伊斯法罕市（Isfahan）出發，經由君士坦丁堡，再由駁船裝載順著頓河和窩瓦河漂流來到俄羅斯，作為索菲亞皇后（Empress Sophia），帕列奧羅格公主[17]，與沙皇伊凡三世於一四七二年的婚禮大典之用[18]。他說起對白蘭地迷來說，白蘭地聞起來有多香，在那形容詞上特別加強語氣。說起蒙古男人的性能力——像種馬一樣——馳名西伯利亞東部，但是和中國人比起

---

16 Richmond Maids of Honour，Maids of Honour直譯是御用女僕。
17 Paleologi Princess，東羅馬帝國末代皇帝君士坦丁十一世的侄女。
18 這個婚姻對俄羅斯歷史有深遠影響。一四五三年東羅馬帝國滅亡，索菲亞為東羅馬帝國唯一繼承者，伊凡三世與之成婚後，「第三羅馬」這個概念開始被廣泛使用。根據當時歐洲的繼承傳統，伊凡三世可以聲稱自己以及後代為東羅馬帝國的繼承者。

來是小巫見大巫，俄羅斯婦女最大的恐懼就是被中國男人擄走，他們永無饜足，又有建設性——這時優鐸希亞舅母打斷他的話，拉開話題，無疑是遲來地察覺到她身為年長女伴的責任。

接著**旅人**敘述亞洲在其他方面的豐饒；說起馮恩琴男爵深知要讓人尊敬和服從，先得讓人嫉羨又畏懼，還要展現征服者的剽悍。建立戰功就跟恐怖行動一樣在亞洲深具威力。

「他是你的朋友嗎？」我想多認識這位傳奇人物。

「那怪物？不，不過他的軍團來到聖彼得堡時我對他知道得一清二楚。他曾屬於尼布楚哥薩克軍隊（Nerchinsk Cossacks）。他的父執輩曾是波羅的海男爵。波羅的海人。」他惡狠狠說出這字眼，就像有些法國人嘶聲說比利時人這字眼——莫大的不屑。「就像我說的，」他繼續說，「建立戰功在亞洲會贏得尊敬，在亞洲，皮草和貴寶石就是錢幣。在西伯利亞，那些東西很可以被理解。何以如此，像是我們家坐擁那些礦產，我兄長就曾在聖誕節送女僕綠寶石當禮物。成吉思汗的營帳全是用豹皮搭的，」他繼續說，「外面是豹皮，裡襯用貂皮，大多數西方婦女穿的那種皮草，亞洲人甚至不會拿來當浴室揩腳墊。」

對此優鐸希亞舅母哼了一聲說道：

「喔，沒錯，我們都知道以前在西伯利亞你家的地板鋪的是藍寶石，而且用貂皮打掃寶石地面。那還是很平常的一種生活……遠離一切……」

「那麼蒙特內哥羅的生活是怎樣呢？」卡姆朗喃喃低語，他出生於托博爾斯克（Tobolsk）（因此在我眼裡是個西伯利亞人），和一般俄羅斯人一樣認為巴爾幹半島國家無足輕重。**旅人**對他的發問置之不理。對他自己的家人，就像對我家人一樣，他始終擺出明白無誤的一種高傲姿態——像一位封建領主，把世上其他人貶低到他們所屬的位階——農奴。他和大仲馬一樣認為女人只不過是男人的附屬品。

的確，他對男女關係的整個概念停留在中世紀。不難想像他像舊日俄羅斯大地主卡契卡羅夫（Kachkarov）那樣生活，或者說過老爺般的生活。在一八二〇年，他就跟鄰近的許多老古板一樣，內室擁有二十名或更多的妙齡婢女，她們的生活及身體任由主人支配。她們不認為自己被糟蹋。這些少女上過主人的床後，會被許配給府中男僕，通常是主人亂點鴛鴦譜，而他會自以為安排了一樁好姻緣。這類的俄羅斯主公過著懶散中帶點活力、邋遢卻又富裕的奇特生活。經過一整個早上嚴厲地督察龐大的地產事務後，卡契卡羅夫會去打獵，然後在晚餐時返家，晚餐桌上少說有三十人一起用餐，除了大批家人之外還有無數的賓客。他帶著巨大的胃口在專屬的另一張餐桌用餐，當他的農奴合唱團唱著傳統歌謠或為他表演舞蹈，他則不滿地挑剔乳豬、鑲餡鯉魚或其他珍饈，大聲咆哮。玩一回惠斯特牌之後，他跟溫順的妻子和小孩道晚安，並前往他的寢間休息，此時一位婢女會端著一根點亮的蠟燭走在他前頭並且宣布：「老爺要回房就寢了。」聽到婢女這麼一喊，其餘的女眷會跟上來，將她們的床墊與被褥鋪排在他床四周的地板上，因為那裡就是他挑中的婢女睡覺的地方。侍寢的人要伺候主公寬衣，然後把床幃幔拉上，在他的腳底搔癢（曾經是俄羅斯人招引睡意的傳統方法），直到他打呼。之後，她必須徹夜保持清醒，陪伴在他身側，留意他的指令，看是要為他拍打，還是愛撫，或者說故事讓他入睡，又或只是把蒼蠅揮開。

「非常恰當。」**旅人**說，一面細述一面咂嘴，幻想自己就是那男主角。

「我記得剛嫁到喀山時，我們的腳都會被用鵝毛搔癢。」女伯爵做夢似地說，「非常舒服……妳應該試試，如果妳睡不著的話。」她說，她空茫的雙眼轉向我。

「可是誰要幫我在腳底搔癢？」我說，想像某個被要求超時加班而一臉不悅的女傭人。

「我，我會，媽姆。」卡姆朗突然說。他很少開口說話，因此我吃驚地看著他。他攤開四肢躺在我座椅邊的地板上，神情陰沉，彷彿被迫說出違心之言。他那一頭像黑色羽翅落在臉上的頭髮需要剪一剪。他是個俊俏的傢伙。

「荒唐！媽姆睡得像木頭人，」旅人說，「杖打腳掌也叫不醒她。」我聽出他的嗓音裡透著不尋常的嚴厲。他起身朝餐廳走去：老爺要吃飯了。

他有一些關乎女人的名言，在他眼裡，女人既善感又多疑。就像普希金（他筆下的達吉亞娜〔Tatiana〕，倒是與他對女人的看法自相矛盾）[19]，他認為女人不該有個性：只需要熱情，當她們年輕時。但當她們不年輕了呢……？那麼她們無疑就不再以女人身分存在，這觀點被鬆散地說成是東方觀點，但實則不然，因為在東方，年長的女性持續行使莫大權力，不管在家或在外；不過總是在幕後運籌帷幄，而今天的進步派卻要她們拋棄這權力。

「漂亮的女人，」旅人說，「應該穿粉紅色。」我若是穿別種顏色，他會蔑視地聳聳肩，把含蓄的讚美給抵銷掉。又或，「女人都該會彈鋼琴。她們很適合彈舒曼或蕭邦，尤其是在鄉間的夏夜……只要她們彈琴，做丈夫的就知道她們不會胡鬧……不會把他們盯得太緊。」

他會嘲諷地微笑，然後嘆口氣陷入沉默。他在回想童年，我想，他跋扈的父親和輕佻的母親。想起她在漫長的俄羅斯白夜彈琴，再次看到他們家俯瞰河流的山丘別墅，再次看到花園小徑的墨綠薄暮和投射在寬闊露台上的燈光；紫丁香的香氣和手風琴的樂音從村莊裡飄盪而來，淹沒了清晰流暢的鋼琴聲，當他母親優雅地穿著粉紅色雪紡綢茶會禮服，用心彈著華麗圓舞曲，也許不是彈得頂好，不過也夠好……好得讓她兒子停止轉陀螺聆聽琴音，讓她丈夫點一根雪茄安心地微笑，跟著她的女僕上樓去：另一個老爺要縱情享樂。

第九章

旅人沒帶書到火車上看，但他通常會隨身帶著幾本最愛的書，因此即便是最短程的旅行，也有一本或更多的書相伴。又或是在最漫長的夜晚用書打發時間，他會補這麼一句，因為他一發悶就不講情面，連客套禮節都省了，對齊聚屋內的人一概看不順眼，索性帶一本書躲到角落，埋首其中，把女主人惹惱。多年來，這移動的藏書從未改變；我想這意味著他會一讀再讀永恆的最愛。其中有一本是果戈里的《欽差大臣》，他求學時期保留到現在的一本翻得破爛的書。有時我成功拖著他陪我例行散步，來到俯瞰港口令人發暈的山坡上，他會取出當天放在口袋裡的那本書唸給我聽。如果是俄文書或德文書，他會直接唸出來，很少停下來翻譯。

「妳聽不懂？太可惜了，那就聽聽這個語言吧。」然後他一頭栽入杜布欽斯基（Dobchinsky）和

19　普希金在他的詩體小說《葉夫根尼．奧涅金》裡描述主人翁奧涅金是當時俄羅斯社會的典型：沉湎於上流社會的懶散悠閒，卻時常一副失意孤獨的樣子；儘管才智出眾，卻找不到生命的意義，過著空虛無聊、偽善消極的生活。書中有一位積極生活追求理想的平凡女性達吉亞娜（Tatiana），後來勇敢地拒絕了奧涅金的求愛，以固守自己忠誠的原則。

鮑布欽斯基（Bobchinsky）的對話，對果戈里的譏諷橋段捧腹大笑。

一回，他取出蘭德[20]的《假想對話錄》[21]，長時間翻著書頁沉默不語，隨後轉頭俯瞰岩石嶙峋的斜坡，遙望下方，小矮人似的人群在市場快步走，運貨馬車在其間穿梭，想辦法開出一條出城下鄉的路。我聽到遠方傳來正午的鐘聲，蚊子似的嗡嗡響，我天生的盎格魯薩克遜守時觀念開始表態。

「現在肯定過了十二點。我們會趕不上午餐，除非現在就動身下山。」

「聽著！」他說，對我讀了一段伊索[22]對洛多佩[23]說的話。

「但願往回走我可以越過歲月的山谷，佇立山巔，再次遠眺正在升起的明亮早晨，我們可以一同享受那景色，可以手牽手走在山頂上，喔，洛多佩！當我們發現自己在下方與他人同在，終究只會嘆息。」

他闔上書，把我拉進他懷裡。

「妳現在懂了吧，我的洛多佩，這個名字有多麼適合妳，跟妳其他那些灑糖霜似的粉紅雪白夢幻小名很不一樣。」

「這個嘛，可是我不能叫你伊索，不管有多麼合適——這種令人毛骨悚然的舊約名字一點也不適合你，縱使伊索的年紀是洛多佩的兩倍大。」

接著我們轉入更私密的談話，錯過了午餐。

~

偶爾**旅人**會被我說動，進行一趟遠足，駕著租來的一輛行徑歇斯底里的車，越過山隘，或者探索諸如卡哲日（Cargese）或阿雅丘（Ajaccio）這類小城，通宵出遊。

「妳真的很愛遠遊——為了走遠而走遠，」他會發牢騷，當每一次峰迴路轉，我看著鄉間景色在眼前展開。

「沒錯，妳就是這樣，」他繼續說，「只管走遠，遠走天涯可以滿足妳，妳真不愧是雙子座，雙子座的人總是坐立不安。不過以妳血液裡的熱情來說，科西嘉島太小了，就像英國——就像歐洲，確實都太小了。妳很快就會在邊緣消失。對妳來說，唯有亞洲才夠無邊無際，我想，那就是妳潛意識裡渴望西伯利亞的原因。」

～

多年下來，**旅人**說的一些故事帶有了傳奇色彩。這些故事一再被重述，成了某種儀式，而每個新添的花絮，也許被細細玩味，也許被摒棄，也許就融入其中。但是在真實的盡頭和花絮的開端都是微妙關頭。

「我不記得有逃犯躲在下諾夫哥羅德（Nijni-Novgorod）的華人區那一段，不過你還是繼續說下去……」

---

20 Walter Savage Landor，1775-1864，英國詩人、作家。
21 歷史名人的一系列假想的對話。
22 Aesop，據信是西元前620-564古希臘的一位奴隸兼說故事者。
23 Rhodope，希臘神話色雷斯的一位皇后。

他眼中一抹犀利射向我，「那是因為我從沒跟妳說，我就是他們在追捕的那個人……我就是在那個時候第一次剃光頭……」

我喜歡把珍藏在心的每個字句、每個虛構的情景想成確有其事。不管多麼天馬行空，只要發生在白夜和無限遙遠的遠方背景裡，我覺得一切都是可能的。不管情節多麼離譜，我總是偏好那些據稱是他親身經歷的事，因為那些事戳穿了**旅人**刻意在他自己和其餘世界——包括我在內——之間所樹立的屏幕，縱使是片段地戳穿。

有時候我會設圈套，套出他涉入其中的進一步證明，但他總能避開，不是用一些花稍的細節岔開話題，就是使出他一貫伎倆，出神發怔，遁入某個幽域，深知那裡我想跟也跟不了；他藏在虛設的外表背後，用高深莫測來折磨我。或者，他會丟給我一個親身經歷的小碎片，我會把它收好，試著把它填入我已略知大概的馬賽克鑲嵌畫中。直接提問是不被鼓勵的，往往不是遇上沉默就是遁辭。不過他倒是很會毫不留情地質問，當他用眨也不眨的凌厲眼神盯住受害者，他總能得到答案。

可想而知，**旅人**的一些友人、他的舅母或兒子們，以及畢竟和他生活過的兒子生母，都能透露更多他那巴洛克式華麗門面背後的東西。我帶著庸俗的渴望，想探知他的某種簡歷。出生地、家世、教育、職業、嗜好——所屬俱樂部？至少要勾勒出一個梗概。然而沒有人能夠告訴我更多。倒不是他們有所保留，而是他們都很消極。也許是身為俄羅斯人或亞洲人，骨子裡帶有游牧民族的性格，不認為根源很重要。他們把事情看得天經地義，包括時間的間隙，我發覺到，就像動物過日子一樣，一星期、一個月或是一年對他們來說都不怎麼重要。他們只是活著。他們來人世走一遭，有一天將不復存在。何地、何時，他們不太在意。

「我小的時候……在那裡，」卡姆朗會這麼說，同時頭往亞洲方向一撇。但他不記得他父親也在那裡。他以為有一大群馬……在山區的營地……有槍火……他前往某座城的途中，一隻獵鷹和他共用一個馬褡褳，……他仍記得奇異的歌謠……卡契台的歌謠，我渴望地想著。

「唱幾首來聽聽！」我要求，等待著亞洲尖厲的歌聲。他皺著眉專注思索時，他父親忽然現身，無聲無息，簡直像偷偷摸摸地，就像他習慣穿柔軟的土爾扈特靴像貓走路那般。

他看著我們，讓人捉摸不透。「蘋果紅了莫窺探，免得失去我們的伊甸園。」[24]他說，再次顯示他從各種語文裡引述貼切字句的奇特天分。

我可不會就此罷休，不管有沒有白朗寧的詩句。當他穩穩當當在泡澡，我會悄悄挨近優鐸希亞舅母所在的露台，她照例在那裡算塔羅牌預卜早晨的凶兆。如果有格外不祥的跡象出現，滿足了她喜愛的戲劇感，她會更健談。原來她只大**旅人**幾歲，而且頭腦非常清楚。（「瘋婆子」這稱號太過頭了）她的第二任丈夫，也就是**旅人**的舅父，出身於喀山的一個古老的韃靼家族。她告訴我，她第一次看到這位甥兒是在喀山，當時他二十歲，跟著他的軍團在操演。

「哪個軍團？」我屏息地問，總算得到一些事實。但我的疑問沒得到解答。

「我不記得了……他戴一頂軍帽……不，那是我第一任丈夫保加利亞人——反正，這現在不重

---

24 Robert Browning，羅伯特．白朗寧，1812-1889，英國維多利亞時期代表詩人，引述自詩作《一個女人的遺言》（*A Woman's Last Word*）。

要了。」她說，一面洗牌，專注思忖著代表正義、不幸、愚人、傾頹城堡的紙牌。

「我畢竟只是他舅母。」她繼續說。「當時他經常調動，很少見到家人。我相信他父親是大帳汗國的後代，不過他母親是高加索人，非常標致的美人。生了這麼一個醜男孩她心裡很難過。」

（醜？想不到有人認為那迷人的亞洲臉孔很醜？）

旅人很少談到他父親，我希望優鐸希亞舅母能把這些耐人尋味的描述說得仔細透徹。「他離開軍隊是因為一樁醜聞，一場決鬥，（生死決鬥，我納悶？）他總是很急躁，不折不扣愛惹是生非！」優鐸希亞舅母繼續說，「我相信他加入了遠征戈壁沙漠的科學探險隊，而且跟一些吉爾吉斯部落有接觸……卡姆朗的母親就是吉爾吉斯人，還是巴什基爾人[25]？反正是某個蠻族，我記得。」她說，她抬起肉呼呼的手，不屑地揮走那些游牧部落。「他斷斷續續在西伯利亞待了好多年，情場失意，他母親總這麼說，但我不認為他會多麼在乎某個人。西伯利亞！他們一家在莫斯科那棟迷人的房宅安頓下來之後。當時他和家人的期待有很大落差。」

他似乎有個一事無成的兄長住在伊爾庫茨克，負責家族在那一帶的金礦區事務。優鐸希亞舅母想不起來礦區確切的地點。「如今有什麼差別呢？老早就被收歸國有了，他肯定也死了。」

她待在瑞士期間，**旅人**曾寫信給她，請她為他在維希（Vichy）做水療時認識的某個土庫曼汗王妻妾們物色一位會說法語的家庭女教師。

「我記得他寫說，那汗王有七百位妻妾，當然不是全部陪他出訪。不知何故，這件事當時令我印象深刻。」她說。「之後，有好多年我沒有他的消息，直到我們經由君士坦丁堡逃出來，才偶然再次碰面……他有過一段苦日子，曾染上霍亂，被遺棄等死。患者被抬到大牲畜運輸車上——就這樣了，要不就是留在巴統[26]不管死活。他們把垂死者置於車尾，一發現斷氣就直接扔下車，不會干擾其他人。他的一個朋友告訴我，他當時看似沒救了，幾乎不值得把他載走。但妳瞧，命運另有安排。他沒死，反而在土耳其醫院住了好幾個月。當他可以起身走動，就又在艾斯倫[27]因為生意惹上大麻煩。跟土耳其玉礦有關，他說。但依我看，那裡太靠近俄羅斯邊界。」

她的臉頓生愁雲。「我從沒搞清楚他在那裡忙些什麼……我從不明白，有時候我不禁會想……」她突然打住，我看見一抹陰鬱暗影落在那張精心上妝的豐潤臉龐。

當朝陽繞過山頂，陽光傾瀉在露台，將塔羅牌抹成金色，也把女伯爵上妝的臉頰轉成熟透的李子。在這樣的臉孔上，悲傷顯得突兀，因為它慣於更強烈的情緒——憤怒、快活或苦惱。但她為**旅人**算塔羅牌看運勢時，總是一臉悲傷——一種消極的憂鬱。那些牌預示的都不是好事，她會呼喚上蒼見證她的絕望。

「天上聖母！我不喜歡這樣的牌。我常為他算運勢。」她說。「他私底下很信這些牌，妳知道的。」（我並不知道。）「我認為馮恩琴的命運影響了他。」這個陰險複雜的人物似乎聽信一名中國巫師，而他在外蒙古的征戰（對抗布爾什維克軍隊）以及他最後的下場都和預言一模一樣。

「每一次令人驚駭的轉折都被說中。」優鐸希亞舅母繼續喃喃說著日本人如何覬覦滿洲地區、

25 Bashkir，主要生活在烏拉爾山脈南坡及其附近平原上的突厥民族。
26 Batoum，喬治亞西南部的阿查拉自治共和國首府，位於黑海之濱。
27 Erzerum，土耳其東部艾斯倫省的首府及最大城市。

協約國的背叛。高爾察克[28]遭遇的變節和「那些莊稼漢」，她總是這麼描述紅軍。在這一切之中，**旅人**如果有參與的話，到底他涉及了哪部分，她並未透露。料想著真相大白的關鍵時刻就要出現，我竭力跟上她，記住所有人名和弦外之音。

她一面說一面用戴戒指、肉呼呼的手把紙牌收攏，再次洗牌並重新發牌。我看著這些紙牌的象徵符號一一出現。倒吊人、命運之輪、愚人和戀人。「妳瞧，目前妳總出現在他身邊。」她說，用有肉墊的白皙指頭輕叩所指的那張牌。「但是它很黯淡，黑暗，總是黑暗……不會有好結果。我試著跟他說，不過他當然不聽我的。他喜歡戲劇，戲劇化是他人生的一部分。」

「Bojhe moyi（我的天啊）！我不喜歡！……如此的黑暗圍繞著他，我一點都不喜歡。雖然他只是我的甥兒，但我和他很親，即便發生了埋在喀山澡堂底下的盒子那件事之後。喔，妳不曉得那件事？那麼，改天提醒我……我現在得專心看他的牌。」

她用銳利的目光掃了我一眼。

「別企圖了解他。男人討厭被了解。而他總是那樣——總是高深莫測。」她說。但這句話該由我來說才是。真相揭曉的那一刻再一次從我眼前溜走。

～

我們在科西嘉的夜晚，常因為算塔羅牌而生氣勃勃。當興致一來，女伯爵會幫眼前的任何人算運勢，譬如從廚房請來的廚師，或者我們自家人。她會暢談塔羅牌的神祕起源，宣稱塔羅牌起源於埃及及祕術，最初是四處流浪的吉普賽人從印度帶出來，引介到歐洲。接著，**旅人**會提醒她，而他很少會毫不質疑地接受他人論點——尤其是女人論點，在十五世紀之前，歐洲人尚不知有吉普賽人存在，而塔羅牌早至一三五〇年就已經在使用。慣常會有一場騷動接踵而來，兩人會有的行徑，縱使是他們斯拉夫童年的英國奶媽一時之間也難以容忍。有一回吵得特別兇，起因是優鐸希亞舅母在阿雅丘的書攤找到一副有趣的義大利舊紙牌，晚餐前把它當作神祕餐前酒似的鋪排在桌上。這一回，她把**旅人**指為黑桃J，而他當然自認是紅心K。

「黑桃J？妳一定瘋了！難怪妳丈夫也常說妳瘋了！」火爆性子開始發威，直到**旅人**把腳往地上重重一跺推翻一切，踢倒無時無刻不在的那具水菸。這當口，優鐸希亞舅母的胭脂底下已是鐵青的一張臉，關乎她丈夫的這一刀命中要害，她把牌往他臉上一擲，揚言明早就要走人。

「而且我要帶她一起走。」她斷聲說道，往我的方向一指。這個威脅可不能小覷，她人如果不在這個島上，她知道我父母親不會准我留下來。

旅人抓起菜單（飯店給的唯一一份），將之撕碎，也把碎片往她身後一扔，接著又把一盤各色開胃菜擲向地上。優鐸希亞舅母奔到接待櫃台，躲到旅館雜工後面，並索求船班時刻表。這種打打鬧鬧的場面卡姆朗或謝爾蓋並不常見，他們逃到切爾克斯人酒吧，杭道夫則蜷縮在桌子底下發抖。

「真是的！沒事找事，你們不覺得慚愧嗎！」我聽到世世代代的英國奶媽常掛嘴邊的話，從我

---

28 Alexander Kolchak，在俄國內戰期間是白軍的領袖，一九一八年至一九二〇年，曾在西伯利亞西南的鄂木斯克建立反共主義政權臨時全俄羅斯政府，自任最高領袖兼全俄海陸軍隊總司令。在白軍分崩離析的同時，他遭到了背叛，被獨立勢力俘虜並移交給伊爾庫茨克當地的布爾什維克，隨後遭到處決。

口裡冒出來。說也奇怪，聽到這句話，火爆的斯拉夫人似乎平靜下來，只見優鐸希亞舅母從接待櫃台後走出來，快步回到她房裡，可比愛蓮諾拉．杜絲[29]最悲劇性的退場，而**旅人**則陷入陽台上的柳條椅，面露天使般的微笑，一副放鬆又得到洗滌淨化的模樣。剎那間，這兩個最世故老練的人在我看來就像激動過度的撒野孩子，肯定就像他們小時候那樣。我想像他們在莫斯科的幼兒房為了爭奪玩具打架，他們有奴隸般的俄羅斯老奶媽百般縱容，同時還有英國奶媽的嚴厲管教。「我的小傻瓜」，瑪翠歐娜憐愛地嘆氣，見小小**旅人**（在那個年紀，他有一頭烏黑捲髮）抓起放在高高白瓷壁爐旁的一截木柴，就往綁著圍兜的優鐸希亞鼻子打去。優鐸希亞大叫，張口往他脖子（從有農家刺繡的村衫露出來的）咬。為了搶一個雕刻小木橇——現在成了我的珍藏——很快地兩人拳打腳踢，在地上翻滾，勾纏到絳紅色鬆絨線桌巾的流蘇，連帶讓瑪翠歐娜的針線盒及一具茶炊（幸好沒點燃）順勢砸到他們身上。此時史密森奶媽（在查茨沃斯莊園〔Chatsworth〕當了六年的保母助手，後來又在大公宮〔Grand Ducal〕當首席保母）迅速地進到房裡，如同諾亞太太（Mrs. Noah）般拘謹又硬骨的人物。

「天啊，這是在做什麼？打鬧成這樣！你們不覺得慚愧嗎！」她說，沒再囉嗦，便把扭打在一起的頑童分開，塞進各自的高腳椅聽訓。

眼下，在科西嘉島飯店，舊習再犯，一場騷動被我的尖刻訓話鎮壓。過了約莫一兩個鐘頭，**旅人**和優鐸希亞舅母才重修舊好，在吃晚餐的共同願望下，顯然忘了先前的分歧，卻發現晚餐全沒了。把地板上的一片狼藉收拾乾淨的侍者，此時一副稱心愉快的樣子，正在撤走桌巾與鹽罐，隨即就要離開。

「祖母是對的。農奴一旦被解放，就是結束的開端。」**旅人**嘆了口氣，女伯爵也同意。

～

卡姆朗讓自己出糗，醉倒在切爾克斯酒吧吧台上，當時他正以傳統俄羅斯方式慶祝我十八歲生日。那是為女壽星敬酒的古老習俗，壽星的名字有幾個字母，祝壽者就得喝下幾杯伏特加，因此，如果壽星名叫「Ann」，就只要喝三杯，但若叫「Grushenka」，就要喝九杯，依此類推。在醉倒之前，可憐的卡姆朗使勁豪飲了五杯，而我的名字需要他灌下六杯。切爾克斯上校放聲大笑，為了這次慶生，他換上了特大號酒杯，我覺得很不公平，但卡姆朗接受挑戰，頭兩杯還是一飲而盡。

那是個感人的致意，明明白白想營造出俄羅斯氣氛，他知道我熱愛這一點。我陶醉其中，但也感到焦慮。若不是俄羅斯人，這樣的激烈行徑沒什麼大不了。謝爾蓋面露惱怒在一旁看著，他說，這種事正好能博取佩爾提埃小姐——那個讓他耗去大半時間的法國女人——歡心。

我們費力把卡姆朗成功拖回飯店時，遇上了正往酒吧與我們會合的**旅人**。身為俄羅斯人，他一向不同情喝得爛醉的人，這會兒卻不講理地發火。我以慶生為由說情，但見他沉下臉來。

「算他走運，妳不是我在他這個年紀遇到的女校長亞歷珊德拉。我也玩過這個蠢遊戲，而且玩到底，灌了二十七杯伏特加！我們當時喝的可是貨真價實的伏特加，妳聽好，那可不是你們在那裡喝的淡而無味的東西……卡姆朗真沒用——甚至撐不完六杯！」

29 Eleonora Duse，1859-1924，義大利舞台劇女演員，為現代舞台劇改革者。

他抓住毫無抵抗力的兒子頸背，將之拖開。那晚沒再見到卡朗姆，隔天我打算去他房間探望他，**旅人**對我的掛慮很不耐。

「別理他，讓他學一次教訓。」

「什麼教訓？」

「別那麼像俄羅斯人。好了，不要為他小題大作，小姐。」

～

我們設法在科西嘉島過著平靜歲月：沒有信件，也很少有報紙會抵達我們手中，當時那裡也沒有新聞廣播的侵擾。在幾次罕見的情況下**旅人**偶然拿到報紙，也會直接把報紙丟進廢紙簍。

「報紙提示著可預見的未來，叫人不安。我寧可看水晶球，看我想看到的……或是回顧從前……」他瞇起眼，露出意味著他又想起俄羅斯的眼神。對我而言這是個線索：很快地我們就會一起遠走高飛，安穩地待在我們的斯拉夫幽域，玩出走遊戲，魔法中的魔法……

「拉咪轟！我們走吧！」我說出古老的密語。

「……不再寂寞。」**旅人**嘆了一口氣，想起古老的西伯利亞歌謠。我投入他張開的臂膀。

～

儘管我們戴金冠的婚禮不知不覺帶有飄渺的傳奇色彩，成了遙遠但可信的共同未來，就像我們樂於沉湎的過去，但我們獨處時經常說起婚事，而且叫我驚喜的是，**旅人**說他正鼓起勇氣要跟我父母提親。

「雖然我知道他們會說什麼。」他陰鬱地凝望北方的大海，望向倫敦，望向現實。

「我想他們會說，我們必須等到我滿二十一歲才行。」

「我想他們會說的不只這些。」

～

卡姆朗和謝爾蓋一直稱呼我媽姆，似乎毫不懷疑我在他們生活裡所占的地位；身為他們父親的未來妻子，我得到尊重的對待，令我意外又開心，因為這似乎確立了我的大人地位——這是我當時仍覺得既不真實又很嚮往的事。但優鐸希亞舅母把這整件事視為尋常的笑話，這樣的態度也不是不近人情。

「你父親不是走入婚姻的那一型——你現在應該體悟到才對。」她犀利地說，當卡姆朗跳出來為我辯護，說一切已經安排妥當，我們在巴黎成家時他會來跟我們同住。

「婚禮那天用的蠟燭必須留下來，在我們生頭胎的那個晚上點亮。」我跟**旅人**說，當時我正讀一本斯拉夫民間傳說選集，此外，在母性欲望的誘惑下，我幻想著如果有個屬於我的斯拉夫寶寶，不知會有多開心。

「胡說些什麼。」**旅人**只回我這麼一句，但他似乎沒有不高興。那一整天他都顯得陰鬱，「想念俄羅斯」。他和優鐸希亞舅母一起回憶舊時光，說起他們的俄羅斯年月裡的一些異國人物。提比里斯似乎充斥著最狂烈又魅惑的人。

「你還記得他們怎麼跳舞嗎？」

優鐸希亞舅母嘆了一口氣，無疑想起某個浪漫情節。

「老鷹之舞……」**旅人**開始滔滔不絕向我描述封建的喬治亞宮廷舞，忽而莊嚴忽而熱烈，仍是活生生的傳統。

他具有東方街頭說書人那種奇特的吸引力，蹲伏在破布包之中，靠他本身的魔法輪流化身為他口中的每個人物，破爛的袖子一拂，召喚出土匪、回教國王或天仙，讓圍聚的聽眾著迷。即便**旅人**是男人，身穿歐洲服飾也無所謂：他一轉肩，手一比——魔術師的靈活雙手——便召喚出列金卡舞[30]的流暢優雅，召喚出喬治亞貴婦，當她們上前或退後、應允或回絕，每一步都莊重古典。或者，他會變換另一種節奏，或者說另一種魔法，用唯有斯拉夫人和西班牙人才懂得的狂怒跺腳，召喚出戴毛皮帽的厄爾布魯士山（Elbruz）黑戰士跳劍舞躍鋼刀，或表演其他極其細微的奇異舞步，像是激情的顫動。

多年後，在厄爾布魯士山區的暗影中，我看見了同樣激昂的這類舞蹈，老鷹之舞，或者又稱戰戟之舞（Dance of the Partisans），深知我不是頭一回看到；因為我親眼所見的絲毫不比他用魔法召喚的更鮮明、更真實。

接著換優鐸希亞舅母描述喬治亞女人的搖曳舞姿，像天鵝般滑行，冷若冰霜又空靈神祕。

「你媽就是那樣迷住我的。」**旅人**說，用蒼蠅拍用力打謝爾蓋的頭，但這動作看來充滿感情，沒有惡意。「她是那舞會裡最美的少女之一。」他說，「她們都穿白色……拖曳的裙子、頭巾、面紗和披肩……女人就該那樣——像包得好看的包裹——等著被打開。」

「至於男人！噢！那些喬治亞男人！」優鐸希亞舅母嘆了口氣，說起他們穿的軟皮靴，以及他們如何像芭蕾舞者用腳趾尖立起。接著他們踏著猛烈步伐像要戳穿地板似的，對著某個女子轉圈圈，狂暴地跺跺，就像……她停頓，思索著用什麼字眼來形容這種欲望高漲的對列舞。

「就像發情的動物——畢竟，這是表示征服的一種動作。」**旅人**提醒她。「但也具有騎士風度。別忘了他們轉圈圈時，男人的衣襬連拂都不能拂到舞伴的裙子。這是傳統。她是他的女神，遠方的公主……但她配戴匕首，而且知道怎麼揮刀。那些女人愛恨分明……妳記不記得安雅（Anyia）的母親——在提比里斯債台高築的公主？」

優鐸希亞舅母點點頭，**旅人**繼續說著當時那位馳名美人如何在國宴舞會上把沙皇逼到角落，要求他出面，讓討債討最兇的猶太放款人閉口不再跟她談債務。

「可是我親愛的公主，我能怎麼做？我又不能把他殺了。」皇上道。

「你還自稱是沙皇呢！」她唾棄道。

不，她沒有因為膽大妄為而被送往西伯利亞。不過當時她可是個大美人。優鐸希亞舅媽又嘆了口氣，擦了胭脂的豐潤臉龐因忌妒和無奈摺出皺紋。

「況且那是在高加索，」**旅人**提醒她。「行事作風更有魄力。喬治亞人是個火爆民族，俄羅斯人總會原諒他們。我記得另一位舊日公主常說的一個故事。我認識她時她仍風韻猶存。她總穿著傳統

---

30 Lezghinka，此為一支男子獨舞，最初是高加索山脈達吉斯坦的列金斯人（Lezghis）的舞蹈，亦被喬治亞人所採用，據說是模仿老鷹突襲獵物的樣子。

天鵝絨禮服，戴小巧低頂圓帽，兩絡捲髮分別垂在她臉側……她還是有幾分姿色……仍女人味十足……總之，我以前很喜歡去拜訪她。一天下午，我們坐在她提比里斯郊區莊園的藤蔓下，她常在夏季傍晚把茶炊和針線活兒帶到戶外去，一回，她談起她的婚姻。她丈夫是個很會吃醋的男人，但她愛他。」

「我只對他不忠一次。」她告訴我，「而且也只發生在我腦裡……不過實際上沒有差別……當時我還很年輕。我瞥見山區來的一名部落男子——當時跟我們的軍隊仍有小規模戰爭的野蠻民族，真是煩不勝煩的一批人。他們就是不肯屈服！我看見這男子騎馬穿越樹林。他的頭上罩著兜帽，所以我只看到了一隻眼睛，但他有顆最湛藍的眼睛……」

「只有一隻眼睛？」

「我只看見一隻眼睛，他的兜帽遮住另一眼。但那就夠了。他凝視著我，深長的凝視……就這樣，我對丈夫不忠——在我腦裡。我忘不了那湛藍的眸子。當時我真傻，竟跟丈夫提起他。在那些部落裡藍眼珠的人很罕見，我丈夫三兩下就找到他。約莫一個禮拜後，他把他的頭顱帶來給我。一眼插著一支匕首，另一眼睜得斗大，瞪視……瞪視著我！」

「『妳要的藍眼珠在這裡！』我丈夫說。」

「醋罈子，典型的高加索人。」優鐸希亞舅母說，她回過神來，開始說起再也不可得的俄羅斯美食——馬奶酒——以及用黑蘿蔔做的特殊果醬，「普拉斯科維亞以前常做的那種」。

「沒錯，普魯斯特是對的。」**旅人**嘆氣道。「唯一真正的天堂，是我們失落的那一個。」**旅人**是該嘆氣，但我尚未抵達歲月的分水嶺，仍眺望著前方而非回首前塵。那當時，我十足快樂。

露台下方，一大群交配期遲來的青蛙呱呱叫著牠們的喜樂。太陽突然沉到山背後，山谷轉呈鮮艷的紫色。**旅人**走到女伯爵的背後巧妙吸引我的注意力。他拉拉耳朵打暗號，意思是：我們一起出去吧！在科西嘉島的鄉野，我們發現一處山坡地覆蓋著被稱為瑪西（macchia）的濃密馥郁灌木叢。這灌木叢有時高及肩，甚至比克洛夫利斷崖（Clovelly cliff）歐洲蕨叢更能提供徹底的掩蔽，我們一度在俠客盧那一片綠蔭下純真地閒晃。這裡的瑪西灌木叢有一種奇特的戲劇氛圍，像它的香氣一樣鋪天蓋地。它知曉無數祕密，藏匿過盜匪、戀人和逃犯。猛烈的罪行、歡樂和恐懼織入糾結的枝椏，其狂暴多少滲入我們的身軀。在交纏的樹葉底下，地面乾燥布滿土塵，聞起來有辛香草和蜂蜜的味道。**旅人**光滑的中國頭顱在我頭的一側，枕在淡紫色的小花上。

「不，我不知道這花的名稱，也不知道它們是否長在西伯利亞，如果妳想問的話。」他用那可把最冷情的句子轉為愛情表白的沙啞與求歡語調。

最先出現的幾顆暮星，其微光穿透瑪西灌木叢晶格般的隙縫閃爍著。

「我們得許願。」我說，唸著古老的一首幼兒打油詩——

「星兒星兒亮晶晶，我今晚看見的第一顆星，

我們能不能，行不行……

坐西伯利亞火車旅行！」

旅人俯身凝視著我，毫無表情的面具上那雙細眼傾訴著千言萬語。

「小姑娘！別再想西伯利亞，吻我——」他的嗓音粗礪，就像他的手。然後他笑了。「我告訴妳，我不想和半個亞洲為敵……也不想和火車為敵！不過，假使那樣會讓妳更愛我的話……靠近一點，來蒙古包裡感受被愛的感覺，就像妳在第戎一樣……我心愛的小傻瓜……這是我們在黑龍江旁的帳篷……現在好好吻我……」

不久他又重拾揶揄口吻：「妳真是個浪漫的人，我不禁在想，妳會不會以最經典的方式跟隨我到西伯利亞，就像拉斯柯尼科夫[31]的索尼雅[32]和艾賓娜．米古瑞亞（Albina Megouria）以及其他女人？俄羅斯女人……她們多奇特、多甜美……」他喃喃自語，露出向內凝望、望向俄羅斯的目光。他把我攬向他的臂彎，但他看到的不再是我……「十二月黨人的妻子……多麼熱情，多麼溫柔，多麼犧牲自己……多麼俄羅斯。」他的嗓音透著一種古怪又熱切的口氣，這口氣我從沒聽過，彷彿他愛上了一個抽象概念——一種俄羅斯特質。這種柔軟或者說溫柔——我不會稱之為多愁善感——是俄羅斯人身上常見的蠻橫反面，如硬幣的反面。我認為，這從來不像德國人或奧地利人那種有條不紊的冷酷，而他們的反面肯定是多愁善感的。多年來我體會到，這是俄羅斯人固有的特質。

「我們常被叮嚀說，要給犯人一點東西，我們常看到被押解的犯人在路上走。」有個俄羅斯婦女回想她在托博爾斯克的童年時這麼跟我說。「我們的奶媽以前常說，『給那不幸的人一點東西，可憐的犯人。』她總含淚這麼說。看到囚犯經過，她會從口袋裡找一兩個銅板，然後追上他們，把銅板或我們買給自己的蛋糕和椒鹽捲餅（bublitchki）分送給他們，他們會呼喚聖徒曆上的每個聖徒保佑我們。」

孩童如此，類似的憐憫有時也出現在更嚴峻的世界。一九〇五年，莫斯科總督可憎的大公沙吉・亞歷山德羅維奇（Sergei Alexandrovitch）被恐怖份子鎖定，在他離開克里姆林宮時被炸彈炸得粉身碎骨。這整起事件被精準計時。但預謀的殺手卡利亞耶夫（Kaliayev）準備要丟擲炸彈時，看見兩個沒了母親的孩子——女大公瑪麗・巴伏洛夫納和她的哥哥狄米崔・巴伏洛夫納大公——跟他們的叔叔坐在皇家馬車，於是放下武器。孩子何辜！卡利亞耶夫下不了手。但兩天後，大公獨自乘車，終究還是被炸得粉身碎骨。

這般的矛盾像一條綿延起伏的繩索貫穿數世紀的俄羅斯生活，也像一片霧靄，讓歷史的清晰視野變得模糊；單純又奸巧，殘酷又慈悲；全都深埋在俄羅斯性格裡。**旅人**把這種殘酷的質理歸因於韃靼人血統，與斯拉夫人的天真善良是相牴觸的。就算沒有韃靼血統也要記得，歷代汗王統治了數百年之久，靠詭詐和恐怖雙管齊下撐起霸業。這本質上十足亞洲的迂迴作風，對於基本上誠實無欺的斯拉夫人非常陌生，但到頭還是融入了斯拉夫性格裡。這種矛盾可在各個範疇找到例證。

在科西嘉島傍晚逐漸聚攏的黑暗中，**旅人**引述涅克拉索夫[33]的文句，把他描述俄羅斯女人的優美詩句翻譯出來，喚起沃孔斯基夫人和特魯別茨基夫人、女伯爵穆拉維約夫（Countess Mouravieva），以及其餘那些陪著被流放西伯利亞的丈夫度過艱苦歲月的英勇妻子們，所展現為愛犧牲的崇高精神。

「其中也有一個法國女人。」我提醒他。

---

31 Raskolnikov，《罪與罰》的人物。

32 Sonia，拉斯柯尼科夫的妹妹。

33 Nekrassow，1821-1878，俄國詩人、作家、批評家。

「啊，妳知道她？寶琳．蓋勃勒（Pauline Gueble）。」他似乎惱火——「但她的動機沒那麼單純。她別有所圖（她是法國人，別忘了），只不過是個小裁縫，當了艾寧科夫伯爵（Chebalier Garde Count Annenkov）的情婦。她也不像其他人會失去一切，她沒有根基、沒有傳統、頭銜或家產要拋棄。」（他忽略了她拋下了從此沒再見過面的寶寶。）她從不知曉其他人習以為常的奢華與特權。此外，她到了西伯利亞，因此艾寧科夫不得不娶她，她總算變成伯爵夫人。不，她是另一碼事。」他說，聳聳肩甩開這法國女人；有那麼一會兒，我討厭他的憤世嫉俗，甚至討厭他的國族偏見。他很少放過貶損法國人的機會，我納悶有什麼事或什麼人導致他這種深刻的敵意。

他突然面向我：「但妳簡直是俄羅斯人，我心愛的，如此多愁善感又固執，而且傻得可以，我相信妳會做十二月黨人的妻子們所做的事……是吧？不過，到時……」他的心情突然轉為嘲弄——「不過，到時，該不會是因為妳真正愛上的是那片土地，而不是遭流放的男人？我總說妳更愛的是火車，更甚於我。喔，小姑娘！妳永遠不會像我愛妳那樣愛我……別在意。別否認，也別解釋！別管額爾齊斯河、安加拉河和其餘的西伯利亞。去他的西伯利亞。讓我們繼續相愛……」他俯身貼近，遮住了星光，有好一會兒連西伯利亞也被拋到腦後。

~

一面踉蹌走下布滿岩石的小徑，一面拂去壓縐衣服上的松針和螞蟻，我們看見遠遠的下方自飯店窗戶流洩的燈光以及燈塔的光束，提醒我們日常生活的習俗、常軌和義務；岩石等著將我們絆倒。

「你餓了嗎？」我問，半希望著我們能回頭。

「餓了，就像我常告訴妳的，情感需要餵養。」

「但你想想看，假使我們現在就在我們的火車上。」我又想到那個只能望而興嘆的夢，「想想看，就我們倆，一起關在火車裡一星期，一整個西伯利亞就在外頭……當我們拉開窗簾，我們會看見一片雪白的空曠飛逝而過，在日復一日、夜復一夜的積雪覆蓋下隆起的小村莊……我們在專屬的紅絲絨包廂內會多麼舒適……我們不必走到山麓，甚至不必去下一站的車站旅館。我們點亮有綠色燈罩的檯燈，叫來魚子醬和香檳。」

「是啊，多麼情色的畫面。順道一提，我偏好喝茶配我的魚子醬。」

「那就點茶；然後……」我打住。那畫面讓人難以抗拒。那地點和所愛的人。「那就是俠客廬。」我訕訕然結束。

我們來到飯店後的庭院。出走遊戲結束。**旅人**把我拉進外圍建築的陰影裡。

「小姑娘，妳還不知道嗎，只要我們在一起，處處都是俠客廬。不須老是往世界的另一頭尋覓，它就在此時此地，每當我們親吻時。」

第十章

那個迷人夏天的其餘日子就是這樣了。怎料早秋挾著強風大雨猛襲科西嘉島，雪花鋪灑山頭，沒有暖氣的石牆飯店內濕氣凝結，匯成一道道有蝸牛聚集的細流。「這下子妳果真過起高加索山寨的生活了。」**旅人**說，拿我的不適應打趣作樂。我們在這濕冷環境裡打著哆嗦嚼著熱騰騰栗子，最終決定返回歐陸本土，往義大利邊界去尋找夏天的尾巴。

優鏗希亞舅母變得愈來愈焦躁。她生性喜歡都市，語帶渴望地提起想回巴黎去，但卡姆朗和謝爾蓋，他們父親的兩道影子，似乎滿足於流連南部。

那一趟渡航，風急浪大。我們在馬賽租了一輛車，沿著平庸海岸線緩慢行駛，有許多不自然的度假勝地點綴其間。昂蒂布（Antibes）、坎城、尼斯、維拉弗朗西（Villefranche）、蒙地卡羅，全都和俄羅斯有淵源，所以我都能接受；但我並未傾心，而且暗地裡盼著我們能前往更令人震顫激昂的風景，起碼也要是阿爾巴尼亞山區。

話說回來，無數的俄羅斯人被吸引到里維耶拉（Riviera），發現這裡美麗又浪漫。也許我也會有同感。前大公之流或他們情婦的豪華別墅在坎城附近到處可見，通常坐落在繁茂蒼翠的植被深處，避開大眾的窺視。那些豪宅有游泳池的很少見，而泳池在今天跟車庫一樣平常；但很多都有中世紀俄羅斯風格的小禮拜堂，洋蔥狀圓頂和東正教十字架出現在棕櫚樹下顯得突兀。縱使是仿建也還是溫暖了我的心。在尼斯，俄羅斯東正教大教堂聳現於鐵路貨場後方，華麗地紀念著曾經在同一地點的皇家別墅，年輕孱弱的沙皇太子在這消磨歲月。

在英國人散步大道（Promenade des Anglais）之上，肆無忌憚的十四歲少女巴希克采夫穿緊身褡和有褶襉的細麻布衣裳，坐在母親別墅的陽台上，為一位駕車倏忽而過、完全沒注意到她的一位英國公爵熱血沸騰。「噢，上天啊，請賜給我H公爵！」她在聞名的日記裡如此寫道。一位懷有更高尚抱負的偉大同胞赫爾岑，也在尼斯長住和受苦，最後長眠於此。他的雕像可見於舊城區上方的墓園。在蒙地卡羅的俄羅斯飯店旁，一棟珠寶商兼當鋪的建物直到最近仍掛著有斗大燙金的西里爾字母招牌，寫著「Lombard」。該字在俄文指的就是當鋪。摩洛哥大公國無疑決定，對在賭場傾家蕩產、狂奔而出、準備跳橋自殺的那些衝動絕望的斯拉夫人，得要提供一個一眼就可以認出的救援才好。

在一間優雅的飯店裡有位老邁的侍酒師，每次看到**旅人**，他那猴子似的五官就會皺成開懷笑臉，咧著嘴露出缺牙。很難相信他是敖德薩來的茨岡人小提琴手，他的音樂曾經逗樂一些任性的俄羅斯貴族。某親王曾聘用他陪同旅行。命中注定的某個夏天，親王的遊艇在蒙地卡羅港灣靠岸，繫泊在港邊，自船頭至船尾夜夜燈火通明；親王賭光他的財產，他的情婦和妻子賭光嫁妝，賭光一切還是要留下他的茨岡人小提琴手，儘管很多賞識者出高價要聘走樂手。當最後一張牌打出去，最後的賭輪，親王轟開自己的腦袋。遊艇被扣押，船員被遣返，但茨岡人小提琴手在飯店留了下來，在餐廳裡他的小提琴從一桌到另一桌泣訴離鄉情衷，用餐者聽得陶醉也好，不自在也罷。最後，關節炎為一切畫下句點，但這位老人仍拿著酒單曳步其間。他是繼任餐廳領班眼中的紅人，**旅人**說；事關一些見不得人的門路……吉普賽女人墮胎的手法最有效。「在大飯店附近要找到這樣的人總是很方便。」**旅人**說，深情地拍拍那老人粗糙的手。他們似乎認識很多年。

～

假期幾乎快結束，夏天則過去了。但我們仍徘徊流連。我想我們每一個都以各自的方式體會到，我們將不會再有這般停泊在過去與未來之間，山中無歲月的幸福時光。對**旅人**和我來說，這是個理想的狀態，我們帶著濃濃鄉愁恣意沉湎於俄羅斯幽域，而我們所處的現實和那俄羅斯幽域同樣不真實。我往往在想，優鐸希亞舅媽若非不食人間煙火，肯定就是極其世故老練。我倆的心思只放在對方身上，這顯然逃過她的眼睛，雖然她總是催促卡姆朗和謝爾蓋出門找樂子。

「那年紀的孩子應該要談戀愛。」她堅定地說。

「所有年紀的人都要談戀愛。」**旅人**以同樣的堅定語氣答道。

有時候，**旅人**和我會越過邊境到義大利的文蒂米利亞（Ventimiglia）或聖雷莫（San Remo）吃午餐，想法子整天膩在一起。雖然只是一日遊，對我來說，越過邊境似乎帶有浪漫的逃逸意味。**旅人**也助長這種氣氛。在義大利邊界，長得像羅密歐但氣色不佳的憲兵要求我們出示護照時，他會遞上他的，一張摺了幾摺、看起來相當不正式的紙——我從不被准許瞧上一眼，同時喃喃說著：「如果他們不喜歡那一張，我還有別張。」這種間諜似的對白，我還滿喜歡的。

如此這般，在偵探的氛圍中，他，厭世的**旅人**，和我，跟班的學徒，走上聖雷莫老城區陡峭的石巷，尋找見過加里波底[34]的某位老先生，或煮海菜餡餅的地方……**旅人**會給我建言，打從那時起我便受益良多。

「永遠要帶著一副空胃囊探索新城鎮，」他會這麼說，「這讓妳視野清晰。」「馬上離開大街！」「把時間花在四處遊蕩，或只管坐著。讓那城鎮自行向妳展現。」「忘掉紀念館，先觀察日常生活……是日常生活造就出紀念館所紀念的人與事。」

聖雷莫的俄羅斯教堂，有魚鱗狀和星形飾物的彩色圓頂，聳現在周圍的棕櫚樹之上，令**旅人**反感，但對我來說，這教堂美極了，我總拖著他入內依依不捨瞥上最後一眼，然後再趕搭返回芒通（Menton）的火車。

「廉價又造作」是他的評語。「等到妳看到雅羅斯拉夫爾（Yaroslavl）或諾夫哥羅德的教堂，或我們莫斯科老家附近的戰士聖伊凡教堂（Sveti Ivana Voiina）……到時妳就會知道為什麼這一些叫我渾身不舒服。這個很假！很假！跟把里維耶拉當成第二故鄉的那些失根有錢人沒兩樣。他們現在是真真切切的流亡者了。真活該。他們以前瞧不起俄羅斯，從不說俄語，盡可能不待在祖國，也不關心它的歷史、建築和資源。對他們來說，祖國不過是銀庫，他們財富的源頭。令人作嘔的一批人，用頭銜和個人魅力牟利，繼而再用救贖靈魂的漂亮小教堂賺錢，像這裡的這一間，他們可以把他們的守護聖徒安放在某個角落，為了輸光繼承的財產買到寬恕。

～

風順著柏樹夾道的小徑，吹向高踞卡拉灣（Garavan）邊界的古老墓園，**旅人**和我會清除幾乎把墳墓淹沒的刺藤、聞起來有苦味的乳香黃連木和迷迭香，這些墓聚集在有藍色圓頂、冠著金星的俄羅斯小教堂周圍，很多俄羅斯人埋骨於此，遠離家鄉。「……長眠於此」、「一直到天起涼風……」我費力地唸出西里爾字母碑銘。對此，**旅人**變得不耐：

「唸快一點！唸生者和死者！這麼久以來，妳還是不能唸快一點？如果妳想在俄羅斯教堂成婚，妳就必須把所有答覆詞背得滾瓜爛熟。事實上，妳必須皈依東正教。打從我第一次教妳那些字母以來，我想妳沒什麼進步。當時妳七歲，還得了麻疹，記得嗎？」

「我當然記得。那些發輕音的L和發重音的L以及字母結尾的記號，還有你們的D是我們的G，

34 Giuseppe Garibaldi，1807-1882，義大利將領、愛國者與政治家，獻身於義大利統一運動，親自領導了許多軍事戰役。

我們的H是你們的N，此外還有那些完全陌生的字母。學用雅庫特語數數兒簡單多了。」

他拉我入懷。「我教了妳一大堆古怪的東西。」他將我輕輕推向一片布有斑斑青苔和茂密的羽毛狀藤蔓的石板，要我順勢躺下。在我頭頂上，冠金星的藍色圓頂在熱浪中閃耀。

「你別，別在這裡！」我感到難為情。

「為什麼不行？妳覺得不自在還是覺得傷風敗俗——還是兩者都有？我看我還沒教會妳擺脫那些愚蠢的常俗。妳該不會以為死者會介意吧？除非他們忌妒我們。」

「可是我們會被看到……」

「在這裡，在這大熱天？法國人不會在午餐時間觀光或弔祭——他們有別的事要做。他們現在不是在吃東西，就是舒舒服服躺在床上或沙發上打滾，關在緊閉的窗遮板後方。他們才不管有人野餐——反正不在乎這種。」

稍後我們回到舊城區，往往會發現優鐸希亞舅媽坐在咖啡館深處讀廉價版的希琴[35]小說——「對我的英文很有幫助」，她一面讀一面抽水菸（她總隨身攜帶，裝在繡有羅馬尼亞農家刺繡的一種馬糧袋內），無視於看得目瞪口呆的當地人。**旅人**會跟兒子們下棋，我則在一旁啜飲杏桃白蘭地。這種酒甜滋滋的被視為無害。況且杭道夫也愛喝，牠會一面舔著肉排，一面伸出粉紅色舌頭探索**旅人**從我這兒拿走、好讓狗放縱一下的杯中物。

在那個年代，較不入時的地中海港埠周圍的小餐館和咖啡廳，尚未淪落到裝上塑膠條狀照明燈——或更糟的，淪落到用相片當壁飾。它們仍保有獨特的裝飾風格；有大理石面的餐桌、鏡子和畫著壁畫的牆面，壁畫呈現義大利風情，描繪著蔚藍海灣鑲綴著玩具似的黃色港埠，碼頭擠滿了戴紅帽的拿坡里人，跳塔朗泰拉舞（tarantella）或彈吉他，或聚集在葡萄藤纏繞的涼棚下——整個場景在上千份熱騰騰客飯的煙霧中柔和地化為黏糊糊的琥珀色調。

在這裡，用餐者可以要一杯干邑白蘭地咖啡和一份報紙來圓滿結束一餐，在以前，報紙會捲在一根藤棍上送過來，頗務實的安排，但現在已廢棄，如今我們被吵吵嚷嚷的廣播新聞快報或閃爍的電視畫面餵飽新聞。

在這類咖啡館坐在**旅人**身旁，夜晚的平靜僅會被多米諾骨牌的砰砰響和有格紋的雕花高腳杯的乒乓聲，又或常客玩貝洛特紙牌（belotte）的嘶啞嗓音打破，我會瀏覽裝飾在牆上的美好風景。迷人的景致，但為何從未看過餐館壁畫描繪的是最生動優美、冰天雪地的北方？**旅人**說，巴黎的俄羅斯夜總會會令我失望。他們只靠侍者身上的民俗服裝吸引顧客，有刺繡的俄羅斯村衫之類的。我想起巴黎那一趟前往歡樂夜世界的出遊。在帕西的那個茨岡人表演場地可絲毫不遷就美觀。我渴望看見在南方盛行的這一套單純的壁畫技巧，也能畫出北方風景；金色圓頂在暴風雪中閃耀著光芒，王子駕著三駕馬車飛翔，農民和熊跳著高帕克舞[36]。

～

「這裡有太多俄羅斯人——差勁的那一種。」**旅人**說，帶有偏見的目光瞥向漂亮得像賣弄風情

---

35 Robert Hitchen，1864-1950，英國記者、小說家。

36 gopak，烏克蘭傳統的男性民俗舞蹈，並以活力充沛的跳躍聞名。

的小海灣，我們終於在一間老式飯店安頓下來，此刻正在用午餐。所謂差勁的那一種，他指的是讓他覺得無趣的那一種，那種無止境地談著要回歸祖國、從邪惡的赤色魔爪中解救俄羅斯的人。我們這一夥操多種語言的人——俄羅斯、蒙特內哥羅、吉爾吉斯、喬治亞和英國出身的一行人——挑起了海岸沿線遊客最熱烈的好奇。法國人照舊不好奇；我們不過就是外地人，他們不會搭理；但我們很喜歡聽其他人對於我們種族與彼此關係的各種揣測。謝爾蓋跟幾個打破砂鍋問到底的比利時人說，我們是蘇聯來的馬戲團，而且表演用的大蟒蛇就關在樓上，「我們不會把蟒蛇帶到餐廳，假使你們想看的話……」結果惹惱了飯店經理和一些住客。那些比利時人當晚就離開，但其餘的遊客也非常不安，他們顯然認為謝爾蓋的言論不管是否屬實都教人擔憂，於是經理冷淡地建議我們改住其他地方比較好。但**旅人**讓他恢復鎮定，我們也就繼續待下來。

「因為這裡讓我想到克里米亞半島，」他斷然地說，優鐸希亞舅媽也同意。「雖然我們蒙特內哥羅的科托爾（Cattaro）峽灣海岸線才是真的漂亮，也更狂野得多，妳最喜歡的莫過於這一點。」她說，朝我的方向不表同情地看了一眼。她渴望大都會與時髦的夜生活，然而我們的假期沒提供給她這一切。除了她的巴爾幹半島和俄羅斯周邊，她很少旅行，也只到過倫敦一次，而倫敦令她失望，尤其是水晶宮——當時仍是倫敦南區的地標——「遠不如冬宮，你必須承認。」她說，轉向**旅人**求證，我解釋說水晶宮是舉辦狗展或農業特展的場地而非皇家宮殿，但她充耳不聞。對她來說，它就是一座宮殿，而且還在標準以下。

「想想克里米亞半島」，我在近海的藍綠色淺水處漂浮，當時那裡尚未被後來增設的「遊樂設施」所破壞。沒有礙眼的木筏、點心吧或腳踏船；沒有尾掛發動機的電動船拖著尖叫的滑水者呼嘯而過的震耳喧囂。我面朝陸地眺望環抱海灣的陡峭山巒，山嶺覆蓋著橄欖樹林而一片銀白（未被鋼筋水泥的公寓樓房街區所玷汙），山稜節節上升至高踞義大利邊境的山隘峭壁，在那裡，走私者的生意進行得可活絡了，超出法國憲兵隊的眼界，完全不在他們眼皮子底下。較低的山坡上星布著粉紅色和黃色的小別墅，屋樓嵌入鬱鬱蔥蔥的簇葉、羽狀的棕櫚樹、石墨、紫雲藤以及開大喇叭花的曼陀羅之中。老城區攀上山腰，最高點是俄羅斯小教堂的藍色穹頂，其金色星形物和十字架在柏樹林深色嫩枝之間閃爍著光芒。這整幅景色正是十九世紀俄羅斯風景畫家謝德林（Sylvester Shchedrin）在地中海雲遊時心馳神迷的南方安逸；他的畫作浪漫、一絲不苟又相當不流俗，所幸在蘇聯仍受重視。

然而在我眼前開展的景致再怎麼迷人，它仍舊不是也永遠不是我嚮往的風景。雖然這裡跟我家鄉強風吹襲的海灘及冷冽提神的海水浴相比，我該知足了，但也沒用。更別說在這平靜的海灣，我應該不會遇到五六呎長的駭人水蛇，恐怖地纏結在一起飄浮在海面上，一面做日光浴一面發出嘶嘶聲，就像**旅人**在裏海海邊看到的那樣。黑海、裏海或不友善的鹹海，對我來說都比這些清澈的水域更有意思。儘管這裡的驕陽一樣炙烈，海水一樣湛藍，甚至更明亮，山巒谷地幾乎和克里米亞半島簡直沒兩樣……他的克里米亞！會是我們的嗎？在被渴望淹沒之下，我會屏氣一頭潛入水底，等到肺快爆開，快被情緒噎死，才浮出水面，猛踩海水，告訴自己這裡是克里米亞！這裡就是！魔法中的魔法！我到了！但是我的魔法沒有強大到足以戰勝身邊周遭的法國泳者，他們忸怩親吻與尖刻嘲笑。想像幾個戴皮帽的韃靼漁夫哼著小調和一兩座清真寺，也許日子會好過一點，於是我游上岸，照舊為了朦朧的幻影，失去當下的陽光。

敏斯特拉風狂吹了一星期，好似要趕我們離開。一整晚，海浪不安地撲打岩石，十月的月亮在奔馳雲流之後忽隱忽現。我們開始打包。卡姆朗和謝爾蓋和天空一樣陰沉。杭道夫將留下來。巴黎給不了牠需要的那種自由。我們為牠找了個美滿的家，託給一對俄羅斯老夫妻照顧：老先生曾是高加索的將軍，太太則在他們的茶屋為遊客沏茶，茶屋坐落在陡峭小徑旁，小徑則通往在芒通後方高踞山巒之間的報喜修道院（Ammonciade Monastery）。我們知道杭道夫會受到他們的關愛，還有一整個群山溪谷任牠徜徉。將軍妻子已經把最好吃的自製蛋糕留給牠，而不是給稀少的顧客。不過我們所有人都為了別離而鬱鬱不快。

卡朗姆要前往格勒諾勃[37]繼續完成他的建築學業，謝爾蓋則要前往布魯塞爾與母親會合。這些安排顯然都令他們不快。就連渴望都市生活的優鐸希亞舅媽也發愁，埋怨說她沒有像樣的衣服穿，得找工作才成。

「或者找個丈夫？」**旅人**建議，對此她悲戚地嘆氣。

「以我的年紀？別傻了。我記得在蒙特內哥羅，女人到了三十歲就沒身價了。」

旅人狡猾地笑說：「且讓我提醒妳，列寧曾說，凡人的最大罪過是年過五十五。也許妳就這麼一次同意他的觀點？」

旅人本身的動向照常還是含糊，我的快樂被隱約的預感取代。離別的感傷瀰漫在空氣中。分別與克己。**旅人**事先沒告訴我，可他終於寫了一封信給我雙親，告知他們我們打算結婚。他們的答覆經由電報抵達。我得立刻回家。

「別再胡言亂語——我可以聽見他們這麼說。經過這一切之後，我沒法再忍受。」

「親愛的，妳必須忍耐一陣子。我們跳過了籬笆。要當妳的情人不難，可現在要當妳的丈夫非常不容易。妳不明白嗎，妳尚未成年。他們可以對妳做任何事，直到妳二十一歲——妳無法質疑他們的權威。他們甚至可以再把妳送回女修道院。他們可能因為我對妳做的事把我送進大牢。再等一陣子比較明智——只要再幾個月。別忘了，這裡是歐洲，妳活在盎格魯薩克遜世界裡。我沒辦法像中亞的游牧民族那樣安排一場擄人搶婚，雖然妳無疑會喜歡。不，小姐，我親愛的。我的心意不會改變，我想妳也不會。但他們會，只要他們習慣妳已經長大。妳要給他們時間。妳也必須給我時間……還有其他的困難……」

他的臉變得陰沉，但他沒有詳談他的問題，而我知道，那些問題會再度把他從我身邊帶走。

「你會離開，你總會離開。」

「沒錯——但我會回來，我總會回來。」

他試著安慰我，說起西伯利亞，說起俄羅斯，玩老套的出走遊戲。

「我們要不要乘船順窩瓦河而下？我們要不要去提比里斯，在河畔的一家亞美尼亞小餐館吃晚餐？我知道！我們在阿盧普卡[38]，沃倫佐夫宮（Vorontzov Palace），依山傍黑海，和這裡很像……

37 Grenoble，法國東南的城市。
38 Alupkha，位於克里米亞半島黑海沿岸的一座城市。

同樣的柏樹林，同樣的海濤聲……沒錯，小姑娘，我知道妳對法國的里耶維拉沒興趣，對我來說也是，不過，讓我們假裝黑海就在那裡（它也會颳起狂風大浪），那些上下擺動的光點是韃靼漁夫的船。這樣更好！明天我們去他們的村子裡，妳老想去看一看。妳記得嗎？」他哄著：「韃靼美女會去游泳或蹚水的小海灣，她們穿的寬鬆粉紅長褲，一下水就像氣球般鼓起。」

「……而且她們綁的黑辮子會飄在水面上像一縷縷海草。」我接話。

那是我最愛的畫面之一，但安慰不了我。

「可憐的小白蟻。」**旅人**說，回歸哄娃兒的親暱，但又激情地吻我，對比出熾烈的愛欲。接著他繼續我們在腦海裡的旅程，承諾要帶我去巴奇薩拉宮。

「大汗的宮殿？」

「只要妳喜歡，哪裡都可以，今晚。」

「那裡有普希金描寫的噴泉……」

「淚泉，喔，小姑娘！」

他責備似地吻我。

風不斷狂吹，棕櫚樹葉撲打窗遮板，斷斷續續地砰砰響。我上前關上窗，感覺到一道細密又強勁的雨勢打到我手上。瞬間這裡又變成法國的里維耶拉，當它不再陽光普照，一切只顯得偽劣而無意義。我哭了起來。

「我討厭這地方，我討厭蔚藍海岸。我才不管這裡像不像克里米亞半島，我也不要去那裡。我只想要我們在一起，在暴風雪中……一起坐上我們的西伯利亞火車。」

第四部

泥橋

泰晤士河在倫敦橋下流
今如昔
當下成了過去
白天，黑夜，白天
我看著泰晤士河水流逝

舉起你的手指碰觸我的指尖
我們在空中搭一座橋
你我佇立於此
今與昔，日復日
築起一座泥橋

看來是座金銀之橋
但愛消散
土木崩塌沖毀
我們以為石造的
倫敦橋倒下

金銀失竊
倫敦黯淡，天光寂滅
我們的手落下
有你無你
我看著歲月如水流

——勞倫斯・勒納（Laurence Lerner，1925-2016）

第十一章

隔年冬天，我失去**旅人**，我只能學著不停回顧過往，隨時間推移，我的技巧日益純熟精進。沒有人知道我的亞洲愛人的下落，不管他兒子們、優鐸希亞舅媽或認識他的每個人，都沒有他的消息。他離開我，就像我習以為常的那樣隨興又突然。我父母親堅持起碼一年內不再談論婚事。他們不如我料想的那麼嚴厲，似乎把這問題看成孩子氣的一廂情願而不予理會；也許是吧，如此一來，我們的計畫就絕不會破壞他們和**旅人**的友誼；那一趟第戎出遊，他們仍被蒙在鼓裡。我母親對我的態度似乎起了微妙變化；很難說分明。有時我發現她狐疑地打量我，但終究沒有探及我的隱私。也許她知道問不出所以然來。我們是個格外疏離的家庭。我對父母親的生活所知不多，對於他們的家庭背景更是一無所知；他們簡直就像生來是孤兒一樣。

我認為這段期間只是過渡期，因此心情平靜，**旅人**的來來去去並沒有特別帶給我壓力。「我會回來，我總會回來。」他說了那麼多次，我深信不疑，就像深信日出日落。我不記得我們最後的道別，因為我沒察覺到那會是永別，也許他也不知道吧！我已學會別問他要上哪兒去，但我記得我問過他是否會離開很久，他還是回答那句老話：「要看情況……」也許，就跟詩人拜倫一樣，他認為告別最好是無意間發生。

於是，穿著土爾扈特靴、一襲大氅披在肩上，他像貓一般輕盈走在街上，最終走出我們的生活。對我們所有人，他始終是個謎樣的人物，既遙遠又精彩，就像他的亞洲血統。

五月的一個明媚早晨，就在我二十一歲生日前的一星期左右，一只包裹抵達我家門前。「給年輕的女士。」送件者說，沒有留下姓名就走了。當時我不在家，我的滿腹疑問，從應門的女傭寇克太太身上，得不到進一步的細節。

「就是某個外國人送來的。」我只能得到這個答案。

粗糙的牛皮紙包裝的包裹，打開後是另一層粉紅印花棉布的包裝。裡頭是一席產自撒馬爾罕非常別致的小禱告毯，毯內裹著一尊十八世紀的銀框聖像。我認出這是**旅人**巴黎住處擺的那一幅。連同這些寶物寄達的還有一本黑亮的筆記本，以及我渴望已久的一封**旅人**的手寫信。信上沒有註明日期和地址，還是從筆記本撕下的紙頁上用鉛筆寫的。

「我不知道這包裹是否能在妳二十一歲生日前及時送達，二十一，七的三倍，魔法中的魔法！」他寫道，「但願魔法在妳身上靈驗，我的小姑娘（Pussinka Moiya）。我寄的這些東西，是要妳記住我們共有過的俄羅斯。妳會發現其他的氈毯和聖像將陸續抵達妳手中。只要妳喜愛它們，它們將永遠找得到妳。我也愛妳，但我再也無法陪伴妳身邊了。別問我原因。現在妳得獨自繼續我們的出走遊戲了。我們應該永遠無法展開妳朝思暮想的西伯利亞火車之旅。如此強烈地渴望某個東西是不明智的，這讓命運之神有機會傷害妳，且命運之神很少錯失良機。就我所知，那班火車已經停駛。那條路線，現在已有新的地標和新的乘客。斯維爾洛夫斯克（Sverdlovsk）、馬格尼托哥爾斯克（Magnitogorsk）、阿斯別斯特（Asbestos）——這些工業城鎮，在在展現著輝煌的成就和人類的努力，但妳認定的那種載著旅客的火車已不存在。我最後一次以妳的方式、以妳盼望的方式進行的鐵路旅行，是在妳出生之前。一直到俄國大革命發生前，它仍或多或少保有傳奇色彩。妳深信不疑。妳有這個執念，毫無疑問妳一心一意要搭上那列火車。可是就像我常跟妳說的，剛好出了個意外。而且帶著一個孩子遠行這件事，對我來說似乎太過複雜，要留意保暖衣物、恰當食物和早早就寢等一切瑣事……畢竟妳才六、七歲。但我錯了。我應該把妳藏在小旅行箱裡遠走高飛！這並非世俗的制約太強大，而是我們太軟弱。這妳最了解，我的小傻瓜（Douraka）。妳當時應該展開那一趟旅程的，那是體驗它十足浪漫風情的最後時機，也許它會帶妳去到妳想去的地方。妳肯定在潛意識裡感覺到這一點。年少擁有的直覺，遠比成人的理性更準確。誰曉得妳在路途上注定會發現什麼，又或者之後會把我們帶往何處？即便妳當時年紀還小，它肯定會在妳的生命裡起作用。如今一切都太遲了。我們倆都錯過了同享那時空的特殊時機。

「很快地，將不再有人展開甚或追憶那樣一趟旅程。飛機將取而代之，飛越廢棄的鐵軌。縱使那列火車仍在營運，它的特色也將不同以往。乘客和地標將煥然一新。我坐過橫跨西伯利亞的火車無數次，它成了我生命的一部分。而這本筆記本記錄的，就是特別說給妳聽的，它包含了我一直想寫成書的一些材料。我寫下這些內容的那段時光，每一趟旅程，對妳來說都更深入妳內心的渴望。事實上，我們一同造就了屬於我們的俠客廬。

「啊！欲望沒有解藥……妳總是討厭我引述這句話。妳從沒學著接受命運，我想妳永遠不會。也許這趟旅程還是留存在妳腦海裡比較好。就像有人說的，命運之神最傷人的玩笑，是讓我們實現願望。不能跟妳一起實現那一趟旅程，我感到悲傷，我的小傻瓜（moiya doushinka），我的小小旅人。但就像我們的婚約，它並非不是白紙黑字百分之百。還記得洛多佩，『墓的這一端沒有不凋花田：沒有不會變得暗啞的嗓音，不論多麼悅耳。沒有不止歇的回音，不論深情的聲聲呼喚多麼激切。』那是蘭德的詩句（我是靠記憶引述這些字句的）。現在該是**旅人**和他的故事走出妳生命的時候，好讓妳展開妳自己的旅程。土耳其人把別離說得很美，他們說『Guleyh』──帶著微笑離開。」

信末有個附筆：

「倘若日後遇見卡朗姆和謝爾蓋，請善待他們。」

灑落信紙的和煦陽光逐漸隱沒，剎那間一切變得陰冷灰暗。

「沒有，沒有信箋，只有禮物。」我對父母親說，努力顯得漫不經心。我不想分享信的內容，也受不了他們談起他，或察覺到我有多麼想念他。

「所以我們還是搞不懂他。」我父親說。

我也從未提及筆記本，但私底下，我經常把它從藏匿處──以俄羅斯風格掩飾的娃娃屋內的帽子堆底下──拿出來玩出走遊戲，一次又一次展開深入我內心渴望的魔幻旅程──孤身獨行。

~

隨時間過去，我明顯感受到真真切切的孤單，我發現原本在我內心顯得真實的一切，如今都隨他消失。他的銷聲匿跡，使得一部分的自己也不見了，留下來的也和周遭格格不入。始終，我是他造就出來的，我所有的渴望和直覺，無不執著於某個遙遠而無法企及的世界──他的世界──而我一心一意要前往。

我會聽著父母親推測他的命運，用空茫的表情藏匿我的痛苦……之前他們固執地不把我們的婚約當一回事，現在對於我的情緒似乎也同樣遲鈍……「在某地」被謀殺？進行某項危險任務脫不了身？反間諜活動？我總是聽到壓低音量所吐出的字眼……密探？有人揣測得更離譜，說他可能是道士，表面上雲遊四海，實際上要達成特殊使命，終究必須回歸道觀。

在我眼中，他的偽裝是另一種模樣，扮相更像來自亞洲的匪幫大老，羊皮紙色澤般的下巴有一綹斑白的鬍鬚，逆著亞洲刺骨的冷風，原本細長的縫眼更是瞇成一條線，他當然在亞洲——因為我知道，歐洲甚或歐洲的墓地都留不住他。我想像他騎著毛髮蓬亂的蒙古野馬，身裹棉襖長袍飛奔而出，發起某一場莫名的突襲——擁護什麼？對抗什麼？不論如何，他總是對抗權威。或者，他純粹在宿命論中求得平靜，遵循他老祖宗的遺風，等待著什麼……？等待生命流逝？然而他的靈魂依然熱切如常，永遠伴著我，吸引我更深入自己心心念念的視野中。

他就在某個地方，我一定要找到他。在那裡，他依舊編織著神奇的羅網，只不過如今述說的是他和我同享且溫和許多的西方世界。我看見他說起倫敦里奇蒙區河畔的一扇窗、肯辛頓公園的散步、或幼兒房天花板上閃爍的火光。從西伯利亞來看，這些事物肯定別有一番異國風情。

就像他曾經對我說起各個汗國的名稱，偉大的亞洲王朝，察合台或帖木兒帝國及其疆土——它們是滋潤我想像力的甘露——此刻他很可能讓圍在身邊的一群亞洲人像被符咒鎮住似的，聽他一口氣背出倫敦地下鐵的站名——那些聽起來強有力的名稱——漢默史密斯站（Hammersmith）、伯爵宮站（Earl’s Court）或波特斯巴站（Potters Bar）——散布在回聲飄盪的龐大地底通路裡，英國人沒入其中、被載往他處、再鑽出地面。在西伯利亞，無疑連倫敦郊區聽起來都格外響亮。

我想像他在鄰近蒙古邊境的某處，蜷伏在吉爾吉斯氈房裡，把犛牛脂肪製成的某種美食先放一邊，說起搭配英式煎餅的下午茶。他還會跟如今成人的姪女安德列耶芙娜（她生日得到的六呎鱘魚曾令我嫉羨不已）說起仲夏時英國小孩在榆樹下舉辦的生日派對，桌上堆滿果醬千層酥、白蘭地薑餅和一個灑上粉紅色和白色糖霜的生日蛋糕。

「白蘭地薑餅？那是什麼？」安德列耶芙娜慢悠悠地問。她坐在一個包袱上，旁邊是雜草蔓生的西伯利亞鐵道鐵軌。她自己也像個包袱似的圓滾滾，因為這個鄂木斯克女孩已經是三十好幾的女人了。她穿綿羊皮襯裡的長外套，扣子扣得歪歪斜斜，頭上綁的頭巾雖是村婦的綁法，卻希望能隱藏她不是村婦的事實；她的緊身胸衣仍縫上一碼長的一串精美珍珠。她有一張蒼白的長臉，和她叔叔一樣的鳳眼，但她的眼珠子是淡綠色的。叔叔和姪女會一起凝望著一片空曠之外的微弱煙霧，顯示有火車正在駛近。

火車不再有時刻表。等車的乘客露宿軌道旁，圍在他們心愛的茶炊入眠，耐心盼著總有一天能爬上火車……火車現在走得很慢，要爬上去很容易；只是火車總是擁擠得令人窒息。乘客甚至抓著手把掛在車外，冬天手一旦凍僵就跌落車下。他們的身軀躺在那裡，像巨型的冰凍生日鱘魚，直到春天的陽光將他們解凍、腐化。火車頂坐滿了人，火車司機身旁也都被塞滿了。有時會出現一幫游牧戰士，騎著矮馬跟著火車奔馳，他們可能出於驚奇又或出於仇恨，拿刀就往伸手可及的乘客身上砍，認定那些人全是入侵他們領土的敵人，從邪惡的俄羅斯貴族，或到最近出現的紅軍壓迫者。

「記住我的話。那些布爾什維克份子抓到他了。」奶媽說。她早已退休，在博格諾（Bognor）經營一間嬰兒膳宿之家，但不時會來回來探望我們，一樣對災難充滿熱切的興趣。

「抓到他？有可能，但基於什麼理由？」我父親問。不像奶媽，他對**旅人**的本性和信仰有些許理解，基於這些本性和信仰，**旅人**很可能還活著，在中亞某處致力於創建太平盛世。說也奇怪，他憤世嫉俗的靈魂這麼深信著。或者，他的憤世嫉俗只是他的保護色，好讓他在骨子裡始終被當作異鄉人的歐洲面前隱藏真我？因此，當整個俄羅斯和他的西伯利亞正在改革，正朝向他們的天命前進時，我不禁自問，我那微不足道但全心全意投入的天命要在何處完結？

～

亞維拉的聖女德勒撒說，欲望沒有解藥，巴爾札克則形容，欲望是懷抱希望的記憶。我整個青春歲月，懷著鄉愁渴盼著、摸索著和我倫敦出身相隔千萬里的土地與人民。我彷彿朝著過往前進，趨近我自身的剎那永恆，而那一剎那卻遠離了當下。

在我看來，每個人都有那樣的剎那一刻。那是永恆之中固定不變的一瞬間，因人而異，而人們遲早會在時光軌道中抵達那一瞬間。在那之中，人完全地彰顯自身，在本質上獲得歸屬，也活得最圓滿。在那一剎那出現的時刻，每個人心中多少都能覺察得到，因此人們會帶著程度不一的覺識，尋找那一剎那以求圓滿，或在那圓滿的背景下，再次尋覓同享那一剎那的人。

透過**旅人**和他的故事，我瞥見了那永恆的一剎那，對我來說，那一剎那肯定在俄羅斯，只是我不知道會在什麼情境中。我是向前看，還是回頭望？說不定那一剎那尚未來臨，未來可能在西伯利亞大草原某個龐大的工業中心出現。或者，它已經在往昔出現過，在中世紀某個莫斯科商人的屋子裡天花板低矮且黑暗的房間，裡頭有婦女終日坐在紡織機前，小小的窗外看得到渡鴉在雪中大搖大擺走著。同樣的，那一剎那也可能凝縮在某個農舍（izba）內，屋子裡散發著獸脂蠟燭和魚湯的氣味。一生或一剎那其實沒有分別；活得精彩或活得黯淡的人生，或甚至是一天，各自都能驗證人生的意義。但從我們的所在之處無法得知。假使我們去追尋，卻發覺錯過了那一剎那——那絕對的剎那永恆，那麼活著就有殘缺。套一句東方的俗諺：我們將死不瞑目——我們將無法安歇，甚至在死後依舊尋尋覓覓。

第十二章

墓地似的絕對死寂包圍著**旅人**的名字。我無法談起他，很快地也沒有人對我再談過他。他的兒子們和優鐸希亞舅媽也消失了；我寫給他們的幾封信全數被退回。我百般不願地逐漸跟周遭的生活妥協，表面上循規蹈矩過起盎格魯撒克遜式的人生，但在符合常俗的表象底下，我往東探索，全心投入俄羅斯的一切。我年少的熱情化為成年的執著。我神迷於一抹幻影及他為我創造的背景，不管我身在何處或與誰在一起，總試圖重新捕捉與**旅人**同在之際熟悉的特殊氛圍。

「每個女人都該嫁三次。」這是他的名言之一，我銘記於心。「第一次是為了愛情——義無反顧地愛一回，第二次是為了錢——要賺飽口袋，最後是為了滿足自己而嫁，這一回跟愛情或錢財都沒有關係。」當時這說法令我不解，但現在回想起來，我覺得頗有幾分道理。我早年與非斯拉夫的圈外人莽撞結的那一次婚，注定會破裂，我很快在毫無留念之下結束一切。從那以後，朋友、情人以及在我情感生活來來去去的人，始終都離不開我心心念念的民族。

但沒人禁得起被拿來跟**旅人**比較。他們也許可以召喚出些許相同的夢土，甚而說起一些類似的背景；用同樣渾厚沙啞的聲調說話，或者同樣有一雙韃靼人的斜挑細眼，但他們在我生活裡來來去去，很少留下印記或什麼也不留。「人去物常在」，**旅人**這麼說過。於是我小心翼翼營造純粹的俄式場景，例如用我收集的少數幾件帝俄瓷器用餐。在我身旁，一張描繪日落時分克里姆林宮的迷人老式彩繪桌上，黃銅製的小茶炊徐徐地呼響著，這是**旅人**送我的十四歲生日禮物，還有清一色的俄羅斯音樂與之分庭抗禮。

少數幾個被我接受的非俄羅斯人——愛慕者，也許是他們獻的殷勤討我歡心吧——常常接受嚴厲的食物考驗，品嘗我自己做的俄羅斯料理：醃漬魚佐酸奶，或我稱為「bitky」的炸肉餅，以及在他們眼裡根本就是粥的蕎麥糊（kasha）。我記得有個追求我的人，從沙發上伸手往在聖像前燃燒的燭火點菸。那是**旅人**的西伯利亞聖像，現在是我的當家聖像，聖中之聖。

他玷汙了神聖形象和我對**旅人**的記憶。於是他被我轟出門，再也沒回來過。對我的俄羅斯狂熱較為尊重的其他人，仍不得不拉高嗓門談情說愛，才能壓過我播放的詼諧民謠（Chastoushki）——俄羅斯農村歌謠，感情格外充沛有穿透力。或者他們必須屏息聆聽整齣歌劇，《水仙女》、《為沙皇獻身》，蕭士塔高維奇（Shostakovitch）最新的一首交響曲，或其他一些民族風俗讓我擺明了沒把心思放在他們身上。

在我屋裡晃盪的男人——我高傲地這麼看待他們，而不看成是我生命中的男人——通常是斯拉夫俄羅斯人，雖然偶爾也有西伯利亞人。不知怎地，波蘭人是另一個世界——不是屬於我的世界，而且我很氣某些波蘭人帶給古斯廷的影響，使得他的遊記《一八三九年的俄羅斯》呈現出一些機敏卻又充滿偏見的觀點。

我認識——「收集」也許是更精確的用語來描述我的偏執——的俄羅斯人有的年紀很大，他們有美妙的回憶可採集；有些更老的人家還追溯到高加索，憶起他曾目睹萊蒙托夫（Lermontov）在頓河流域的基茲洛沃茨克（Kisslovodsk）大出鋒頭[1]；或者在宮廷當差的人家話說童年，我貪婪地聆聽他們說起那些曾親眼目睹過、如今卻被遺忘的儀式；聽他們說起宮廷信差的黑橘相間的制服與有羽飾的帽子。

他們邁大步走的古怪步調、鞠躬行禮和遞送信息的方式，是沿襲已久的獨特傳統，就像包頭巾的黑人廷臣這種奇觀、雪赫菈莎德[2]一般的人物，世世代代服侍於沙皇宮殿。他們存在的目的，據說是要讓贛尼拔[3]這名來自非洲的人物——彼得大帝的阿拉伯心腹，沙皇的阿比西尼亞（Abyssinian）教子——永垂不朽。贛尼拔日後晉升為將軍，在巴黎鑽研軍事學，娶了俄羅斯貴族之女，而他的曾孫不是別人，正是詩人普希金……

普希金！我多麼希望能夠認識他、被他所愛，甚至從遠處看著他也好。這渴望縈繞我心頭，有

1 萊蒙托夫參與了高加索山民戰鬥和瓦列里克戰役，英勇事蹟備受肯定。
2 Scheherazade，一千零一夜裡說故事給蘇丹聽的妃子。
3 Hannibal，當時俄國宮廷的習慣，是將進宮的黑人奴隸命名為漢尼拔的俄語版本贛尼拔（Gannibal），而漢尼拔（247B.C.-182B.C.）是迦太基的軍事領袖以及羅馬的敵人。彼得大帝曾把宮內一個非常聰明的黑人小孩收為教子，施洗命名為阿伯拉罕・佩特羅維奇・贛尼拔（Abram Petrovich Gannibal），也就是詩人普希金的曾祖父。

時候甚至會讓我感到氣餒，於是我會安慰自己說，伊莉莎白．白朗寧[4]也同樣沉迷於某個癡心妄想——當拜倫（Lord Byron）的侍從。我的抱負更大膽。**旅人**是對的。我想當普希金的情婦——甚至是他的眾情婦之一也無所謂。憑這股雄心壯志，我耗費大量時間試圖翻譯他的情書，並和住在紐約的一個俄羅斯友人合力進行，最後卻不了了之，無疾而終。

喜歡或討厭普希金，成了我衡量十九世紀斯拉夫歷史人物的標準，而在那朦朧的世界裡，我相當自我中心。某某人借他錢、某某人資助他、某某人把他的詩譜成樂曲等等……甚至卡爾．馬克思（Karl Marx）為了讀普希金的原著，在八十歲時才開始學俄文，光這一點，我認為就足以讓人對馬克思主義產生好感。

至於伊凡．屠格涅夫（Ivan Turgeniev），和他較不為人知的親戚亞歷山大．屠格涅夫（A. I. Turgeniev）相比，則黯然失色，就我的標準，後者因為是普希金的摯交而變得崇高；況且他後來持有那枚傳說中的東方戒指，普希金珍愛而始終戴著的「愛情信物」，也是詩人的自傳詩《護身符》（*Talisman*）的主題。據說，那是普希金年少時的戀人、也是一生摯愛芙洛佐娃公主（Eliza Vorontzova）的最後紀念。亞歷山大．屠格涅夫後來接手保藏這枚戒指，並立遺囑把它遺贈給一位親戚，可惜在動盪的大革命期間消失蹤影。

不過，這護身符果真起了作用。這類物品懂得如何隱身匿跡，越過邊界與海洋，去到它們要去的地方，在它們屬意的人身上施加魔法。在公主贈別了青春戀人這護身符後，許多年來，他的人生如有神佑。他的命運之星光輝燦亮，才華受到讚賞；他神奇地逃過一連串莽撞的決鬥，也贏得每個女人的芳心，最後娶了莫斯科出了名的大美人。只不過自此以後，魔法彷彿失效。妻子娜塔莉青春又輕佻，很快就成了追名逐利的風騷女人，她的揮霍放肆，耗盡了普希金的精神與財務。但他愛她愛得發狂。難不成護身符仍效忠於最初的贈與者，因而法力慢慢消失？芙洛佐娃公主肯定從遠處關注著普希金的人生境遇，一開始懷著渴望與驕傲，但漸漸感到憂心，最後轉為絕望，甚或懷有妒意；普希金為了惱人的年輕妻子豁出一切。

我從沒能查出，詩人是否戴著護身符前往黑溪（Black Brook）進行決鬥。當天他是否戴著它，希望借助它來終結他的情敵，那惡劣嘲弄他的丹特士（Georges d'Anthès）？我寧願相信，護身符深知普希金的生命路途已經來到無藥可救的境地，與其救他一命，讓他進一步受辱，受更多年的苦惱與憤恨、宮廷的惡毒、債務的壓力、娜塔莉的不忠和多年來攏聚的陰影，不如讓丹特士的子彈加速前進，讓詩人在詩壇名垂青史。

～

不管我與之為伍的，是看出一些苗頭就迅速自稱是在沙皇村（Tzarskoe Selo）長大的某些斯拉夫人，或其他出身更有根據、不會瞎扯的人，無一不讓我心目中的幻影更加斑斕絢麗。從那幻影我看見白樺樹與鐘塔連成一氣，打旋的暴風雪颳向木砌小農舍和花崗岩宮殿；我看見彩繪在帕勒克漆盒的幽黑天空下，龐大的黃銅茶炊像火山冒著煙，以顛倒視野呈現的村莊和藍色圓頂教堂因而顯得

4 Elizabeth Browning，1806-1861，英國詩人。

矮小，讓人想起夏卡爾（chagall）[5]在維捷布斯克（Vitebsk）的早期畫作。

在家時我也遠避當下，忘我地聆聽達貢米斯基（Dargomyjsky）的歌劇錄音或玻羅定[6]出凡入勝的旋律，從小調轉大調再轉回小調，以俄羅斯音樂特有的風格綿延起伏，無法忍受其他打斷我思緒的事。然後我會自幽域返回，打斷追求者的綿綿情話，暢談我的見解，將其中的幻想、事實、地誌與音樂全都醉人地融合在一起。

「你不是非常想認識玻羅定嗎？」沒等對方回答，我便逕自喋喋不休談起他是古伊梅列季[7]國王的後裔；他住在莫斯科時從不得安寧，尋求鼓勵的學生群、尋求支持的慈善組織和鄉下來的親友不時登門，他們全仗玻羅定卵翼扶持，耗去了他大部分的時間。他們不是在椅子或沙發上睡覺，或四處打地鋪，就是在懇求建言或協助，不斷干擾作曲家的創作。他養的許多可愛的貓也同樣被縱容溺愛、需索無度，牠們到處晃盪，在音樂家難得有時間坐在鋼琴前之際爬到他膝上。

在我腦海裡，我看到莫斯科灰色天空下覆雪的金色穹頂和屋頂，從雙扇窗往內瞧，我看見玻羅定的龐然身形，弗拉基米爾王子[8]動人的詠嘆調在我耳中響起。難道這是我房間裡正播放的專輯？當我再度離開他們的臂彎投向俄羅斯懷抱，我很少注意到我的追求者變得多麼躁動不安。

但有些斯拉夫人很喜歡我提供劑量加倍的在地色彩，說出比我的更有趣的奇聞軼事，那麼我會全神貫注地聽進每一個字，徜徉其中。其實他們說的不過是在特佛（Tver）或烏法（Ufa）鄉下的家居生活，或者我醉心的疆域內的任何地方。但聽著他們娓娓道來，口音不管高雅或鄉土、粗野或溫柔，從不瑣碎無味，他們很可能憶起的只是種籽型錄或船的噸位——都在在令我傾心。然而當燭光黯淡，**旅人**的影子再次落下，追求者只能相形見絀，被下逐客令。畢竟，出走遊戲最好還是一個人獨自玩最好。

於是，穿著他送我的布哈拉繡花襖袍，絢麗的緞面長袖濺到蕎麥糊和酸奶，惋惜著從雜貨店買的那瓶格拉芙白酒（Graves）不是高加索白酒（縱使戈蒂埃[9]形容它們是『癲瘋的可可茶』），我開始重讀《阿馬拉特酋長》第二十遍，又或從高加索的傳奇中返回，再度縱身躍入《加布羅沃紀事》（*The Chronicles of Bagrovo*）中，癡迷地進入烏法領地家長制的俄羅斯生活。

我嚮往那種生活。破曉就起床，穿著紅色俄式連身圍裙（sarafan）準備茶炊，為老地主泡茶。當他坐在陽台沉思，金色朝陽高掛在肥沃黑土的上方……回到我自己的國家，在里奇蒙區十八世紀的河畔小屋裡，我為自己倒另一杯茶，看著河面瀲灩波光映射在飾牆上，當駁船軋軋駛過留下波痕，閃著晶光的漣漪一圈圈盪向河岸，我同意洛帝[10]說的，「在自家裡隨心所欲真好」，他在高踞金角灣（Corne d'Or）的艾尤卜區[11]小屋內（那裡是他的俠客廬），盤腿坐在長榻寫下這一句話之際，肯定也看到了輕舟滑過他窗口下方的粼粼水光，當他熱切把自己投射到他醉心的土耳其氛圍中，這

---

5 一九一四年年夏卡爾回到家鄉維捷布斯克，創作了一系列名為「維捷布斯克之上」的作品。

6 Alexander Borodin，1833-1887，俄國作曲家。

7 Imeretia，喬治亞下轄的一個州，一八一〇年曾建立伊梅列季王國，後併入沙俄。

8 Prince Vladimir，玻羅定的歌劇《伊戈爾王》裡的人物。

9 Théophile Gautier，1811-1872，法國詩人、小說家、戲劇家和文藝批評家。

10 Pierre Loti，1850-1923，法國小說家和海軍軍官，於海軍服役時，曾到過近東和遠東，這些經驗讓他的作品極富異國情調。代表作《阿姬雅黛》。

11 Eyub，伊斯坦堡的一區。

我了解，也盡力仿效。

然而，七十多年前洛帝沉浸於他那變異版的出走遊戲時，必須設法張羅到能讓夢想實現的三個要素。首先，某種隱遁，或暫停日常生活；其次，一名忠實僕人；最後，讓一位體現他土耳其狂熱的人物盤據心思。阿姬雅黛（Aziyade）只是個索卡西亞小女奴，但對洛帝來說，她代表了土耳其土地、人民以及他渴望的生活方式。

我創造的幽域不如洛帝的那麼成功，常常被電話、抄瓦斯錶的工人或打雜傭的急務所破壞。此外還有謀生的問題。「明早可以交稿嗎？」一位疲憊的副編輯打電話來，我只好惋惜地擱下萊蒙托夫的《當代英雄》（*Hero of Our time*）——他所處年代正是我嚮往的年代——接著編織一千字的文章，談談伊頓公學的小花邊、法蘭西喜劇院劇團來訪，或其他當代文化活動。

至於我幻想中的熱情同伴——來自大草原半像**旅人**、半像蒙古騎手的這位魂影——他在哪兒？當俄羅斯出身的巴希克采夫醉心盎格魯薩克遜式的浪漫，為一位英國貴族祈求上蒼時，我渴求更狂野的形象，神智正常的神祇不會賜予人的東西。噢，神哪，請賜給我韃靼人馬麥！我這麼禱告，請賜給我一個烏茲別克情人！讓我在突厥斯坦氈房內的愛人身邊醒來！這些是我的渴望；在無可奈何之下，我會放棄，可能為了盎格魯薩克遜式的某次狂歡派對而打扮，出去吃吃喝喝。走運的話，會有一頓好酒和一席愉快的談話，或者前往烈酒氾濫、樂團震耳欲聾、讓你無法交談的夜總會跳舞。

鄉間遠足也因我的愛好而受到影響。格雷夫森德（Gravesend）是個格外誘人的出遊地點，我會遍訪水岸的酒吧，尋覓林姆斯基—高沙可夫（Rimsky-Korsakov）的少時足跡。他服役的船艦駐紮在泰晤士河口期間，他是海軍軍官候補生，在沒有鋼琴的情況下譜出了第一首交響樂的部分樂章。一上岸，他便急忙要找一台鋼琴試彈曲子。可想而知，在那個年代的水手酒吧裡，等著他的是何等破舊、被啤酒摧殘變形的樂器。但我找不到任何匾牌紀念他曾經來過此地。

當時，樸茨茅斯路最得我心，因為半小時車程就能抵達里普利（Ripley），一個不起眼的薩里郡（Surrey）小鎮，那裡有個名叫韃靼人的客棧，因而特別令我難忘。在彈奏完喬利・瓦格納（The Jolly Wagoner）、手中花（The Flower in Hand）諸如此類的英國民謠後，韃靼人敲出神祕又令人顫慄的音符，彷彿欽察部族（Kipchak）曾越過豬背嶺（Hog's Back），劫掠基爾福（Guildford）並攻陷堅村（Cheam）。那酒館客棧本身是個無趣的建築物，我從未得知這迷人名稱的由來。

閱讀這件事，我更被認為做作：我一向喜歡果戈里甚於狄更斯，為此我的朋友指責我不愛國。不是我想詆毀自己的英國文化遺產、貶損狄更斯的地位，或做無用的比較；我純粹在俄羅斯作者身上找到更深切的趣味。但我也不否認，我確實受到地理位置的擺布。設定在頓河畔的場景就是比在麥德威[12]的更迷人。《當代英雄》裡被俘虜的索卡西亞公主貝菈，在易怒的俄羅斯軍官愛人懷裡斷氣，就是比可憐的黛絲姑娘[13]更動人。

況且，俄羅斯小說裡落魄的女人往往跟隨她們的男人前往東方——流放西伯利亞——去贖罪，也比英國作家通常會給類似人物安排悔悟而停滯的結局更合理有趣。至於杜斯妥也夫斯基筆下數不清的大徹大悟悔罪者，我渴望有機會能效法他們，展現**旅人**曾要我展現的堅忍：以那種方式表達偉

12 Medway，位於英國肯特郡。

13《德伯家的黛絲》（*Tess of the d'Urbervilles*），英國小說家托馬斯・哈代的長篇小說。

大的愛，最重要的是在那樣的地景中去揮灑。

於是，完全屈服於我的熱情，我任由這股感性的浪潮推著前進。當時，我對俄國偏好，也因為我對法國和德國的無數經典文學持有偏見變得鮮明。帶著不分皂白的天生敵意，我對德國人的作品生厭，只欣賞霍夫曼（Ernst Hoffmann）和蒂克（Ludwig Tieck）等浪漫主義作家，因為場景儘管設在十九世紀的德國，但故事很快會變調，轉入某個幽幻或驚悚的境域裡。法國作家令人欽佩，但也陌生。我發現普魯斯特生性煩躁，拉辛偉大不朽。福樓拜的才華無可否認，但我知道，喜歡安娜卡列尼娜勝於包法利夫人是不講理的偏見，但實情如此，又是地理位置在作祟。

比起屠格涅夫召喚的高遠晴空和寂靜森林，或充斥著倦容蒼白仕紳的場景，他們積壓的情緒悶燒著，就像全家圍聚的大茶炊一般就要沸騰，即便法國鄉村的生活場景也不免相形失色。就連薩爾蒂科夫—謝德林（Saltikov-Schredin）冷酷地描述的卑劣荒淫的戈洛夫廖夫家[14]，當我想像他們在彩漆木屋內，舒坦地蜷伏在鄉間漫長冬日的雪白中，似乎也比熟悉的恬靜場景更有意思。因此法國作家反覆淬礪後的澄澈文字儘管璀璨，卻沒有博得我歡心。他們崇尚物質，不論優雅或粗暴，總以它特有的一股淒涼感壓上我心頭，難以甩開，縱使有司湯達[15]這位卓越的同伴也一樣。

我發現，英國和俄羅斯作家有個明顯的相似性：可以從他們的詼諧與悲劇性脈絡下追溯。英國讀者喜愛《死靈魂》，就如俄羅斯人喜歡《愛麗絲夢遊仙境》，但是這些拍案叫絕的經典名著都沒有好的譯本，或總的來說，講究邏輯的法國人才真的懂得領會。特普洛（Trollope）筆下的神職人員，很多可以在列斯科夫筆下的鄉間發現或現身！屠格涅夫的抒情、托爾斯泰的深刻——連同他的純真、他的宏偉、他的純樸——我認為英國讀者更能領略。同樣的，俄文和英文之間的轉譯，也比它們各自與法文之間的轉換要適切得多。就法譯本來說，調性似乎轉變了，從小調轉成大調，男低音轉成了男高音。法國人始終關注形式，這表現在他們的建築、料理和社會結構上，導致他們拘泥於形式，因而結構很容易變成限制。至少在我看來是如此。

因此，我帶著既像冒險又像逃逸的感覺，第二十次鑽進阿克薩科夫（Aksakov）的《加布羅沃紀事》。我感覺到黑森林的一股寒意從書頁滲出來，邊看邊打哆嗦，我讀到：「一七九九年我八歲那年的仲冬，我們到喀山旅行，那裡酷寒難耐……

喀山！韃靼人在窩瓦河的宏偉要塞……眼下我也坐在雪橇上，蜷縮在熊皮下，我的眼睫毛結凍。雪塵迎面撲來，馬車伕裹著鋪棉大衣的肥大身軀搖晃得厲害，我們正在灰白色的天空下疾馳。

我俯瞰河流的房間非常安靜。「甜美的泰晤士河！輕柔地流過……」天鵝隨著綠波滑過。河畔甜美的潮濕空氣飄向窗口，紫藤纏繞著窗外搖晃的鐵杆小陽台，我心愛的貓狗四肢大張地沐浴在陽光下。但我的心思落在別處，在巴什基爾大草原的加布羅沃。在我腦海裡，正逢豐收時節，聖徒節舞蹈，農奴或「生靈」在醃漬、裝瓶、揮大鐮刀割草、紡紗……同樣的古老場景，徹徹底底的俄羅斯，徹徹底底地逃逸，全心全意。

我隨意翻開《加布羅沃紀事》，翻到作者敘述的母親索菲雅．尼古拉耶芙娜嫁到加布羅沃那一章。那是初夏。菩提樹倒映在溪流中，那條溪叫做「Nasjagai」，意思是敏捷獵人，韃靼人和附近的

---

14 Goloviev，《戈洛夫廖夫老爺們》，描寫一個家族三代人的墮落，呈現俄羅斯一八六一年改革前後的貴族的沒落。

15 Stendhal，本名馬利－亨利．貝爾（Marie-Henri Beyle），1783-1842，法國作家，代表作《紅與黑》和《帕爾馬修道院》。

裘瓦斯人（Kchouvass）都知道；加布羅沃的黑土盛產穀物、燕麥、大麥、小麥；牛隻健壯，夜鶯的啼鳴迴響在村民的歌聲之上。新娘的公公，老暴君斯捷潘・米哈伊洛維奇，對他的「生靈」打開穀倉。「以上帝之名接受這份禮吧！」他說，在兒子的大喜之日威嚴地表達欣喜。簡樸的木屋裡道賀的親族賓客和農奴川流不息，我也在其中。

我變成了索菲雅・尼古拉耶芙娜本人！我的婆婆阿琳娜・瓦希雷夫娜迎接我進入新家門，她穿著皮草滾邊的絲絨外套，頭上包著繡金的絲綢頭巾。她是個豐滿秀麗的人，衣著讓她豐腴身軀更顯臃腫，就像通稱「瑪特廖什卡」（matrioshka）的木製俄羅斯娃娃。她搖搖擺擺朝我走來，按習俗端給我麵包和鹽。我公公在她一側，將守護家族的聖像聖母瑪利亞捧高。他們身後站著瓦希利神父，以響亮的聲調吟誦。「稱頌吾人的主！昔在今在永在的主……」我轉頭找我丈夫，但他的臉很模糊……「稱頌吾人的俄羅斯！昔在今在永在的俄羅斯！」

我回到了家。

第十三章

我所見、所讀、所食或所思，都染上癡迷的氣息。就像以前在學校讀歷史時，也都是透過我偏好的這一面稜鏡來觀看。當我牽著狗沿著里奇蒙區的曳船路閒晃，擺脫俗務所累，在無花果樹下有野鴨等人餵食的藍色大門旁透透氣時（當時我也身處天堂，只是出於人性，總是身在福中不知福），我總會在喬蒙德利大宅（Cholmondeley House）前駐足，我相信赫爾岑在一八五二年抵達英國不久後便住進那裡，因此在我眼中是聖地。我會望著面向磚牆小巷的小側窗，心想著這裡肯定是計程車停靠處，當絡繹不絕的革命份子前來，急盼激昂的談話、營養食物與現款，赫爾岑總能夠可靠地提供需求。喬蒙德利大宅見證過何等熱絡的場面、何等激烈的談話啊！而今，將近晚了一世紀，我佇立在牆下，成了另一名流亡者。

～

在戲劇性場景和一般印象的瑰麗色彩之外，俄羅斯特別吸引我的是家族長制的生活，那是一種按時節在鄉間大宅或莫斯科古宅消磨，完全遠避聖彼得堡法式風格的生活。這其中有某種的慷慨、大器和簡樸，就像俄羅斯大地，毫無聖彼得堡生活的迂腐。至少我從那時期的回憶錄或小說中讀到的情況似乎是如此。

儘管農奴制度極為不公不義，仍然有少數農民過得心滿意足：端看地主的為人。那體制是錯的，但有時卻運作良好（譬如在達什柯娃公主〔Princess Dashkov〕的領地上的良善專制）。這種家族長制的生活步調，在時間和空間上都游刃有餘。在那個時代的那個民族，不知倉促匆忙為何物，也不識嘈雜喧囂的悲慘。大宅與土地密不可分。他們是自給自足的封閉單位。他們的木匠用在地出產和烘乾的木材製作美麗的家具；他們的糕餅師傅用自己栽種的小麥磨成麵粉來製作精緻小點；他們有自己的犁田者、鐵匠、馬醫、甚至鋼琴調音師；無數的女僕和女裁縫用自產的亞麻在漫長冬夜織成的布料來做衣服。馬夫和車夫都是成打計算，四十名侍從稱不上鋪張，其中有些人還身兼樂手，只要老爺想聽音樂，便拉提琴拉到深夜，因為他們任憑主人差遣——他們全都是他的農奴。

「難怪妳渴望那種生活，妳理所當然把自己看成女主人了。」**旅人**曾這麼說，當我因為幫傭的短缺讓在英國的家庭生活蒙上一層陰影而滿心不快。

我曾一連三天被叫去洗餐具，只因為幫傭又沒現身。（「醫生說我的腿出問題。星期日那天我人很不舒服。我很難說什麼時候再上工。」她被我追問之下這麼說，當時她人在帝國戲院外排隊，等著看《德古拉之愛》。）於是，我在碗盤上潑上溫水，邊想著少了一個甚或十個傭人都不會造成不便的那些俄羅斯家庭。如此大量的人手，不管需要多少編制管理——也確實有編制管理，即便是以俄羅斯式的低效率進行——肯定帶來無可想像的舒適。除了傭人之外，幾乎所有的必備人力都隨傳隨到；有美髮師來幫忙捲頭髮、有教士來拯救靈魂、有侍讀者替人省眼力，有法國和德國家教來呈現歐洲文化觀點。除了女伴，還有法警和管家，以及頗古怪的一號人物，有名望的俄羅斯家庭不可或缺的助手——蔭婢（prejivalka）。

蔭婢的職位（它確切的意思是寄人籬下的衣食客）是舊俄時期特有的。她是某種不出鋒頭、好管閒事的心腹，有時是密探。她也許是在府內長大的窮淑女出身，知曉府內所有祕密，任所有人差遣，受主人庇護，但也被傭人鄙視。她的地位不像保母那樣被清楚界定，也不被敬愛或享有特權。她必須八面玲瓏，因為她得銜命居間穿梭，替女主人把情書帶給法國家庭教師，或替少爺把情書帶給年輕女教師；或替老邁女主人清理鳥籠；訓斥玩得太吵鬧的小孩；查廚子的帳，或者把女傭在閣樓出生的寶寶偷偷送走……。在人手集中的宅府裡，她是所有人之間的緩衝器。那是吃力不討好的生活；但她有所歸屬。這樣的無趣老傭在波濤起伏的家庭生活裡有其地位，不管多麼卑微。她有專屬的扶手椅，通常擺在寬敞溫暖的大廳，從那裡察覺府內所有動靜。她是整個模式的一環。她沒有獨居斗室的淒涼晚景，不像今天在西歐跟她同樣角色的人會有的命運。或者，也不會進到國立老人之家的一個單位，就如俄羅斯目前解決這問題的辦法。

這些莫斯科地主的寬裕生活，很多俄羅斯作家描述過。克魯泡特金親王在他的回憶錄描述這類家庭一年兩次的出行；春天時從莫斯科下鄉，秋天時再返回城內。這樣的移居需要縝密籌畫。管家會帶著基本的人手和若干輛滿載用品的運貨車先行離開，全家人稍後才乘坐裝滿路途上所需物品的笨重四輪大馬車緩緩跟上。秋天自鄉間地產返城時，他們會帶回一袋袋麵粉、蜂蜜、自家醃的培根、熊的火腿肉、自家釀的燒烈酒、醃漬物和果醬。春天當冰雪融化，擠滿城中老宅前庭的一整個車隊再次出發，沿著莫斯科狹窄街道蜿蜒出城，一戶接一戶人家清空，越過鄉間草原與森林，在某個遙遠外省重新安頓下來。這般的律動能稍事平息斯拉夫人天生的游牧渴望。

這些鄉下大宅大多不會特別漂亮或豪奢，但都很有品味。每有一棟宏偉的宮邸，譬如阿爾漢格爾斯科宮（Archangelskoye）、尤蘇波夫宮或圍繞李斯特多年的弗洛寧切宮（Voronince），就有上百座簡樸的住處，長而低矮又宜人的房屋，有著古典廊柱和俯瞰花園的寬闊遊廊，花園裡有香甜的萊姆樹、刺槐和紫丁香構成的許多小徑提供蔭庇。土地通常朝一條河流傾斜，因為在少有訪客的鄉間寂寥之中，一條水道很可能提供了像公路一樣的散心消遣。環抱大宅的樹林和深邃森林連成一氣，整個地平線僅被村裡教堂的鐘樓打斷。那裡有寧靜的場景和純真的樂趣：採蘑菇、釣鯉魚，或拜訪某位聞名隱士或與一隻友善的熊同住的養蜂人瑞，順道在林子裡野餐……自彈自唱或在燭光下玩牌，就是這類生活的大意了。

然而尼古拉一世的陰森黑影甚至籠罩這裡，擾亂了這片寧靜，戕害了手無寸鐵的村民。他的拉伕隊突然出現，強制大量的男丁入伍服役，卻沒有給予補償。就連最能自保的地主也不敢違抗。當時的軍役是二十五年，其中的含意也很明白——只要犯了一點小罪，或司令官一時興起，就會挨一頓鞭打，加上軍隊裡駭人聽聞的生活條件，因此許多農人還沒被強拉走便輕生。一旦被強徵，就會被銬上手鐐鐵鏈防止逃脫，而在周遭嚎啕慟哭的是今生很可能永不得再相見的親人。在很罕見的情況下會有農奴造反，尼古拉一世也很懂得怎麼對付。每五個或十個強徵兵當中就有一個被鞭打致死，棄屍村野，而留下來的人被迫一面行軍一面跟沿路村民行乞麵包。

這是我所嚮往的俄羅斯嗎？就如**旅人**說的，我是從女主人的權貴地位來看它。但我曾透過農奴的眼光來看嗎？「至於我在某些村莊裡看到的貧困，尤其是王侯家族的屬地，其悲慘無以名狀。」克魯泡特金親王寫道，他是個傷感的觀察者，但也很早就了解並欣賞俄羅斯農人的善良，還有他們的才能與潛能。他從小受農婦出身的保母瓦希利莎照料，這位窮人中的窮人把自幼喪母的小少爺當自己親生孩子一樣愛護。而他報答她的方式，是一生致力於改善農民的命運。「很少人知道俄羅斯農民心中的善良是多麼珍貴的寶藏，他們甚至經歷過幾世紀苦不堪言、最殘酷壓迫。」他寫道。

~

儘管我對俄羅斯一切的熱愛與認識逐年加深，但俄文卻始終令我感到吃力。在聽的方面我大多都聽得懂，但在閱讀上仍是苦事一樁。古斯拉夫字母我可以寫得流利，但也錯誤百出。我始終停留在發音不錯但文法凌亂的狀態。因此，多年之後我終於前往俄羅斯旅行，而且為了撰寫伊瑪目·沙米爾（Imam Shamyl）的傳記進行考察，蹩腳的法語根本不敷使用。其用法上的細微差別總令我困惑，得透過譯員一句一句釐清，因此工作上我永遠處在挫敗中。

即便語言的藩籬我從來拆不掉，每當被我惹得惱火的俄羅斯朋友（他們學新的語言從不超過兩三個月就能派上用場）勉強承認我是他們的一員，而且經常如此，總叫我心滿意足。「Ona Russkaya dousha」，他們說，意思是「她是俄羅斯人」；對我來說沒有比這更珍貴的讚美。有時候他們會揶揄我渴望太多，就像**旅人**以前笑我那樣，我永遠記得他叫我「夏洛蒂．羅斯」的神情。

我特別喜歡庫斯托季耶夫（Koustodiev）畫的一幅畫，因為它呈現了一種生活方式，我衷心渴慕但已不復見的一種俄羅斯鄉村生活。

一種崇尚物質的抒情質感瀰漫著那幅畫。縱情感官之樂——食欲——的一個夢境；肉體浸淫在安逸中的一個富足的世界。畫中呈現某鄉鎮的夏日傍晚。一整天的工作告終，夕陽落在藍色鐘塔和穹頂上方。一座陽台占據前景，陽台有樹葉濃蔭遮蔽，幾乎給一位肥腴的人物占去大半，一位年輕婦人，讓我們姑且稱她是普拉斯科維雅．斯捷潘諾娃。她坐在擺滿食物的茶桌旁，渾厚勻稱的手臂撐在桌上，豐滿的手指端著一只茶碟。俄羅斯典型的渾圓肥腴的婦人，或者說，十九世紀的俄羅斯商婦。

她是某富商之妻，正在小憩片刻。多肉的臉透著慵懶的愜意。普拉斯科維雅．斯捷潘諾娃什麼都不缺，她過得很好；家務並不重，有年輕女孩和老婦幫忙醃漬小黃瓜、鹽醃魚、把櫻桃去核做果醬、洗床單、將地板打蠟。普拉斯科維雅．斯捷潘諾娃吩咐他們幹活，隨和中透著威嚴。她不嘮叨，不發脾氣；她甚至無需思考。因此她從不焦躁或疲倦。她不知苦惱為何物。基本上她是閒散的亞洲女人。一切是上帝的旨意。祂下令擺出這豐盛的一桌，讓她盡情吃喝。這是祂的慷慨賜予。餐桌上擺了一個跟她一樣龐然的俄羅斯茶炊。椒鹽捲餅，覆盆子果醬，還有多汁的西瓜，紅色果肉跟她碩大柔軟的胸脯一樣誘人，樣樣都大方展露著，全都是祂的傑作。這是生命的饗宴。普拉斯科維雅．斯捷潘諾娃心滿意足。她會坐在那裡津津有味地細嚼，慢悠悠啜飲，直到天色晚了，直到她丈夫或情人加入，直到夏夜終於暗沉，該是在當家聖像前用手在胸前畫十字並就寢的時候。「S'Bogom!」——與主同在！這幅古畫作的感官緯度，一個想像中的消逝世界，我深深嚮往。

我想，尼采是透過杜斯妥也夫斯基的眼光看俄羅斯，才會把這民族比喻為「火山，不是死火山、休火山，就是爆發當中」。我的英國友人也這麼看。他們純粹就是無法理解俄羅斯小說人物以及他們親身認識的俄羅斯人忽而激動、忽而陰鬱、忽而快活又忽而漠然的情感狀態，不管是在逃難潮來到英國，或是更罕見的那些以外交使節團成員身分抵達倫敦的少數。後者很少人遇得到，除了在官方場合的警戒區域內；但在相對短的時間內，蘇維埃宣言已廣為流傳，改革顯然在進行，透露講求節制和紀律的奇異氣息。早期流亡者過的那種更為混亂的生活，較貼近英國人對於斯拉夫騷亂的成見，也比較貼近他們時常譴責的俄羅斯小說人物。奧斯伯．西特韋爾[16]在回憶錄裡引述，他的一位同胞歸還一本俄羅斯經典著作時說道，假使書中人物上過英國公立學校，書中那些情節就不會發生。

從我遇到的所有俄羅斯人身上，我感覺到某種活力而非焦躁，某種復甦而非萎頓；他們的騷動不會耗盡我的力氣，也許是因為他們從不令我感到索然無趣；雖然也必須承認，與他們為伍，我大大透支了感情。我彷彿在他們身上找到一股自然力，與土地及其根源的一種連結（在居住地下室的一群蒼白的人身上更明顯），而在我所屬的都市化且大體上又過於世故的民族身上，這種連結已經喪失。我渾身上下以吸毒上癮者的強度渴欲著這種特質。

簡言之，我是個叛徒，生理上、智識上和情感上都是。

~

很久以前我在巴黎結識的那些人當中，在**旅人**圈子裡我始終珍惜的，是與劇場指導科米薩耶夫斯基（Feodor Komisarjevsky）的一段友誼，直到他辭世。很多方面他都讓我想起**旅人**。同樣的大光頭、亞洲人的顱骨、對藝術同樣深刻的知識，以及在玩膩了的國際浪蕩子表象下，同樣淒涼的流亡愛國份子。這兩人都不該離開俄羅斯，因為根本上來說不論他們在外面世界成就了什麼，對他們而言都不真實。我可以跟科米薩耶夫斯基「談俄羅斯」；我大可跟他再造出走遊戲，若不是這樣做會令我感到不忠。他也喜愛維涅齊昂諾夫[17]或費多托夫[18]的風俗畫，奧列斯特・基普連斯基[19]的肖像畫，以及具有埃皮納勒[20]風格的版畫。在這些畫裡，頭部有光環的東正教聖徒對抗栩栩如生的惡

16 Sir Osbert Sitwell，1892-1969，英國詩人、小說家。
17 Alexiev Venezianov，1780-1847，俄國畫家。
18 Pavel Fedotov，1815-1852，俄國批判現實主義畫家。
19 Orest Kiprensky，1782-1836，俄國浪漫主義畫家，有名的畫作包括普希金肖像。
20 Images d'Epinal，埃皮納勒市是孚日省首府。自十八世紀起，這裡成為民間畫的搖籃。日後也開啟了政治新聞漫畫和當代普普藝術的先河。

魔，或襯衣滑脫的豐滿美人懶洋洋地躺在沙發上，在毛色光亮的貓爪子搔癢，當女農奴也在她們的腳底搔癢——按農家的風俗，在女主人腳底搔癢是一種福氣——昔日俄羅斯的這類純真的面向，科米薩耶夫斯基格外欣賞。我們都熱愛奧斯特洛夫斯基的鄉村戲碼及其呈現的遠逝的生活方式，我們一同回顧舊日。

他的父親是個歌劇歌手，加入加里波第的志願軍命喪羅馬，其遭遇跟隨永恆之城[21]的俄羅斯流亡者的很多傳說迂迴傳回俄羅斯，其中果戈里在羅馬的滄桑悲涼[22]更是受關注。在巴黎的流亡者當中，我們有很多共同朋友，一天，他不經意地帶來兩個年少兒子，雖然兩個年紀都比謝爾蓋和卡姆朗小，他也跟**旅人**一樣不怎麼搭理兒子們，我有種人生倒轉的感覺，彷彿回到科西嘉島的田園歲月。全新的一輪開始了。就討女人歡心，科米薩耶夫斯基是個行家。「妳肯定是英國唯一一個讀別斯圖熱夫—馬林斯基故事的人。」他會這麼說，我沒有聽過比這更溫柔的甜言蜜語。「話說回來，妳實在是太斯拉夫了。」他會補上這麼一句，看著我照例在週六夜晚出門去望俄羅斯彌撒。太俄羅斯，我帶著滿足的心情上路。

就連我從不深刻的宗教信仰也一直是俄羅斯式的。當時我主要是受到美學的感染。在童年罕見的幾次上英國聖公會禮拜之後，俄羅斯教堂的儀式持續吸引我，其輝煌壯麗的戲劇感和背景一樣懾人。我和東正教義調情，遇到神學上更精深繁複的義理便退卻，但依舊深信我偏愛東正教甚於其他宗教。然而我真正喜歡的是它在視覺上，也許可說是感官上的魅力。戴金冠的祭司從鍍金聖幛之後現身或隱沒，在我眼裡就像無數的戲劇人物登台或下台。身處黑暗中，瞬間被鑲寶石的聖像前的閃爍燭光照亮，也具有某種聳動的、甚至是不祥的無盡誘惑。眾聖像一對對鬱思的瞇縫眼似乎緊盯著我不得安歇的世俗冒進，和**旅人**的嘲諷斜瞟目光有幾分神似。我侵犯了那裡，祂們知道。

然而在這些拜占庭的輝煌之中某個東西觸動著我，沒有哪座歌德教堂辦得到。就像在倫敦，維多利亞區的俄羅斯教堂，令我感覺疏離的一座教堂，或在男爵宮站氣氛較親密的俄羅斯小禮拜堂，都是在達魯街大教堂之外聊勝於無的選擇（而達魯街大教堂本身，也遠遠比不上我後來在巴爾幹半島及俄羅斯本土看到的教堂），但我跨越那暗淡小禮拜堂門檻時，從來沒有不被同樣令人陶醉的陣陣焚香哽塞，隨而飄飄然進入某個幻境，裡頭充斥著列斯科夫筆下烏鴉似的神職人員或戴黑頭巾的修女和蓄鬍的權貴，冠蓋雲集，就像鮑里斯．戈篤諾夫[23]的加冕大典場景，純粹的戲劇，唱詩班跌宕起伏的深沉嗓音吟唱著傳統的應答，謙卑又哀戚。「上主垂憐……噢，上主垂憐……」

科米薩耶夫斯基了解我對戲劇效果的熱愛，因為那風格十足的劇場就像他神通廣大創造出來的那種，充滿了令我醉心的東正教教堂布景與儀式。

「座無虛席？」他會狡猾地這麼問，當我事後和他碰面吃晚餐。

21 Eternal City，即羅馬。
22 果戈里為治療精神衰弱，旅居國外長達十二年之久（1836-1848），最鍾愛羅馬，幾乎成為他的第二故鄉。
23 Boris Goudenov，1552-1605，1598-1605年間在位的沙皇。

第五部

啟程

……旅行，
一處緊接一處，
彷彿一首即興旋律，
昔日的永久傳統。

——艾德蒙．戈斯[1]

1 Edmund Gosse，1849-1928，英國詩人、作家、評論家。

第十四章

我必然會去俄羅斯，這是遲早的事，在三十出頭歲時我也確實成行，多虧一位英國愛慕者的慷慨。他發現花束和甜言蜜語贏不了我的心，或許私心盼著我實地走一趟，就能祛除那一縷俄羅斯幽魂，於是他提供了前往蘇聯的來回車票，並巧妙地婉拒陪我展開這次傷感的朝聖。我頭一回造訪俄羅斯的方式，完全不符合我暗自渴望的走法，那是排定好的行程，從列寧格勒開始，而不是莫斯科或大諾夫哥羅德。

「聖彼得堡很有俄羅斯風情，但它不是俄羅斯。」**旅人**這麼說過。不過這是第一步。這類的旅行當年並不時興，只有少數幾個大膽的人參加過。如果我記得沒錯，我們在倫敦塔橋登上一艘蘇聯貨船，航向波羅的海，沿途經過基爾[1]、瑞典海岸以及昔日漢薩商人公會的港口[2]。我們（被非遊客要求）不得泡澡，不得使用殺蟲劑和各種專利藥品，我很走運，這一些我都不需要。船員每晚下棋，聽老式留聲機放的俄羅斯民謠，留聲機擺在一個光榮位置：讓食堂的赤色角落增添光輝的列寧和捷爾任斯基[3]肖像下。床鋪很硬，食物普通，沒有一間廁所的門可以好好關上，不過那是一趟迷人旅程，笑容可掬的員工令人愉快，連帶有冰雪和黑森林氣息——俄羅斯氣息——的北風也令人迷醉。

我們抵達芬蘭灣，克隆斯塔（Kronstadt）的堡壘島嶼[4]突然在珍珠色霧靄中聳現，其輪廓罩著薄霧朦朦朧朧，我想起一些上了年紀的俄羅斯朋友喜歡在茶裡加牛奶，管它叫「克隆斯塔斯基」——牛奶只加一丁點，足夠讓清澈的茶蒙上雲霧即可，就像眼前的霧靄遮蔽了透明的北風。

不久我們的船緩緩經過木材場，木材堆得很高，將樹幹捆紮而成的巨型木筏，由身穿別致紅色傳統村衫的年輕男子用篙撐著，順流而行。這裡是蘇聯，我讀過的謝利凡（Selifan）和格里希卡（Grishka）就在這裡！他們是伐木工聯合工會的成員，他們的妻子或情人是突擊隊作業員（Shock Brigade），這無所謂，從外表來看他們和我心目中永恆的俄羅斯農民沒兩樣，而基於我的審美觀，我就是喜愛這一類人物。這是我始終無法跟當時遇到的新一代俄羅斯人解釋的事。他們懷疑我支持或推崇沙俄年代，是基於政治而非美學的情懷。像我這樣純粹只看表面，他們當然無法理解，更別說容忍。在那當時，他們從政治的角度看待所有文學或歷史，或者說相當主觀地看待那一切，就像我相當主觀地看待他們的國家。

俯身靠著船杆，沉溺於我慣常的懷舊想像，沒注意到列寧格勒的輪廓已經從乳白的霧靄中浮現，在寬廣的地平線上延展開來，燦亮奪目。那裡有聖以撒大教堂的青銅大圓頂，有彼得保羅要塞及海軍部的尖塔。青銅騎馬者、冬宮、涅瓦大街、普希金之城、杜斯妥也夫斯基之城、彼得大帝之

1 Kiel，位於德國。

2 Hanseatic，德文意為「公所」或者「會館」，最早是指從須德海到芬蘭、瑞典至挪威的一群商人及貿易船隻。十二世紀中期逐漸形成，十四世紀晚期至十五世紀早期達到鼎盛，壟斷波羅的海地區貿易，並在西起倫敦，東至諾夫哥羅德的沿海地區建立商站。

3 Felix Dzerjinsky，1877-1926，全俄肅反委員會（蘇俄國家安全委員會KGB的前身）的創始人。

4 克隆斯塔的人工堡壘島嶼，在芬蘭灣的南北岸之間，曾經有過四十二個島嶼堡壘排成一列，被視為世上防衛最好的濱海要塞。

城……我終於踏入魂牽夢縈的場景了嗎？這是深入我內心渴欲的一趟旅程，也深入我心目中的想像，實現雙重的想望——我的和**旅人**的。我靠著船杆俯瞰不起眼的海關小屋及遠方城市，深知我看到的一景一物都會讓我想起他，就像他常常為了我回想起它們。

懷著這般激昂的心情，我踏上俄羅斯土地、貌似莊嚴神聖的第一步，可惜卻是在不知不覺中發生（倒不是說我應該跟耳聞的那些一踏上美洲新大陸就會五體投地擁抱土地的熱烈靈魂看齊）。對我來說，本該是滿心悸動的莊嚴一刻，我卻把護照咬在嘴上，手往提包底翻找鑰匙。我也想不太起來驅車進城那漫長路途的情景、下榻的飯店和寬大的臥房，房內塞有加頂篷的陰暗床鋪和散發霉臭的十九世紀末棉被，甚至擺了一台大鋼琴（上鎖了）。我依稀記得早餐托盤上的食物格外營養——茶、馬肉和魚子醬，有利於我撐過沒有午餐的漫長出遊。

我很快發現，回到飯店餐廳吃午餐會把大半的下午時光耗在「騷動和哀靜」交替的過程中，那裡食物很棒，但服務具有東方特有的無時間感。再怎麼抱怨或懇求，都影響不了心情愉快的鑲金牙韃靼侍者。「Sichass! Sichass!」馬上來！馬上來！他們答應；隨後便消失，我只好在羅宋湯和晚餐的高麗菜捲之間，借散步增加食欲；在莫斯科時散步到克里姆林宮紅牆，但首先在列寧格勒散步到冬宮，佇立在門窗緊閉靜闃陰沉的龐然建物前，有充裕的時間放縱我的想像，給沙皇之城我認為最戲劇化的意象添上浪漫情節。我在某處讀到，昔日哥薩克騎衛隊夜夜「像月光魔」似的繞著宮殿單列行進，自日落至日出，一個時辰接著一個時辰，馬蹄沉重踩踏在積雪深厚的地面消去了聲音，魅影般的巡邏隊環繞建築物，儘管那裡時而埋有炸彈（一回就安置在沙皇的晚餐桌下），卻始終瀰漫肅殺之氣。如今它成了博物館，冷漠無聲，前方偌大的廣場蕭索荒涼，只見一名回家的人踽踽獨行，邁著沉重步子越過那遼闊區域，某種的邪咒仍在，陰險密謀的詭譎氛圍仍揮之不去。它從來不是格外歡樂或好運的地方，兩位末代沙皇偏好住在別處。

~

表面上我和同團幾個遊客來來去去，同時有一抹魂影為伴，玩著更真實的出走遊戲，踏入多年來我熱烈渴盼又熟記心中的那些場景。因此，沒有什麼對我來說是陌生的，不管是可以憑弔往日光輝的城區，或是莫斯科城門外在收容所、牲口市場和鐵道調車場之間散亂淒涼的郊區。四處可見空蕩蕩的街道和過度擁擠的房屋；很多最精美的幹道上野草叢生，從百萬富豪大街（Millionaya）上華麗屋宅的窗戶往內瞧，我看見高挑的房間裡被隔成好幾戶人家，晾衣繩穿越沒點亮的水晶大吊燈。然而我歸鄉的感覺絲毫未減，當前景象就像克隆斯塔斯基霧靄一般，遮蔽不了我努力捕捉的光輝昔日。

隨著懷舊之情越發強烈，我時而會察覺到旅遊局官員無言的批判。他們欣賞我的熱忱（和耐力），也發覺到我對他們的歷史認識之深，以一個外國人來說很不尋常，不過他們也向我表明，我肯定也想多看看進步的範例？他們徒勞地帶我參觀工廠，向我推薦前往集體農場和其他輝煌成果的觀摩行程。我衷心讚嘆他們的努力和長程規劃，但我要如何向他們解釋，我無法專注於現在和未來，因為輝煌的昔日圍繞著我，況且身旁還有一縷魂影相伴？在理論上和意識型態上，我往前看。就美學和情感來說，我回首過去。這是因為陪伴我的魂影沒有出言刺激，說我珍視古斯廷所鄙視的那些幻想。我的品味和知識已經淬鍊成特定的樣態——十九世紀的俄羅斯，這始終是我最初的興趣，而且在多年後引導我為伊瑪目．沙米爾的一生及其時代作傳。

因此在列寧格勒及莫斯科的博物館裡，我會竭力尋找這特定年代的一切，把它看得比綿長的歷史或更馳名的遊客勝地更重要。我捨棄隱士廬博物館的林布蘭畫作，只因冬宮的陸軍元帥畫廊（Gallery of Field Marshals）贏走我的心。林布蘭的畫在別的國家可以看到，但唯有在這裡我才找得到陸軍元帥巴利亞廷斯基親王（Prince Bariatinsky）的肖像，他在古尼布山區接受沙米爾交劍投降；唯有在這裡才找得到庫圖佐夫（Kutuzov）、葉爾莫洛夫（Yermolov）或巴格拉季翁（Bagration），我總覺得認識他們本人，就像我讀《戰爭與和平》認識了娜塔莎或安德烈親王。

唯有在這裡我才找得到勃留洛夫[5]華麗的肖像畫，或阿列克希耶夫（Alexiev）精準的透視畫，因此他有「北方的卡納萊托」[6]之稱。唯有這裡可找到涅斯捷羅夫[7]的「神聖俄羅斯」，或在俄羅斯以外沒什麼名氣的無數迷人風俗畫——維涅齊昂諾夫畫筆下的農人，施瑞多夫斯基（Schredovsky）描繪的街景，畫中放肆的年少工人推推搡搡擠向妄自尊大的商人。敘事畫簡直是劇場而非美術，述說令我入迷的故事。資產階級生活的景象，充滿了狡猾與虛偽；老女傭和大肚皮的主人調情，唧唧喳喳議論的家人在一旁偷窺；守寡少婦在聖像燭火照亮的空床邊哀悼著。（在英國，同年代的畫有「在老家的最後一天」（The Last Day in the Old Home）、「良心的覺醒」（The Awakened Conscience），或「為時已晚」（Too Late）。）不過就連費多托夫畫筆下在畢德邁亞風格[8]室內的喧鬧家庭生活場景裡，也反映出一些最核心的民族性——如日中天的俄羅斯。一種極端的調性很明顯：具有某種強大的戲劇性，某種怪誕甚或不祥的預兆，相較之下，德國浪漫主義時期畫家畫的類似場景，則流露著平靜。

才隔著一條邊境，繪畫呈現的家庭生活迥然不同。在德勒斯登或慕尼黑，我們看到佛烈德利赫[9]畫筆下沉靜的刺繡少女，或朗格[10]畫筆下的孤獨人物在整齊閣樓內吹奏舒曼，一旁有位心滿意足的婦人坐在擺了花朵的窗戶旁削蔬果……「寂靜花園」（Der Stille Garten）……在俄羅斯就不是如此：萎靡又輕率的情緒滲入每個空間，不論室內多麼滯悶。我發現這非常耐人尋味，彷彿畫家們和果戈里有共同的靈感，試圖表現苦澀與混亂。

這些俄羅斯藝術家的作品普遍被忽略——就連俄羅斯大眾也不重視。典藏這些寶藏的陳列室人跡罕至，不僅被俄羅斯大眾冷落，肯定也不受觀光客青睞。吸引他們的是大量的法國印象畫派作品。

在我頭一次的莫斯科之行，參觀了很多漂亮的老房子，其一是軍事博物館，館內陳列許多檔案和圖片文件，展示十九世紀的俄羅斯戰役。在這裡，遭流放的浪漫詩人萊蒙托夫純粹從軍事脈絡下被解讀，在公文急件中他被稱為勇敢的年輕少尉；在這裡，托爾斯泰是參與克里米亞戰爭（前不久才在高加索戰爭裡接受戰火洗禮）打扮時髦的年輕軍官。格里博耶多夫（Griboyedov）也在這裡，但不是被視為《苦中生智》（*Woe Through Wit*）的作者，而是簽訂土庫曼恰伊條約（Treaty of

---

5 K. P. Brullov，1799-1852，俄羅斯畫家，兼風景、風俗、肖像、歷史題材畫家於一身。

6 Antonio Canaletto，1697-1768，義大利畫家，畫作以描繪十八世紀的威尼斯風光主題知名。

7 Nesterov，1862-1942，俄羅斯象徵主義的先驅之一。

8 Beidermeyer，德意志邦聯在一八一五年至一八四八年的歷史時期，多指文化史上中產階級發展出文化及藝術品味的時期。

9 Caspar David Friedrich，1774-1840，德國浪漫主義風景畫家。

10 Phillpp otto Runge，1777-1810，德國畫家。

Turkmentchai）期間與波斯人斡旋談判的外交官，後來在德黑蘭的俄羅斯大使館遭波斯人屠殺身亡。這裡有普希金在攻占卡爾斯（Kars）期間的自畫像，一個猴子模樣的戴高帽人物，穿著斗篷，騎著骨瘦如柴的老馬。這些戰士當中有很多是文人。

在當時，這種另有副業的情況在俄羅斯很普遍，其緣起於嚴格的技術官僚體系，它把每個人編入特定職級，穿特定的制服，擔任公僕。官階職等就像鑲金穗帶的制服一樣嚴格，級別愈高愈威風，從最卑微的註冊員到虛銜參贊（讓人想起果戈里的《欽差大臣》），再到參贊、法務參贊、國務參贊；以及最後的——純粹是果戈里劇作的翻版——法定參贊，彷彿前面所有的官階都是自我膨脹的捏造。這套制度是彼得大帝創立的，仿效瑞典的行政體系把國家的每一部門委任給一個合議制委員會。這一套文官制度在尼古拉一世在任時達到頂點，其嚴謹性特別令他高興。在他之後，雖然制度力道略減，仍一路沿用到俄國大革命前夕；因此我們看到無數作家和音樂家身兼公職的反常現象。玻羅定（Borodin）是化學家；穆索斯基（Moussorgsky）是普列奧布拉仁斯基軍團[11]軍官。果戈里和格里博耶多夫（Griboyedov）都在政府部門削尖鵝毛筆。普希金被沙皇任命為侍從官（主要是為了確保他的美麗嬌妻在宮廷現身）[12]，在沙皇的心裡，無疑也是見不得他詩氣縱橫、享有無限美譽和榮耀，刻意指派他擔任低下官階讓他難堪。當局有言，屬於某個明確職等極其重要——因此，魯賓斯坦[13]申請護照時自稱「音樂家」，卻被尖刻地告知說，那沒被列為一種職業。魯賓斯坦不知怎地避開了其他公職，當局最後不得不把他描述為「二等同業公會的商人之子」。

我本想造訪米哈伊洛夫斯科耶（Mikhailovskoye），普希金的故居，他離開首府和友人的流放期間，曾在那裡度過一個寂寥的冬天。在冰天雪地裡，他有老奶媽阿麗娜．阿吉奧諾芙娜為伴，她是他一些最美妙作品的靈感來源。不過這樣的一趟遠遊困難重重，我只好滿足於另一個行程，帶著陰鬱崇敬的心情前往黑溪，丹特士的子彈等著詩人的地方。更近的一處，是位於莫伊卡運河（Moika）畔的詩人小屋，屋內昏暗的書房朝向同樣昏暗的庭院，裡面的擺設和他斷氣的那一天差不多，一絲不苟地保存下來當成國家級朝聖地。

「再會了，我的朋友，」詩人吸了一口氣，他的眼睛盯著他心愛的書……「人生結束了。」他的最後遺言。當我俯視那青銅製的死者面具之際，是我唸出了祖科夫斯基（Zhukhovsky）對於那一幕的辛酸描述，還是**旅人**的嗓音再次在我耳邊響起？那平靜的五官不見詩人臨終前受盡折磨的痕跡，小屋裡也非常安靜，但它似乎隨著詩人垂死的最後三十六小時痛苦哀號而震動著。那個下午陰沉沉的，屋內感覺非常冷。窗外的庭院裡，為冬天爐火準備的柴火已經堆得很高，那些砌白瓷的高起爐灶，優雅程度和功能不一，總是俄羅斯室內的一部分。柴火堆旁有一隻孤單的烏鴉心不在焉地啄著碎高麗菜葉。

「走吧，小姑娘，」我彷彿聽到**旅人**說，離開時我流下淚來——為我從未謀面的詩人，以及我失去的男人。

11 Preobajensky，彼得大帝的精銳衛隊。

12 當時沙皇尼古拉一世也覬覦普希金妻子娜塔莉的美色。

13 Anton Rubinstein，1829-1894，俄羅斯鋼琴家、作曲家及指揮家。

因此，藉由記憶和遺址、盛大場面和窮街陋巷，他領著我穿越他祖國的歷史。「歷史是人民的記憶，但要記住就必須先認識。」斯米爾諾夫（S. S. Smirnov）寫道。**旅人**和我一起在樞密院廣場徘徊逗留，向十二月黨人的理想致敬，緬懷一八二五年冷冽灰暗的十二月天，那件令人心碎的事件。

在較輕鬆的心情下，我們會一起去斯莫爾尼女修道院，飽覽藍色和金色相間的華美建築——拉斯特雷利的遺贈；我想像自己是被關在那突兀的斯巴達式簡樸中的貴族少女。這又是俄羅斯式的過度與反差的另一個例子：女學子們一走出這修道院般的嚴峻氛圍，幾乎一夕之間就栽進光彩奪目的宮廷勾心鬥角，或聖彼得堡上流社會的奢華生活。隨而**旅人**又讓我想起更大的議題。在俄國革命發生後的關鍵頭幾個星期，列寧曾把他的總部設在斯莫爾尼女修道院。他在這裡發表了聞名的戰鬥宣言。在曾經是閨女們練習宮廷禮儀和精進法語的地方，他獨攬大權發表宣言，研擬一九一七年的革命戰略。

這城市的面貌幻化多變，端看我「看不見的旅伴」心情而定。有時它似乎是聖彼得堡，有時是列寧格勒，在某些片刻裡是彼得格勒，我想像他最後一次待在這裡時的模樣。當我沿著宮廷濱河路（Court Quay）走，在冬宮（一度雇用了一萬一千名員工）壯麗立面下像個侏儒似的小矮人，此刻在我眼中它是聖彼得堡，有沙皇宮殿為布景，展現恢宏氣勢、宮廷典儀和不容差池的禮節，雖然常有恐怖份子引爆炸彈，它始終無可撼動。或者我會想，由高朋神父（Father Gopon）領導或誤導的那一大群懷抱希望卻被利用的單純人民，期盼著沙皇——他們的小父親——在哥薩克禁衛隊將他們射殺之前，從哪一個陽台現身聆聽他們的冤屈，而當時在沙皇村愉快地度過家庭聚會的沙皇，顯然並不知情。

隨而我把心思轉向較令人愉快的宮殿意象。在我想像裡，階梯上總排列著君王的黑人聽差，通常會讓人想起贛尼拔，彼得大帝的阿比西亞教子。大理石發出光亮，水晶永遠閃閃生輝。女侍臣總是拖曳著五碼長的紅絲絨及貂皮裙裾，面紗自高聳的穗狀寶石頭冠垂墜而下；另一位君王，我的最愛，亞歷山大二世，「農奴的解放者」，身穿白金相間、飾有紫貂的驃騎兵軍服，隨扈跟在後頭，同樣也身穿白金相間的近衛騎兵裝束，永遠用波羅奈舞曲（Polonaise）的莊重節奏踱步，若是舉辦宮廷舞會，則是和著格林卡[14]「為沙皇獻身」的旋律。

更切實來說，我也把這城市看成列寧格勒；它不再浮華，而是勝利的寄託，因而更顯榮耀。當曙光號巡洋艦駛過浪濤洶湧的灰色水域抵達那裡，既威武又令人安心，象徵性地坐鎮於宮殿和碉堡之間。於是我懂得革命者終於攻下這座城市時，胸中澎湃的驕傲之情[15]。

坐在馬林斯基劇院（Mariinsky Theatre）的淡藍色包廂，置身一群出遊的烏克蘭卡車司機工會會員之中，觀賞蕭士塔高維奇根據列斯科夫《姆欽斯科縣的馬克白夫人》改寫的歌劇，聽著在劇中淪為西伯利亞囚犯的凱特莉娜·伊茲麥洛瓦（Katerina Ismailovna），將與她的死敵同歸於盡之際，唱出令人寒顫的最後詠嘆調，我想起**旅人**曾說起，他年輕時在貝加爾湖地區流放區認識身上有烙印的遊民，四處飄蕩的流浪漢和犯人。我察覺不到歌劇唱得好不好，因為我深深沉浸在西伯利亞情景

---

14 Mikhail Glinka，1804-1857，被譽為俄國交響樂的奠基人。

15 曙光號巡洋艦在一九一六年末移往聖彼得堡，隨著革命熱潮席捲俄國，一九一七年的二月革命，艦上官兵發動起義，參加推翻沙皇的鬥爭，成為布爾什維克的成員。一九一七年十月革命，該艦率先向當時的臨時政府所在地冬宮開炮，發出進攻的信號，成為革命的首次響號。如今此艦成為共產革命的象徵符號。

裡，但隨著蕭士塔高維奇的音樂愈來愈激昂，我感覺到**旅人**親臨現場。我知道他對列斯科夫的拙劣故事有何看法，但他喜歡這樣的製作和音樂嗎？（多年後史達林和莫洛托夫[16]匪夷所思地譴責它貶損蘇聯威望。）我只需轉過頭去，就會看到**旅人**坐在包廂後方，半遮半掩，他那中國式的大光頭襯著暗影顯得光亮。這意象如此強烈，我沒有立刻轉過頭去，待歌劇演完會有時間聊聊。這是一齣新劇——對我倆來說是新的——我們有很多可以聊。只是當布幕落下，他已不再那裡，只剩他說話的回音，談著他認識的那些西伯利亞囚犯。

就是這樣了，不管是首度的這一趟或是後來的幾趟蘇聯之旅，在城市或鄉間，沿著喬治亞軍事公路峽谷，在撒馬爾罕的烏茲別克市集，帕米爾高原的山麓小丘，絲綢般光滑的河流水畔，或森林深處，每一處都對我訴說著他，就如他時常對我談起它們。

只是我到不了西伯利亞——或者說我們到不了。**旅人**的渴盼沒有強烈到讓我們去到那裡嗎？還是他對那裡了解太深——在某種特殊壓力下？西伯利亞仍難以企及。沒有火車開往那裡，我被這麼告知。也不發放通行證給我……那裡氣候惡劣。目前那裡沒有適合的住所，當局這麼說。況且，我為何想前往那裡呢，他們逼問我；他們很少遇到想去西伯利亞旅遊的人。

~

沿著涅瓦大街，幾輛破舊的敞篷四輪馬車（droshkies）仍在攬客，頭髮灰白的馬車夫，仍穿著樣式怪異的傳統寬下襬棉襖大袍。在天光逐漸灰暗的當代場景裡，這類的在地色彩像個感嘆號似的，突顯著別具一格的事物正在流逝。

坐上這類敞篷馬車，從馬車伕臃腫身軀後方看著某些聞名建築的立面，冷不防陰森逼近，就跟我想像過的一模一樣（雖然在我腦海裡馬車伕穿的是十九世紀俄國郵差〔yamstchik〕穿的傳統絲絨大衣，戴的是有孔雀羽飾的帽子）。有軌電車完全是另一回事，除了它擁擠得讓人透不過氣，還有我對票價及目的地的不確定性之外，電車不是**旅人**在城裡移動的方式，他的魂影似乎對大眾運輸的這種實驗躊躇不前。他搭乘雪橇、敞篷四輪馬車或三駕馬車；我會偏好乘三駕馬車，但當時城裡已找不到這種馬車。它本來在城裡就不多見，那是鄉下地區或前往周邊各島的交通工具。我知道豐塔納運河（Fontanka canal）旁常有三駕馬車候客，當我去到那裡，只見一攤街頭小販，賣小杯的蜂蜜青草茶（sbiten），令人反胃的一種飲料。

那麼，敞篷馬車也行。我的出走遊戲就要走入真實。讓自己在一輛老爺車的破裂皮座椅上坐定，我騰出了空位給**旅人**，他當然陪在我身邊。這條路我很熟，我研讀過地圖，當然也牢記在心。在城另一端的火車站，有火車開往西歐。**旅人**以前要來倫敦看我們時，常走這條路線。但現在情況逆轉。此刻他正離開聖彼得堡前往倫敦，但我不再哀求要跟著他，我已經在這裡，在我心心念念的經緯度上。我將與他揮別，但沒有每當他要離開英國前往西伯利亞時我感受到的渴盼和喪氣。我會心滿意足地等著他；也不需要在我的地圖集追蹤他的旅程。

當他回來，他會帶禮物給我，他的旅行紀念品，就像從前那樣。只不過現在，魚子醬、布哈拉

16 Vyacheslav Molotov，1890-1986，1930-1957年間任蘇聯人民委員會主席，成為史達林領導班子的二號人物，支持史達林的農業集體化政策並參與領導了大清洗。

的錦袍或蒙古頭目的三尾軍旗會換成其他東西——魚子醬換成斯提爾頓藍紋乳酪（Stilton），布哈拉的錦袍換成純羊毛織的晨褸，蒙古頭目的軍旗換成布里格斯（Briggs）的傘。如果我能從俄羅斯的眼光來看待這些東西，無疑是等值的交換。

於是，隨著敞篷馬車喀嚓喀嚓地行進，我耳裡響起舊日馬車伕唱的歌，「走在彼得斯卡亞大街上」。

「上路吧！去任何地方！」我狂放地跟車伕說，他轉過頭，溫柔地看我一眼。在古俄羅斯，愚者年少時總是放縱不羈的「聖愚」[17]。此刻，我，**旅人**的同伴——情婦——妻子——我的身分始終不明朗——再度進入出走遊戲的核心。我們在遠方！不須言明身在何處，因為整個聖彼得堡在我們眼前，我正朝向一度只能在畫框內神遊的那些地方。

「記得，」**旅人**再次告誡我，「聖彼得堡很有俄羅斯風情，但它不是俄羅斯。」這不打緊。陽光普照。照耀著橘樹鎮（Oranienbaum），其寬闊的林蔭大道兩側曾羅列著賣弄風情的鄉間別墅和精美屋宇，照耀著緬希科夫下令建造的宮殿，這位壯志凌雲的賣派少年果真飛黃騰達當上首相，也是彼得大帝遺孀、俄國史上第一位女皇葉卡捷琳娜一世權傾一時的愛人，直到他垮台被流放西伯利亞。而今精美屋宇被封閉起來，別墅也人去樓空。但我的心思不在當下。我在另一個時空。我們帶了野餐來，炸魚肉餅（rastegai）、雞排（Pojarsky cotletki）、乳酪（syr）——一種白乳酪，和一瓶馳名的淡綠色喬治亞白酒。在我們的夢幻俄羅斯裡沒有饑荒，在幸福的薄霧中，我們將探訪迷你中國屋和凱薩琳大帝（Catherine the Great）的亭閣，達姆斯基小屋（the Damski Domik）。

此時夜色深沉——被雪封鎖、靜闃無聲的冬夜。裹著厚雪的這些壅塞街道多麼安靜，雪橇無聲而平穩地掠過一片雪白。我們乘著三駕馬車在冰凍河面疾馳，前往各小島，由於涅瓦河結凍，浮橋已經拆除，每到冬天均如此。我們蜷縮著身軀，頂著從北極襲來的寒風。車夫對著馬吆喝著。「馬兒快跑！馬兒快跑！」在我們馳入黑暗，鈴聲叮噹響之際，我想起這首老歌。陶醉在疾馳快感中，陶醉在俄羅斯人都愛的令人暈眩的速度中，我依舊想起了展現在**旅人**身上的俄羅斯式拘泥小節：「記得，駕敞篷四輪馬車的是建築工（izvostchik），駕三駕馬車的是郵差（yamstchik）。」馬兒快跑！我們奔過白樺樹林，朝一間小餐館駛去，入夜後，茨岡人會在那裡為我們唱歌，直到天亮。為了紀念在帕西那一晚，我會點唱「黑披肩」。

眼下我們在挨挨擠擠貨攤構成的商場（Gostinny Dvor）裡晃盪，位於涅瓦大街後方這座有頂大市集，似乎全世界的東西都買得到，那裡有一整區在販售聖像，鑲珠寶的、農家的、古老的、新式的……閃閃發亮的、老舊的、樸素的、令人難忘的……神在我們當中。我只要俄羅斯商品；托爾若克（Torjok）來的繡花皮革拖鞋，烏拉山的紫水晶，小巧的木雕玩具，或烏茲別克的絢麗綢緞。也許我們選定一些更在地的東西，前往秣市後方的街市，杜斯妥也夫斯基《罪與罰》的故事場景就在那裡，在那裡可以買到最頂級的鱘魚。此刻我成了自豪的家庭主婦，我料理的俄式鮭魚派不輸保金小酒館[18]端出來的，甚或更出色（**旅人**這麼說）。我們倆都偏愛這些平實小酒館的正宗俄羅斯菜餚，

17 Holy Fool，意思是神聖的愚者，俄羅斯文化中的特殊現象，是薩滿教和東正教混合的產物。他們通常是渾身汙垢、半瘋、行為古怪的智者，說話往往是智慧的言語，帶來啟示。像中國人所說的「大智若愚」。

18 Palkin，創立於一七八五年的聖彼得堡餐廳，供應沙皇式俄餐。

勝於高雅餐廳的國際料理。但最棒的是，我們喜歡在家用餐，在我們俯瞰豐塔納運河的公寓裡。人們常說，那條運河讓人聯想到威尼斯水巷。

但我很滿足，這裡是聖彼得堡，展現著它奇異、憂傷的北國之美。越過無數屋頂，我可以看見喀山大教堂的青銅穹頂及一部分弧形環列的柱廊。喀山大教堂無處不雄偉龐大——崇拜偉人的地方，同樣也是崇拜傳奇英雄[19]的地方，因此人類區區幾個戰利品，庫圖佐夫及其軍團在一八一二年戰役[20]奪得的旗幟，相比之下看似娃兒的玩具。以其龐大而言，聖以薩大教堂和喀山大教堂提醒著我們，該民族的旺盛體能與其信仰的虔誠狂熱頗為相稱。今天這些建築物看起來像巨大紙鎮，四平八穩鎮住了這城市擴展中的綿長地景。

然而有時候，在某種天光下，這城市不朽的石造建築看起來就像無數的肥皂泡泡一樣虛幻。縷縷雲煙和自運河升起，或與涅瓦河遼闊河面飄來的水霧融為一氣，海軍部大廈的龐大立面一如高聳的亞歷山大柱（Alexander column）或散落各處的宮殿，在霧靄裡忽隱忽現，成了氣勢輝煌的魅影。

這座北國首府，聖彼得堡—彼得格勒—列寧格勒，隨你怎麼稱呼，毫無莫斯科深植於土地的敦實與唯物。聖彼得堡從瘴氣瀰漫的沼澤地崛起[21]，全憑一個男人的意志與號令，「建立在大自然預留給狼與熊的土地上」。然而展現強烈意志的諸多美麗與龐大中，總讓我覺得自己漫步其中的這座城市，會化為煙霧，或沉入它崛起的水域。聖彼得堡沒有莫斯科所深植的那片土地，來記錄最微小的震顫，整個國家甚至察覺不出它的消逝。

唯有憑藉概念上的巨大，列寧格勒始能宣稱其俄羅斯出身，因為它是以這國家橫跨亞洲的無垠視野為標竿。「在俄羅斯，沒有什麼是小的或適度的，假使其土地不是遼闊得驚人，它今天就是巨人的國度。」又是古斯廷所言，但他沒有下定論。且讓與他同時代的俄羅斯人沃孔斯基親王來下定論：「俄羅斯，」他寫道，「是一棟有歐洲外觀的巨大建物，也裝飾著歐洲式門面，但屋內的擺設布置與管理卻是亞洲式的。絕大多數的俄羅斯統治者偽裝成歐洲人，卻以韃靼人作風行使他們的職權。」

這個證言到底有多麼符合現況很難說。在我執筆之際，當代的蘇聯無疑是成就非凡的國家，特別是考量到它的過往與二次大戰的蹂躪。但我幻想著很多斯拉夫的或亞洲的根本性格從未改變，即便經歷最堅決果斷的革新。再說，該民族也不會被我們文明劇增的淺薄所掏空。

～

當我在列寧格勒或莫斯科晃蕩——後來在俄羅斯其他城市遊走也一樣——有時會不知何故地朝向某區域或街道走去，同樣不明所以地發現自己往某扇窗內或中庭窺看，似乎在尋找吸引我的某人

---

19 Bogatyri，巴古拉爾人 Bagulal 是一個粗獷的高加索族群，皮膚較黑，臉又寬又大。他們自稱是「博加提里」Bogatyri，意思是「英雄」。

20 一八一二年庫圖佐夫曾率領俄國軍隊擊退拿破崙的大軍，取得俄法戰爭的勝利。當年因功榮獲最高戰功勳章：一級喬治勳章。一八一三年病逝，葬於喀山大教堂。

21 聖彼得堡是大涅瓦河和小涅瓦河匯聚的三角洲地帶，一七〇三年彼得一世下令建造之初，這裡還是一片沼澤。葉卡捷琳娜二世時期，為舒緩因芬蘭灣水淺而倒灌進入聖彼得堡的海水，開鑿人工運河，因此市內運河縱橫交錯。聖彼得堡市內共有四十二個小島，由四百二十三座橋梁連接。

某事，彷彿另一個我的幽魂——想必是俄羅斯人（還是**旅人**透過我起作用？）——正透過當下的我重訪某個意義重大的地方。因此，出於我自身的渴望以及其他這些敦促，我走過大街小巷，通常都不是遊客會去的地方。

我總會回到指向之星所指引的一些特定地點。其中火車站是我最常去的。在莫斯科，我有時會包一輛計程車，帶著快意的從容說出魔咒：「去雅羅斯拉夫斯基火車站！」西伯利亞鐵路總站！我會悵惘地站在宛如休閒宮[22]的華麗正面——幸福門——之前，就像波斯仙子[23]止步於天堂之門，看著行色匆匆的人們扛著包袱、孩子、茶炊和大袋糧食穿越入口，展開我似乎去不了的漫長旅程。急切開動的火車頭噴出煙霧嗚嗚鳴笛，和候車大廳裡群魔亂舞似的景象融為一氣。在剪票口外的遠處，我看到俄羅斯火車頭典型又奇特的漏斗狀煙囪。我目不轉睛看著它們威風凜凜地轉軌，隨而駛出我的視線，我像情人似的窮目張望，只為留住最後一瞥。在售票處，沒有盡頭的人龍緩緩移動；每個人都持有通行證，憑證始能買票，也才有權利向東前往至我心心念念卻無法企及的那片神祕土地。

沙皇尼古拉一世不信任諸如火車這類的創新發明，深怕它們會引起動盪（與他同時代的威靈頓公爵也有相同看法，他認為火車只會慫恿工人階級不必要地四處移動）。也許蘇維埃當局仍抱持這個觀點，因為一般來說移動並不受到鼓勵。

我沒有通行證，只好黯然回到等候的計程車上。司機通常會躺在前座打盹，身旁滿是葵花籽殼——斯拉夫人就愛這般懶散地大嗑瓜籽。他會突然醒來，開朗地微笑，毫無戒心，通常還會露出鑲銀的牙齒，然後把裝有剩餘葵花籽的紙捲塞給我。邊嗑邊吐瓜殼（傳統上被稱為「西伯利亞式聊天」），我們和樂融融地開回飯店。但是從他頭頂上有裂痕的後照鏡，我看到他瞄向我的表情帶著不解。外國女士驅車穿越一整座城到西伯利亞火車總站，卻只站在那裡觀看，確實荒謬，而且事後還得快快回外國人觀光局[24]報到。

～

如果說我在列寧格勒感到十足自在，那是因為我似乎很了解聖彼得堡，但莫斯科給我的第一印象，則是強烈的震撼——深深震懾，我第一眼看到克里姆林宮，只想大口吞噬它。這是俄羅斯——莫斯科，普希金筆下的金冠莫斯科——真正的血與骨。「在莫斯科，」奧斯特洛夫斯基[25]寫道，「真正屬於俄羅斯的一切，變得更可以理解，更受重視。」

克里姆林宮！什麼樣的字眼能夠形容這個由宮殿、教堂、監獄、寶庫、鐘塔、鍍金穹頂、尖頂和紅牆構成的驚人建築群？其恐怖、傳奇與迷人之處舉世無雙。我想，凡人窮其一生也無法完全知曉它的所有面向。看著它矗立於斯，奢華又野蠻的俄羅斯原型，在莫斯科河的灰色水域之上閃閃發

22 Kurhaus，位於德國威斯巴登市中心的一座溫泉建築。一九〇七年由威廉大帝二世（Kaiser Wilhelm II）下令建造的一座富麗堂皇的療養大樓。
23 Peri，波斯神話裡的仙子，據說是墮落天使的後裔，必須先贖罪以後，才被允許重新返回天堂。
24 Intourist Bureau，蘇聯負責外國人在國內旅遊的單位。
25 Alexander Ostrovsky，1823-1886，俄國劇作家，俄國現代劇院的創建者。以《智者千慮必有一失》、《大雷雨》和《沒有陪嫁的新娘》著名。

光，我的占有欲，我戀人般的貪婪，到了垂涎的地步。

多年來，克里姆林宮的美對我來說從未失去新意。沒有其他建築或場所能與之媲美，在我眼裡，它始終是世界第八大奇蹟。不論是晴是雪，拂曉或黃昏，無不懾人心魄，無與倫比；我記憶中最傲人的美，是從河對岸的窗內看著它籠罩在暴風雪之中；而最令人心碎的美，是在城牆內看著它沐浴在秋夜的暮光中。

後來的幾次造訪，我往往會在觀光人群離開後，特地去享受最後的寧靜時光，我會在伊凡大帝鐘樓的台階上坐定，觀賞漫長的北國餘暉緩緩消逝的劇碼：在金環（Golden Railing）後方，比例縮小的基督救世主大教堂之上，一系列小穹頂之後，檸檬色黃光暈在金色穹頂的映襯下漸漸褪為淡綠的夜光。那些穹頂有細長頸項，形狀優雅，彷彿一群奇異的鳥兒棲息在屋頂上，享受暮光的寂靜，當我轉身離開，總幻想聽到它們像鳥兒一般混戰，為過夜爭地盤，在古老的拜占庭巨鷹之間棲身。

因此，從音樂會或劇院返回飯店，雖然突擊隊作業員在弧光燈下勞動的奇觀叫我驚嘆：個個健壯魁梧的人影群集於正在施工的巨大建築物鷹架下，在幾座水泥攪拌器之間有目的地移動，但我總會離開圍觀的讚嘆群眾，原路折回，在午夜觀看克里姆林宮的紅牆與角樓最後一眼。

無視度量規格或一般比例原則的豪邁大度，在俄羅斯很多老建築上比比可見。粗短的柱子，矮壯的拱廊，侏儒尺寸厚實的門，強烈散發出民族特色；然而整體上仍屬協調。也許這與昔日結實短腿的莊稼漢體格有些許類同，這民族整體來說不見其他民族——不管體格如何強健——的衰減。這同樣的粗獷、堅實和深耕土地的感覺，也可見於最宏偉的紀念碑，它甚至影響了外國建築師的義大利風格：這樣反倒更好，就我來看，它使得本來可能流於華麗浮誇的裝飾，平添了幾許力道。以彼得夏宮（Peterhof）的「盾徽」翼樓為例，其荷蘭風格宮殿上方的半球形屋頂大得不成比例，那鍍金圓頂有如醜惡的鹽窖；它是個童玩，帶有童玩的某種笨拙魅力。

在莫斯科，克里姆林宮的圓頂和尖塔曾經聳立於城市之巔，直到摩天大樓出現。不過就像鄰近的瓦西里教堂的鳳梨狀和洋蔥狀圓頂（「清真寺」，拿破崙這麼看，他覺察到俄羅斯的亞洲調性），從腹地廣大的基底壯碩地拔地而起，如此魁梧、如此蹲踞地拱起，使得它們顯不出真正的高度。

說也奇怪，這同樣的厚實，也得意洋洋地表現在最新建物，克里姆林宮建築群當中的議會大廈（Palace of Congress），其大廳裡乍看低矮厚實的門柱，真實的高度會騙過你的眼睛。整體的效果極其巧妙，結合了十足的當代風格和該民族特有的方正穩固感。

我喜愛這其中蘊含的親密感，我發現它既令人安心又可以理解。舒坦也許是最精確的字眼：當我想起科羅緬斯克莊園（Kolomenskoye）或聖三一修道院（the Zagorsk Monastery），或是頓河沿岸的老教堂，腦中浮現的就是這個字眼。對我來說，它們訴說著「神在我們之中」，如同家裡的聖像；既神祕又私密，像是在清真寺裡。不像哥德式或羅馬式教堂在合理的虔誠中仍保有漠然，而巴洛克風格和洛可可風格則是這同一主調的世俗變奏曲。

～

在堂皇雄偉與親密的矛盾氛圍之下，克里姆林宮也透著不祥的氣息，令人想起諸多的恐怖事件。韃靼入侵者在一三八二年率先在這裡插下馬尾旗（克里姆林在韃靼語中意思是要塞）。光是十九世紀，就有五位不幸的沙皇在城牆內加冕登基。在那五位當中，一位在詭異的情況下死亡或消失，一位據信為了終結戰敗的悲慘服毒自殺；一位被恐怖份子炸得粉身碎骨；最後一位在西伯利亞的一處地窖遭槍殺。後來，克里姆林公審[26]讓黑暗的傳說與事實持續下去。

但克里姆林宮也有其溫柔的一面。托爾斯泰就是在這裡對年輕的索妮亞（Sonia Behrs）怦然心動，訴說愛意。她的父親是宮中御醫，他那快樂又無憂無慮的一大家子就擠在宮中的狹小一隅，置身在中世紀俄羅斯的輝煌之中。在我看來這格外適切，俄羅斯大文豪托爾斯泰就該在克里姆林宮，在莫斯科的心臟，在整個俄羅斯的核心，體現他所有快樂，以及他後來所有的苦澀。

～

當我歡天喜地第一次踏上蘇聯，散漫的宜人氣氛瀰漫著外國人觀光局。我不是說他們沒效率，不過他們在安排事先擬定的行程時顯得準備不足。觀光客是很新奇的事。很少人有明確的概念知道自己想看什麼，或應該看什麼。因此對於像我這類有個人偏好的旅客，他們會仔細考慮，但不會鼓勵。他們信誓旦旦跟我說，沒有其他人要求去西伯利亞觀光。

我想起從莫斯科返回列寧格勒那一趟通宵的旅程，我沒有車票，這在當時是無法想像的事，因為車票包含在飯店訂房、用餐券等等一整串票券之內。我大抵是在歡喜忘形之餘運氣走背。當下我非常驚恐，擔心行程會縮減，於是我努力讓自己看起來既憤怒又帶有盎格魯薩克遜式的俐落幹練，並暗示這肯定是外國人觀光局本身漏給了乘車票券。他們表現的莫大善意，唯有他們對自身效率的莫大疑慮堪比得上，因此他們接受我的指責沒有異議，並重新發給我有效文件。這般的放行當今不可能出現，雖然他們一樣會明顯展現出寬宏氣度。當局在這件事上衷心自認有錯，因此回到倫敦後，我在皮箱內層找到原本的車票時懊悔不已，滿心想懺悔告解，而這是斯拉夫本性裡最根深柢固的一種衝動。

彷彿某種斯拉夫特質終於深植我心，不需再刻意去習得。但說不定到頭來這只是**旅人**展現他遙控能耐的另一個例子罷了。

有時我有種奇異的感覺，覺得不僅我被他引導，從他的眼光看待一切，而且出人意料地，他也透過我發言。答覆外國人觀光局的認真官員時，他貫有的傲慢口氣會冒出來。在莫斯科，我參觀了幾所新的實驗幼兒園和討喜的兒童劇院。也許這些令**旅人**感到無趣。過去幾天他都隱蔽不出，就像我半心半意地參觀其他進步計畫，他也不發一語。眼下當局建議我應該去參訪另一項社會福利的試驗——為娼妓（被描述為帝俄腐敗的最後受害者）所設的安養之家。新落成的安養之家是為她們恢復名譽並重新融入更健全生活方式的計畫一環。

「可是我寧願看到她們幹活。」我聽到自己這麼回答，在我的輕率無禮背後，**旅人**的譏諷語氣明白無誤。我嚇壞了。他讓我做出損害名聲的事。

把**旅人**當作撒旦堅決地推到我背後，我盡力進行補贖，在參觀一所日間托兒所時表現出最熱切的興趣，主要是因為我發現那間托兒所就設立在克魯泡特金的故居，彼德親王，「無政府主義親王」在那裡度過童年時光。他的一切都令我著迷；我欽佩他的理想主義，忌妒他的西伯利亞經歷。透過他的回憶錄，這一些長久以來我都很熟悉，就如同他筆下一八四〇年代在莫斯科家族長制的貴族生

26 Kremlin Trials，一九三〇年代蘇聯大清洗時期由史達林主導的一系列審判。

活。我很想看看他年少的生活環境。

在調馬場後方素淨優雅的昔日掌馬官居住區，是十八世紀末、十九世紀初的典型莫斯科建築。它沒有聖彼得堡那般浮誇，其古典高雅保有一種土地感，一種鄉居生活的感覺。黃牆與白石膏飾物和聖彼得堡的輝煌華麗相比顯得簡樸，但這些老式的莫斯科屋宅，是托爾斯泰在《戰爭與和平》裡描繪的貴族家庭的居所，從他們對生活的概念來看，這些居所寬廣有格調，甚至宏偉，雖然和北國城市的狂熱脈動相差甚遠。在莫斯科我甚至頭一次看到包心菜圃和馬廄，你仍會感覺到與田野大地的親近。

主樓層比例優美的挑高房間內，咯咯笑的嬰兒在嵌花地板上爬行，我試著想像年少的彼德親王就是在此處，最終選擇放棄貴族繼承權。我不禁在想，這房間是否見證了他要與貴族階級的一切弊端陋習斷絕關係的決心？他父親對待農奴的方式，宮廷生活的空虛與沉滯，很快就令克魯泡特金難以忍受。他的人生與思想的軌跡，從他的肖像畫裡容貌外觀的轉變可見端倪。最先是穿著沙皇侍從制服的一個俊俏少年，接著是眼底閃爍著理想主義光芒的年輕人，看見了他選擇服役的西伯利亞地平線之外的遠方，看見了他返鄉後致力造就的一個世界。最後，這位白髮蒼蒼有遠見卓識的人，透過專家的鋼框眼鏡向外凝視，看見新的俄羅斯正在形成，他窮盡畢生心血與財富造就的俄羅斯。

克魯泡特金的回憶錄涵蓋了大部分十九世紀的俄羅斯生活，以及那個急遽改變的年代。身為宮廷侍從，他曾守衛凱薩琳大帝的曾孫沙皇尼古拉一世的靈柩台。因為厭惡宮廷的浮誇作風和禁衛軍團的趾高氣揚，他加入黑龍江哥薩克軍團（對於時髦的聖彼得堡來說，等於是在社交上自毀前程），後來駐守西伯利亞東部。在那裡，行政的改革以及地理、植物方面的科學考察占據他的生活，最後他返回家鄉，以無政府親王聞名，開始參加革命活動。流亡海外期間他加入了瑞士的政治流亡者行列，最後在倫敦落腳。

當他年事已高，為了理想一貧如洗，又與革命浪濤失之交臂，依舊帶著從未失去光澤的信念回到俄羅斯。儘管列寧關切地指派最優秀的醫生醫治他，在理想幻滅與備受忽視中，他於一九二一年辭世。當局為他舉行國喪；但他的喪禮出現一些反諷的插曲，值得在此一提。「無政府親王」的一些無政府友人，本來被關押在可怖的布提爾卡監獄（Boutirky）（在托爾斯泰的《復活》變得不朽），卻出乎意料地獲准假釋，為他們的領導辭棺。其他原本列名出席的人，均由肅反委員會（Tcheka）匪夷所思地宣告不克參加。國際性組織也沒有出席致意，因為克魯泡特金格外厭惡它。於是悼念者在柴可夫斯基的「悲愴交響曲」中前進，整體來說這曲子擇得不錯，因為那是主張「有威權的地方就沒有自由」或「我們無政府主義者力求掙脫社會主義的囚牢」這類危險觀點的橫幅最後一次出現在新的俄羅斯——克魯泡特金致力爭取的新俄羅斯。某位見證者說，那是最後一次反布爾什維克主義的大規模群眾示威。也是十足老式的俄羅斯情節；像十二月黨人起義那樣的俄羅斯情節，有勇無謀又因為滿懷理想而顯得高尚；也跟果戈里筆下最怪誕的鋪陳一樣悲喜交加。

～

慢慢地我開始覺得，**旅人**對於我選擇到哪裡走走晃晃的影響力太大；我變成他重遊舊地的手段或工具——而這些場景，就像我的女家庭教師評論他寄給我的那些明信片，「格調不佳」。

「Cubat——是什麼？」導遊問，一位認真的年輕人，對慫恿我出遊的放蕩鬼魂一無所知。她說不出這家知名的餐廳位在何處，也無法告訴我另一家「Ourouss」餐廳是否還在營業。

「妳想找餐廳，吃東西？我們有很多餐廳，糧票本在哪？」她開朗甜美地微笑著，那是俄羅斯女人典型的明亮溫柔表情，**旅人**喜歡一說再說的那種溫柔。這是充滿婦人味而非女人味的笑容，克服了平庸的身材和不得體的衣裝。這種特質在西方國家更世故老練的女人身上愈來愈少見；沒有哪個政權改變得了的神情，承平或亂世皆如此。在我想像裡，某些最堅決的虛無主義者臉上就掛著這種笑容，它也掛在那些投擲定時炸彈（往往是用有問題的做法自製，不見得可靠）的恐怖份子臉上，他們依舊是出於愛而這麼做，深愛一種理想，深愛四海兄弟，如果不用這種手段就不能達成——至少他們是這麼認為的。因此，他們溫柔地微笑著，對他們的無政府主義同胞，對他們的愛人，對他們狂亂的家人，很可能也對他們的受害者溫柔微笑著；肯定也對他們的法官和行刑者笑著，只因他們慷慨激昂，又不可思議的堅定。

我常聽**旅人**詳述俄羅斯女人的特質，但俄羅斯男人呢？此際我也慢慢形成對他們的看法。從他們跟女人的關係中顯見的某種不言而喻又明白無誤的特質來看，他們獨一無二。他們不見得用拉丁情人最擅長的花言巧語來求愛或贏得芳心。又或，不見得有沙漠阿拉伯人這另一類征服者的動物性或者說鷹隼般的吸引力。因為他們保有某種動人的浪漫特質？因為在他們眼裡，女人仍是神祕的堡壘，從各種意義來說，有待攻占但也有待寵愛？這也許帶有狂暴與殘酷氣息。當時我很年輕，也自認漂亮，而且我大量旅行。我的閱歷豐富，能夠衡量不同種族的男人。而我總會回歸斯拉夫男人。當他們看著妳，不見拉丁男人的老練內行，也不見東方男人充滿占有欲的眼神；他們望進妳的雙眼，以及更深處，彷彿看透表象背後。總之，他們想了解眼前的女子，不管她千嬌百媚或纖柔脆弱。男人不喜歡被看透，優鐸希亞舅母說；在女人身上則不然。

～

「Cubat's?」我的導遊再問一次，急著要把她祖國所有餐館找給我。但我無法跟她說明所有細節。要如何解釋**旅人**跟最揮霍的同伴在那裡尋歡作樂的荒唐夜晚？闊少、軍官和生活奢靡的商人也上那裡去，因為即便要在首府墮落，也不能在三教九流的地方。一九一七年十一月天色漸漸變暗的某個短暫下午，**旅人**就在這一類的地方。歷史性的一刻。我記得那是在科西嘉島，當我問他那歷史性的一天是怎麼過的。

他大笑。「妳瞧，歷史就是有辦法出其不意。」對**旅人**來說，對其他很多人來說，那只是另一個平常的日子。對他而言，那天是幽會的好日子，他預備在那餐館樓上專為情人幽會而設的房間內好好享受一番。

他剛遇見一位迷人的姑娘，她的火熱，唯有她丈夫的醋勁比得上。但很值得冒險；**旅人**為她神魂顛倒。

「好個尤物！多麼火熱！當我把她攬進懷裡，她竟暈了過去！」因此，當他匆忙走在怪異地空無一人的街道時，並不覺這飄懸著陰森氣息正伺機而動的城市有何異樣。那是不安的年代。當時是四點鐘，天色已經暗下來，薄暮中透著冷冽寒光。不過一投入戀人的熱情懷抱，一切都被拋諸腦後——即便看到寥寥幾個態度冷淡的侍者倉皇快步又古怪地心不在焉，他也沒多想。只是要反覆搖鈴他們才有回應。香檳不夠冰，魚子醬也不是他點的那一款。情況很詭異……幾個鐘頭後，這對戀人要欣賞吉普賽人表演，唯有吉普賽音樂才能恰如其分地讓這個夜晚圓滿；但沒有人應鈴，他們愈來愈生氣。

最不尋常的寂靜瀰漫餐館樓下，**旅人**下樓查看，發現餐館空蕩蕩。餐桌只鋪一半，昏暗的用餐廳不見半個人影。門廳的一盞大吊燈閃爍著異常明燦的光，照亮橫躺在門檻、裹著熊皮斗篷在打鼾的人。那是看門人。**旅人**將他踢醒。他似乎嚇了一跳。他說他以為裡面已經沒人。抓著一支空的伏特加酒瓶，他搖搖晃晃起身。

「先生不知道嗎？革命開始了！先生沒聽到槍聲嗎？喔，也許沒有……」他調皮地眨眨眼。「他們一直在轟炸冬宮，」他繼續說，「但我想我們在這裡夠安全，他們有別的事要想……我們也是……這裡有很多吃的喝的。」他咂了咂嘴。「我把所有的門都上鎖了，把鑰匙都丟了，沒有人進得來。」他自豪地說。

或者說，看來也沒有人出得去，那些門上粗橫槓和鐵遮板的窗會叫人打消出去的念頭。只有剁肉刀能把橫槓砍斷。顯然隨遇而安才是上策。看門人滿足地打了個嗝，抱著一瓶伏特加，拉著毛皮外套蜷縮身子，馬上又睡著了。**旅人**在廚房和地窖裡找來一些吃的喝的，上樓和戀人團聚。革命帶來了很多事物，其中包含了個奇妙的消音器，它消除了發怒丈夫們會問的尷尬問題。

對於風起雲湧的歷史性一刻，這段逸話不是很有教化意味；但它襲上我心頭，我聽到**旅人**大笑，再度看見他跟我說起這故事時不懷好意地笑。眼下他讓我來到這地方，甚至用那場幽會的隱約回音激起我的妒意，他可是樂上加樂；而且還冒犯了年輕一代的俄羅斯更嚴峻的道德感。

我在俄羅斯的初次造訪並未失望，一切和我想像中的一樣，因為我停留在我渴盼的視野內。一回在書房內我熱烈嚮往俄羅斯，於是**旅人**說：「妳永遠會是個快樂的旅人，妳深深沉浸在幻想和昔日場景裡，它們已成為妳的一部分，甚至比妳周遭事物更真實。幸運的小傻瓜！妳的旅程永遠會把妳帶回妳想望的這個奇幻世界。」果真如此。縱使透過莫斯科地下鐵的宏偉建物，以及熱切的市民一起揮動鏟子表示團結中，象徵性地轉了個彎，也沒有冒犯我內心珍藏的那些遙遠視野，在那之中，地鐵仍屬未知，但有三駕馬車，一路上都是三駕馬車。

我在冬天壓境前乘最後一艘船離開列寧格勒。瑞雪已降下，往南飄移的大浮冰干擾了航行。離開時我不覺苦惱，我知道我會再回來。西伯利亞仍是幻夢，但有朝一日它也會實現。往東的第一步已經跨出去——旅程已開啟。

第十五章

返國後我對俄羅斯的一切更加熱中，就連最有共鳴的朋友們也感到些許不安。政治局勢早已底定，俄羅斯以蘇聯之姿耀武揚威地崛起，但我仍對這個國家持有主觀的想法，不把俄羅斯看得神聖，也不看得邪惡，只從**旅人**的眼光來看它：為了討我歡心而遙想的那個俄羅斯。那其中有多少是他的真實記憶，有多少是他個人的幻影——對他來說也很遙遠，但為了我倆珍視的浪漫幻影「創造」而非「再現」的俄羅斯——我從來沒有答案。

與此同時，俄國人和英國人都冤枉我圖謀不軌。我遇到的幾個蘇聯公民，見我這麼一個明顯過著中產階級生活方式的人對他們感興趣都很好奇，而俄羅斯白軍，尤其是持有南森護照的世代，則認為我的興趣是危險的偏差，他們原本以為我首度造訪蘇聯會幻想破滅。眼下我發現自己被排除在幾戶人家親切的餐桌外，因為男主人和女主人都對我的見解不以為然：如此高談闊論，更何況——噢！莫大的錯誤——在僕人面前說那樣的話。「我真希望她沒有……那只是在他們腦裡灌輸一些觀念罷了。」他們這麼抱怨，深知僕傭這一類人將瀕臨絕種，必須當成野生動物一般保育，或當家神一樣安撫，卻沒了解到，在如今偏好被稱為家務工的這些人的腦袋裡，「觀念」已經換成最後通牒。

但我自認已經渡過額爾齊斯河，就如俄羅斯諺語說的（額爾齊斯河是流放西伯利亞的政治犯往東行必須渡過的一條河；一旦渡了河就回不了頭）。就連我表態接受最表淺的新俄羅斯，也必須受到質疑的眼光甚或漠視，彷彿我在小卡爾頓俱樂部（Junior Carlton Club）外高舉紅旗。

幾年後我計畫另一趟蘇聯行，在申請高加索簽證時遭到拒絕；這件事很令我沮喪難過，我自認我的熱忱與目的有助於蘇維埃得到贊同。當時我自視甚高，打算寫一本談論高加索戰爭的書，只是要再過二十年才寫成。值此之際，我的簽證遭拒令一位老朋友乖戾地大怒，他在俄羅斯出生，但在英國長大，他用本國方言說道：

「不發給妳高加索簽證？全是厚臉皮的無賴！他們以為自己是誰啊？」他說，怒視著蘇聯大使館的方向。「不過妳也活該，竟想去那麼偏僻的地方。」他說。由此可見，他被英國精神同化得有多深。

三〇年代的倫敦對俄羅斯的一切有明顯的偏見，甚至在藝文方面也是，不過極白皙的雙腳表演的顫躍[27]或其他芭蕾舞步則是例外。俄羅斯熱尚未變得時髦。然而在一九三四年，迪巴西爾上校（Colonel de Basil）的芭蕾舞團轟動倫敦，一夜之間，芭蕾舞的魔力發威，芭蕾舞熱蔚為流行。來自巴黎和蒙地卡羅表演場的舞者，大多都非常年輕，是俄羅斯流亡者的第二代，但其中有少數在俄羅斯受過訓練。有一些屬於達基列夫的舞團：技師、舞台經理、編舞者、樂師，全都是俄羅斯人，他們自成一個世界，一群混亂又散發魅力、閃閃發亮的丑角人物，其公眾生活或私生活很快變成英國大眾關注焦點。頭幾季演出期間他們尚未變得嬌縱，住在大英博物館附近的昏暗旅館，狹小的臥房堆滿扁皮箱。馬辛[28]下榻薩伏伊飯店（Savoy），其餘的人更節制。他們的母親（因為他們總是全家出動）縫補緊身衣，為了讓孩子登上首席台柱相互鉤心鬥角；有一些只會說俄語，孩子登台時，則全程站在側廳喝采鼓舞，像沸煮的水壺，激動地對孩子可能遭受的侮蔑進行反撲。她們各個都有精彩的故事可說，不管是冒險的故事、在鐵路車廂分娩的故事、在大草原放縱的故事；也許有過一段和某大公邂逅的絢爛青春。在這個母權群體裡有幾位父親，但他們的作用並不明顯。確實，芭蕾舞者的父親不常現身，坐鎮指揮的都是芭蕾舞者的母親，因此我時常在想，芭蕾舞孃也許不是無染原罪的花朵。

當演出季結束，一整團人前往更絢爛光耀的蒙地卡羅後消失無蹤，我總感到幾許冷清。當時我

27　躍起兩足騰空交叉數次的芭蕾舞步。
28　Léonide Fedorovich Massine，1895-1979，編舞家。

住在奧爾巴尼區（Albany），為一本時尚雜誌工作，雜誌社鼓勵我在工作上和生活方式上追求他們口中的「高雅生活（Gracious Living）」。我偏好把這種「高雅生活」說成「天哪」的生活（good-gracious living），總在尋找逃脫之道。看芭蕾舞劇就是我的出口之一，鼓吹高雅生活的人當時尚未對芭蕾舞著迷。唉，舞團離開後，我再也不能從「高雅」聚會溜走，前往舞團在布魯姆斯伯里（Bloomsbury）寄宿處的扁皮箱和髒亂之間找尋樂子。我不得不擱下熱愛的顫躍，改用更冷靜的方式表達我的俄羅斯熱。

所幸這些都不缺。在我工作一整天後，如果最後找得到一屋子俄羅斯知識份子探討某個遙遠的主題，擠公車跨越倫敦多遠的距離我都不嫌累。當公車往北或往南走（他們一般都聚集在這兩個舊社區，老實說相當不舒適），我的心變得輕盈，只因再過不久我就能聽到我渴望的那種談話。梅列日科夫斯基[29]的《果戈里與群魔》（*Gogol and the Devil*）這本奇書；別林斯基[30]對他同時代人的影響；阿赫瑪托娃[31]的詩；或勃洛克[32]或葉賽寧[33]的詩——因為在窮困中，政治偏見並不存在。

公車每一次搖晃，我就更靠近那幻境幾分。我們經過燈火通明的街區，人群湧入沙福茲貝里（Shaftesbury）大道一心作樂，櫥窗裡滿是黑色蕾絲內衣和色情廣告；當公車轉入較昏暗的路段，穿越七晷區（Seven Dials）朝向聖潘克拉斯（St. Pancras）、伊斯靈頓（Islington）或霍克斯頓（Hoxton），劇院刺眼的強光消退，這一區的倫敦拜克魯克香克（Cruikshank）為狄更斯作品或《滑稽年鑑》（*the Comic Almanack*）所繪的插圖之賜，變得不朽。曾經髒亂又邪惡的場景，此刻只見老舊煤氣燈管發出的淡綠色光暈，偶爾從一度典雅的前門上方楣窗中透出來，還有幾隻寂寞的貓，悄悄在扶欄之間徘徊。安靜的街道和月牙形的一排屋宅有幾抹人影：這裡是倫敦市近郊，一個被埋沒的區域，在每晚降臨的寂靜中歇息，員工離開了辦公室回到更外緣的郊區和綠帶圈（green belt）。住屋的短缺尚未使那些心胸開闊的倫敦人來到我描寫的這些區域，為一些巧妙修復過的攝政時期、或非常早期的維多利亞風格房屋，放棄「他們的」倫敦（這在三〇年代一般指的是梅菲爾區或西南七區由馬廄改建的公寓）。這裡沒有甜粉紅或萊姆綠的門或窗口花壇打破沉悶的立面。很多流亡者隱身於此，往返於大英博物館閱覽室，他們在那裡接一些翻譯或研究的零星差事，長時間工作，埋首在書庫裡，筆記本之間擺著一個不新鮮的圓麵包，好讓他們在黃昏走路回家的漫漫長路維持體力。

我的俄羅斯朋友們沒有人有車；有些人甚至買不起公車或地鐵車票。他們到哪裡都靠走路。計程車純粹不在他們的概念裡，其他的交通工具也被看成罪惡的奢侈，我因為財務狀況也所見略同。對我來說，搭計程車必須謹慎斟酌——遇上緊急狀況或盛裝打扮外出才搭，而前往伊斯靈頓的這些夜晚肯定不屬於這些情況。倘若我很早就開始向下沉淪依賴計程車，我的閱讀無疑會少很多。在長途巴士上我善用了無數時光，埋首於口袋版的經典文學。赫爾岑的回憶錄《往事與隨想》最常在這一路上陪伴我，一共六冊，每一冊的大小都剛好可以放進手提袋便利攜帶。

了不起又啟迪人心的赫爾岑！要不是倫敦的運輸系統，我會那麼愛他、了解他嗎？在尖峰時段

29 Dmitri Sergyeevich Merejkovsky，1865-1941，俄羅斯作家、哲學家，俄羅斯最早的象徵主義者之一。
30 Vissarion Grigoryevich Belinsky，1811-1848，俄羅斯思想家、文學評論家。
31 Anna Akhmatova，阿赫瑪托娃為筆名，原名是安娜．安德烈耶芙娜．戈連科，1889-1966，被譽為「俄羅斯詩歌的月亮」。
32 Alexander Blok，1880-1921，俄國象徵派詩人，代表作有《雪之面具》、《豎琴與提琴》、《恐懼中的世界》。
33 Sergey Aleksandrovich Yesenin，1895-1927，俄羅斯文學史上意象派的創始人，以抒情詩為主。

的地鐵內踉踉蹌蹌拉著吊環站立時，他陪伴著我。他在莫斯科聆聽白頭公主話當年或別林斯基的犀利評論，我也伴著他。當奧加遼夫（Ogaryov）背叛他時，我在尼斯陪著他。我是他的紅顏知己，陪他度過流亡伏特加（Viatka）的寂寥生活……當二十七路公車駛向里奇蒙區，總會帶我到喬蒙德利大宅，在那裡，赫爾岑和他年少的兒子在深夜激昂地誓言爭取自由。漢普斯特德高地[34]成了俯瞰莫斯科的麻雀山[35]，少輩的赫爾岑同樣呼喊自由，誓言為十二月黨人復仇。赫爾岑應該會在我認識的流亡者當中找到很多志同道合的人——他們因他熱切期盼的那一場大革命而流亡異鄉，而他創辦的刊物《警鐘》[36]也奮力鼓吹那場革命。

在我眼裡，赫爾岑和我的俄羅斯友人一樣真實，要是我發現這位留鬍子的巨人出現在我經常造訪的那些人之中，坐鎮某個地下室公寓，侃侃而談，直到深夜，我會毫不訝異。

於是，隨著我在其他更優雅的場合從未有過的興奮加深，我終於來到破落的門階，往地下室（最廉價的，因此通常是流亡者落腳的地方）探去，隔著隨意拉合的簾子，瞥見這個蒼白又激動的圈子，人人狂躁地辯論，他們的手勢和嗓音如此孔武有力，相形之下他們的臉色多麼憔悴疲憊。當我佇立幸福的門檻，他們的談話片段迴盪在水痕斑斑的石階，如此撩撥誘人，瞬間那台階、門道和昏暗街道彷彿充盈著金色光輝——知識與欲望的光芒。

我對俄羅斯文學和音樂的認識，就在這類溫室內生機盎然的熱帶氣息裡蓬勃發展，不久後我加入「蘇聯和英國文化交流協會」，一個促進講座、藝術表演和電影交流的組織。我相信那是一項誠摯純真的大膽嘗試。以電影來說，那當時側重於引介俄羅斯文化；《我的童年》[37]的演員或主演《伊凡雷帝》的切爾卡索夫[38]，大大搶走了飾演妮爾．珪恩[39]的安娜．尼格爾（Anna Neagle）甚或飾演納爾遜[40]的勞倫斯・奧立佛（Laurence Olivier）的鋒頭。然而後者的演出一般來說更受讚賞。我想開拓影劇學會（當時在倫敦看俄羅斯電影的唯一管道，除了電影協會和工人電影協會之外）節目內容的微小努力注定失敗。我寫信力勸朋友舊識加入我的行列觀賞形形色色的斯拉夫電影，但很少得到回應，或者回應冷淡。也許我用文化協會的信箋寫信是個錯誤。那赤色鐮刀與錘子的浮雕圖案通常會令人皺眉頭。

多年後（在五〇年代），外子和我被派駐美國期間，我發現剩餘的一疊惹人不快的信箋也隨同我飄洋過海。當我有必要寫信給少數幾位美國舊識，而且我知道他們是名噪一時的麥卡錫參議員[41]

---

34 Hampstead，倫敦的一個區域，長期以來以知識份子、藝術家和文學家居住區著稱，在二十世紀上半葉又容納了大批逃避俄國革命和納粹的知識份子。

35 Sparrow Hills，一八二五年俄國十二月黨人起義遭到鎮壓，當年十四歲的赫爾岑和摯友奧加遼夫在莫斯科城郊麻雀山上宣誓，決心繼承十二月黨人的革命傳統，「替那些被處死刑的人報仇」。

36 一八五二年赫爾岑僑居倫敦時創辦的革命刊物，刊物通過各種渠道傳入俄國，對俄國的革命運動起著很大的推動作用。

37 *The Childhood of Gorky*，根據俄國著名的小說家和劇作家高爾基的自傳所改編，一九三八年上映。

38 Tcherkassov，即 Nikolai Cherkasov，1903-1966，俄國演員。

39 Nell Gwynn，1650-1687，英國女演員，英王查理二世的情婦。

40 Nelson，1941 年電影《漢密爾頓夫人》，根據英國海軍上將納爾遜（Lord Horatio Nelson）與英國大使妻子漢彌爾頓夫人（Emma Lady Hamilton）的故事改編的愛情故事。

41 Senator Joe McCarthy，一九五〇年開始，美蘇冷戰局勢緊張，美國社會擔憂共產主義滲透顛覆，麥卡錫利用公眾的擔憂掀起一波反共活動，曾聲稱握有一份雇於美國國務院的「共產黨員和間諜」名單，使他突然聞名全國。麥卡錫從來沒有能夠為這聳人聽聞的指控提供可靠證據。

的仰慕者，我樂得把那些信箋派上用場，信頭的赤色圖樣用顯然草率的筆觸塗掉。不過這不符外交慣例，我不得不把信箋丟到垃圾桶。希望那些信箋沒帶給清潔夫難堪才好。

第十六章

我從未完全放棄希望，始終盼著再找到**旅人**，或至少探得關於他或他兒子們的線索。謝爾蓋可能去了美國，尋找眾所周知的一桶金，但不會是卡姆朗。他們的父親則又是另一種人。他總是罩著一層謎霧和戲劇性氛圍，我相信他在俄羅斯某處——在西伯利亞或蒙古荒漠，無法對外聯絡或無法離開。否則他為何不回到我身邊？（這個推測遠比其他可能性更讓我接受，我甚至無法考慮他會拋棄我。）

因此，既然目前再次前往蘇聯的旅程太昂貴，也很困難，我只好滿足於更傳統的旅行；風景名信片般的歐洲我沒興趣，我總拿它和我所渴望的亞洲相比。而巴黎近在咫尺，很多俄羅斯老朋友就住在那裡，我總希望有一天有人能多少透露**旅人**失蹤的原因。但他們似乎不願意幫忙，甚至不願意談到他，我總看見茫然的眼神或含糊地聳聳肩。儘管如此，我也害怕發掘某些真相，因此從沒追問，始終在他們之間遊走，彷彿踮起腳尖，用耳朵對著一個隱形鎖眼，想聽到一閃即逝的暗示。不過他們顯然避免談到他，不管我有沒有在場。

「蘋果紅了莫窺探，免得失去我們的伊甸園」，**旅人**背誦白朗寧詩句的沙啞嗓音又在我腦中響起。我的伊甸園已隨他而逝，別再尋覓他比較明智，讓他消失在我半成不全的渴欲世界裡。在那裡，我們似乎偶爾仍會相遇，一起溜走，穿越畫框，或藉著魔咒密語，進入出走遊戲無邊無際的天地。阿咪轟！阿咪轟！吾愛！

流亡者圈子漸漸地人愈來愈稀少。弗蘭格爾將軍的手下分散各地；老邁的相繼過世。有些人搬到俄國人聚居地聖熱訥維耶沃—德布瓦[42]度過晚年，在城裡已不見他們的蹤影。莫茲尤辛[43]在久病後過世；這位萬人迷據說與人相約喝下午茶時在點餐或點茶時嚥下最後一口氣。在巴黎的東正教主座教堂內，譬如在克里米街上（Rue de Crimée）的小禮拜堂，臉孔也在改變，其五官變得立體深邃，因為年輕一代很多人與法國人成婚。濃厚的斯拉夫血液正在變稀。那裡仍有很多俄羅斯裔計程車司機，壓低的貝雷帽遮住再明顯不過的斯拉夫扁平五官，跟他們令人發毛的R發音一樣清楚顯示了他們的出身。但巴黎也在改變，開始沉溺於後海明威時期的大舉入侵，發現美金有很多好處。

很少有俄羅斯流亡者想聽我描述新興的俄羅斯。他們無法接受新俄羅斯的存在，遑論進步的俄羅斯；跟他們一同徹底沉湎於過去簡直不雅，但也簡單得多。

在三杉巷（le Passage des Trois Sapins）這條暗無天光的死巷盡頭，有間骯髒不堪的小旅社。年邁、勇敢又孤寂的薩珀尼科夫女士在這裡找到藏身處，窩居六樓的一個小房間，以女裝裁縫為業，她手藝出色，卻收費低廉。她曾在莫斯科經營一家女時裝店，但那是久遠以前的事。而今，她從逃難中搶救出來的那些針線和手藝只吸引少數顧客和貧窮的流亡同胞，以及一些到處找便宜貨且毫不

42 Ste. Genevieve de Bois，位於巴黎南郊的城市。

43 Ivan Mosjoukine，1889-1939，俄裔電影演員。

留情的法國小資產階級，她們準備受罪地爬上六層油膩昏暗的階梯，而每個樓梯間都有一間飄著惡臭的廁所，經常有拖著腳步走、鈕扣已解開或穿著晨衣的住戶在使用。

我也接受這些不便，吸引我的不僅是薩珀尼科夫女士的手藝和價格，還有瀰漫其中不折不扣的杜斯妥也夫斯基式氛圍。你不需發揮想像力，便能深信自己回到聖彼得堡那些地區，杜斯妥也夫斯基筆下無數的奇妙場景就在那裡；我首度造訪列寧格勒時，曾在那些街道晃蕩，想像自己遇見了書中人物，重溫每一幕，搜尋秣市後方的悲涼地區，在杜斯妥也夫斯基的年代，那裡的酒館擠滿了莊稼漢和娼妓，有手搖風琴單調地奏出憂傷的氣息。法式搖弦琴仍會在巴黎十五區響起，我總是聽得入迷。

「街頭音樂……我非常喜愛，」拉斯科尼科夫[44]說，「尤其是在冷冽灰暗的冬夜裡在街頭滾筒風琴伴奏下唱的歌，而街上行人個個面色青白一臉病容，雪像凍雨般落下，直直落下，一絲風也沒有，街燈閃亮……你知道的吧？」

「我不知道，抱歉。」不起共鳴的陌生人答道，當拉斯科尼科夫對著他說話。但我知道，漫步在弗雷米古街（Rue Frémicourt），捕捉到一些古怪旋律的片段，我渴望著杜斯妥也夫斯基使之不朽的陰沉沉聖彼得堡，在法式搖弦琴的召喚下歷歷在目。在薩珀尼科夫女士住的小旅社，我馬上忘神的進入馬梅拉杜夫（Marmeladov）一家子在寄宿處過著悲哀又怪誕的生活；在書裡是馬廄的一角。

一股醋酸味，從包心菜湯飄散來的，它平穩擺在薩珀尼科夫女士五斗櫃大理石表面一角的煤氣爐上慢燉，強化了這幻覺。隔著發黃的網眼簾，我向下窺視像一口井似的中庭，看見模糊的人影進進出出。索妮雅[45]瑟縮地揪緊她的薄披肩。凱瑟琳[46]猛咳不停，遙想著往日光輝，灌輸她茫然的孩子們如何虛與委蛇。另一個人影——是杜妮[47]？或者又是索妮雅？不過這人俏麗幹練，看來不大可能是上樓讀聖經。光線自她四樓房間流瀉。有個男人跟隨她上樓。他看來不大可能拜倒在她石榴裙下，也不可能為這世界或他自己的罪孽請求寬恕，因為這裡是法國。這回書中人物步出了他們的框架，破除魔咒。

但再看仔細！陸辛[48]來了，越過中庭，後頭跟著粗魯的莉佩夫切佐（Lippevechzel）夫人這位德裔舍監和她的波蘭佬情人，忙著為馬梅拉杜夫（Panna Marmeladov）跑腿。那猛力推開玻璃門進到迴廊，走路大搖大擺的人肯定是史維德里蓋洛夫[49]，往另一個出租屋走去。也許是亞德里安堡旅館，會有老鼠爬過他的床罩，把他從情色的夢魘中驚醒，他夢見床上有好幾個渾身彩繪的淘氣小小孩。在井的對面，從燈光昏暗的窗口望見的旅社遠端，很像有邪靈的娃娃屋。許多傀儡人物虛應故事過著某種不幸的人生。事實上我從未看過特別令我感興趣的事，但這些人會根據我的劇碼演出，倘若有兩個男人的身影長時間交談，他們馬上會化為巴朗（Baron）和柯斯蒂列夫（Kostylev），因為這場景有時會轉換成高爾基筆下的《底層》。

44 Raskolnikov，《罪與罰》裡的男主角。
45 Sonia，馬梅拉杜夫的女兒，為養家賣身。
46 Catherina Ivanovna，馬梅拉杜夫的第二任妻子，患有肺病。
47 Dounia，拉斯科利尼科夫的妹妹。
48 Louzhin，杜妮的夫婿。
49 Svidrigailov，杜妮擔任家教的那家男主人，頻頻向杜妮示愛但遭拒。

有個蒼白孤單的年輕人格外吸引我注意。他很少離開一張堆滿紙張的桌子，偶爾會在那桌上寫畫些什麼；他似乎很絕望。簡直是拉斯科尼科夫本人，憂悶地構思謀殺計畫。他隨時會起身，走到櫥櫃，偷偷拿走致命的錢包。但是薩珀尼科夫女士知道他的來歷。她移走啣在嘴裡的大頭針，因跪在地板上量裙襬耗去她衰弱的體力而氣喘吁吁，她說他是鄰近一所中學的體育老師，因為背部拉傷暫時無法行動，可憐的孩子，正在練一種新型的柔軟體操。他來自第厄普的一個幸福家庭，而且跟里爾（Lille）出身的女繼承人訂了婚，她補了這一句。於是我回到我自個兒的幻想，置換成俄羅斯場景。

包心菜湯的氣味滲入我的頭髮和衣服，整個試衣過程我耐心站著，雙眼凝視著沙皇全家福的明信片，那褪了色的明信片邊角捲摺，釘在床鋪上方，旁邊有一束破損的紙玫瑰和綁著緞帶的復活節蛋，蛋面繪有俄羅斯雙頭鷹。

角落掛著一幅小聖像，外觀黏膩，薩珀尼科夫女士不會考慮賣掉。它集神聖俄羅斯、俄羅斯母親、幽影和回聲為一體——她目前僅有的一切。

「如果我們把袖子做成拉格朗袖[50]呢？」她喘著氣，從桌底下翻出一本破爛的剪裁紙樣。拉格朗？我的心飛過歐洲，順著多瑙河而下，越過多布羅加地區[51]到了瓦爾納[52]（不是我後來了解的，在一九四六年由紅軍管轄的瓦爾納），一個泥濘或塵埋的村莊，一八五三年英法聯軍開往克里米亞的戰場。在那場慘烈的無謂戰爭裡，不就是拉格朗勳爵發號施令？不就是這類的老紳士與南丁格爾攜手抗戰，讓他的手下官兵走運一些？

他打過滑鐵盧戰役，敵人仍粗心大意地以為他是法國人；這讓法軍統帥康羅貝（Canrobert）和帕里西耶（Pélissier）憤恨在心，而他們正與他並肩作戰。

「那麼就裁拉格朗袖？」薩珀尼科夫女士堅持，她揮動裁刀，一條捲尺圈在她臃腫的身軀。拉格朗袖……這種剪裁確實是以這位老將軍的姓氏命名；我想了起來。他年少時擔任威靈頓公爵的副官，在滑鐵盧戰役失去一條胳膊，於是想出了這種闊袖的服裝可輕易穿脫，還可罩住殘肢。當醫官為他截肢，他一臉堅忍泰然，眼見勤務兵正要把截下的斷肢移出房間，他說：「嘿，把我的手臂拿過來，我妻子給我戒指還戴在手指上。」

克里米亞的指揮官全是大英雄，其中很多都曾在威靈頓公爵麾下效命過。可畏的卡迪根勳爵（Lord Cardigan），蓄絡腮鬍，一身青甲，兇殘無比，帶領輕騎兵衝鋒之後，冷靜地回到他的快艇，享受香檳晚餐。另一方——我無法把俄羅斯想成是敵方——有柯爾尼洛夫（Kornilov）死守塞瓦斯托波爾，他命令手下若見他下令撤退，便用刺刀取他性命；緬希科夫親王指揮阿爾馬河戰役，對戰局樂觀得驚人，命人搭起一座看台，邀請許多優雅的女士透過珍珠把柄的歌劇望遠鏡登台觀戰，結果慘不忍睹。

我的心思從克里米亞將軍們的逸事，轉到和戰爭很不相稱的克里米亞半島海岸的絕美風光。平靜海岸上的大汗王宮、淚泉以及**旅人**從小熟知的那些宏偉莊園的大理石和棕櫚樹，在我腦海裡雜陳

50 Raglan，連肩袖，袖口直接連著領口，沒有肩縫。
51 the Dobrudja，在多瑙河下游和黑海之間的區域，涵蓋保加利亞和羅馬尼亞的領土。
52 Varna，保加利亞城市，位於黑海西岸。

堆疊。我開口問起薩珀尼科夫女士克里米亞的生活。但她從沒去過那裡，「除非妳把擠入雅爾達（Yalta）碼頭等待撤離到君士坦丁堡那段恐怖的日夜算進來？」她看見載著瑪麗亞・費奧多羅芙娜皇太后及其隨從的英國戰艦開往英國。那艘戰艦以非常緩慢的速度駛過近海。一身黑的小小人影獨自佇立甲板上，最後一次凝視長久以來的祖國俄羅斯。在碼頭等待的人落下淚來，心知她正為他們掉淚；就像她也為兒孫和囚犯哀泣；她不知他們的下落。淚水滑落薩珀尼科夫女士的臉龐，當她想起這一幕時。

她拭去眼淚，對著老明信片畫了個十字，對薩珀尼科夫女士來說，和這皇族家庭有關的任何回憶都是神聖的。

從一隻腳換到另一隻腳（試衣的過程很長），我試著把她的心思轉往更快樂的時光——在基輔的生活，她度過童年的家鄉。談起基輔，回憶著遠方景致，她淚水乾了，也顯得感情豐富。從她的雙眸，我看見基輔的修道院和大教堂嵌著金星的穹頂，在烏克蘭的陽光下閃閃發光，籬笆低矮的園圃內果樹結實纍纍，洋槐花朵白塵似的撲灑在靜謐街道上：那裡的星光與月光比哪兒都燦亮……這是果戈里的《五月之夜》、《狄康卡近鄉夜話》描寫的地區，這些都是伴我入眠的枕邊故事，此刻我隨著薩珀尼科夫女士進入她的童年，分享她的渴望。

「那時候我們多快樂呀！那段時光一切都那麼美。」她說。當她環顧目前委身的陋室，一抹驚訝、甚至是震驚的神情凝結在她臉上。但她斷然回到手邊的工作，用患有風濕卻依然靈巧的手指縫腰線。「到了晚上，」她繼續說，帶著同樣的斷然，「爸爸會拉小提琴，他的兩三個朋友會加入他。我記得他們常拉舒伯特……我們小孩子獲准熬夜聽他們演奏。我們圍坐在桌旁，媽媽會點燃茶炊。

當天課業表現最好的人可以得到額外一匙果醬吃。媽媽用白色覆盆子做的果醬最可口。那是我們自家園圃種的，在阿格拉菲娜晾衣服的紫丁香籬笆之外……我仍然可以看見我們的無袖連衣裙（pinafore）晾在繩上……我們穿無袖連衣裙，粉紅色的棉布衣裙。現在的孩子們都不穿了。復活節我們會穿新衣去望子夜彌撒，媽媽也是。我們總是一身白綢緞。一整年我們都在期待復活節夜晚。爸爸每年會給我們一人一顆小金蛋，可以串成鍊子戴在脖子上。到了我十五歲那年，我有了一整串小金蛋項鍊。

當她描述這些純真生活片段時，雖跟馬梅拉杜夫太太（Madame Marmeladov）渴望重溫的鄉村光采天差地別，淚水卻滑過她和藹老邁的臉龐，永久凝固成憂傷。但她的眼眸依然散發少女神采，那是一隻動物孤孤單單在一個費解的世界裡會有的輕信與迷惘。薩珀尼科夫女士從未披上憤世嫉俗的保護色。沒錯，我認為很少俄羅斯人會如此。這有違他們的本性。他們也許會用譏諷的口吻說話，尤其是喝酒醉時，但也都光說不練。在十九世紀，苦悶和犬儒主義乃教養良好的貴族標誌，《葉夫根尼．奧涅金》是他們的原型，而萊蒙托夫不僅以《當代英雄》承襲普希金的傳統，而且用這種「多餘人」[53]的作風過完他短暫的一生。

不過俄羅斯女人則不然，不管真實或虛構，她們本質清澈、深情溫柔而且坦率正直；**旅人**總是這麼說，當我逐漸了解她們，我發現確實如此。

53 受過西化教育的青年貴族知識份子，他們有改變俄國的理想，對農奴制和宗法制不滿，但缺少改變社會的行動，而是專注於決鬥、賭博、享受，無所作為地活著。

儘管巴黎給了我與俄羅斯有關的一切和迴響，我從未愛上它。我在那裡有很多朋友，但我不愛那座城市本身。它最壯麗的景致、最宏偉的資產或塞納河畔老學究般的灰暗房屋，我都無動於衷。它散發笛卡兒精神；它的懷疑主義、唯物主義和理性主義令我反感；想到秉持這種觀點的不只我一人便感欣慰，然而這觀點在大多數人眼裡卻非常怪異。

托爾斯泰也批判過巴黎和法國。「這個民族毫無詩意，」他寫道，在這城市短暫停留期間他在日記裡寫下：「恐怖的生活！恐怖的城鎮。生活一成不變。見了幾個文人，其中一個問我是否能經由陸路抵達俄羅斯！他肯定認為俄羅斯是一座島。」

作為一個漠然的觀察者，我無動於衷在巴黎來來去去。這是我學會去大力欣賞的一項能力，因為在某個地方來來去去若變得太投入或太在意，會跟感情的糾葛一樣傷神。我的根一直在倫敦，卻開出似真還假的斯拉夫花朵。從未發出拉丁幼苗。就連我多年後結婚成了法國人，我也不適應巴黎，不像我能輕易地融入巴爾幹或斯拉夫城市。如果說我總感覺到某個微弱卻又持續的返祖記憶，把我拉向俄羅斯的一切，彷彿我曾在某個俄羅斯城市有過一段混亂又愉快的人生，那麼我在巴黎也總感覺到某種朦朧的不安，彷彿另一世我曾在這裡有過井然有序卻不快樂的一生。

會讓我帶著真正去享受或理解某座城市不可或缺的投入感，進而一再造訪的巴黎唯一一區，是清真寺後方風韻濃烈的阿拉伯區，在那裡，我再次想像自己身在他方——以這情況來說是靠近北非一帶，在當時北非代表著歡愉的新境界。起自護牆廣場（Place Contrescarpe）的穆夫塔街，朝阿拉貢大道（Boulevard Arago）陡降而下。這一條狹窄蜿蜒的街道奇異地令人愉快；雖然街上貌似墮落的古老樓房灰撲撲的，但好似都被非洲太陽照亮。各色櫥窗有如無數的露天市集。靠近這條街的盡頭有條巷道通往一座小廣場，格外喚起懷古幽情，廣場內有一叢叢梓樹，在我眼裡散發濃濃斯拉夫風情。

這裡有一棟灰泥剝落的樓房，樓面寫著廣告字樣：「掌院浴場（Bains Des Archevêques），足浴，淋浴」。這勾起我喜愛的想像畫面。我想像那屋內水氣氤氳，像傳統的俄羅斯蒸氣浴，有莊稼漢和領主之流在洗滌罪孽。最初是遷徙漂浪的亞洲部族把蒸氣浴引入俄羅斯和土耳其（在那變成了土耳其澡堂）；洗蒸氣浴是在馬鞍上生活的人的習性，通常是乾旱地區的人，至少**旅人**是這麼說的。掌院浴場則和這兩種充滿異國情調的習俗沒什麼共通點，但東正教又在不知不覺間影響了我，我第一眼便把大主教（Archevêques）和希臘正教修道掌院（Archimandrite）一字搞混了。不論如何，那意象從此固定了。我看見滾滾蒸氣噴湧打旋，顯露的不是某種自鞭笞派教徒放縱快感的苦修贖罪，也不是傳統的俄羅斯農民拿樺木枝鞭打身體促進血液循環，而是一群面容嚴肅、長髮蓄鬍的祭司，東正教黑面紗黑袍的人物。又也許是昔日君士坦丁堡的法納爾[54]教士？他們並排坐著，彷彿舉行某個莊嚴的普世基督教會會議，只不過他們的腳浸泡在熱水蒸騰的盆子裡。

我暗自決定，這裡是俄羅斯偏遠某修道院的兄弟會；大抵是會在背後捅刀的陰險狡詐一類，但我喜歡召喚他們出來，為的是他們在自身周遭召喚出來的俄羅斯氛圍；寂靜的白茫茫荒地；唯有在

54 Phanariot，鄂圖曼帝國時期居住在君士坦丁堡擔任土耳其神職及官職的希臘人。

修道院的鐵條窗外昂首闊步的烏鴉打破這一片純白與寧靜……振翅的黑鳥，牠的呱呱叫聲在我耳裡響起，壓過了穆夫塔街嘈雜的當下。

因為巴黎的本質而責怪它也許很不公平，它不過是具有一種疏冷的特質，會讓我想躲進我熱愛的幻想國度，把我快快送往克拉斯尼雅隱士廬（Hermitage of Krasny Yar）。在倫敦我不可能如此馳騁幻想；它和我的根源、記憶和日常生活密不可分。

在倫敦，每條街或每棟房屋都有自身的神話，充斥著自身的魅影、歷史及文學人物，這些都是我的文化遺產，既不能忽視也無法改換。身為土生土長的倫敦人，我覺得這城市威嚴凜然，頑固地拒絕任何奔放想像力來置換它，它最溫和的時候讓人平靜而非激發人心。而且，不論我長久以來多麼嚮往奇特或異國事物，我愛它的島國性。我愛它；或離開它，但我從不置換它。

巴黎則不然；它提供我想像力起飛所需的刺激。也許這就是人們常說的激發人心；「巴黎如此激發人心！」讚賞的遊客這麼說。假使我生活在與我更投契的城市，諸如伊斯坦堡或伊斯法罕這種瀰漫異國風情的地方，說不定我的心思就會變得懶散，饜足於真實，不想飛往某個飄渺的幻想國度。然而當我後來認識了那些城市，我從不覺得他們讓人變得遲鈍。有限，沒錯；但那是另一回事。巴黎憑藉法國邏輯的力道，程度不一地強加它自身的常規或詮釋，因此你要不贊同，要不就讓想像力起飛，如我一樣，潛伏在大街小巷，但縱情於腦海的想像，如渥茲華斯（Wordsworth）形容的，「那是獨處的至樂」。

比較富有的朋友知道我愛俄羅斯食物，有時會邀我去如今已消失的蔻尼洛夫小館（Kornilov）好好享受一頓；或者上夜總會，那裡瀰漫著強顏歡笑的氣息，一切跟軟趴趴的俄式煎餅一樣假，神情焦躁的男人穿人造絲製俄式村衫，以一種呆板的狂放唱著多種語言的歌曲，那是很久以前他們在兒時的大宅院裡跟私人家教學來的。他們唱法國、西班牙、義大利或德國歌曲，還有少不了的俄羅斯曲子；一年年過去，他們的嗓音愈發沒特色，他們的繡花村衫愈發俗艷，到最後只見亮片在聚光燈下閃爍，當他們傷神地賣弄某種民族舞蹈之際，我替他們感到慚愧。

在我偏好的樸實俄羅斯餐館，除了更正宗的料理外，有時還有老茨岡人演奏我愛聽的歌曲，不管演奏得多糟。這類餐館像是充滿鄉愁與悔恨的幽黑洞穴，但也洋溢著歡樂。

巴黎的俄羅斯人常出沒的地區有為數可觀的小食鋪，你想像得到的各種俄羅斯特產都找得到，這是倫敦的流亡者無法企及的。（在當時的倫敦，異國產品和外國食物的需求很少：要到二次世界大戰後及眾多歐陸節慶傳入後才打開英國大眾的美食視野。）在帕西可以找到上等的俄羅斯食材，因為較富有的流亡者聚集在那裡，也是我經常前往朝聖流連的一區。

沒有一位等在心上人窗下的戀人，比在俄羅斯食品雜貨鋪外晃盪的我更渴盼相會。臉貼著窗，我像著魔似的注視裡面的美食；椒鹽捲餅、厚片鱘魚、貴氣的俄羅斯鮭魚派、羽毛似的蒔蘿、金字塔狀的復活節甜奶渣蛋糕和製作這種濃郁蛋糕的古怪木模具。入內後，我會盡可能拖延時間，買少少的東西，為的是聞那雜混包心菜、鹹魚和罌粟花籽氣味，辛香酸嗆絕對錯不了的俄羅斯味道。

我流連在喚起記憶的商品之間，聽著俄羅斯顧客深沉喑啞的嗓音。最簡單的家常採購，在我聽來美妙悅耳，雖然對流亡者來說，簡單或家常這些字眼並不真實。生活並不簡單，就算簡單，他們也不可能擁有自己的家常生活，大體上有一部分是屬於別人的家常。

但在這格局內，不管風格為何，他們過著自己的游牧生活，不管到哪都帶著無常之感，暫時搭營棲身，縱使營帳裝飾得鋪張無度，明白顯示他們的民族性（火山，死火山、休火山或爆發中）。

於是，我邊看邊聽，拉長採買的時間，仔細考慮要買一罐時蘿酸黃瓜、些許蕎麥片還是一條紮實的白麵包——不亞於精神食糧，莫斯科麵包鋪做的，灑滿了罌粟籽，它比聞名的黑麵包更加千萬倍地讓我想到俄羅斯。我通常會帶一包俄羅斯商隊茶[55]離開，雖然這款茶的味道像乾草，但它的包裝紙令人難以抗拒。一列駱駝商隊橫越黃色大漠，沉重緩慢地走向有一座藍色寶塔鎮守的中國商棧。螻蟻似的苦力小步疾走，卸下茶箱，絳紅夕照沉落黃色地平線。標籤用俄文寫著恰克圖茶業公司，我多麼希望在那幅圖被繪製的經典一刻，認識那座邊疆小城，在運料車、電話和二十世紀還尚未染指戈壁沙漠區域之前。

這般俄羅斯的最後回音如今正迅速消逝；在俄羅斯食品雜貨裡，我晃蕩、數零錢、和店老闆聊得愈久，愈能聽出逐漸減少的抑揚頓挫、逐年衰微的斯拉夫嗓音，仍舊說著他們昔日的經典語言，但在機敏的耳朵聽來差別很明顯，就像俄國大革命前的拼法、字彙和字型和今日蘇聯的大為不同。

墨守俄羅斯傳統的這個前哨，很少有蘇聯大使館人員滲透進來。我相信較可靠的幾個文祕署職員偶爾會光顧，但他們不愛交際也不閒蕩。有個上了年紀、走路遲緩的人格外吸引我注意。她是典型的老嬤嬤，總是包著棉布頭巾，披著鋪棉短外套，馬鈴薯般的面孔一臉純真。大革命期間，她跟著農奴母親所服侍的主子一家人逃離俄國，而她對待女爵——她的女主人的方式，仍犧牲奉獻得像農奴一般。

多年來她辛勤工作，賺的薪水低廉得沒有道理，但她省吃儉用，靠這微薄的工資存了點積蓄，這筆錢最後卻讓那女爵給借走了。幾年過去錢始終沒還，鋪子裡的朋友催她把錢要回來。每一次她進到店裡，他們就追問她錢討回來了沒。光是討錢這念頭，對她來說就是冒犯。

「噯！她是女爵啊！」她會搖搖頭這麼說，一貧如洗又被詐騙，可是她心甘情願，不認為女爵的做法有何不妥：她從小到大視供養主人為天經地義；即便流亡海外也甘願讓熟悉的模式持續下去。她不需知曉平等的概念。她知曉她的身分，那女爵也是。

來自那舊世界垂垂老矣的這些人謹守禮教分寸，什麼都阻擋不了——不論流亡、貧窮或歲月。俄羅斯大教堂附近有家咖啡館我格外喜歡；我記得它叫做大使咖啡館。許多俄羅斯白軍常在此聚會，莊嚴地任命彼此為俄羅斯各省的總督和高官。一當他們之中有人過世，就會另外召開會議任命繼任者擔任不可能實現的職位，並以一杯白酒來宣示上任。

第十七章

一九三九年倫敦被捲入戰爭之前的最後那幾年，仍有一些時間去追逐幸福的鏡花水月。「為什麼妳期待幸福？」有個俄羅斯人曾經這麼問我，一臉衷心的困惑。在那之前，幸福似乎總是讓人嚮往的境地，讓人希求、為它努力的終極目標……從此過得幸福快樂。我尚未體悟它本質上的謬誤和

55 Caravan tea，從前俄羅斯駱駝商隊從中國運送茶葉到俄羅斯，俄國人再將茶葉配成適合本國人口味的拼配茶，因而得名。

短暫，也還沒體會到它可以很單純或微小：挨餓的人但求食物，受傷的人但求停止痛苦。對我來說，幸福仍存在於「把別人的俄羅斯變成我自己的」這個幻影中。

雖然橫越西伯利亞的旅行——在我眼裡是純粹的幸福——多年來一直不能成真，但我深信有一天我會走完五千英里全程。漸漸地它給了我煉金術士祕儀——他們畢生探求的內在奧祕或靈丹——的神祕與力量。與此同時，我持續如飢似渴地飽覽西伯利亞之外「俄羅斯的一切」（或者說蘇聯的一切，就更當代的心靈來說），只要經濟許可，便仰仗金錢玩出走遊戲。我發現，大多數人去俄羅斯是為了見識共產主義；但我仍想見識俄羅斯——或者說**旅人**述說的俄羅斯。我決意要看看鄉村景致；沃羅涅日（Voronej）、烏格里奇（Uglitch）、圖拉（Tula）……為什麼是新切爾卡斯克（Novocherkassk）？因為哥薩克酋長普拉托夫（Hetman Platoff）和他的頓河哥薩克人。為什麼是姆欽斯科（Mtsensk），因為列斯科夫筆下的馬克白夫人來自姆欽斯科，又因為蕭士塔高維奇譜的同名歌劇加倍令人神迷。卡盧加（Kalouga）？因為伊瑪目．沙米爾流亡該地很多年。去卡茲別克（Kazbek）是為了萊蒙托夫的墓，去敖德薩是為了普希金曾旅居那裡，也為了曙光號巡洋艦；下諾夫哥羅德，我依舊這麼稱呼它[56]，是為了高爾基在那度過童年，而非為了慶典，因為這些年來我愈來愈愛這位作家，透過他，我愛上也認識到由各個時代堆疊而成的一個嶄新而永恆的俄羅斯……「靈魂的應許之地，我們稱之為俄羅斯的那片土地——是高爾基喚醒了它，把它表述得最透澈。」詩人布洛克（Alexander Blok）寫道。

於是透過閱讀，還有作夢和旅行，我浸淫在我的應許之地……因此，去烏克蘭是因為喜愛果戈里筆下的狄康卡[57]，為了「水仙女」[58]和《索羅欽希市集》[59]；大諾夫哥羅德，為了它的古老的歷史與教堂。於是事實、虛構和傳說上演的場景全在我腦海裡融合，把我從書上讀來的和實際看到的攪混在一起，通常是一個灰濛濛場面，但在在都是「清一色俄羅斯」，我嚮往的景致，充滿我出於本能所熱愛的民族。

然而我在俄羅斯的旅行，就是去不了鄉間。我從來沒能漫無目標地盡情晃蕩——只管閒晃。在蘇聯，旅行是按照某特定觀點安排的。排除萬難抵達某個偏遠城市、某個毀損的修道院或尚未修復的遺址（一旦認定該處有歷史和藝術價值，蘇維埃政府會不惜斥資，找最好的工匠來保存或悉心修復文化遺產）的行程不少見，但空出一兩個星期，沒有特地想去哪裡——只是遊蕩——簡直是不可能。在森林裡晃一整天，聽聽林間輕柔的聲音，沿著可能會有水仙女出沒的溪流漫步，閒坐在烏克蘭某村莊巨型向日葵下方的長椅上，或看著一望無際的大草原之上雲團密布，就像屠格涅夫描述的那樣……這些目的似乎難以說分明。

唯有這般不受時間和行程框限，我們才能領略一片土地的精髓。只是這般浮生半刻閒，通常是在前往某重要地標的途中偷得的。而且總會被驅車趕路、趕行程或預先排定的活動打斷；三不五時，當這些行程沒銜接好，我就會意外獲得渴望的空檔。但也總是不夠，官方的腦袋純粹就是無法

56 下諾夫哥羅德自一九三二年到一九九〇年的名稱是高爾基。
57 指果戈里的《狄康卡近鄉夜話》。
58 Roussalka，斯拉夫鄉野民間傳說中常見的女鬼或是水怪，出現在果戈里的短篇小說集《狄康卡近鄉夜話》中的〈五月之夜〉。
59 *Fair at Sorotchinsk*，穆索斯基（Modest Petrovich Mussorgsky），1839- 1881 的歌劇。

理解怎會有遊客喜歡欣賞大自然——除非雄偉壯闊或是風景秀麗的高山峻嶺，勝於人類的手工藝——而且最好是當代的。

這無疑是因為大多數遊客好奇地想見識共產主義而不是俄羅斯。

~

我持續追尋**旅人**的足跡，縱使沒有首度造訪的迷醉，也仍有足夠的熱切保留許多我倆的共同視野，我現在比較會精挑細選了。我不再不分青紅皂白狼吞虎嚥，而是開始強化我自己的觀點，選在我認為的最佳時刻去欣賞每一處的美，在觀光的樂趣中添加感性。因此，清晨自芬蘭灣水域映射的珠玉色光線，最能顯現彼得夏宮的迷人風采。在那時分，華美宮殿內很多涼閣和花園、小瀑布和噴泉閃耀著朝露所折射的光輝，此時尚未有遊客，因此我得以回眸前塵，溜回往昔，等待農奴園丁前來，而伊莉莎白．彼得羅芙娜女皇（Empress Elizabeth Petrovna）還在宮廷騷動又無盡的夜晚中尚未甦醒。至於中世紀的俄羅斯，頓河邊的僧院與女修院，或坐落莫斯科河灣處的科羅緬斯科耶莊園[60]、有塔樓的新聖女修道院、大諾夫哥羅德，我認為最理想的樣貌，是它們被厚雪覆蓋的素樸之美，襯以渡鴉在光禿禿樹枝上盤旋呱呱叫，白與黑與灰，由晴空下在穹頂及十字架上閃耀的金光所照亮。

根據我這套時空搭配理論，仲夏正午是欣賞莫斯科大宅的最佳時光。在濃綠林蔭下的阿爾漢格爾斯科宮（Archangelskoye），或者奧斯坦金諾宮（Ostankino），我曾在那凝望它的附屬小教堂，倒映在湖裡閃閃發光，前景裡還有一些難以追憶的莊稼人，讓整個景致意外顯得生氣勃勃，而不是矗立著我現在聽聞到的那座參天巨塔。我在那裡看到風景畫裡的人物，女人穿著鮮豔的裙子和圍裙，豐腴嬌美，男人仍舊穿粉紅或大紅老式村衫，搭配高筒靴。他們揮動大鐮刀及捆乾草，唱著高亢民謠。那是一幅純真的圖畫，就像我在**旅人**巴黎住處牆上看過的風俗畫之一，在我貪婪的眼睛和耳朵裡變得逼真。

我突然良心不安。我怎能沉湎於這般情景？怎能高傲地把活生生的人當道具。那是個忍無可忍、不公不義的邪惡時代。不公不義滲透了謝列梅提夫伯爵（Count Sheremetiev）的鄉間別墅，而今那裡是一座博物館，我發現裡面每一個房間都顯露這類弊端——尤其是農奴制的陋習。有廊柱的迷人小劇院和樂手席提醒我們，這裡是更有天分的農奴奉命表演的地方。（謝列梅提夫伯爵迷上其中一位農奴歌手，最後娶她為妻，婚後非常幸福，只是這一段姻緣沒被強調。）[61]貴族和農奴的結合有時會生下天才，玻羅定就是一名農奴女和六十歲的喬治亞親王——古代伊梅列季亞國王的後裔——所生的孩子。他混血的背景也反映在他的音樂裡，其古俄羅斯的傳統曲調總是伴有東方旋律，從高加索到中亞大草原都有。

在奧斯坦金諾宮，各種藝術百花齊放。長畫廊展示著其他農奴的畫作，特別是一系列錯視畫法的出色繪畫。「可是這些農奴隸屬於他們的主人，身心都是」，我的良心這麼說，犀利地責難，當

60 Kolomenskoye，伊凡四世的夏日別墅，彼得大帝年輕時在此住過。

61 富可敵國的尼可拉．謝列梅提夫伯爵於一八〇一年娶了藝名為「珍珠」的女農奴Praskovia Kovalyova為妻，震驚沙皇和全國貴族。尼可拉的父親彼得．謝列梅提夫在他的莊園內成立一座農奴劇場，其高品質的演出名聞遐邇。包含了樂團、演員、舞者和歌手的農奴劇場，是「俄國貴族黃金年代」的一大特色。謝列梅提夫家族的劇場是那年代的奇觀之一。

我閃過一個念頭：待在奧斯坦金諾宮內，依附這般藝術贊助者，住在他的地產上免付租金，無疑也不愁吃穿，全心在歌唱、繪畫方面接受訓練或鼓勵，或在主人的樂團或劇場裡演出，是何等快意；總之，他們盡情追求藝術，不必像現今大多數追求藝術的人為了賺一份薪水，必須面對競爭的惱人壓力。

因此，在一排金白相間的房間內遊晃，輕步走過一代代農奴工人擦亮磨光的拼花地板，我不禁在想，恩賜資助和專制獨裁在哪一點上相牴觸。隨而我目光落到迎面的那幅著名油畫，此時良心又推了推我，品味也是（因為那是很糟糕的一幅畫）。對某些觀賞者來說，它是鎮館之寶，畫中有位不幸的農奴母親在缺德地主逼迫下，為他純種灰狗幼犬哺乳，而她自己的嬰孩則躺在稻草堆裡挨餓。良心勝出。我再也無法欣賞那些樸實的製乾草工人先前所喚起的假象。他們不是無憂無慮的快樂農奴，趁排練貝多芬為主人朋友拉祖莫夫斯基公爵[62]作曲的空檔，滾乾草捆。他們是被解放的、更幸運的、進步的農奴子孫。一部集體農場的拖拉機隨時會緩緩駛來，輝煌地象徵著這類的進步，接著一台卡車會顛簸著把他們送回蘇聯共青團俱樂部（Komsomol Club）聽一場關於農耕輪作的演講。這一切全都令人敬佩，令人嚮往……只是……我還是無可遏抑地回首過去。

~

在新聖女修道院及其墓園的高牆內待一整天，在外國人觀光局的尖刻觀點看來像夢遊般虛度無益，該墓園是國家墓地，古往今來的椎心歷史匯聚在此，而且怪異的是，我喜歡上那裡野餐。

我愛俄羅斯墓園的氛圍，那裡絲毫沒有不盡人情的氣氛，沒有其他墓地予人的浮誇感，也不覺有掩埋場的本質。俄羅斯墓園是私密的場所，它喚起生者與死者長相伴的延續感，基於政府宣稱的不可知論，當局免費提供十字架給想在墳前安上一座的哀悼者。

越過修道院花園有一條小徑通往墓園，那地方雖擁擠卻很寧靜，長眠於此的有大人物也有平民百姓；十二月黨英雄、戰功彪炳的將軍、契訶夫、音樂家、愛國者；整片土地的縮影。每座墳墓按俄羅斯的方式由低矮的木籬笆圍起來，像一座私人的小花園。每一小塊土地內都擺著一張長椅讓哀悼者在逝者旁歇息，一盞小燈照亮墓頂。在這裡，如同其他很多觀察面，你會感受到斯拉夫人骨子裡的東方性。在這個東方性裡也沒有與死者的長離永別；它只是放手，……分開，但不是終點。穆斯林會在已故親人的墓地愉快地家庭野餐，通常會帶逝者生前最愛的菜餚來孝敬亡魂，拿石頭上的小凹陷當鳥兒的飲水槽。愈靠近都市，死亡似乎愈讓人生畏。在野地或樹林裡的死亡是自然的歷程，但在都市裡，在磚牆和柏油路之間，在電纜線和霓虹燈之下，一具棺木是個不體面的提醒，提醒凡人終有一死。死者先被盛裝打扮一番，然後要快快移除，萬萬不可再讓生者想起那令人惴惴不安的事實。

在新聖女修道院的花園，死亡似乎和秋天一樣必然，我來回穿梭園中小徑，不禁在想，假使我一一拼出墓石上的名字，是否終究會走到**旅人**的墓前，彷彿他要我發現一般。就某個意義來說，這不會令我悲慟。我寧願想像他躺在他深愛的西伯利亞土地或布里亞特大草原，在某位薩滿僧人安排的偏遠石塚下。然而在新聖女修道院白樺樹林蔭庇下的墓塚十足的俄羅斯，他深愛的鄉土，沉浸在

---

62 Count Andrey Razumovsky，貝多芬的贊助人之一。

輕柔的向晚憂鬱中。

白嘴鴉在天空盤旋飛翔呱呱叫，或在枝椏之間曳步。從古牆的一道裂縫，我看見幾隻天鵝在平靜的湖面上緩緩游移。這裡非常安靜，非常令人寬慰。「……何時剪燭話更長？」

~

有時我被暴風雨喚醒，鋼條似的雨注橫掃整個莫斯科；不是觀光的好天氣，但我認為，這正是最適合到卡莫夫尼切斯基區（Khamovnicheski）的托爾斯泰老宅晃晃的時刻，在這種天候裡，小巷內帶鄉土味的方正木屋或莫斯科老城區的後街，似乎更有活力也更私密。彷彿從前居民的幽魂都聚到這裡來，因為大雨而關起門忙活，也許我可以趁他們不注意走走看看。宅院內，馬廄門的鉸鏈發出輾軋聲，明知不可能，但我還是期待看見泰班野馬[63]，托爾斯泰那匹帶有深色斑點的塌鼻灰馬，在放飼廄上方露臉。狗籠是空的，狗兒無疑在一大片雜草蔓生的花園裡四處嗅聞，而那裡也是托爾斯泰和孩子們冬天的溜冰場。

大雨傾盆而下，內院裡水坑遍布，我帶著私闖的感覺進到漆黑狹窄的門廳，館方一絲不苟地修復這老宅，強化了它的隱私感。在這樣的天候裡，這裡沒有其他遊客。膠鞋和斗篷掛在門邊，彷彿剛脫下；樓梯的轉角立著一尊大型填充熊，熊掌捧著一個托盤，盤內放著許多名片。我隨意翻了翻，某某伯爵、某某公主、某貴族元帥、傑出的畫家、作家、音樂家……「光耀人物」，這家人口中的菁英份子，跟托爾斯泰所鼓舞的卑微無名農工這類「暗影人物」大為不同。這些是令人不安又渾身是汗的一群人，穿著有惡臭的羊皮靴；他們留下了泥濘足印而非名片，伯爵夫人和僕傭都厭惡這種人闖入，因為他們不時來找主人談話，想來就來，自然不會對努力維持女主人堅定格調的僕傭打賞小費。那些發黃的飾板條強有力地說明了她的生活方式，但那卻是她的丈夫勉力不懈想要顛覆的生活方式。

他天亮就起床，被附近工廠的號笛叫醒，彷彿要強調他和工人站在一起，而他們就在工廠的壓迫下勞動。然後他為家人（無人躺在床上）砍柴挑水，通常乘雪橇順著莫斯科河遠行。他自己煮大麥咖啡[64]，自己煮麥片粥，用酒精燈烘乾的蘑菇來調味，他──《戰爭與和平》的作者──在當地製鞋匠的指導下製作自己的靴子，享受跟農工感同身受的成就感。遠避奢華之際，他事實上放縱於一切奢華之中最細膩的一種──精練的簡樸──然而，矛盾始終是這位文學巨擘的非凡本質之一。

最後，他加諸於自身的苦行達到一種境界：彈奏蕭邦時（他彈一手好鋼琴，他本身熱愛音樂），他會痛苦地讓自己離開鍵盤，吶喊「啊，這頭禽獸！」臉色因「第四敘事曲」所挑起的激動情緒而發白。

然而七情六欲有時候難以抗拒，儘管戒酒戒肉，他仍被欲望征服；為了妻子──他充沛的性活力讓她懷孕十三次，也為了酸黃瓜。緊鄰他那間因破舊的皮革裝潢而更顯昏暗陰沉的書房，我發現一截有五或六階的小樓梯，通往食櫥似的一個儲藏間極其方便，裡面擺放著一甕甕酸黃瓜和果醬，一如亞斯納亞─博利爾納大宅。而今館方忠實地重新擺放進去，勾起人無限懷想。我聽說托爾斯泰

63 Tarpan，泰班野馬是史前的野馬，分布在法國南部及西班牙東部直至俄羅斯中部，於一八〇〇年代末消失。

64 barley coffee，焙煎過的大麥做成的無咖啡因飲料，滋味像濃味的麥茶。

不時會離開他的書桌去找一些誘人的零嘴吃，而他在那張裝了扶手的書桌上寫出《克羅采奏鳴曲》、《復活》和《伊凡·伊里奇之死》。

雙扇窗外仍是滂沱大雨，我想像五十年或更久以前，正是在這樣的陰雨天，瑪麗亞在充滿小學女生氣息的臥房內，正用打字機把托爾斯泰的手稿打出來（她的母親把《戰爭與和平》手稿整整抄寫了七遍）；僕人們在外廚房忙進忙出之際，在愛恨交織的這對夫妻共用、讓人感到幽閉恐怖的臥房內，伯爵夫人坐在桌前記帳，或無止境地用鉤針編織做被褥，或在日記裡寫下她有多害怕再次懷孕，或如何爭取她丈夫決意要放棄的作品版權。她如何懇求沙皇本人對她丈夫最挑釁的文章解除禁令……可憐又可悲、迷惘又惱怒的索妮雅，依附丈夫、責備丈夫又折磨丈夫，她觸怒他，就像他也觸怒她到瘋狂的地步。

莫斯科的這棟老宅述說著最令人鼻酸的一切。見微知著，從她如此重視的名片，而他抗拒不了的酸黃瓜甕等等……我想像這位文學巨擘像個貪吃的男孩躡手躡腳走著，他自製的靴子嘎吱作響，笨拙又充滿罪惡感地吃下一口又一口醃黃瓜和一匙又一匙的櫻桃醬。高尚又稚氣的托爾斯泰！獻給人類大愛，卻往往對妻子殘酷。他們生活在一起的悲劇就發生在那雙人枕頭並排的臥房內。「等我一隻腳踏進棺材時，再說出關於女人的真話，」他跟高爾基說，「說完我會馬上跳進棺材裡，把棺材蓋蓋上，『看妳能拿我怎麼樣。』」高爾基後來回想道：「他的目光狂野又可怕，我們當場沉默了好一會兒。」

當他和妻子一同為么女梵雅的早逝哀傷，這般的苦澀消失了；那天使般的可愛孩子，六十歲的托爾斯泰會跟她平等談話。痛失女兒令他萬分悲傷，索妮雅則怨恨上主和全世界，哀嚎慟哭，用頭撞牆。托爾斯泰以出奇的溫柔試著安慰她，但在這段期間，他仍在一封信裡顯露根深柢固的自我中心，「我從未像現在這般深愛著索妮雅，這對我有益。」他寫道。這家人把小梵雅的嬰兒房當聖地一般保留下來；他們之後再也沒生孩子。

對我來說，這棟莫斯科的屋宅比托爾斯泰的出生地亞斯納亞—博利爾納更能顯露他私生活史詩般的悲壯。在亞斯納亞—博利爾納，他鍾愛的鄉村支撐著他。牧羊神的某些特質保留在父權體制裡。他在那裡體會到無比的喜樂。可是不管在哪一棟屋宅，伯爵夫人總是忙個不停，努力順從她仰慕的男人，放縱遷就他，保護他，為他抵擋他本身帶來的傷害以及她深信會摧毀他的一切；還要為她的孩子保留遺產，因為她有著瘋狂的占有欲。她的悲劇在阿斯塔波瓦（Astapova）達到頂點，在那不知名的小火車站，全世界的目光都盯著生命垂危的托爾斯泰。大批群眾聚集在那裡，而她——他的妻子——卻被拒在門外，在車站前院揪心地疾走徘徊，像一縷絕望的幽魂。當她靠近小車站木屋，裡面的人甚至放下窗簾。

某個下雨天，這些思緒就在我腦裡轉著，當我穿越安靜卻動人的屋宅，一景一物無不訴說著一對怨偶的故事。從另一個世界和時代來的一個外國遊客有權利闖進這裡來嗎？我自問。我有權利看他的朋友及同時代的人從不知曉的諸多事物嗎？

也許是因為我對托爾斯泰懷有崇敬。對我來說，這不是參觀另一間必定要去的博物館而已，我也沒有感受到參觀契訶夫故居、杜斯妥也夫斯基故居、羅曼諾夫大公故居，或沙皇村宮殿的那種悸動，而在沙皇村，末代沙皇的個人遺物所散發的私密氛圍達到極致。至於普希金故居？普希金對我來說另當別論，因為我深愛他而非崇敬。他是信使之神墨丘利，托爾斯泰則是宙斯神。

我也造訪其他更熱門的朝聖殿堂，在其中細細瀏覽久久沉吟，陷溺在尋覓**旅人**下落的宿願中。各種革命博物館提供了這類獵場。在巷戰的相片中，在群眾聆聽街頭演說者大發議論的相片中，我是否終究會看到摯愛的面孔？這些大多拍得拙劣的模糊相片以一種可怕的強度把歷史定格，捕捉到空蕩蕩的大城、在騎兵衝鋒之前群眾逃逸潰散、領導者在翻轉過來的坦克車背風處商討計策。群眾著魔似的聽著能言善道的偉大領袖開示；群眾搶劫、大笑；群眾湧入遼闊的紅場，人人有一張面孔，一份天命，也有可供我仔細審視的五官。相機讓他們怔住不動，當他們對著攝影者揮手、倒臥在雪地裡死去，或重建被摧毀的土地。但我極力搜尋，就是看不到我要找的那張面孔。

於是我繼續下去，或者說在時光裡往回溯，仔細端詳年輕的杜斯妥也夫斯基在西伯利亞服刑時的容貌。他身穿制服，看起來相對上並不狼狽，想必是弗蘭格爾男爵出現在塞米巴拉金斯克，讓他的命運好轉之後——在他遭遇《死屋手記》裡的經歷之後——拍的相片。這裡有受迫害的「彼特拉舍夫斯基圈子」[65]的照片，有十二月黨人的妻子在赤塔住的荒涼街道照片。西伯利亞！我一定要去那裡！但俄國當局仍不批准我的請求——看來人們依舊是被送往西伯利亞，而非自行前往。此路不通，我只好轉往南方。

但絲毫沒有不情願，那裡有諸如喀山、奧倫堡（Orenburg）或阿斯特拉罕（Astrakhan）這類城市可去。那風格奇特的韃靼港總是吸引著我，在科西嘉島的那個遙遠夏天，我從**旅人**和優鐸希亞舅母口中聽了很多關於它的事。他們說它位於窩瓦河岸蒼蠅漫飛的平坦沙地上，寬達三英里，大型江輪可繫泊，有成堆的綠紋甜瓜，戴毛皮帽的韃靼漁夫會把大批氣味濃烈的鱘魚子帶到這裡來。寶塔般的韃靼清真寺高聳天際，色彩俗豔，懸掛著鐘，他們說。

這一回我用心靈之耳來聽；我聽到清亮的鐘聲——不是俄羅斯東正教教堂的青銅鐘那種悠緩的鳴響，而是拔尖的音調，既刺耳又清脆，道地的亞洲鐘聲，和槽紋屋頂及塔寺很相稱。

我也打定主意要搭汽輪，順著窩瓦河而下，從喀山前往阿斯特拉罕，我心目中另一座神聖又優美的韃靼城，也是昔日韃靼家族——眾皇族（Mirzas），即有蒙古血統的親王們——的中心。喀山，年輕的托爾斯泰曾進入喀山大學修讀東方語文，為外交生涯做準備，高爾基和夏里亞賓（Chaliapin）年輕時也在喀山待了數年，住在最窮的一區同一條街上，只是彼此不相識……此外，我讀過關於喀山的一段最誘人的描述，出自一八五二年到該地旅行的英國作者。但是「你知道在俄羅斯旅行意味著什麼？對一個輕鬆的心靈來說，那是滋長幻想……」**旅人**惱人的嘲諷語調又在我耳邊響起，引述令人討厭的古斯廷的句子。但我執意根據英國人的描述滋長幻想，依舊期盼著光彩奪目的寶塔與尖塔群倒映在河面上的絢麗建築，呈現十足亞洲式的壯麗，那奇異又野性的美說不定更勝瓦西里教堂，不愧是古王國的古都。我讀到，其居民據信格外俊美，女人不需蒙面紗，但穿著漂亮的民族服飾分外優雅；富裕的韃靼女士罩著翠綠色的塔夫綢斗篷，很像波斯婦女穿的恰多罩袍（chaddor），她們妝容艷麗，小巧的繡花扁帽鑲著金飾物發出叮鈴聲，那金飾物跟久遠以前**旅人**送我的蝴蝶結迷你古蘭經相仿。喀山姑娘穿的亮麗軟便鞋，從套在長褲外的鐘形裙襬下露出來，而每個傳統穆斯林婦女都要穿長褲。「東方的習俗」，就像某位保加利亞的東正教農民曾跟我說過的，「茨岡—穆斯林婦女都會穿寬管褲。我們的女人不需要褲子來保有貞潔。」

---

65 Petrashevsky，在理想主義者彼特拉舍夫斯基（Mikhail Petrashevsky）家定期舉行的聚會，反農奴制的青年進步組織。

當時仍可見神祕的楚瓦斯人（Tchouvass），棲居在這些地區的部族，其起源已不可考。有人說他們是蒙古血統和芬蘭血統的混合，但他們的阿拉伯名稱「沙坦」（Shaitan）意思卻是惡魔。男人戴形狀怪異的高聳黑氈帽，女人穿精巧的胸甲——用硬幣鉚接而成的一種亞馬遜女戰士風格的盔甲；男男女女都蓄著一頭有如蛇群盤結的蓬亂頭髮，而且敬拜偶像。我熱愛民族誌的靈魂熱血沸騰；我要隨著緩慢的黃色水流從喀山漂移到阿斯特拉罕，看看斯堅卡・拉辛[66]曾經統治過的這些那些奇異的民族和地域。

遺憾的是，這項計畫在俄國當局看來高度可疑，斷斷續續被派來陪伴我的那些熱心譯員也相當不解。漸漸地我學到，追尋我珍視的那些幻想，需要更加堅定的意志。

消逝的風情很難再現或保存，就像幻想。「這是滋長幻想……」古斯廷，汝當活在此刻！在喀山，拖船在主要水路上起伏急行，無線電廣播從艙頂大聲播放，沒有人穿翠綠色的塔夫綢斗篷，而穿胸甲的楚瓦斯人何在？

但阿斯特拉罕不需你費力發揮想像力。光是它的環境和地景，便保留著強烈的韃靼風情，沙土荒地予人偏遠之感，不難想像法國地理學家歐梅荷・德黑（Xavier Hommaire de Hell）在一八四〇年代考察周遭沙漠時該城當時的模樣。油膩的魚腥味像棺罩似的籠罩整片土地。很難聞，是從魚子醬飄出來的，而魚子醬在當地吃相當便宜，所以值得忍受。

在一家外觀像棚屋的老式餐館「草原之紅星與花」（我想「紅」字是被加上去的），坐在河畔腐蝕的木陽台，河面有汽輪停泊，甜瓜依舊像**旅人**形容的像綠色加農砲彈堆滿一整個兵械庫，在正午的蒸騰熱氣中，我用一把彩繪的木匙大坨大坨舀著魚子醬吃（想起他的瑪瑙湯匙），深知這是品嘗這珍饈的唯一方式。即便適中的兩湯匙也比吃六口抹在麵包片上的值得。那天我獨自一人，也就是獨自與**旅人**的魂影在一起，因為外國人觀光局的人把我單獨留在這裡，只要他們不在他就會出現。我終於贏得他們的信任，還是他們猜想那大量的魚子醬會把我牢牢固定在那裡，不會輕率地到處遊蕩？

遠遠地我可以看見蒼鷺在沙岸上，一隻孤鷹在上方盤旋俯衝。這一帶有各色野禽。紅胸黑雁在西伯利亞北部繁殖，冬季時南徙至裏海，到了三月鶴群會從中亞飛往北方。牠們越過巴勒斯坦和加利利海，再往北至俄羅斯，之前會先抵達中亞南部，就像我眼前這般混在鸛群中，棲息在布哈拉清真寺頂端、狀如纏頭巾的巨大鸛巢中。繼而往東飛至阿斯特拉罕，然後再進一步北上，這類空中遷徙甚至遠飛至西伯利亞。「天空中的鸛知道預定的時間，海龜、鶴和燕子則觀察牠們出現的時間……」

在這些地區有另一種遷徙。當夕陽沉落如今只有野禽棲居的鹽質荒地，我想起「秋明親王」，德黑在他的俄羅斯南部遊記裡記述過這位卡爾穆克領袖，我發現，在巴黎時**旅人**跟我提過這位迷人人物。在拿破崙戰役中，這位卡爾穆克領袖集結他的軍團與俄羅斯軍隊並肩作戰，最後在香榭麗舍大道一側紮營，就像他的祖先們在亞洲遍地搭起圓頂帳篷。卡爾穆克人於一七七一年的歷史性遷徙

---

66 Stenka Razin，1630-1671，哥薩克反抗軍領袖，帶領農民反抗沙皇與貴族，其中包括在窩瓦河當盜賊，搶劫富商或貴族的船隻。

中（這事件給了塞繆爾．柯勒律治[67]靈感），大量族人舉家逃離凱薩琳大帝（Empress Catherine II）的鐵腕控制。大遷徙往東朝中國邊境移動，但是大約有一萬五千名族人無奈地被迫留在原地，因為那一年冬季溫和得出奇，窩瓦河沒有結冰，他們無法渡河離開。

一八一四年，正是酋長諾庸（Noyon）令巴黎印象深刻。德黑在一八四〇年對諾庸有第一手描述，當時諾庸自戰場返鄉，在窩瓦河沙洲島的一座寶塔似的莊園過著華貴氣派的生活。他掌管阿斯特拉罕當地社會，周身環繞著歐洲的奢華和粗野的豐裕、奴隸、舞孃、大鋼琴和弓箭。當他乘車出行，總是乘坐緞面的蘭道馬車（landau），法國馬車商的傑作。這位親王具有一代偉人的特質，羅倫佐．梅迪奇（Lorenzo di Medici）之流的人物：是畫家、哲學家和音樂家，同時也是戰士。他對科學研究很感興趣，待法國地理學家夫婦如上賓。親王在窩瓦河島上並未與世隔絕，汽輪定期停靠，載來行經此地的每個名人。德黑夫人描述卡爾穆克的寶塔宮殿外表精美，可惜裡面太過歐洲（不過當時她醉心於東方，從不願意為了舒適而在地方色彩上絲毫讓步。對此我很有同感。）盛在塞夫勒[68]瓷器上的晚餐，是法式與俄式菜餚的融合（沒有卡爾穆克菜色，所以茶不會拌入犛牛脂）。當他們舉杯向法王路易腓力和沙皇尼古拉一世致敬時，在杯中晃盪的是香檳。隔天，三百名賓客自阿斯特拉罕登船遊河，觀賞摔角比賽、野馬套索比賽和亞洲舞蹈的狂野跳躍和慵懶身姿……

多年來我總想更認識這位精彩人物，在我後來多次造訪莫斯科的其中一回，我前往歷史博物館的檔案室，在拿破崙戰爭紀念物、地圖、版畫、巴格拉基昂（Bagration）的小望遠鏡、庫圖佐夫的作戰陣勢等文物當中，我看見一幅粉蠟筆素描，畫著三名亞洲人物，他們的容貌和高加索的束腰外衣激起我的興趣。「秋明親王：塞貝疆（Serbedjan）、巴泰爾（Batyr）及哈模連的采忍（Tzeren by

Hamolen）」標示上簡短寫著。我的搜尋意外就此終止。

我知道其中一個肯定就是巴黎的「秋明親王」，但是哪一個呢？畫中有兩人戴著相同的毛皮滾邊高帽並穿著長袍（caftan）；第三人畫的是側面像，卡爾穆克人的扁平五官非常明顯。其中一人顯然地位較高，坐在——或者說以亞洲方式斜倚——織錦包面的低扶手椅。他脖子上掛著沙皇亞歷山大一世的勛章，如蛇盤結的長髮下懸盪著珍珠墜飾的耳環，散發著異國情調。他的神情出奇得疏離，彷彿迷失在遙遠地平線的某個夢境裡，無疑是這般坐著的無聊時刻會想起的夢。第三個人同樣散發異國情調，但沒那麼疏離，看起來也年輕些。他是兒子還是手足，我納悶。他的衣著嚴格說來比較像是高加索的切爾克斯軍裝（在俄羅斯軍隊裡大多數的亞洲義勇兵會穿的服裝），胸前鑲綴著狀如彈藥筒的銀飾帶，他的手指觸摸著長匕首，高加索雙刃刀。他的頭髮像光滑的羽毛貼覆臉頰，一對隔得很開的細挑眼也專注凝視著遠方，他看起來怪異地面熟，但沒那麼怪異，因為他那雙眼睛是亞洲人都有的。

剎那間我發現那是**旅人**和卡姆朗——我摯愛但失去的俄羅斯家人——都有的眼睛，自這幅謎樣的畫發出的目光穿透我，射向遠方。

從此，在我的想像裡，采忍成了卡姆朗，消失在我腦海的謝爾蓋恰好成了那個側面的人物，我把塞貝疆親王當成**旅人**。這些卡爾穆克戰士的神貌令我震懾，於是我糾纏博物館人員，直到我拿到

67 Samuel Taylor Coleridge，1772-1834，英國詩人、文評家。
68 Sevres，法國皇家官窯。

那張素描的翻拍照，打從那一刻起，它成了我的全家福照。

我知道**旅人**有卡爾穆克人血統，優鐸希亞舅母曾透露他父親是土爾扈特族的後裔。這足以激起我的幻想。我常在想，這會不會就是每當**旅人**的曾祖父抵達基輔城門，鐘就會響起，民眾會親自來到城門迎接他的原因？（儘管卡爾穆克人會進佛寺〔Lamist Buddhist shrines〕參拜，因此不太可能出現東正教的隆重迎接。）**旅人**從未透露他曾祖父的確實身分，雖然他有時會提起更具異國色彩的先祖。但除了概述大帳汗國的遷徙習性之外，他並沒有多作說明。

假使他的家族裡出了一個跟這位秋明親王一樣精彩的人物，我想他會大談特談；但話說回來，他本性裡有一種古怪的遁隱，他往往會保留看似明白的一則訊息，或隱瞞某個環節。就如優鐸希亞舅母說的，他一向喜歡為了隱匿而隱匿。

第六部

借來的愛

世間所有的丁香都會凋零，
所有的鳥啼聲都短促，
我夢想著花常開——花常開！

世間所有人都會哭泣，
為了友情和愛情，
我夢想著與愛侶長相守——長相守！

——蘇利．普魯東（Sully-Prudhomme）

第十八章

在巴黎過復活節是觀光旅遊的老套。一團團滿不在乎的觀光客，讓整座城變成敲竹槓的地方，他們決意要在被風吹得鼓動的戶外頂篷下用餐，甘願冒著染肺炎的風險，忍受侍者的火爆脾氣和廚子們的冷淡敷衍，而後者知道犯不著為這過節習俗費心。八月的巴黎最美好，大部分的巴黎人都出城去，留在城裡的似乎也暫停對外國人剝削和威嚇。但是復活節期間是他們大力圍剿觀光客的時候。

「復活節要在巴黎做什麼？」在首度的那次巴黎銷魂之旅，我這麼問**旅人**。

「當然是離開巴黎。」他沒好氣的說，但後續的三個星期他還是帶我在巴黎走走看看，我從不知道原因何在。

復活節總讓我思念他；那幾個星期特別屬於我倆，其他時候，不論過去或未來，都無法與之相比。因此，每到復活節，不管我在哪個國家，總會找一間俄羅斯教堂，在混雜悲情、感恩和哀悼的心境中望午夜彌撒。

「切莫悲訴他的離去，
不如感念他曾留駐。」

這美麗的詩句，到底是紀念普希金的講詞，還是普希金本人的詩句？每當我想起**旅人**，這詩句總鮮明浮現腦際。

距離我第一次在巴黎過復活節的十五年或更久之後，我又來到巴黎，再次前往達魯街的俄羅斯東正教教堂望午夜彌撒。彌撒結束後俄羅斯友人邀我參加一場聚會，但我知道不再有吉普賽人歌舞表演。吉普賽人正在消失，快速消失。留下來的加入了在昂貴夜總會表演的劇團，服務那些聽得漫不經心、只會點「黑眼珠」和更多香檳，然後繼續談天說地的國際客群。即使如此，俄羅斯流亡者仍特別重視這個節日，設法齋戒禁食或盡情吃喝。此時我在他們之中已生活得夠久，深知參加復活節午夜彌撒和之後的活動得穿晚禮服才算得體。旅人帶我參加的首次俄羅斯復活節，他沒有遵循習俗到那種程度，也沒要我盛裝出席。當時我的皮箱裡有的頂多也就是一襲女學生小禮服；菈薇絲小姐肯定不贊成為了這場合買漂亮衣服。

而今融入流亡者的奇幻圈子，我帶著皈依者的熱切心情堅守他們的傳統。於是薩珀尼科夫女士為我設計了一襲鑲金蕾絲的精美禮服，式樣入時，長裙襬曳地，低胸露肩，我們倆都認為非常好看。試衣之際，我再度沉溺於薩珀尼科夫女士的俄羅斯，那逝去的、混亂的、滑稽的、戲劇化、動人的且大體上徒勞的世界，令我陶醉。她一度在格外迷人的情況下搭西伯利亞火車，那故事我百聽不膩。

那是很久以前的事，當時她是莫斯科最頂尖的女裁縫師之一，事業如日中天，曾經接到一筆華麗的大訂單，為哈爾濱一位富商之妻縫製二十套精美禮服，並且要親自送到府。

「二十套！多麼好的機會！我想這會帶來更多的訂單……況且，跟遠東開始接觸的念頭叫我開心，我總想去旅行。」薩珀尼科夫女士邊喘邊說，很讓人擔憂。在巴黎那間骯髒破舊小旅舍六樓生活多年，她的健康逐漸走下坡。但她還是集中力氣用別針別衣料和裁剪，就像她為了讓我開心，回憶起那趟火車之旅。

「那似乎是一整個生活方式，我們彼此都熟識……晚上我們常舉辦音樂會，甚至舞會。火車上有很多房間，頭等車廂甚至擺了一台大鋼琴。喔，沒錯，那段歲月我們很懂得享受。」

我第二十遍聽這故事，神迷地聽著薩珀尼科夫女士說起，如果把珍貴的禮服寄放行李車廂她會多麼不放心。

「我額外包下一整間小包廂來擺放禮服，當時這樣的安排我還負擔得起。即便如此，那些禮服還是堆到了車廂天花板。當年的衣服很占空間。我的包裝盒一概是淡紫色，包裝紙也是紫丁香色。我同時帶了半打的大型帽盒。當時戴的那種帽子需要費心打點……我記得有一頂帽子裝飾著好幾束麝香豌豆花，有綠薄紗蝴蝶點綴其間，非常迷人……而帽飾針，我記得是一對鑲珠寶的蜻蜓……妳可能聽煩了吧？」她會這麼說。

「喔，不，我喜歡聽，請繼續說。我最愛日本將軍那一段，簡直就像電影《上海特快車》的情節。」

薩珀尼科夫女士一臉不解的模樣，她沒看過那部電影，也沒聽過瑪琳．黛德麗，但她再次說起那個故事。

火車剛過烏拉山，那日本將軍便發現她擺放在二等客房的那些漂亮服飾，他急忙走過一整列火車，想討好這位金髮旅行家。他謙恭有禮地走向她，出價要買下部分服飾。她當然回絕了，雖然他開的條件非常慷慨。見薩珀尼科夫女士不為所動，他以最令人愉快的方式欠身、微笑，然後又再次欠身，並說聽到她的決定非常遺憾，然後轉身離開。當時薩珀尼科夫女士在餐車吃晚餐——「喔，那些晚餐多麼美味，每晚有魚子醬和香檳；當時總有男士會請妳享用魚子醬和香檳——小餐桌看起來多麼豐盛，桌燈發出粉紅光暈，窗外被白雪覆蓋的森林快速掠過……」她陷入沉默，回想起她快樂的光輝歲月，我不想打擾她。但不久她又繼續說起那故事……她待在餐車廂之際，那日本將軍硬是闖入她放衣服的包廂，持劍劃開淡紫色的包裝盒，自行拿取服飾。

「黃皮膚的小人！」薩珀尼科夫女士說，手持剪刀揮了揮。沒有人膽敢阻擋他，他的一位隨從試圖阻止他，卻被削下了一只耳朵。那隨從衝向走廊一面跑一面尖叫，幾乎撞倒了正從餐車廂返回的薩珀尼科夫女士。眼見包廂內一片凌亂，她昏了過去。漂亮服飾散落一地！帽盒被劃破，到處是包裝薄紙，有半數的服飾不見了。直到幾個鐘頭後現場恢復原狀，被反鎖在車廂內的將軍答應列車長（隔著上鎖的門）在早晨賠償損失，薩珀尼科夫女士才發現地板上躺著那只被削下的耳朵！

她看到那恐怖的東西嚇得魂飛魄散。「我尖叫了起來！隔壁的男人衝了進來，把那只耳朵丟出窗外。他實在不該那麼做，但我嚇壞了，沒能阻止他。那位隨從得知我們找到他的耳朵卻又把它扔掉後，非常難過。我記得他忍不住撲向我的鋪位哭了起來。他買了一瓶伏特加，打算拿來浸泡耳朵當作紀念。於是我給了他一些賠償金——雖然是那將軍付的——最後我們一道喝起伏特加，邊喝邊唱歌……結果變成一場快樂的派對……沒錯，人生就像那樣。」薩珀尼科夫女士緩慢起身，走過房間移走煤氣爐上的包心菜湯，免得它煮過頭而溢到五斗櫃上。

～

復活節前夕我再次來到闃黑的聖亞歷山大涅夫斯基教堂（Cathedral St. Alexander Nevski）。氣氛令人幽閉恐懼。群眾挨擠在一起，動也不能動，進退皆難。不見東正教禮拜時常見的緩緩移動人流，只有前排的人能夠俯伏祈禱，或從一尊驚人的聖像瞻仰到另一尊。復活節守夜的憂思靜默籠罩一切，強大到幾乎在幽暗穹頂之間震顫；靜默壓擠著靜默，讓隱身聖幛之後的教士們不再喃喃低語，安靜下來，也壓下會眾之間的窸窣聲，當他們傳遞點燃的一支支細蠟燭，花環似的閃爍光點穿越一片漆黑。焚香飄著濃郁香氣，壓過貴婦——還有男士——身上的陣陣昂貴香水味，俄羅斯男人也染上擦抹濃香的東方習性。焚香與香水，神聖與凡俗，在那一夜濃得化不開。

隨著復活時分靠近，緊繃氣氛拉高，大批人群殷殷期盼，他們站得發僵，按捺的情緒一觸即發。在聖幛後方遠離世俗的一隅，神祕的儀式正持續進行，當蓄鬍穿黑袍的人或進或出，鍍金的門短暫打開，露出微微被照亮的內殿，可見更多穿黑袍的人按位階排列，一列長髮濃密的頭顱俯首禱告。不久後，神職人員披戴全副衣飾現身，繞行建築物三次，隨即宣告耶穌復活。一開始四周一片黑暗，靜闃無聲。我覺得自己因虛脫而搖晃。我已經站了數小時，而且是在齋戒禁食的狀態下。我的朋友大部分遵循東正教嚴格的四旬期守齋，我也加入他們，雖然和他們的嚴格守戒相比，我的節制顯得敷衍，和他們光耀的信仰相比，我的有如廉價贗品。確實，我當晚出現在大教堂，如同我每一次出席復活節彌撒，本質上是一種懷念的儀式。

殷殷期盼變得令人窒息。自晨起之後肚裡僅有鹹魚和蕎麥糊，我開始發暈，斜倒向周遭的人群。我已經和朋友們走散，我彷彿瞥見娜迪雅的赭色頭髮出現在柱子旁，我想去靠在那柱子上。帶著加深的恐慌，我暗想著倘若真的暈倒情況會如何。在教堂長時間站立是俄羅斯人的專長之一，再怎麼年邁體虛的人也都辦得到。萬萬不能有搖晃踉蹌的情況。

我手中的蠟燭開始搖曳，火燙的蠟油灑在我手上。隔著燭火的光暈，諸聖像暗黑的長臉孔似乎和流亡者們的蒼白闊臉合而為一，結合拜占庭和斯拉夫的一抹飄忽蜃影；我的雙眼不自覺地仍在那一抹蜃影中，搜索一張曾陪伴我的臉孔。

突然間，一陣天旋地轉，拜占庭、斯拉夫和韃靼化為令人炫目的巨大影像。彷彿有道雷電光火劈下來，我看見那張臉孔就在我眼前。當我定睛細看，那影像已消散，光火黯淡下來，但我看見**旅人**活生生站在那裡，僅數碼之遙！他手中有如腳燈效果的燭火，戲劇化地照亮他的五官。那雙斜挑眼焦躁不安，在人群中掃視，目光悄悄落到我身上，接著彷彿被我強烈的欲望吸引而緊盯著我。我看見他慢慢認出我來。我忘了身在何處，試著要喚他的名，但聲音哽在喉間。我肯定是傾身朝向他，因為我手中蠟燭此時點燃了覆蓋我胸口的蕾絲褶襉，那是薩珀尼科夫女士的優雅設計。我聞到燒焦味，但依舊怔住不動，緊盯著他；猶如在夢中，我感覺有人拿走我的蠟燭，另一個人撲滅悶燒的蕾絲。這一陣騷亂引起了低聲的非難，但只有我近身的人察覺到危險。險況解除後他們又轉向聖幃，全神貫注在信仰中。

彷彿在麻醉後恢復意識，我像靈魂出竅在身外盤旋。我看見**旅人**在密密麻麻一群人中擠出一條路，朝著我、或者說朝我的分身走來。我用盡力氣，要讓迷惘的遊魂回到軀殼內。我得回到身體內去見他。眼看著他已近在咫尺，他的臉孔仍被他手中蠟燭戲劇性地照亮。最後他來到我身邊。「到外面去！」他低聲說，抓住我手臂。

他把我拉在身後，奮力穿越人群，逆著迎面直撲的人潮。周身響起憤憤然的驚呼、聲聲抱怨，還有一張張怒容，我們費勁朝門口走去。

終於，我們在門廊的藍色迷濛燈光下四目相對，衣冠凌亂又氣喘吁吁。

我難以置信地注視著他。他似乎變高了，變年輕了……那中國人一般的光頭顱哪去了？如今藏在一頭烏黑濃密的頭髮下。

「媽姆！妳不認得我嗎？喔媽姆親愛的……親愛的……」他是卡姆朗。

我不曉得我們在那裡站了多久，但幾乎在同一刻，人群開始湧出，為了讓出一條路給遊行行列。他們掠過我們，蹣跚走下台階進入前院。頭頂上在眾星之間的鐘噹噹作響。群眾歡呼復活節問候。「基督復活了！是的，復活了！」他們大喊，交換三次復活節之吻。在鐘聲之下，**旅人**的嗓音再次在我耳邊響起：「復活節之吻，你向我起的誓！」

卡姆朗把我按在牆上，弓起背抵抗人群的壓迫，接著貪婪又氣憤地吻我，我混雜著愛意與失望的淚水，順著臉龐滑落。

~

我們奇怪的關係就這麼開始了。我愛他嗎？是的，為了我們短暫共享的過去，也為了我們在一起的某種不顧後果的快樂。但我愛的是從他身上找到的他父親的回音。他愛我嗎？是的，為了共有的相同回憶，以及一種征服的驕傲。他父親愛我，而他無疑是遠遠地愛著、敬佩著父親。因此，從占有我當中他更靠近了父親。我們各自在尋找一縷幽魂。

他那喜怒無常的年輕臉龐，令人心碎地酷似他父親，在我們親吻時會神色一沉。

「妳老是想起爸爸，別騙我，我看得出來！」然後他會狂暴地試圖要我遺忘。

我們的朋友決心要把我們拆散。惱火之餘，我們躲進不知名的小旅館，鴕鳥似的深信不會被發現。我們關在貼著狂野壁紙的藏匿處，無視繃著臉打掃房間的女傭敷衍了事。我們交代旅館餐餐送早午餐來，一來是比較便宜，二來也比外出用餐方便；往返的托盤就擱在門檻，由臉色更沉的男侍送來或收走。

法國北部早秋的暴戾陰鬱令人不快，窗遮板始終關著。有珠串流蘇的床頭燈發出的光，跟塗著鋁漆暖氣爐的熱氣一樣斷斷續續。掛簾幔的壁龕擺著一個大浴缸，熱水龍頭有時會失控，冷不防噴出滾燙的水注，讓我們從慵懶中猛然起身。當我們少見地打開窗遮板，會看到窄街對面一棟有十八座華麗陽台的樓房，它曾是亞當・密茨凱維奇（Adam Mickiewicz）的住所。有一面匾牌紀念他旅居於此：「亞當・密茨凱維奇，波蘭詩人，1798-1855。」

「波蘭人！」卡姆朗不屑地吐出這字眼，帶著他父親對該民族的同樣輕蔑。但卡姆朗只是吐出回音，再次成為他父親的影子，而我會指責他。

「你沒有理由鄙視波蘭人！」我惱怒地說。「你自己甚至不是道地的俄羅斯人！波蘭人跟吉爾吉斯人、卡爾穆克人或巴什基爾人一樣優秀，這我很確定。況且密茨凱維奇不一樣，他是普希金的朋友。」但卡姆朗不想被拉進這類的討論裡，因而曝露出他對十九世紀俄羅斯的無知。在這個領域他跟不上我，他知道他父親曾為我領路，我作為一名闖入者比他這個流放者更能悠遊其中。**旅人**與我曾閉關其中，把當下擋在外面，也擋住了外來者，包括卡姆朗在內。因此他沉下臉來，高傲到不願意顯現任何興趣。不用多久，我們當中有一人就會被激怒，會刻意找碴吵架，那種本身是愛情表現的激烈爭執，然後有人會把當天第四或第五個早餐托盤摔到地上，光滑的黃色鴨絨被也順道被扯下，麵包屑和奶油抹刀也加入這一片狼藉。

對於俄羅斯，卡姆朗有的僅是最模糊的記憶；那就像一條朦朧不清的時光通道，少數的人與事短暫浮現其中。托博爾斯克，他的出生地？沒印象。某次帶著單峰駱駝、馬匹和亮麗帳篷的長途旅行……一座吉爾吉斯氈帳？我提示。或許有吧，他不確定。他認為他有過一次旅行，從很遙遠的某個地方出發，而他母親在一座大城等著他。她很漂亮，雙眉相連，像一道濃黑的線條，黑頭髮綁成好幾條長辮子；他常常把玩媽媽的辮子；每條辮子都繫著一枚金幣。他父親？他認為他第一次見到父親是很後來的事，在維也納。他想起胖胖的俄羅斯奶媽，在鄉下胡鬧撒野的快樂夏天，在跟樹一樣高的巨大黃色向日葵花田下玩耍。然後是待在城裡屋內的漫長冬天，房屋四周積雪成堆，他生病了……很多人來來去去，大皮箱裝入行李，奶媽在哭泣；然後揮別俄羅斯。在維也納的學校生活，學講德語——後來在巴黎上中學，他的母親在羅馬過世，他似乎沒有很悲傷。在巴黎，他大多生活在俄羅斯圈子裡，但他和故土根源已經離得很遠，當我把秋明親王和采忍——他的翻版——的照片拿給他看時，他顯得冷淡。俄羅斯深埋在他血液裡，沒有哪個俄羅斯人能徹底移植；他們適應環境，但斯拉夫核心始終原封不動，或者未曾腐化。卡姆朗對俄羅斯歷史、傳奇與文學一無所知，對俄羅斯日常生活的肌理與節奏亦然，可是他自覺是個流亡者。

但他是個沒有記憶的流亡者。

漸漸地我發覺卡姆朗渴望這類記憶——他希求那藏量豐富的回憶，那些回憶不僅維繫著老邁流亡者之間的感情，也構成了他無法與他們共享的一整個國家。漸漸地，他轉向他未知的根源。他會從傳聞和鬆散知識形成的大雜燴中挑一件事來問我。我想，對我承認他的無知比對他的同胞要容易；而且他知道，我本身的大雜燴學問是從他父親那兒收集來的，那個始終與他咫尺天涯的父親，因為**旅人**擺明不想負起家庭責任。

因此卡姆朗會問我：「波爾塔瓦（Poltava）是誰？」他會天真地問，我會描述那場戰役[1]。或者，「妳讀過《死靈魂》這本書嗎？」、「火槍手是好人還是壞人？」「水仙女有什麼典故？」「爸爸認識彼得拉舍夫斯基圈子的人嗎？」「說說民族英雄伊亞・摩拉梅茲的故事來聽聽」。這會兒是我成了說故事的人，是我說起了屬於他故土的一千個被遺忘的事……說起昔日莫斯科的古怪街名，塌鼻街、食蝨街……說起可召喚雅加婆婆[2]的教堂、穆索斯基（Mousourgorsky）的基輔城門[3]、雞腳上的聖尼古拉、或包心菜梗上的九殉教士教堂，這些名稱令人想起古俄羅斯廚餘菜渣滿地的巷弄。是我為他召喚出保有亞洲游牧民族紮營地風格、風箏盤旋天空的中世紀木砌城鎮。在十八世紀之前，住屋要拆要蓋全憑一時興起，成千上萬的木匠不停幹活兒，就為了平息已然成為俄羅斯人鮮明性情的遷徙渴望。是我告訴他盜匪拉辛高踞在窩瓦河的峭壁上，坐在一把由象牙鑲嵌的銀製椅子上，統管其惡名威震的地域。

「入夜後在窩瓦河畔，
盜匪圍聚篝火旁……」

1　波爾塔瓦會戰，一七〇九年，俄國彼得大帝率軍與瑞典卡爾十二世的軍隊於波蘭東部波爾塔瓦所發生的一場戰爭。
2　Babayaga，斯拉夫民族的童話及傳說中的女巫，專吃小孩。
3　「基輔城門」是十九世紀早逝的建築師哈特曼的作品，但只有藍圖，從未被建成。作曲家穆索斯基參觀了哈特曼的紀念遺作畫展，有感而發寫出名曲《展覽會之畫》，以這座從未被建造的門——基輔城門——作為樂曲末段的主題。

這兩句出自普希金未完成的詩作「盜匪」，但卡姆朗沒讀過俄羅斯詩作，無法透過我的英語版本去欣賞，也懶得讀原文。失望之際，我會轉而說起民間傳說或民謠，有一首民謠生動描繪了盜匪船的浪漫狂野。

「哥薩克水手和絲綢船帆
酋長持槍掌舵
船長執矛立於船頭
甲板上天鵝絨帳篷內
擺著裝滿金子的箱匣
酋長的情婦（doxy）睡臥在
覆蓋箱匣的絲毯上
嬌豔欲滴
美不勝收，令人神往……」

但卡姆朗不為所動，問起doxy確切的意思為何（我懂了，沒錯，所以妳是我的情婦，不是嗎？），他喜歡聽我敘述俄羅斯稗官野史，諸如亞歷山大一世並未過世，而是成僧隱遁山林。塔拉坎諾娃女公爵（Princess Tarakanova）的悲慘結局令他感興趣，因為他看過一幅畫，畫著這位自稱女皇凱薩琳二世順位繼承人的年輕漂亮女騙子，身陷地牢，身旁爬滿老鼠，腳下的涅瓦河河水節節上升。卡姆朗偏愛離奇聳動的情節，在火槍手[4]歷史裡他偏愛的部分並非這些人崛起的原因，而是結局的戲劇性，尤其是領導者被吊死在新聖女修道院窗外，吊了一整個冬天，變黑變僵硬的屍首在寒風裡晃盪，結凍的靴子輕敲窗戶，窗內則是策動政變的彼得大帝胞姐索菲亞餘生被監禁的地方。

有時我會把故事場景移向東方，移往西伯利亞，說起成吉思汗的參天旗幟，據信鳥兒從未飛越其上；逃犯如何炙毀身上的烙印，為了自由忍受更多痛苦。或者我會大談特談西伯利亞火車上的布道，如何自始就在西伯利亞生活扮演重大角色。

「不只是因為我想搭上世上最長的火車旅行，」我解釋道，「你不明白嗎，它是這國家的命脈，知曉無數歷史。這麼說好了，它是最浪漫的事。」我會結束這沒有信服力的話題，顯然我說得口沫橫飛並沒有打動卡姆朗。但我不會罷休，也許是出於自我耽溺，一再回到我的主題，說起新一批開拓人口，如何藉由這條命脈往東邁向一片空曠大地，深信火車輪的每一轉都讓他們更靠近夢想中的新生活與繁榮富裕。西伯利亞的富裕也沿著相同軌道往西輸出。這條長長通道知曉生與死，無名小站目睹相會與別離；苦痛與喜悅隨著火車前行，如同驚恐懼怖以及囚犯鐐銬的噹啷聲響。在大革命期間，為了占領每一段鐵道，爆發了激烈戰爭。粗糙裝上鐵板的火車廂變成裝甲車。最高指揮官們在這些移動的軍事總部內擬定戰略。

銜命作戰的將領往往尚未上陣情勢已變卦，他們從未抵達戰場，也許是行進路線因風雪受阻，也許是被堵在隧道。火車廂變成軍事法庭也成了處決室，載著鋼牆圍起的機密橫越這個國家，減速

4　Strelzi，1550-1705，伊凡四世大約在一五五〇年創建的俄國第一支常備步兵，其名稱 Strelzi 來自斯拉夫語 strela，意味「箭」或「射手」，這支部隊以裝備火器出名。

或加速，遇襲或出擊。

在西伯利亞，戰役的輸贏都發生在火車上而不在戰場上，在作戰前線數量不斷下降的士兵有時淒涼等待著從未來臨的增援部隊，因載著增援部隊的火車在路途中被炸毀全數覆沒；或者火車朝戰場前進之際，士兵擅離職守，一個接一個跳下火車。他們愈來愈不確定為何而戰，成千上萬這類逃兵從部隊列車跳下，跑進西伯利亞針葉林，就像從前的逃犯奔竄逃亡。

但史詩般壯烈的戰役仍讓卡姆朗不為所動。他最喜歡的一個故事，是巴黎兌換橋（Pont au Change）的法國妓女歷盡千辛萬苦來到東方，在蒙古宮廷擔任譯員……亞洲！亞洲風情的俄羅斯……！西伯利亞！古老的魔法。「你不想回去嗎？」我會這麼問卡姆朗，希望我們有共同的浪漫渴望。

「不想，這裡很好。」他這麼回答，滿足於在閒散和愛情中度日。「每次妳想到西伯利亞，媽姆，」他說，「妳總想在西伯利亞針葉林裡相愛，我喜歡在任何地方相愛。」

對此，我沒有答案。於是，暫時沉浸於愛情，「在彼此的懷抱找到天堂」，我壓下了對西伯利亞之旅的渴望。

然而在當時，也許婚外情本身就是一趟旅程——進入另一個人內心的一趟旅程。有時是沒有回頭路的一趟旅程。

～

即便在巴黎，一九三〇年代末的巴黎，我們相見的次數很少，也很困難。我們沒有錢，而且有太多不認可的朋友從中阻撓。其中有一些人認識**旅人**；有一些人知道我在他生命中的地位。卡朗姆是他兒子；他當時沒有工作，沒有未來（也不可靠，他們暗示他就跟他父親一個樣）。他甚至沒有適當的護照，他父親從未費心處理那類務實的事。當時我已婚——至少結了婚，離婚的事從未安排過，再說，我丈夫哪去了？一切都不稱心。假使這位不知去向的丈夫突然又出現，而且要控告卡姆朗，這會是一場美妙的混亂。傷害……代價……他們竊竊私議，猶如女巫般圍著汽鍋式俄羅斯茶炊做預言。流言蜚語很多，我們的關係被譴責為徹底不適當。然而這個字眼確實意義從未釐清。適當跟感情有什麼關係？

「我何必在乎他們怎麼想？」卡姆朗說，他這會兒瘋狂建議我應該從名存實亡的婚姻解脫。「假使我們結婚同住，」他甩開遮住眼睛的黑髮絲，繼續天真地說，「那麼他們就沒什麼好說的。」但我指出這不太可能，他立刻沉下臉，開始破口謾罵，而俄文裡罵人的字眼倒是非常豐富。

「所以他們會說閒話，說什麼養的什麼東西。該死，該死，該死。妳一向喜歡韃靼人，那好，我知道亂倫是韃靼人習俗。馬可波羅這麼說。」

不久前我說動卡姆朗加入法國俄羅斯圖書館，補讀一些他動盪的童年沒機會讀到的讀物；大體上他偏好西默農的作品[5]或《娜娜》[6]之類的書，這些書他本該在求學時就讀過。眼下，他以引述

5 Georges Simenon，1903-1989，比利時法語作家，創作非常多有關推理的著作，成功塑造梅格雷探長（Jules Maigret）這位名偵探。

6 *Nana*，法國寫實主義作家左拉的《盧貢—馬卡爾家族》系列作品的第九部，完成於一八八〇年。

《聖經》的口吻，得意洋洋唸出《馬可波羅遊記》的一句：「兒子有時候會娶生母之外的父親所有妻妾。」

「瞧，我為妳抄下這一句。」他率直地遞給我一張紙，上面潦草寫著他相當幼稚的字跡。

「我明白，但情況還是一樣。我不是自由身，假使我是自由身，我也不想嫁給你。這不可能。」我聽到我的嗓音矜持地顯現世世代代盎格魯薩克遜的禮教。

自負的禮教！它緊勒我們的脖子，從躺在搖籃裡到進棺材。有時候一道兇猛巨浪會暫時解放我們，不管好歹，但縈繞著我們的始終是禮教而非良知的聲音。即便每隔二十年左右，這些禮教有所改變，其力道並未減弱，它們仍在所有人耳邊絮聒不休。你必須值得人尊重，否則你會不受尊重。總之，你很清楚它們的懲罰。

因此我沒有短視又莽撞地結這個婚，如此避開了很多麻煩，或許也錯失了很多歡愉。

第十九章

幾年過去了，我們依然在一起；分分合合，儘管我常去巴黎，我無法在那裡待下來，就像卡姆朗無法在倫敦待下來。我在倫敦謀生，卡姆朗在法國一家建築師事務所工作，但薪水微薄。就連我們熱戀之初掩人耳目的小旅館也超出我們的負擔，或者說超出卡姆朗的負擔，他固執地拒絕我跟他分擔。「我們的吃住全包在我身上。」他說，這話乍然聽來帶有**旅人**的傲慢。

我們吃的東西，大部分是薯條，這不成問題，但住的地方則不然。卡姆朗和另外兩位努力奮鬥的建築師合租一個房間，他跟我保證，只要我去找他，那兩個室友就會外出。這樣的安排令我難堪，我自己也財務拮据，借住城外凡爾賽鎮的一戶英國人家。他們不認識**旅人**，不會批判我對卡姆朗的感情。但我無法擺平英國禮教的威力。它們也住到法國來，用餐會喝佐餐酒，和最要好的鄰居一樣呼出大蒜味；它們察覺到卡姆朗是我的情人，同樣也知道他有時會出城到凡爾賽鎮和那一戶人家用餐。不過，上樓踏進我房門——絕無可能。也不可能有艾佛拉．班恩夫人[7]形容的「午夜的那類入場」。天候也不作美，不適合在戶外公園過夜，因此我們的感情生活似乎停滯。我們會坐著彼此乾瞪眼，在移植異地卻依舊神通廣大的英式家庭生活包圍下，我們變得疏遠。在今天，這類假道學的堡壘已經被攻陷，我們無疑會被鼓勵自在地使用起居室沙發。

「可是他為什麼稱呼妳媽姆？」我的女屋主問。啊！為什麼……？

「你不要再叫我媽姆，」後來我們碰面時我這麼跟他說。「這樣很不恰當，——目前不要。」

但卡姆朗不理會我的提議。

「妳永遠是我的媽姆，那麼我跟父親的情婦恩愛會更刺激……我讀到法蘭索瓦一世（François I）和黛安娜波荻葉（Diane de Poitiers）的故事……而且，就像我之前說過的，亂倫是韃靼人習俗。我是非常傳統的人。」他補了這一句，繼續在遮擋了屋內視線的茉莉花藤架下將我擁入懷中。我想起**旅人**最後一封信的附筆：「要對卡姆朗好……」要順他的意不難。

---

7 Mrs. Aphra Benn，1640-1689，英國女作家。

好一陣子我試圖改善他的英文，但他沒什麼進步。我們通常說著混雜法語、英語並夾帶豐富的俄語詞彙，組成令人難懂的話。有時他用錯的英語還格外生動。一回我們倆蜷縮在一件雨衣下，等待夏日暴風雨離開，他緊緊抱著我：

「這樣很依偎，不是嗎？」

「『很依偎』，什麼鬼話，你到底是從哪學來的？」

他動人地微微一笑，「我曾經在溫莎公園幸福地和一位金髮女子相戀。她是伊頓公學教授的妻子。她喜歡這樣依偎。」

我打了一個寒顫。「你爸爸寧願你在蘇活區找個可敬的法國妓女——一個真正的行家。」我嚴厲地談到隨意沾惹感情的危險。

「爸爸總說英國的外行人更能讓人滿足。」卡姆朗斷然答道。

他打電話給人在凡爾賽鎮的我，說他終於找到解決辦法。

「明天進巴黎來，我們吃煎餅慶祝，我為我們找到了一個好地方。不是妓院……妳等著瞧！」

他的聲音充滿驕傲，我很好奇，便答應了他。

他在車站與我會面，斜挑的黑眸帶著放肆的笑意，一大束鈴蘭擋住他大半的臉，他解釋說，這束花與其是表達愛意，不如說是每年那一天的習俗。「妳忘了今天是五月一日[8]？莫斯科的五月節？紅旗？這裡也有工人大型聚會、音樂、演說。」接著他稱呼我夏洛特．羅斯，建議我加入他們表示團結。夏洛特．羅斯……從前的小名，我想起**旅人**的揶揄口氣。

我把頭埋進花束裡，避開了回憶和政治。

那煎餅沒有特別好吃，餐館也沒特別好，但這家館子我們很熟也很常來，因為店老闆普洛特尼科夫「大叔」，總會為老顧客端出大分量的餐食，而價格低廉。

我的花束馬上被笑容可掬的普洛特尼科夫大叔插進水瓶裡。香味飄盪在我們四周，圍出一圈浪漫氣氛，把我們和珠簾後在爐灶烹煮的嘈雜聲隔離開來，珠簾後可見普洛特尼科夫大叔的兄弟穿著汗衫、戴著破舊帽子負責下廚。

「妳都不說話，在想什麼？」卡姆朗問，他甚至會對我的念頭吃醋。

我沒說那束花讓我想起他父親，還有很久以前在科西嘉島上，他父親曾仔細開導兒子們送花的學問——哪一款花能贏得這種女人或那種女人的芳心。比方說，他說，在丁香花盛開時，送白色丁香更講究——純白的——尤其是送給已婚女人，她們被當成新娘般對待會分外激賞。從另一方面來說，蘭花適合送給少女，她們會天真地以為自己具有邪惡的魅惑——惡之花。

卡姆朗和謝爾蓋畢恭畢敬聆聽父親的教誨。**旅人**蹙額皺眉之下的斜挑眼顯得熱切：他專注於這話題的重要性。

「相信我，」他總結，「要相當老練世故才懂得欣賞黃水仙。如果你追求出名的女演員或芭蕾舞孃，務必要送上適度的一小束鄉間小花，這值得你花大把工夫去摘來。在一束束長柄玫瑰花和劍蘭之間，她會馬上注意到它——隨而她也會認為你把她看得更年輕、更純真。無一例外。」

當我抗議他把花語披露出來，他只說男人應該懂得跟花商訂花以及跟酒商訂酒。

8 鈴蘭在法國是「擁有幸福」的象徵，每年的五月一日，法國人有互贈鈴蘭祝願一年幸福的習俗。

突然間我想起那遙遠從前的復活節，他到巴黎北站跟我會合時，帶著花束送給我和菈薇絲小姐。瞬間我又站在那汙穢的月台，看著他穿越人群向我走來。「我的小姑娘，妳終於來了！」他說。

喔，伊索！墓的這一端有不凋花田！有未曾止歇的回音！

～

「現在要給妳驚喜，」卡姆朗說，熱切又急迫，推著我走進耀眼的五月陽光。「離這裡很近，妳等著吧，沒有人會發現我們在那裡——那裡是我們倆的俠客廬！」

我停下腳步。「俠客廬！你什麼意思？你對俠客廬知道多少？」我甩開他圈著我的臂膀。見我臉色有異，卡姆朗變得挑釁。

「那不就是在科西嘉島時妳跟爸爸口中的隱密愛窩，不是嗎？」

「你知道？」

「好傻的媽姆親愛的。我怎會不知道？妳總像犯罪似的神祕兮兮走開，所以謝爾蓋和我偶爾會跟上去。我怎會知道假想的遊戲、在蒙古包和在西伯利亞火車裡做愛？妳總是如此渴望假想的西伯利亞，我想妳會喜歡我們的俠客廬，我們假想的……吉爾吉斯篷車，就像我母親的族人，假如妳也喜歡。我們現在就去。」

他嗓音裡的驕傲換成了好鬥。

一波波憤怒將我吞噬。我舉起那束花往他身上砸。「你監視我們！窺淫狂！下流的窺淫狂！你爸也是！你好大的膽子！我再也不想見到你。什麼都不用說，你把一切搞砸了。」我又一次狠狠拿花束打他，留他目瞪口呆站在陽光下，我盲目地跑開，鑽進適時出現在街尾的地下鐵。

夏特雷站（Châtelet）、共和廣場（République）、美麗城（Belleville）、丁香門（Porte des Lilas）——車廂嘎嘎地穿過巴黎底下，朝向我不知道或不想去的某個目的地。丁香鎮站（Mairie des Lilas）——該線的終點。我帶著驚訝，走進熱烈的陽光下，跟我拋下茫然失措的卡姆朗和散落一地的鈴蘭花之際同樣熱烈的陽光。我總希望天氣能夠隨我心情變化；眼下應該是陰冷灰暗的天氣才對，因為我的心無比淒涼。在某小酒館的嘈雜露台坐下，等著無止境的濾滴咖啡充滿杯子，我熱切希望這裡是俄羅斯突厥斯坦的茶屋，**旅人**不知描述了多少回的那種茶屋。但他已離去，他說的故事也隨他遠去；眼下卡姆朗也不在了。帶著令人發慌的被遺棄感，我轉向內心，進入始終等待著我的另一個世界，那幻想的世界僅需嘆一聲氣就能抵達。

我從包包裡翻找出厚厚的紅色小冊子，它和赫爾岑的回憶錄是我每天會輪流看的書。我對貝德克爾（Baedeker）的《一八九五年的俄羅斯》（法文版）的喜愛令我的法國和俄國朋友不解，而這本書的觀點往往和在我心裡與之爭鋒的一八九三年出版的《穆瑞的俄羅斯指南》唱反調。他們經常提醒我，那些書都已過時，但當時的我也是落伍的人，經常與熟悉那年代的俄羅斯幽魂為伍。除了貝德克爾筆下的俄羅斯已不存在，以及目前的旅遊書建議的大量行程及其涵蓋的距離，唯有乘坐飛機和快車始能實現之外，還有另一個顯著的差別。

這些早期的指南，無不執著於同一個問題——如何排遣時間（當然，其真正的問題是如何讓時間別過得那麼快，尤其是當你沉醉於貝德克爾所詳述的遙遠國度）。但那個五月節在丁香鎮站的孑然淒涼，不可否認地時間似乎過得很慢。因此，點了另一杯濾滴咖啡後，我打開指南，飛往俄羅斯，去到一八九五年的聖彼得堡……

魔法從不失效。巴黎淡出，海軍部大廈的尖塔在我眼前閃閃發光，葵花籽、濕皮革和鹽醃魚等熟悉的老味道襲來。我回到家，安全回到家……

日程安排，貝德克爾寫道，列出他的建議——在我看來，無一不令人羨煞，但貝德克爾顯然懷疑他的讀者如果沒有他提供協助的話，在俄羅斯是否有排遣時間的能耐。穆瑞則更進一步，長篇幅地談論飲食，為愛冒險的英國胃口建議並解說典型的俄國菜。也許微微透露一絲譏諷，也許是一絲高傲？從他列出冷湯（Botvinia）只是「一種綠色的湯」，或把乳豬佐辣根冷盤（Porosionok pod khrenum）描述為「賣相不佳但仍可食用」，而且小心翼翼地漠視各種當地乳酪，「應該是為了消化或飲食習性需要乳酪」，從中我們也察覺出俄國人消化不良的暗示。在美食章節後，穆瑞緊接著放上以「保健叮嚀」為小標題的章節，我想像該書編輯們身子往椅背一靠，忙了一整天的工作終於結束。但遊客會很忙碌！在吃完紅色的粥（或綠色的湯）之後放聲哀號。就讓他們試試這些菜餚吧。我們提醒過他們了，假使他們感到身體極為不適，我們也列了一些可靠的藥房和醫生——穆瑞的編輯群自滿地說，然後走向他們的俱樂部去享用羊排。

但貝德克爾知道不能拿飲食的建議作為日程安排來搪塞他的法國讀者。他們在法國料理的高貴傳統裡長大，飲食對他們來說不是日程安排；飲食是一整個生活方式，一整個文明。他們不會被別具一格的菜色分心，他們要的是在海外消磨時間的其他建議。然而穆瑞編輯群執著於飲食的日程安排，執著於排遣時間的這個迫切問題，因此我開始想像數不清的觀光客，莫不無聊得發火，在全世界各個等級的飯店內來回踱步。在城市或偏遠鄉下，同樣的無聊，同樣惱人的先入之見——如何排遣時間？在法國飯店、帝國飯店、德拉波斯特飯店、商務飯店、施維澤霍夫飯店、維多利亞飯店。或者，對於在俄羅斯南部觀光的大膽遊客給意見，「火車站前的韃靼咖啡屋，髒亂」。此處的日程安排很可能是如何取得殺蟲劑，但編輯群的先入之見還是一樣：如何消磨時間。在俄羅斯？不勞他們告訴我。

～

慢慢地，不甘願地，帶著癮君子的虛幻感，我回到當下，回到法國，回到丁香鎮站的小酒館。隨著周遭的法國人回到我視線焦點，變得清晰，我感到一股狂風突然吹向露台，拍打桌巾，把雨篷吹得上下鼓動，男侍者入內梳理被風吹亂的抹油黑髮。一切都淒涼、寂寞和悲傷。我知道不管我對卡姆朗的笨拙有多生氣，我都無法長久把他趕出我的生活。我知道我們倆沒有未來，也知道我們倆沒有很多過去！

因此沒多久我們便復合，卡姆朗隆重地帶我前往他版本的俠客廬。

原來那是一間小毛皮商店的內室，店主人是個下頦灰青的亞美尼亞人，名叫阿敏．努爾巴瑞恩，最初是從巴庫來的。他曾經是莫斯科的皮草批發商，而卡姆朗的母親生性揮霍，經常跟他訂購皮草，她依舊渴求她的部族獵捕的雪豹或黑狐的奢華毛皮。俄國大革命結束前夕，她往南避難，打算在敖德薩登船時，遇見目的地相同的努爾巴瑞恩先生，他帶著大量上等皮草快速南下無往不利。卡姆朗的母親當然不會錯過機會，廉價買到她認為在前往君士坦丁堡的路途中很實穿的皮草披肩，不論是因應船上的寒冷夜晚、博斯普魯斯海峽變化莫測的氣候或社交娛樂場合。

怎料那披肩（波斯羔羊皮，鑲上貂皮滾邊，在敖德薩等待船班時訂製的）沒派上用場，因為啟程的情況比預期得更詭譎。隨著人群在港灣後方帶刺鐵絲網下方緩緩移動時，卡姆朗母親的披肩被勾住，她百般掙扎仍解不開，幸好有人用指甲剪把披肩剪破，她才能拋下披肩繼續往前走。

「誰把她的披肩剪破，你爸嗎？她跟你爸一起走的嗎？」我逼問，深信我碰巧找到了另一片拼圖。但這關鍵問題卡姆朗含糊帶過。他再度巧遇努爾巴瑞恩先生，這位皮草商人似乎對舊客戶的兒子相當關照，「多麼優雅的女士，多麼富麗的品味」。他很高興能提供卡姆朗要的那種殷勤好客。

南方氣候讓努爾巴瑞恩染上熱情。他認為讓卡姆朗和我在他的後室裡度過漫長午後是再天經地義不過的事。在堆著氣味難聞的三等皮毛、羔羊皮和狐皮的彈簧沙發上，我們重拾魅影幢幢的浪韻事，而善解體貼的努爾巴瑞恩先生會拉下窗遮板，在門上掛一個告示，寫著「喪中，暫歇業」。這一招因為太常用，結果讓努爾巴瑞恩先生長期處在「喪親之痛」，最後告示終究失去意義，因為他的幾個常客或無所事事的朋友永遠會順道來訪。

他們會不斷大力拍打店門，開心喧譁：「嘿！阿敏！我們來了！別讓我們枯等！我們知道你在搞什麼鬼，沒關係啦！」然後努爾巴瑞恩先生，著迷於借來的私通氛圍，會躡手躡腳從他樓上的房間走下螺旋梯，領子和領帶引人遐想地解開，灰黃的臉漾著微笑，開門讓訪客入內，手指豎在唇上要他們別作聲，聳聳肩暗示有情人在此幽會，不過在裡頭的是他的情人或某對密戀的保羅和芙蘭契絲卡[9]，則任由他們去想。

躺在皮毛堆，周遭盡是蒙塵的皮草碎片和剪裁紙樣，我們帶著些許憂慮看著把我們的藏身處和店面隔開的骯髒絲絨布簾，一有人進店裡它就會飄來盪去。這氣氛無益於溫柔纏綿，很快地我們又起口角。這取代不了俠客廬，我們心知肚明。

有時卡姆朗克服了我的反對，試著演出他自己的幻想。拿羊皮革罩在我們頭上充當悶熱棚屋，他會說：「這是狗拉雪橇，我們正越過冰凍的河面，」或「我們正在西伯利亞火車裡……」但這樣沒用，因為我知道，他也知道，他從沒坐過傳說中的西伯利亞火車旅行，說不出什麼我沒聽聞過的事。西伯利亞火車對他來說沒有意義——更別說我賦予它的那些神祕屬性；對他來說，它只是取悅我的方式罷了，多少也是他父親愛用的儀式，因此他努力照著做。很快地陰影落到我們之間，我們再度爭吵。但卡姆朗深知如何和好，他會用最甜蜜的話哄我說：

「媽姆甜心，妳不想要我在西伯利亞針葉林的小屋裡好好愛妳嗎？」

這回聲如此貼近，簡直是同樣的嗓音，同樣的提問。這難聞的羊毛皮暗黑處，搖身一變換成地中海沿岸灌木樹林裡飄著花香的綠色暮光，頭頂上有顆星星閃爍著……尚未讓我夢想成真的星星。霎時我看清我不可能與**旅人**坐上西伯利亞火車旅行……但他的溫柔呢喃在我耳邊迴響多年：

「我的小姑娘，妳不想在蒙古包裡好好被愛嗎？」

我坐起身，把羊毛皮推開，摧毀卡姆朗的針葉林小屋。但他又把我拉下，笑著、寵愛著、撩撥著、哄騙著我。

「不要西伯利亞針葉林？好啊，妳說哪兒都好，就是不要臭著一張臉，我的媽姆。」

躺在那裡聽著斯拉夫音節，時而捕撈到另一個更心愛的嗓音，還是比較容易些。

---

9 Paolo和Francesca，但丁《神曲》中愛情悲劇的男女主角。

隨著時間過去，物質條件的壓力和經常分隔兩地影響了我們的關係。我們更常爭吵，快樂變得更稀少。我發現自己怨恨著失去的西伯利亞之旅。我為了一道影子放棄實質；或者說一個影子被另一個影子犧牲了。

~

在我心裡，我相信卡姆朗能夠告訴我他父親的命運或下落。可是他激烈否認。

「我告訴妳，他就是憑空消失，對我來說也是這樣。我母親已過世，我沒有更多的事可說。他也從沒去看她。妳永遠是最幸運的，我也很想找到他。」

但我存疑。卡姆朗是占有欲很強的情人。縱使化為幽魂也會折磨他。他不準備放棄我，就目前來說，甚至也不放棄他相當敬畏的父親。

「那麼謝爾蓋呢？」我會故意刺激他，絮聒不休談起他們一家人。「謝爾蓋總讓我招架不住……也許謝爾蓋有天會回來找你，畢竟你是他半個兄弟。」

「回來？他幹嘛回來？為誰回來？畢竟我們屬於不同家庭，他媽是喬治亞人，我媽是吉爾吉斯人。我想他去南美當小白臉了。」

「你搞錯了，小白臉是從南美來的。」

「那麼，為何提起謝爾蓋？為何想到他，好像他跟爸爸在西伯利亞似的，說不定，妳去那裡是要去找他們。我——我還不夠嗎？」

他對我大發脾氣，他的欲望透著青春、急迫和粗暴，確實有那麼一陣子卡姆朗就是全部。

但我們倆沒人能長久忘卻讓我們在一起的那道連結，而在分隔兩地情況下那道連結讓我們在一起很多年。

我成了雙重囚徒，記憶和肉體的囚徒；當財力及通行證問題總算得以解決，夢寐以求的西伯利亞之旅很可能成真，我竟打消了念頭。卡姆朗無法與我同行。他沒有錢，沒有通行證，沒有一般護照。而我無法留下他。卡姆朗最魅惑人的一面纏繞我心頭，於是被愛情絆住的我，放棄了那一趟旅行。

~

亞洲人卡姆朗也很殘忍。在占有欲高張之下，他倒是又狠又準，彷彿騎著蓬毛的蒙古野馬在戈壁沙漠奔馳之際，用他的長矛射穿我的心，再繼續帶著他一口皓齒，那錯不了的亞洲特質、他先祖的遺產，策馬揚長而去。在我們另一次更激烈的爭吵後，他出手：

「真是怪啊，」他說，他微黑的臉雕鑿成充滿惡意的面具，「妳還是那麼想念爸爸，那麼愛他，過了這麼多年……我想你們在一起的時候，他仍深深愛著妳母親。」

我太過震驚，無法假裝早已知情而無動於衷。

「妳不知道？怎麼可能？為什麼他深愛著她，很久很久以前……在諾曼第或某個地方……優鐸希亞舅母告訴我的。原來他們從沒跟妳說？我在想，當她嫁做人婦，時間慢慢過去，他失去了她，他開始從妳身上看到部分的她……然後妳那麼強烈愛著他，最後卻失去他，妳從我身上找他的影子……這是在兜圈子，不是嗎？」

我無法答話。我不知道哪部分是卡姆朗的惡意，是懷恨編造，又或哪部分是事實。我永遠無法得知。

～

漸漸地，我去巴黎找他的間隔拉長了。倫敦有些事讓我分心。卡姆朗又墮入舊習，無所寄託的冷淡，也許是回歸他吉爾吉斯先祖的習性，或回復學生時代混亂無序的舊習慣。當我斥責他，他聳聳肩擺出宿命論。

「妳要怎麼期待我在這裡找到未來？或在哪裡？妳說啊！我要靠什麼賺錢？靠妳嗎？靠妳去買西伯利亞火車票去找爸爸嗎？是這樣嗎？」他的嗓音透著不尋常的苦澀。近來他似乎冷淡得什麼都不在乎，不在乎個人感情，也不在乎幽魂。我想起**旅人**的話，「感情需要餵飽」。卡姆朗常常挨餓。

但一切驟然改觀。由於德國開缺的一份工作，罕見的活力讓他像換了人似的。

「德國？你不會考慮要接受吧！」

「為什麼不？建築界的重量級人物。他們現在大興土木。而且薪水很高。在這裡，沒工作，沒未來。而且妳呀，媽姆，妳總說妳討厭住在巴黎。」

「但是德國耶，」我重複，很是吃驚。「納粹德國！我不會踏上那可惡的地方。」

「我可沒要妳踏上那裡一步！」卡姆朗說，把場面弄得劍拔弩張。

我回到倫敦後不久，卡姆朗便前往柏林。我再也沒見過他；戰爭接手一切。就像他父親，他從我的視線消失——然而他也始終留在我心中——回聲的回聲……

第七部

旅程結束

一切適得其所
如同我的工作及自身的縮影
我的天賦與天職
一幅暮色……
我們看似多自由，多麼受羈絆的放蕩！

——羅伯特・白朗寧

第二十章

倫敦進入戰爭狀態，躲炸彈的捉迷藏取代了出走遊戲。避難所、警報、防毒面具和燈火管制，成了日常生活的肌理。戰爭勢態加劇，倫敦充斥著協約國部隊、陌生的制服和語言，所有官兵盡情善用短暫休假，接受英國婦女的熱忱款待，她們當中有些人在戰前很少或從未旅行，這會兒無須離開家鄉就能找到旅行的些許樂趣。波蘭人、捷克人、比利時人、荷蘭人、挪威人、南斯拉夫人、美國人、自由法國人[1]，混在我們之中……但就是沒有俄羅斯人。一回，就這麼一回，我看見三名氣派人物，大抵是某個軍事代表團，穿著熟悉的灰色長大衣、高筒靴和皮草帽，闊步走在麗池飯店拱廊下。當時我正走出飯店，看見他們進入旋轉門，像是熱烈踩滾輪一般跟著門一圈圈旋轉，我瞪大了眼，盯著猶如幻象的一幕。最後有個大塊頭的人進到旋轉門，把他們帶向一輛英國陸軍部用車後揚長而去，留下我愣在原地。

～

很久以前，我在巴黎那段舊時光認識的一位俄羅斯友人——不知是瓦希里、米斯提斯拉夫、尼可萊、波里斯還是迪米崔——曾跟我說，「妳肯定只會嫁給俄羅斯人，只有他們才適合妳。讓妳快樂？那是另一回事。除了俄羅斯人，沒有人能給妳妳要的那種情感上的揮霍。唯有我們這種本性——人們所說的不穩定、混亂——卻又活力奔放的本性，才能夠滿足妳。浪漫的英國戀人太鎮定自若。拉丁人，太輕浮。法國人，對愛情太忸怩，對生活太有條理。」我想起這番話，但也很快就忘了，因為戰時不是結婚的時機，我這麼以為。

然而，轟炸頻仍而不得安寧的某個夜裡，在一場為了在倫敦休假的自由法國飛行員舉辦的派對中，我發現有個人似乎跟其他人很疏遠。他坐在角落，弓著背面對一碗鹽焗杏仁專注地吃個不停。在那當時，鹽焗杏仁是珍稀的舶來品，我看見女主人不時朝他的方向投以苦惱的目光。他那長而黝黑的憂思臉孔似曾相識，但我想不起他是誰，也想不起以前在哪裡見過。隨著派對擴大成夜總會，那奇異的陌生人始終令我困惑，直到我聽到他的嗓音，那比薩克斯風的嗚響還低沉的語調，我恍然大悟，他是俄羅斯人。那陰鬱的五官是聖像的五官，那嗓音是錯不了斯拉夫嗓音。不管是不是自由法國人，這人是俄羅斯人。即便跟他的袍澤弟兄們穿著一模一樣的藍色制服，他骨子裡就是斯拉夫人。我沒有被蒙蔽。一年後我們結婚了——在公證處。東正教教堂的金冠又一次與我擦肩而過。但不論護照、自由法國軍服或勳章，都無法把我的丈夫變成法國人，就像我新得到的國籍也無法把我變成法國人。我們倆始終就像被掉包的孩子，在好一段歲月裡，我們非常契合。

身為流亡者的孩子，他在法國長大，深受熱烈擁抱法國的母親影響。多年來我看著他努力融入一個就心理層面來說永遠不會成為真正祖國的國家，而我則努力留住他身上我所渴望的永恆斯拉夫特質。

在母親的意志下他被塑造成法國人，如今他遭逢的是我折返東方的決心，去探尋我的狂想和他

1 free French，法國流亡政府。

本性的根源。

一年年過去，外子後來任職於法國外交部，我們在世界各地落腳和飄盪，但我仍沉溺在斯拉夫的人事物中，也養成俄羅斯式家常生活，對此我們倆都很習慣。用一杯杯的茶和醃漬小黃瓜度過每天的休憩時間，雖然出遠門前在自家門檻安靜地坐上一會兒的俄羅斯傳統儀式，總讓我們驅車前往機場或火車站的那一趟路與時間競賽。有時我仍會屈服於守護靈杜莫伊的專橫，私下在門邊留下供品，只要我們的傭人是斯拉夫出身，這種事他們總能理解。我們的廚房還有其他國籍的人來來去去，但我不記得他們，他們在我的生活中沒有分量，不像斯拉夫人。

走筆之際，那些斯拉夫人在我腦裡鮮活起來。叫人惱火、有趣、可愛往往又可憐的傢伙，製造騷動和製作俄式煎餅一樣輕易；他們說起自己的身世，說起久遠以前在烏克蘭、在馬其頓山區或高加索山寨等遙遠地方的奇人軼事。他們普遍都熬過難以想像的磨難，遭受過哥薩克人、突厥人、土耳其非正規部隊（Bashi-Bazouks）或庫德族的騷擾，如果稱不上經常被蹂躪的話。

他們的這類家世讓日常生活變得很不一樣；我相信，為我幹活的每個斯拉夫人和我之間存在著相互的理解。也許這就是他們一再用散漫測試我耐性的底線，卻從未讓我感到煩悶的原因。有時忍無可忍我也會反撲，跟他們唇槍舌戰；事實上我能說他們的語言。他們不是傭人那一類，也沒受過照例可從登記處獲得的訓練。

在強大的社交壓力下，我也很想請那些符合好僕傭形象，謹慎幹練的人來幫傭，但我自知無法忍受他們的習性，就像他們無法忍受我的作風。縱使你覓得這類古老品種，要想留住他們，你必得過著他們習慣的傳統生活。我們會寫稿寫到半夜，在難以預知的時間要求把餐食端到同樣難以預知的地點，很可能會在寢室裡吃燒烤肉，或者在餐桌上吃優格喝黑咖啡，這種習性總讓中產階級的受雇者看不慣、受不了。

「沒為晚餐好好打扮，就沒有人會好好伺候妳。」一位精明的老女士曾這麼跟我說。「不過我說的打扮不是指盛裝。」她補了這一句，譴責我對異國服裝的喜好。說到異國風情，我可是比不上我自家廚房，在那裡，鍋爐之間豎著簡陋的聖像，每一道菜的烹製，都伴隨著教會的咒語或祈求，東正教月曆上的每位聖徒都被召喚到爐台邊，添上些許的魔幻色彩。有時這些咒念非常有詩意，有儀式化的起頭與結尾，如同它們被一代代傳下來、普及俄羅斯農鄉那樣：「我，上帝的僕人，瑪法．佩特羅芙娜（或任何唸咒的人），」開場白總是如此，而咒念也許和舒芙蕾的膨發或驅除某種蟲害有關。結尾也都一樣。「我，上帝的僕人，瑪法．佩特羅芙娜，俯首躬身如弦月。但願我的咒念強大！在此將之妥為鎖藏。阿門！阿門！」

最後一句伴著用鑰匙上鎖的手勢。之後，這事就看上帝和惡魔如何擺平，沒有碰運氣的餘地。

這類的地方色彩，也因為鼓膨的圍裙、綁在頭上的俗麗頭巾以及跟在家鄉農舍一樣打赤腳，而更顯濃厚。有時瞥見他們光著腳踩在都市的拼花地板、亞麻油地氈或絨毛厚地毯，我會看到一望無際的大草原肥沃黑土，想像這樣的腳丫子塞進鞋子裡會比正在做蘑菇燕麥糊的大手掌套進手套後更懶散。但我歡迎斯拉夫人帶來的各種地方色彩，我也很感激他們的窩心特質；那是傳統家庭的奶媽所發出的慈愛光輝，而我不巧沒出生在那樣的家庭。

瑪法、安娜、盧芭、娜塔莎……生動亮麗的人物，俄羅斯娃娃般蹣跚漫步，在我下筆之際又聚在一起。當我寫稿寫到三更半夜，卡秋莎會從溫暖的被窩起身為我端來羅宋湯。盧芭喜歡逗留在屋裡聊天，總是興致高昂地描述哥薩克人如何大肆洗劫她的村莊——以搜索沙皇的逃犯為名，搜遍整個村莊，當然還強暴了她的表姊及其母親。盧芭會手持一把想像的劍，撲向五斗櫃，把抽屜裡的東西扔向地上，在一堆凌亂的絲襪和內衣翻搜，以寫實的動作表達屢屢發生的搶劫蹂躪。

「夫人，他們是惡魔！恐怖的惡魔！壞人！可是又那麼俊俏！那麼強壯！這等男人！」

她陷入回憶中，眺望著窗外的文明景致，氣憤地咒罵。

瑪莎說起小時候在塔什干（Tashkent）街角看牙醫，烏茲別克人會把拔掉的牙齒吊在聖徒墳墓上立誓許願。艾琳娜會解說她芬蘭—通古斯（Finnish-Tungus）先人錯綜複雜的淵源，任由電話鈴聲刺耳地響個不停，直到我心不在焉地去接聽，因為手邊有更誘人的事，其餘一切都相形失色。

蕊娜的故事我最愛聽，關於她的唐璜舅舅和抓傷他未婚妻的那頭茨岡人的熊。

「啊！夫人！要是妳看到我舅舅聽到消息的表情就好了！他並不想娶她，妳記得嗎，夫人？」

「記的很清楚，繼續說。」

「我媽要我去通知舅舅。我發現他在客棧裡，在玫瑰清真寺後面……我記得他給了我一枚保加利亞幣，在當時是好大一筆錢。當晚我們辦了一場派對，我們那條街上的每個人都來了。婚禮當然延後了。舅舅潸裘流下喜悅的淚水。我們當時有多快樂！舅舅跳舞跳到天亮！手帕舞（Ratchinitzas）！圓環舞（Horos）！婚禮的圓環舞！全是妳喜愛的舞蹈，夫人。」

她旋轉一條廚巾，表演幾個儀式性的步伐。

「接著發生了什麼事？」我問，忘了責怪她燃料帳單少找錢。

然而這就是蕊娜指望的，這下她可以舒坦地說完故事了。她的臀腿往下一蹲，一張闊嘴開朗地微笑。「他們把茨岡人關進牢裡，因為那是他的熊，他沒看好牠，讓牠闖禍……」

「然後呢？」

「然後他們把熊送進動物園。但是熊看不到茨岡人很不快樂，不吃不喝，毛都脫落了。因此他們決定把茨岡人和熊一起關進籠子裡。熊很開心，茨岡人也是。他定時有餐點，也不必工作，而且住在戶外。茨岡人無法在室內生活，妳知道的。他們倆晚上相互取暖。人們常去探望他們，從鐵條之間塞食物進去。有時候我們會送花給茨岡人，因為熊的體味很濃。我們本想送菸給他，但他不被允許抽菸。畢竟他在坐牢。」她一本正經地補了一句。

我再一次聽得入迷，不計較她每個缺失。

~

老凱特莉娜的魅力格外強大，因為她從前住在西伯利亞，這一點幾乎彌補了她的每個失誤。「啊！大自然，美麗的大自然！」「西伯利亞鄉村是何等美麗呀！」這滑頭的老婦會這麼說，深知我更想聽西伯利亞的風景甚於洗衣的問題。「甜美的空氣！西伯利亞的空氣，有蘑菇和蘋果的味道……在夜裡，月光灑在雪地上……」她一發不可收拾，詩情洋溢，就是要讓我從她的小失誤分心。

我們在租來的房屋裡設備不良的廚房內。我正在確認能否餵飽即將在晚餐時登門的八位賓客。凱特莉娜那天手腳很不靈光，把白酒放到誤以為是冰箱的爐子邊；而我才剛把波爾多紅酒從冰箱解救出來。有人送我一束紫丁香，擺放花束時，我的心思已越過大陸和海洋，去到了庫爾斯克的紫丁香花叢……庫爾斯克，其聞名的花卉慶典在復活節後展開，一連十週，或者一八九三年的《穆瑞的俄羅斯指南》這麼說……庫爾斯克，外子羅曼的家人曾住在那裡；但羅曼說不出那裡有什麼，他從不回首過往。他不覺十九世紀俄羅斯作家筆下的鄉村生活迷人有趣，不像我迷醉其中。眼下凱特莉娜試圖讓我分心，不讓我注意到她留在西沉落日下的奶油已經變成發酸的一灘油。她準確地知道如何進行她的伎倆。

「當我們坐西伯利亞火車旅行，」她自命不凡地說，「我會把牛奶裝進袋子裡，放在窗外。我們需要一些牛奶時，就鏟下結冰的一塊牛奶來用……還有我教書的地方，」她倉促地說，見我的眼睛仍生氣地盯著那灘奶油，「一整條街只有一間廁所。晚上我們都要披著熊皮到街上上廁所，從我家走過去要走很長一段路。」

在煎鍋的鏗鏘響之外，我聽到囚犯爬過監獄放風場時鐐銬的鋃鐺聲……熱氣蒸騰的廚房淡出，消散在雪白的荒地……西伯利亞！西伯利亞！

剎那間我成了西伯利亞女傑艾賓娜．米古瑞亞。我跟著丈夫來到某個不知名的前哨地，和他一起服刑。我的兩個孩子都死了，但我活了下來，為了他，為了有一天能幫他逃出去……我計畫著，等待著……為了愛，我心思縝密。我計畫周詳，設法把我丈夫藏進一口板條箱裡，人人都以為裡面裝的是我孩子的棺木。漫長的旅程開始了……日日夜夜，越過無邊無際的雪徑，靜默可怖的白茫茫世界。只有一位哥薩克衛兵陪著我，帶著孩子棺木的一名寡婦沒什麼好操心的。我們太晚抵達邊境驛站，無法當夜越過邊界，我看見邊界外的小鎮閃著微光，在那裡我將自由……在那裡丈夫將與我再度會合，在那裡我們將轉往西方，攜手朝向新生活……哥薩克人僵硬地下馬來；我要在小客棧請他喝一杯。他越過前院之際，一路上我一直拉在身邊的小狗畢袞，竟掙脫了皮帶，往板條箱跑去。牠蹦蹦跳跳，狂吠不已，向整棟前哨所宣告，板條箱裡有牠感興趣的東西，牠很熟悉的東西。哥薩克人從客棧的門口往回走，想瞧瞧這喧鬧聲所為何來……

這白日夢到了緊要關頭，門鈴響了……「我的小小神明哪！客人上門了！」凱特莉娜說，在胸前劃十字的同時看了一眼燒烤肉。我使勁從西伯利亞回來，自艾賓娜的軀體內離開，前去迎接賓客。八個生靈，凱特莉娜生動地說，連我們夫妻在內十個。四道菜加上所有杯子，我算了算，碗盤大概要洗到半夜才成。幹雜活的幫傭很早就會離開，凱特莉娜會再一次告知我。

旅人以前常說，我們倫敦人常為了洗碗盤這種事小題大作。他說游牧的蒙古人，只要把盤子舔乾淨就行了。不知我的賓客對這樣的建議作何感想。

〜

外交官生活——在大使館內的駐外生活——最不為人知的一面，是消化系統所承受的壓力，最終若不是餐盤一側擺了好幾個藥盒子，顯示有腸胃潰瘍的情況，就是有了抵抗力，而一旦有了抵抗力，堪稱是獲得某種變異版的外交豁免權。供應精緻食物的餐會邀約不斷，其間還穿插著形形色色的雞尾酒派對，整個運作體系無比繁複，保有十九世紀早期的奇特風格，讓人想起塔列朗[2]和梅特

---

2 Charles Maurice de Talleyrand-Périgord，1754-1838，拿破崙年代的首席外交官，歐洲歷史上最多才多藝，熟練的和有影響

涅[3]的年代，當時的外交斡旋確實是在歐洲的晚餐桌上有如鬥嘴口角的家庭派對進行的，而在那些餐會上，非洲、美洲和大多數亞洲國家壓根不在與會者的盤算內。各國代表大會輕鬆順利地在維也納召開，之後的一世紀，內部消息持續從鎖孔被竊取，而非電子儀器。如今的政治家乃至於國家元首，坐噴射機在時區和空間之間來回穿梭，一降落（經過一趟醫生告誡說人體需要三十六小時始能恢復正常的旅程）便馬不停蹄訂定或撤銷條約，似乎沒留什麼事給專業外交官去做——除了吃。於是又回到餐桌上。

就像外交菜單（不外乎比目魚、雞肉和巧克力泡芙，很少表現民族特色）的安排總是千遍一律。這與其說是缺乏創意或社交膽識，不如說是外交禮節的鐵律。你不想輕忽禮節。因此，除非有級別相當的新血參加，否則我經常被安排跟同一人坐在一起，一整季下來，簡直像連袂出席的一對夫婦。我記得有一回在某駐館跟阿爾巴尼亞公使聊起了彼此感興趣的話題（我們的話題通常是土耳其非正規部隊），每晚餐桌上我們都能從前一晚中斷的地方聊起。假使某位偶然的訪客突然間取代了我鄰座的熟人，那一晚就會多了點重婚的情趣。

~

不管我們到哪，被大雪封住的地平線始終是我心之所繫。任何地方或任何人都改變不了。出國或在家（隨著我們飄盪多年，這兩者變得不易區分），我始終在尋找我認定的親屬，在日常生活的泛音之下聆聽某種朦朧的斯拉夫曲調：也許是奇鐵茲城的鐘聲。這些泛音一度清澈響亮，我和著那旋律起舞，過了幸福美好的兩年。那是我和羅曼被派駐索非亞[4]的法國公使館期間。

保加利亞！愛的絢麗羽翼和幻覺——對我來說這兩者總是並存——在我無比快樂的那段時光披覆這個國家。保加利亞是典型的巴爾幹半島國家；來到這裡，前往俄羅斯的路已走了一大半以上。心心念念的地平線更靠近了；我在這裡找到了回音，或者說鍾愛的變調。

縈繞心頭的美麗保加利亞！我沒再回去過。我後來聽說，黑海沿岸原本人煙罕至的天堂如今大飯店林立。那些夏日遊客，可曾前往內陸，深入其中，去到古都特諾弗（Tirnova），去到帕契馬卡利（Pachmakli），去到我熟悉得不能再熟悉、因而離開時令我椎心不已、每每在愛與淚之中思念的國土中心？我述說得如此激動是因為，儘管保加利亞不像俄羅斯是我人生的全部，但它是我心的一部分，永遠不變。

~

不管我到哪裡，新世界、舊世界，西方、東方、紐約、墨西哥，我總發現自己仍在想著，**旅人**是否有一天會出現，像神怪般出現，就如小時候在我的幼兒房那樣。魔法中的魔法！我會不會看見他在布魯克林地下鐵車廂裡坐在我對面？我在突尼西亞蘇卡城門（Bad Souika）招車時，他會不會

力的外交官之一，「塔列朗式」已經成為一種玩世不恭、狡猾的外交態度之代名詞。一八一四年至一八一五年，當拿破崙的征服失敗後，塔列朗在維也納會議扮演重要角色，他在那裡談判獲得有利於法國的解決方案。

3 Klemens Wenzel von Metternich，1773-1859，一八〇九年開始任奧地利帝國的外交大臣直至一八四八年，任內首要工作之一是緩和和奧地利與法國的關係。後擔任拿破崙時代由歐洲列強組成的維也納會議的主席。

4 Sofia，保加利亞首都。

是某輛馬車的司機？他會不會在頂棚下無禮地屈身盯著我，為自己的惡作劇沾沾自喜，狡猾的斜挑眼不懷好意地閃著光芒？在某場宗教節慶裡，我會不會在一群跟著面無表情的基切人（Quichés）緩緩前進的瓜地馬拉印地安人當中認出他來？我會不會從某個異教祭壇的蜜蠟煙霧旋湧中瞥見他的臉？不，這不是他的布景。不是塞拉山（High Sierras）也不是美國南方腹地，更不是曼谷的佛塔或阿拉伯沙漠；我認為他很可能在亞洲、在俄羅斯的穆斯林區、在布哈拉、也許在帕米爾高原某村莊。當我抵達撒馬爾罕，在某家茶屋歇腳，在巨大篠懸木林蔭下喝著一碗又一碗綠茶，看著夕陽斜落在綠松石色宣禮塔之上，他似乎很近了。我想起他引述內瓦爾（Gerard de Nerval）的《東方之旅》，作者快意地思索度過暮年的最佳地點……

「沒錯，年輕要盡可能待在歐洲，但要在東方老去，那土地上的男人名副其實，族長統治的土地……」這段文字接著探討西方性別愈來愈平等，因此就男人至上來說，已經是一場敗仗。這位法國人半真半假地考慮到東方隱居：「我一定要和聖地的巧慧女子結合，在世人最初的那一片土地……」「賦予生命」、「復甦」、「詩意」……他滔滔不絕讚美東方，但我認為，他腦裡想的是那名巧慧女子；這大抵就是為什麼此段為**旅人**最愛引述的文字之一。

輪到我更廣泛地旅行之後，我也對伊斯蘭神迷。對我來說，傳統的穆斯林生活方式，諸如信仰、習俗和飾物，都具有無比的魅力，無不優美和諧。從土耳其到撒哈拉沙漠，途經中東和中亞，各色的阿拉伯和伊斯蘭文明，令我沉湎不可自拔。慢慢地，它們融合為一顆恆星，我竭力仰望、一望再望的一道光輝。但俄羅斯始終是指引我遠征的北極星，不論遠征心靈或肉身的地平線：其餘的只是自基地發起的突襲。

因此，不管內瓦爾怎麼說，我仍舊相信**旅人**往北去；我認為他會在外蒙古和西伯利亞神祕邊界的某處；我知道我的渴望終究會把我帶到那裡。

～

在這期間還有美國，或者說美國各州，和我心目中俄羅斯各州一樣多。我們在美國住了很多年，我發現很多俄羅斯人融入其中，尤其是融入馬賽克拼貼畫似的紐約生活。漸漸地，流亡者的重心往西移越過了大西洋。作家、芭蕾舞和音樂家的世界現在都以紐約為核心，如同過去的巴黎。不過我認識的那些第一代流亡者之間有另外的氛圍。第二代以及成功適應美國脈動的那些人——不管橫剖來看有知識份子、教授、聖彼得堡來的親王、音樂家和從帕萊[5]來的猶太皮草商——都變得好爭好強。在這裡，沒有人漂泊無根；在新世界，奧勃洛莫夫們存活的不多，不比蘇聯的新俄羅斯多。紐約市的俄羅斯僑民不如巴黎的那般關係緊密，比較真正融入當地。美國是個強力大熔爐。不論如何，有兩群人相對上不受影響，把各自的意識形態置於個人發達之上。在東邊，聯合國蘇維埃代表團冷漠地埋首於他們的事務；在西邊，托爾斯泰基金會辦事處關照著年邁、貧窮和淪落街頭的同胞。

與托爾斯泰有關的一切在我眼裡有如聖啟，我與他女兒亞歷珊德菈女伯爵的會面，對我來說就是謁見傳神諭者，我們相約見面的一家偏離百老匯大道的簡樸小日本館子則成了神殿。一杯杯綠茶

5 Pale，波士尼亞與赫塞哥維納聯邦的城市。

和海帶的詭異菜餚更添神祕氣息，當我聽著她回憶影響她一生的這位巨擘。這位英勇的女性和她父親簡直是同一個模子造的，高大結實，五官輪廓也像她父親凹凸分明，還有一對同樣有穿透力的小眼睛，目光透著善良、理解與睿智。雖然穿著老舊大衣，滿頭灰髮上隨意戴著同樣老舊的毛皮帽，她散發著一股出身高貴的氣質，見過托爾斯泰的人無不震懾的那種氣質，喬裝成農民的主公，微服的大人。

「所以妳認識他女兒亞歷珊德菈？」聯合國蘇維埃代表團的一員在紐約的一場餐會上問我；他神色嚴厲，談起亞歷珊德菈女伯爵的「偏執觀點」和她主持的托爾斯泰基金會，而基金會的那些工作他並不以為然。

「她是我們的敵人，妳知道的。」他說。我們倆都笑了。彷彿只要是托爾斯泰的孩子都會被世界各地的每個俄羅斯人視為敵人。

~

在美國織就俄羅斯生活的絲線，時而閃亮，時而黯淡。每一次與俄羅斯人會面，即便是與紐約上流社會的俄羅斯人見面，都可能帶來特殊意義。同樣地，我也在最不可能的地方尋找我認定的親屬反光或回音，譬如在洛杉磯、在好萊塢與藤街，偶爾也確實有收穫。

開車沿著日落大道往洛杉磯市中心——日落的邪惡一端，那些從未踏上那裡的人常常這麼提醒我——的路上，我發現一個被遺忘的地區，夾在兩條寬廣的高速公路之間，由幾條不起眼的小街道和花園構成。一群俄羅斯人在這裡過著無人聞問的生活，就像這小小聚居地遺世孤立。

雜貨店、鐘錶修理店和洗衣店招牌寫著「大好人波波夫的雜貨店」、「索斯諾夫斯基的雪白洗衣店」和「幾點（shtochass）鐘錶修理」，我特別喜歡最後一個，在猶太裔的俄羅斯方言裡「shtochass」字面上的意思是「幾點鐘」。這些舒適的小棚屋和平房，每一戶都有門廊，門廊都有搖椅和擺了俄羅斯大茶炊的茶桌。家家戶戶圍繞著一間小小的俄羅斯村莊教堂，其粗矮的柱子撐起門廊，還有一座玩具似的鐘塔，不合比例的一口大鐘勤勉地叮噹響。巨型向日葵聳現於白色矮籬笆之上，對我來說，那裡就是烏克蘭。每到星期日，彌撒結束後，高大蓄鬍的教區牧師及信眾聚集在勉強稱得上教區會堂的刷白大房間。大茶炊猛烈冒著熱氣，使得罩在末代沙皇和普希金肖像外的玻璃蒙上水汽。這個充滿各色人物的好萊塢「內幕」——鮮為人知的一種——令我難忘，正如我與外子待在洛杉磯四年期間所住的有藍綠色泳池、被照亮的棕櫚樹和奢華家用品的比佛利山莊之快意生活。

當時我正在撰寫《天堂寶刀》，不時苦讀阿拉伯抄本史料，或搜尋俄羅斯高加索戰役的一些含糊細節。羅曼剛完成《L夫人》一書，他的《天根》已獲得龔古爾文學獎，正著手開始寫《童年的承諾》。對我們倆來說，都是既忙碌又生產力旺盛的一段期間。從不中斷的茶和黑咖啡及巧克力，這些都是羅曼當時最愛的提神品，散布或翻倒在靠枕上，一疊疊文稿堆置在沙發和座椅。屋外，蜂鳥在露台上嗡嗡疾飛，俯衝吸取花蜜，我們養的幾隻貓熱切地盯著牠們看。高加索或阿拉伯音樂（我喜歡描繪這類音樂）時而飄盪整個屋子，造訪法國總領事的人每每感到驚奇。

一回我們在哈德遜河上游一幢鄉村別墅作客，無數景致令人想起俄羅斯鄉村的老莊園和寬闊平靜的河流。當晚我嚐到的異國料理奇特又細緻，一種從未有過的味蕾經驗。我想，它稱不上不可考的民族料理，不如說是喚起深遠的過去，攪動我無法追溯的返祖記憶。那菜餚帶有茄子、肉豆蔻的味道，還有不知名的香料和鮮奶油……不是我們一般所知的高級料理；它極其繁複細緻卻又大膽。我不斷細細解析，它入口滑順又豐富，絲毫不像鑲餡孔雀肉料理或甜點高塔（pieces montees）。

「啊，那是瓦希里的獨門料理，」作東的女主人女大公說，「在大革命期間離開俄羅斯之後他就一直跟著我們。他曾經在冬宮的廚房當學徒……他肯定在那裡學會了各種奇特的料理。」他很少讓人進到他的廚房，女主人說，他不喜歡有助手幫忙，始終謹慎捍衛他的絕手料理。

那麼這一道菜，是不折不扣的拜占庭料理。

稍後，我有幸進入那機密廚房，看見一位老人在鍋爐之間忙活，我了解到我事實上正觀看著帕列奧羅格宮殿最後的一些儀式。很多俄羅斯宮廷料理，就像他們的宮廷禮儀，無疑源自拜占庭帝國，最初是由帕列奧羅格公主柔伊帶到克里姆林宮（連同雙頭鷹和第一批玫瑰），她後來成為索菲亞皇后。

就這樣，我心所繫的俄羅斯，竟在一九五〇年代的紐約為我響起它的回音。

第二十一章

旅人在訣別信中寫道：「讓我們的願望成真，是命運之神最傷人的玩笑。」事實似乎如此，因為唯有婚姻破裂，我才終於能夠展開渴望已久的西伯利亞之旅。既然我不再錨定於任何人身邊或任何地方，而西伯利亞符咒仍在，我轉往了北方。彷彿在和解的氛圍中，命運讓一切變得容易。長久以來阻撓我的一切困難煙消雲散；曾經看似難以實現的一切突然伸手可及。

「妳想搭火車去？」在蘇聯駐巴黎的外國人觀光局，他們這麼問我，擔心玩厭了的西方遊客會覺得這趟浩瀚的旅程——世上最長的火車旅程——沉悶乏味。

「從莫斯科起飛，妳可以在八小時內抵達伊爾庫茨克。」

我知道。我知道，火車要花五天再加上三天半才會抵達海參崴。一整個禮拜……一整個禮拜在西伯利亞火車上，在我的火車上，在本該是我們的俠客廬……不，我絕不會覺得乏味。「拉咪轟！我們走吧。」我說，他們沒再多說什麼。

~

多年來我幾次計畫這趟旅程，總發現自己完全按照**旅人**離開我幼兒房後所走的路線來安排。他的旅程自多佛出發，到巴黎搭北方特快車，途經柏林和俄羅斯邊界維爾巴利斯（Wirballen），再到聖彼得堡，繼而前往莫斯科去搭西伯利亞火車。他從沒搭巴黎—華沙鐵路直接去莫斯科。「沒有人直接去莫斯科。」他不屑的說，把華沙—莫斯科路線當成商人路線。北方特快車直接接通巴黎和聖彼得堡，他說，是公認往返西歐的唯一道路。況且，就連不住聖彼得堡的人也偏好借道首府，去看看老朋友，欣賞芭蕾舞，聽聽新鮮事……

北方特快車自成一格。其特色和其他著名的火車——東方特快車或西伯利亞火車——大不相同；它既沒有讓前者聲名大噪的謀殺案，也沒有後者獨有的揉合戲劇化與單調的古怪特質。常客把它當成會移動的高檔俱樂部。火車上的服務員就跟俱樂部忠實的侍者一樣，會細察每位乘客的奇想。「人人彼此認識，食物和酒都是上乘的，沒錯，世上哪裡都比不上。」他懷念地下結論。但我未曾移情別戀，對西伯利亞火車死心塌地，眼下還為了加速實現這渴望已久的心願作弊，從巴黎經由布拉格飛往莫斯科，犧牲了展開這趟龐大旅程的漸入高潮之感，就連被鄙夷的莫斯科商人路線也能提供這種感覺。

倒也不是說飛機——俄羅斯噴射機——沒有氣氛；甚或沒有戲劇性。一支打贏的足球隊得意地要返鄉，不理會繫安全帶的一貫規定，確實也沒人提醒我們要繫安全帶，結果飛機升向空中，他們馬上生龍活虎地擒抱摔倒，有如球賽精彩畫面重播。呈現克里姆林宮華麗風格的一口巨大餐具櫃堵在飛機的一端，櫃子上的茶杯和大茶炊不安地顫動，而擴音器撥放著民謠歌曲。早期有關俄羅斯火車的描述（無疑不包括北方特快車）總是談到大茶炊和茶杯不斷和著車輪轉動的節奏咯咯響，乘客則跟著手風琴和俄式三弦琴的伴奏狂放跺步，把走廊和餐車廂搞得天翻地覆。坐俄羅斯噴射機旅行，我看也保有這些特色。

在布拉格那晚，我越過雕像羅列的那座橋，在舊城區漫步。通靈法師街（久遠以前，**旅人**跟我保證，我可以在這條街上找到能讓我飛往西伯利亞的咒語）門窗緊閉，荒涼蕭索。幾個鬼魅般的人影，從一條晦暗的巷子飛快移動到另一條，我暗地裡想，這是卡格理奧斯特羅[6]，泥人，或諾斯德拉達姆斯[7]在施法我兒時熱烈相信的咒符，也許我現在仍相信。「黑魔法或白魔法？妳必須相信其中一個，不然這世界就太無趣了。」**旅人**說，隨後在達魯街的某個聖像前點一根蠟燭。我在想，是哪一種魔法最後讓我達成心願，讓我現在可以飛向西伯利亞？我決定向兩座聖壇致上感激之意。

翌晨，飛越俄羅斯邊境被雨水淋透的平原之際，我闔上眼，還是專心想像在雅羅斯拉夫斯基火車站──「西伯利亞鐵路火車總站」──等著我的大火車比較愉快。多年前我曾站在剪票口眼巴巴望著火車，很快的我也將加入那湧入月台的人群；很快的我也將在我的包廂──我的世界──待上一星期。「喔，滿屋子的喜樂和祝福。」

飛機陡然傾斜，在寬大的翼展之外，我看見蜿蜒的銀色河流，菠菜綠的森林樹叢，玩具似的散亂村落，到處有不知名小教堂的藍色或金色的洋蔥狀圓頂，像大頭針似的，標示著地圖般的廣袤區域。我又來到俄羅斯。

又來到莫斯科。計程車急速駛離機場，穿越嶄新住宅區沒有特色的平坦大道，克里姆林宮忽然聳現我眼前，仍是那般美麗霸氣。這奇觀從未令人厭膩，每每讓人陶醉。「賦予莫斯科一種亞洲氣息，比我見過的任何城鎮都濃厚。」一又半個世紀前薇莫特小姐（Miss Wilmot）在一封家書裡寫道，讚美「十字下的新月閃爍……金色球體在晴空中發出耀眼光芒……俗麗的鐘塔……驚人的宮殿由咆哮怪物守衛著。」

即便是今天，這段對克里姆林宮的描述依然貼切。

~

6 Cagliostro，亞歷山卓．卡廖斯特羅伯爵（Duke Alessandro Cagliostro），本名為朱賽貝．巴爾薩莫（Giuseppe Balsamo），於西元一七四三年生於義大利的西西里島，接受當權者的資助，進行鍊金術、心靈祕術。

7 Nostradamus，原名蜜雪兒．德．諾特達姆（Michel de Notredame），1503-1566，有許多關於預言的著作。

「在俄羅斯，事情在意料之外乃是常態。」另一個沒那麼著迷的遊客這麼說。因此，西伯利亞的奧德賽之旅，我才踏出門檻，便遇上了一樁意外。火車預定在星期五晚上啟程，我帶著不可思議的圓夢心情抵達雅羅斯拉夫斯基火車站。一整天下來，我不斷告訴自己——仍無法置信——「今晚我將在西伯利亞火車上過夜！夢想終於要成真！」火車站內瀰漫火車頭噴發的煙霧，被鐵青色的燈光照亮，匯聚各個剪票口的人群因而個個顯得面色發白，而剪票口終於准許我進入。孩子啼哭，一捆捆笨重的鋪蓋在人群之間穿梭；乘客揹著大批食糧、龐大紙包和裝滿大西瓜（農民不再有「施洗者聖約翰被砍下來的頭顱」的疑慮）的網兜搖搖晃晃。對比這類行囊，我自身的行李——尤其是梳妝盒——顯得流線感十足，雖然在格外講究行李的西歐和美國，它其實看起來老舊。契訶夫懂得如何輕便旅行。他出發前往庫頁島去考察西伯利亞東北海岸外恐怖的監獄島時，只帶了一件羊皮大衣、一雙高筒靴和一把刀——用來「切香腸或殺老虎」，我想他還帶了一些文具才是，因為他詳盡地記錄了該島地獄般的慘狀。

我則是舒適旅行，為自己預訂了頭等包廂。看到三等和四等車廂人滿為患的情況，我不後悔這等放縱，而且想到**旅人**描述過他年輕時坐五等貨車廂的經驗更是不寒而慄。在那沒有窗戶的貨車廂裡，打發時間的消遣之一，是打賭哪隻跳蚤或蝨子會先跳過某一條線，而這種競賽通常就著一根廉價蠟燭的亮光進行。我在蘇聯的頭幾趟旅行都很辛苦很凌亂，但我覺得很迷人——也夠乾淨——雖然印象中有好幾回**旅人**的魂影並未感染我的熱情，偶爾甚至棄我而去，只有在抵達目的地時，才又神怪般的突然現身。

但這一趟旅行不一樣，這是我們的旅行，是按照他會贊同的條件安排的，獨自（或我倆一起）

在頭等的奢華中。我承諾自己，一把行李放進車廂，就要走過一整個月台，前往噴著煙就要啟動的龐大火車頭所在處。我想看看並記住這列火車的所有面向，它們長久以來盤據我心頭，這會兒我終於可以完全占有它。

我滿懷愛意地考察每個細節：車廂工藝、餐車廂外觀、廚車廂、車輪的特色、活塞和發動機、典型的漏斗狀煙囪、減震器和車務人員的面孔，一切都要永遠烙印在我腦海。就像它路過的每一站：斯維爾德洛夫斯克—新西伯利亞—克拉斯諾亞爾斯克—伊爾庫茨克—哈爾濱—海參崴，在在充滿魅力。它是我的金弓，我燃燒的欲望之箭。

在第七車廂（「七，亞洲的魔幻數字」，**旅人**的嗓音提醒我）的門口，一隻棕熊站立著，捲收的紅旗夾在牠毛髮蓬鬆的腋下。我想，列車長認為牠跟我南瓜車很相襯。我把車票放在牠伸出的手掌上，只是牠查看乘客名單時，唉！露出了人臉，還開口說人話，沒有嗥叫。等身的毛皮大衣唬了我。這是我多次被唬弄的頭一遭。

我被帶往我的包廂，沿著鋪絳紅色地毯的走廊走，放眼盡是拋光的黃銅和暗色的木工製品，一座小型柴燒爐已經燒得劈啪響，正在燒水供應大茶炊，有燈罩的小燈安逸地亮著，一旁的長椅和鋪位連成一氣。這跟**旅人**描述的一模一樣，我覺得他正把我推向我們的俠客廬。

包廂A14，我車票上寫著。「在這裡。」行李員說，把門拉開，曝露裡面的三名女士，她們已經把四個鋪位其中三個布置妥當，有兩人的衣著已略顯不整。行李員致歉後開始把我的行李往她們之間移動。

「不！不！一定是搞錯了，」我激動地說，在場的人圍上前來，設法打消我的念頭，並把我的行李往內推。

「沒有人包下整個包廂，更別說包下橫越西伯利亞的一整趟路程，」她們討好地說。其中一個說一口漂亮的法文——穿戴整齊的那一位，此時她自稱是我的嚮導，整趟旅程都會陪著我。

「請叫我奧爾嘉。」她說，試圖壓下我的怒火，我想我大概是一副咄咄逼人模樣，因為另外兩位乘客好似被冒犯。

「她們是有教養的公民，」奧爾嘉說，以老練女主人的流暢介紹她們。我欠身致意。已經在上鋪安頓下來的兩位女士露出開朗笑容，也對我深深欠身。不過這沒有差別。我整個計畫全毀了。幾個星期前在巴黎安排行程細節時，我要求獨自包下一整個包廂，也以為安排妥當。抵達莫斯科時，就我的理解也是一切就緒，所以這當兒我確實忿忿不平。

我早該想到，我不可能在沒人陪同的情況下前往西伯利亞。在當局看來，想去那裡仍顯得可疑，或至少值得觀察。我的導遊看來是個親切的女孩，事實上在不同的情況下我會喜歡她，只是要到後來我們成了朋友，我才知道她討喜的第一印象，當場並沒得到友善的回報。那首度見面，她覺得我是個任性倔強、不可理喻的資本主義者。況且她有幽閉恐懼症，因此這一趟漫長的火車旅行對她來說是緩解不了的苦差事。但她接到上級下達的出發令：「奧爾嘉．瑪克西莫娜，陪同這名遊客到西伯利亞。」

「妳得立刻幫我找到另一個包廂！」我堅定地說。但似乎沒有另一個空的客房。

我看了月台上的時鐘一眼，時間不多了；那頭棕熊開始變得不安，目光焦急地在幾張臉孔之間游移，爭論持續著，我把自己牢牢楔在包廂門口。

「那麼我不去了。請馬上把我的行李搬下車！」我說，手一揮放棄一整個西伯利亞；我感覺到**旅人**的魂影讚賞地用手肘輕推我（他一向是惹是生非的人，優鐸希亞舅母說過）。我們要如何在有四個床鋪、擠進了幾個穿睡衣包髮網猛吃糖果的女士包廂裡幽會？

壓下對我自己無禮表現的懊悔，我試著讓女士們帶著包容和理解綻放告別的笑容。

「恐怕我不適合和妳們共處一室，我有失眠症，我會整夜開燈聽廣播，聽熱鬧的爵士樂。」我狂放地說，希望緩和我的拒絕。儘管我的俄語依舊不怎麼靈光，女士們接受我的說法，溫暖地回應我。一位拍拍我的手：「我也睡不著，」她說，「我們可以整夜下棋，一路下到海參崴。」

我拎起化妝箱，走下火車。

奧爾嘉急忙跟著我，顯得極其憂心。取消行程？沒聽過這種事！「為什麼妳不跟別人共用一間包廂？畢竟是跟女士共用啊。」

我說我寧願跟男士共處一室，但她不理我的輕率回應，只提醒我在接下來了的好幾個星期內，很可能每一班西伯利亞火車都沒有空位，更別說包一整個包廂。而且在我等候車班期間，簽證會過期……至於今晚，因為我已經在飯店辦理退房，莫斯科根本一房難求，要在哪過夜呢？

「這位女士可以坐北京特快車，這班車每星期二發車。」棕熊說，他已把頭部自毛皮領口取下，雙眸閃爍著善意。不理會奧爾嘉瞪著一雙怒目，他繼續說那班列車往往有一整個包廂是空的。

「只是它每星期二發車。」他口氣憂傷地說。

我表明，不管星期幾去西伯利亞對我來說都一樣。

「那好吧，如果妳準備在星期二出發的話……」奧爾嘉說。沒想到她已拋開官僚的麻利，換上契訶夫式的含糊。她承諾盡量替我安排。在她眼裡，我想我代表了一個資本主義者帶來的磨難，而她基於共產主義信仰必須承受。此外，我是觀光客，我發現俄羅斯人總是非常和藹地對待周遭的陌生人。

和她預料的相反，我回到原來入住的飯店，過了舒適的一晚。我的退房資料尚未登錄，因此我取了鑰匙，和負責接待大廳的兩位模樣兇惡的人慣常開幾句玩笑，回房後發現房內和我離開時一樣凌亂，在既得意又覺掃興的心情下我倒向弄皺的床單。西伯利亞火車再次與我擦身而過，但我沒有背叛與**旅人**的約會。

～

儘管事情的轉折令我不快，但我帶著某種歷險的感覺，肆意享受在莫斯科多出來的三天時間。錯過預定的出發，我後來暗自竊喜，因為這意外多出來可隨意支配的時間，像是從嚴謹的生活中偷來的額外空檔，縱使感覺很不真實也要好好享用。忽見柳暗花明，讓我意識到我們平常把多少事情視為理所當然。我們本應遠行在外，卻像亡魂歸來，回到熟悉的場景；或尋找先前在生活壓力下無法探望的人與地。我們好比在道盡別離的話之後，又躺回情人臂彎裡，重新再愛戀一回……相遇、相愛、離別，從頭來過。

就我的情況來說，正好可以利用這個空檔尋找一位老朋友，我跟**旅人**在巴黎時結識的一位流亡者，我知道她搬回祖國。我相信她或許能告訴我**旅人**的下落，但我前幾次造訪蘇聯時都沒能探聽到她的消息。直到最近這一次出發前夕，她從前的幾個老朋友——在巴黎的年邁流亡者，聚居聖熱訥維耶沃—德布瓦的一群幽魂——給了我她信上的莫斯科地址。從赤俄來的一封信！這封信在他們眼裡既是奇蹟也是侮辱；他們把信交給我時彷彿那信會燙傷手一般。她似乎過得很滿意；她沒有吹噓一個烏托邦，但她回到了家，因為能操多種語言而當譯員為業。她過得心滿意足，但這一群幽魂無法接受；她死在家鄉也許還可以理解。「俄羅斯母親！」他們悲嘆，望著裝飾在小紙板上的神聖形象，用手在胸前畫十字。

我最初認識她時，她經營一家專賣俄羅斯及東方書籍的書店，多年來我在那裡花了不少時間和金錢。回首過往，我略微懷疑過，在那昏暗的小小營業所裡，堆滿沒有分類而雜亂無章的豐富書籍之中，她進行著其他事。她通常待在更幽黑的內室，裡頭擺著一疊疊東方手稿、目錄和破爛書籍，還有茶水和過期麵包被遺忘在書堆之間逕自腐壞。

我進到書店時常發現她正跟某個不知打哪來的人熱烈交談，一見我入內，來客會禮貌欠身，馬上離開。

「他是真正的阿瓦爾汗王。」她會這麼說，讓我垂涎這頭銜所喚起的視野。或者，「上回妳在這裡時那個帶一大捆書來的男人，妳會感興趣。他父親有一大堆關於彼得拉舍夫斯基事件的文件。」但她從未介紹他們給我認識。一隻衰老的貓占據店裡唯一一張扶手椅，跟牠的主人一樣披著邋遢的披肩，那是隻西伯利亞灰貓，名叫波利斯，她離開俄羅斯時想方設法把牠帶了出來。多年來波利斯逐漸凋零，牠名叫羅里斯的兒子會讓牠流芳千古（以羅里斯—梅李可夫〔Loris-Melikoff〕來命名，梅李可夫在立憲革命扮演重要角色，直到恐怖份子的炸彈把沙皇亞歷山大二世及其「解放」的夢想炸得粉身碎骨，立憲革命的重要才被體認到）。

屋內香菸煙霧瀰漫，貓和女主人視力均不佳。儘管我這位友人的鞋面從腳底裂開，形態優美的手上指甲汙黑，但她總抽著鑲金琺瑯的長長菸嘴吞雲吐霧。她會拿著菸嘴往那雜亂的書堆揮一揮，像占卜者拿著魔杖，變出我絕望地以為找不到的寶藏。有時候，我在書堆裡花數小時專注翻搜之後，為了更輕浮的牽扯關係準備離開，在歪斜地掛在去年月曆旁的一面破裂缺角的鏡子前整理儀容時，她會苛刻看著我。

「妳不該再跟男人糾纏不清，他們得認識真實的妳，不管妳乾淨或骯髒，漂亮或醜陋，其餘的都只是表面。」她會這麼說，用菸嘴劃破空氣，閃過一道細碎火光，這會兒菸嘴倒成了女巫的魔棍，而她這位女巫，應許我一份智性的生活和閃亮的鼻子。

我這次回到莫斯科巴不得馬上出發，全副心思在為旅程做準備，結果完全把她忘在腦後；不過眼下多出了可以隨意利用的意外空檔，我想，命運的手指指向了我從聖熱訥維耶沃—德布瓦拿到的地址。

～

老舊的亞奇曼卡雅區（Yakimankaya）我很熟悉，因為**旅人**一家曾在此住過好一段時間。前幾次造訪莫斯科時，我偶爾會上那裡去，在從活絡的現代大道傾斜而下的幽靜街道晃蕩。這落後的街區，夾道的矮房罩著樹蔭，小花園裡滿是紫丁香和向日葵。天光自聖伊凡戰士敬堂的可愛鐘樓後方消散之際，其門廊的燈亮起，為依舊聚集在那裡晚禱的零零散散虔誠信徒照亮道路，此時我會在周遭破敗房屋之間走走晃晃，朝窗簾拉開的窗戶向內打量。這些房屋依舊呈現和諧的比例相當迷人，我總是在想，哪一棟房屋見證過**旅人**的青春歲月。從一盆盆天竺葵和馬鞭草之間仔細察看，我會試著重建消逝的生活方式，倒不是我格外喜愛那種方式，只因那是他有過的生活方式。我看到的房間都燈火通明，變黑的漆面底下，優雅的形體沒變。有些仍保有傳統的黃銅框邊的白瓷爐灶。偶爾可見漂亮的枝形大吊燈仍懸掛在天花板，但吊燈沒亮，一旁掛著一只電燈泡，非常務實。我想，這樣的大吊燈肯定曾經照亮著一張家庭餐桌——家庭生活的焦點或聖壇，中歐人或東歐人總會圍著餐桌，不只進食，而且在此消磨一整晚，坐在椅背挺直不舒適的椅子上玩棋、喝茶或酌酒。這種平靜的家居型態，時常被滲透家庭生活的政治口角打破，這一點和英國家庭生活很不一樣。

我眼前的場景在轉換，我想像這樣的晚餐桌，會有氣勢宏偉的銀製大茶炊溫和地冒著蒸氣，圍坐的一家人長幼有序，**旅人**就在其中；衣著不整又坐立不安的小學童，接著變成穿軍服的瀟灑少尉，最後是浪蕩的敗家子，拚命想外出，上某個吉普賽歌舞餐廳會見他的女人——我。

回到現實，我窺視的窗戶內似乎有無數的舞台布景，演員穿同一套戲服演出同一幕。桌上這會兒堆著書，而不是擺著餐盤，一具大茶炊依舊佇立；一對年輕夫婦正埋首苦讀，因為蘇聯公民最想要的是取得進階證照和讀夜校。在通常掛了簾幔、擺在充當臥房的壁龕、鋪了床墊的高床上，有個小孩或寶寶睡著了。在另一角落，像老嬤嬤一樣的傳統人物正在小火爐準備晚餐，她頭上包著花巾，可能是母親或祖母。在某些房間，家具的擺設更有品味，普遍呈現畢德麥亞風格[8]，通常有畫作，

---

8 Beidermeyer，在拿破崙帝國時期，現今德、奧國地區對拿破崙帝國統治的反動，加上中產階級與民族、地區的品味，出現了畢德麥亞家具風格。畢德麥亞一詞，源自一個一八五五年小說中的幽默角色畢德麥亞老爺，此角色被視作德國中產階級代表。

雪景或者紅軍行軍的版畫。裝飾物從貝多芬或列寧的石膏胸像到飛機模型都有；總是有鮮花和書籍。

我相信在這類的房間裡，我會找到書店主友人，而且她會絲毫沒變，這樣的女巫不會變老也不會死。她有金剛不壞之身，因為長期浸泡在尼古丁裡。但她會記得我嗎？我貿然出現她會見我嗎？或者她女巫般預知了我將到訪？我們見面是明智的嗎？對她還是對我來說？我決定碰碰運氣。

那棟房子和其他的在外觀上都差不多，也許更破舊。我拉了拉電線和細繩交纏的新式玩意兒，隨而震耳的噹啷聲大作。我心想，這下子整個亞奇曼卡雅區都在暗中觀察我了，而駐守在主幹道附近的法國大使館外穿灰制服神色冷峻的守衛，很可能離開崗哨來調查我這嘈雜的異教行徑……「外國人不該在沒人陪同下貿然拜訪市民。」我耳裡似乎聽見有人這麼說，罪惡感和憂慮開始慢慢浮現。在蘇聯若遭人白眼常會被制約出這種反應，我發現，遭人白眼的經常是不會畫地自限的人。

應門的是一名年輕女子，穿著靴子和圍裙還揹著寶寶……她面帶微笑，似乎一點也不吃驚，她用英文回答我的俄語。「妳帶書來嗎？沒有？所以妳想跟奶奶談談？她在樓上工作，請進。」

我入內。屋內房間和其他人家相仿，但堆了及膝的報紙和手稿，各種語言都有，希臘文、西班牙文、希伯來文、阿拉伯文……爐灶邊緣躺著一隻昏昏沉沉、如入至福狀態的貓——另一隻模樣更年輕的西伯利亞灰貓。我的老朋友此時現身了，毫不驚訝地招呼我。過了這麼多年，她似乎都沒變，同樣邋遢的披肩和金屬框眼鏡，同樣女巫般的神態；只不過魔棍消失了，她的鞋也牢固地補好了。

她十足自然地接受我的拜訪，就像我即將展開的旅程及其目的是再自然不過的事。

「我總認為妳會回到這裡。妳以前為什麼沒來看我？如果妳還在找他的話，妳來遲了。我好久沒看到他了。他當然永久回到這裡來，我們兩個從來不屬於其他地方……在其他地方只是演演戲而已……」

「妳是說他真的是……」我住了口，發現自己回頭看向門口。

她嘲諷地大笑。「密探？妳想的是這個？為何不說出來？擔心邪惡大妖怪契卡[9]？如果我們的警察為妳這樣的小人物煩心，他們現在會知道妳並不值得他們費事，妳只是犯相思病……況且妳深知俄羅斯不需要在每一寸土地上部署眼線。畢竟，妳能搞出什麼亂子來？只要你們觀光客，尤其是美國人，了解到你們以為的監視多半是發自真正的善意，實際上都是管理那些語言不通的大量外國人的方式，那些人不是為了趕流行而來這裡觀光，就是為了回國去說我們過得水深火熱。拿相機喀嚓喀嚓拚命按快門，老愛照那些倒塌的遺跡，從不拍一些新穎的、精美的東西，只在歷史古蹟前面擺姿勢照相……一個個咧嘴笑的小不點！我們總得想辦法管理管理，否則他們會說我們懶散沒效率，還要求退費。何必？我聽說很多人甚至找不到廁所，更別說去到美術館，或入館後看懂他們看到的。他們只認得克里姆林宮的珠寶和伏特加而已。」

她的語氣格外尖刻，但突然態度放軟，倒給我一杯洋李白蘭地，我大膽地問羅里斯後來怎麼了。

「喔！戰爭結束時，我想辦法把牠帶回這裡。那比大革命期間把波利斯帶出去還要費事……事實上，我決定回來的原因之一就是牠。」她停頓一下，等我理解她這段話，但我沒接話，於是她繼續說：「妳瞧，我在巴黎找不到另一隻西伯利亞灰貓跟牠交配，就是這樣。牠過世時超過十八歲。牠就葬在那紫丁香叢下面。」她望向蒙上水汽的緊閉窗子。「那隻是牠的女兒桃樂絲。」她說，指著

9 Tcheka，蘇聯肅反委員會。

在爐灶上打盹的貓。「但是要在莫斯科替她找到配偶也一樣困難。她只生過一窩小貓。時局艱難啊，對人對動物都一樣。現在動物不多，我敢說妳注意到了。我很慶幸有桃樂絲。」她慈愛地拍拍牠。

當我說起前往西伯利亞遇上的困難，她一臉深思模樣。「西伯利亞，沒錯，想必很麻煩……妳還念著要找舊情郎？『漂泊止於愛侶相逢』，你們英國人真是浪漫的無可救藥！一場革命會改變你們……別介意：妳必須去——愛情就是這樣。我們都在追逐某個人。我能幫妳的不多，但我可以給妳一個人名，他在伊爾庫茨克，也許他能告訴妳什麼。他是西伯利亞人，一個老朋友，他製造的爆炸物是一流的，但出了狀況。」

「被炸傷？」

「不——他本身有狀況。他有宗教狂熱或什麼的，總之他洗手不幹了。他們把他送走……現在他在伊爾庫茨克城外的工廠或這類地方修理時鐘。我相信他在那裡很受敬重。我偶爾會聽到他的消息，『透過拖鞋郵報』，這是舊時的說法，貧民區猶太人利用毛氈拖鞋傳遞他們本來不會知道的消息……從這裡寫信給他沒有好處，但如果妳要去那裡，妳就想辦法去見他。為何不呢，妳找到了我，不是嗎？」她在一張紙上潦草寫字。

「這是他的地址。」她咯咯發笑——女巫，又忙於她的「驅病符」。

「我終於當起邱比特來了！順道一提，聰明的話，別跟任何人談起這件事。他們不會贊同。當妳到了伊爾庫茨克，寫信給他，用英文寫，他很懂英文。說妳見過我，找個地點見面。哪裡呢？我不知道，我沒去過伊爾庫茨克。妳會找到適當地點，我很確定……妳必須積極，妳知道的。」

她從金屬框眼鏡後瞪視我，眼神緊迫盯人。「務必在信封上寫俄文。妳做得到吧？很好。別從飯店寄出去，入夜後親自投進街上的郵筒。」

我的戲劇感和浪漫感大大獲得滿足，我起身告辭，心中滿是感激。

「別謝我，我也學到一件事——關於人與人的感情。我一向總是把政治看得比自己重要。」但她的說法不全然為真，如果考慮到她對西伯利亞灰貓的付出。

～

我沒再見過她。翌晨，我回到她住處，留下肥皂、鋼筆和麥乳精片這些我確知在蘇聯很受歡迎的東西時，沒有人應門。屋內看來沒有人，窗簾拉上，好似要趕走登門者。我把東西留在台階上，匆匆穿越安靜的街道，走向我那棟在新穎大道上的摩天樓飯店。

～

北京特快車之所以如此命名，是因為它的尾程是莫斯科—海參崴主線的支線。過了貝加爾湖，一條鐵路彎向東南，行經外蒙古，進入滿洲至哈爾濱，再南下至奉天，在此接上中國東清鐵路直達北京。直到大清帝國於一八六〇年簽訂北京條約把烏蘇里江以東割讓給俄羅斯（先前於一八五八年簽的璦琿條約把黑龍江以北土地割給俄羅斯），整個遠東計畫才變得可行。俄羅斯終於覺悟到興建一條從一側海岸延伸至另一側海岸鐵路的必要性。但接下來的三十年，俄羅斯毫無動作，即便當時全境一度只有一條單軌鐵道。

那是一項艱鉅任務。工程師要應付的不僅是在終年結凍的廣袤土地上進行爆破，還有雇用中國苦力的挫折，這每一名苦力都得去學會怎麼使用最基本的技術設備，而且要透過通譯員來進行，這些通譯員永遠不夠多，又時常收受賄賂及煽動鬧事而阻礙工程。此外，施工過程也飽受兇殘的紅鬍子土匪[10]、中國軍隊和義和團份子的騷擾襲擊，不是燒燬橋梁，就是破壞興建完成的路段。當俄羅斯派遣大批部隊保衛鐵道及維護施工安全，總算克服了這類動亂之後，不料亞細亞霍亂和鼠疫沿著鐵道散播，肆虐勞改營以及哈爾濱地區。最後費盡洪荒之力修築完成的清東鐵路段，卻在一九〇五年日俄戰爭後落入日本手中，經過一連串再度涉及中國、滿洲和日本的大小戰役、疆界爭論以及各種條約，直到一九一六年，西伯利亞火車才終於行駛在俄羅斯土地上。

每班列車都會跨越西伯利亞直抵貝加爾湖，北京特快車和我渴望的西伯利亞列車沒兩樣，所以我不覺得是作弊。無論如何，我計畫一路坐到伊爾庫茨克，然後也許按照原定計畫從那裡搭乘海參崴列車，或者漫遊外貝加爾湖地區，那一帶曾是**旅人**說故事的主場景，或者去找西伯利亞從前的炸彈高手，透過他被帶往更遙遠的地方。

這一整條橫跨西伯利亞綿延數千里的鐵道是斷斷續續修築、一段一段接起來的。西伯利亞西部路線接上東部路線，再接上外貝加爾湖路線及其支線，環繞貝加爾湖的環湖鐵道。還有烏拉山南麓支線——古比雪夫（Kuibyshev）支線、從赤塔途經伯力（Khabarovsk）到海參崴的北方路線，以及突厥斯坦—西伯利亞鐵路（突西鐵路），連接西伯利亞和中亞細亞地區的鐵道，在內戰期間曾浸在血泊中。

所有路線花了半世紀才修建完成，在某些季節會因河運而擴增，因為河流大多是南北走向，而需求量最大的是東西向運輸。自西伯利亞鐵路主幹衍生的這些錯綜複雜的交通幹道，始終是我研究俄羅斯區域地圖時最令我心動神往的，我也發覺，若能走上岔出的支線，到路邊小站閒晃，倚靠不確定的時刻表隨意走走看看——這嚇不倒我，再原路折返回到主幹線，會比一直待在同一列火車固定東行，更能全面地感受西伯利亞鐵道風情。但畢竟我最想體驗的是火車，所以我放棄其餘一切。

然而也不是沒有遺憾縈繞心底。不得不犧牲幾個心嚮往之的城鎮，其中兩個對我個人來說格外有意義。一個是位於烏拉山東麓的秋明，是我那秋明親王塞貝疆統治的卡爾穆克部族最初的基地。其次是托博爾斯克鄉間，靠近塞米巴拉金斯克，「七座樓的韃靼地區」，**旅人**贏得吉爾吉斯美人——卡姆朗的母親——芳心的地方；而卡姆朗也是在托博爾斯克出生。除了我對那家人的關注，我也參考了觀光手冊。「托博爾斯克，439859平方英里」，這樣的起頭並不吸引人。關於它的一般資訊，我有更生動的片段。

托博爾斯克城有兩個區，低地區和高地區，其歷史古蹟盤據在額爾齊斯河的陡岸上。西伯利亞的征服者哥薩克人葉爾馬克就是溺死於額爾齊斯河，當時他身穿伊凡四世所賜的華麗盔甲和皇家披風作戰落水，由於盔甲太重，最後溺斃身亡。波爾塔瓦會戰的瑞典軍戰俘在這裡建造了「瑞典塔」，繼而又在西伯利亞東部建造教堂和修道院。斯特羅加諾夫家族[11]就是在這裡以玻璃珠跟容易受騙的當地人交易貂皮，發了傳說中的橫財。這個貿易樞紐匯集了布哈拉和中國商隊，為托博爾斯克周遭

10 在西伯利亞東南、俄羅斯遠東地區和中國東北滿洲出沒的武裝中國盜匪。

11 Stroganov，自十六世紀伊凡四世在位期間以來，沙俄最富有的一個商業家族。這個家族曾出資支持伊凡四世占領西伯利亞地區。

幾乎終年白雪覆地、鉛灰天空籠罩的單調背景，添上幾許濃烈色彩，據說即使在六月，氣溫偶爾也會降到零度以下。

烏格里奇青銅鐘被安放在此，直到一八九二年；它被沙皇戈東諾夫流放西伯利亞，此前還遭公開鞭打，被拆掉鐘舌，只因它發出警報，號召城裡叛軍。托博爾斯克也是流放西伯利亞囚犯最大的分發中心之一。很多十二月黨人熬過了在更遠東的赤塔礦坑服刑，卻在托博爾斯克結束他們悲劇的一生。前兆修道院（Znamenski Monastery），西伯利亞最古老的一座，也在這裡，一九一七年克倫斯基[12]曾打算把尼古拉二世合情合理地放逐此處。

往南二十俄里處，我想起**旅人**在筆記本提及一座奇特遺址——喀什里克（Siber）遺址，**旅人**先祖西伯利亞韃靼人或蒙古人的王國古都，我在腦裡看見一個手持弓箭和長矛策馬奔馳的民族，縱橫亞洲，四處劫掠，竊走某人的心。

然而放棄托博爾斯克和途中其他歷史古城是我必須付出的代價，為了擁有不間斷的西伯利亞火車之旅；為了充分體驗那久遠以前在無數個夜裡，轟隆轟隆駛過我幼兒房這列雄偉壯麗的火車。

第二十二章

週二出發的火車生得俏[13]，我這麼告訴自己，然後獨自先行走下月台。我決定，**旅人**此時應該還在剪票口處理行李的搬運；他會上火車跟我會合，這沒問題。只不過，我還沒進到包廂，就隱約有一股失望罩上心頭。這班列車將在午後駛離莫斯科，晚秋的灰白陽光照亮月台，少了搭夜車的戲劇感。來來往往的人似乎也不是典型的乘客。他們沒那麼急迫，行李也沒那麼笨重；有些鋪蓋和網兜是從車窗塞進去的，也不見大茶炊。

更沒有打扮成熊的守衛。一名戴貝雷帽、穿長靴的簡練年輕女子取代了令我心生同情的毛茸茸傢伙。至於火車頭，那龐然大物完全不是這麼多年來我心心念念的那一種。俄羅斯早期鐵道運輸典型的漏斗狀煙囪哪去了？取而代之的是個流線型、鈍頭的、沒有煙囪的柴油引擎。那光滑油亮的大物不會噴出蒸氣，不會像它的前輩爆出轟鳴，不像我從前眼巴巴站在剪票口後面看到及聽到的。

眼下，往東行的每一俄里我都不得不克服現實，想像柴油引擎換成傳統火車頭。帶著被背叛的感覺，我回到我的包廂，未料又碰上另一個幻滅。俄羅斯當局果然毫不讓步，堅持指派人員隨行。如果我非得在西伯利亞晃蕩不可，那麼從各種觀點來看，還是別單獨出遊為上……

奧爾嘉已經坐定；她凝重地對我微笑，面對她也覺得倒楣的情況，她預備盡可能隨遇而安。她被指派給我不是她的錯，有她在場無疑會趕走**旅人**的魂影；我展開這趟旅程的心情和其他乘客不同也不能怪我。終究我們克服了這沉重的起頭，我想她會記得我對她的溫暖與尊重。但兩人的關係一度還是很僵，直到我們不會過度打擾彼此的情勢變得明朗。我是個獨立自主的旅人，我可以自己點餐，和同行乘客愉快地交談，不是憑窗凝望，就是陷入早期乘客都知道的鄉野傳奇消磨綿長的時

12 Kerensky，1881-1970，參加二月革命，推翻了沙皇統治，在新政府中擔任總理，一九一七年他的政府被布爾什維克發起的十月革命推翻。

13 改自一首英國童謠的一句：「週一出生的孩子臉兒俏」。

間。這不是奧爾嘉想要展現給我的西伯利亞，事實上，她對昔日的了解和我對今日的認識一樣有限，我們花了一些時間訂正彼此的誤差。

奧爾嘉堅忍地承受她的幽閉恐懼，發現我相當自給自足後，她幾乎整趟旅程都倒臥睡鋪，這樣的安排對我們倆都好。我會自行起床梳妝，外出去吃沒有時間限制、把這一餐和下一餐合併一起的餐食，回到包廂後看見那同樣的圓木狀輪廓在毯子下隆起。處在揉合幽閉恐懼和極度無聊的麻痺情緒下，她偶爾會盡責地起身露面，提供我有關鉛礦、礦業產量或集體農業的重要統計數字。

不過那第一個下午，我們還沒建立各自的模式。無奈之餘，我看著火車毫無戲劇性的開動，又是一陣悲傷，它簡直像偷偷摸摸離開，流暢地滑出車站，像郵輪駛離碼頭那般平穩。沒有引擎排氣的軋軋聲，沒有拉動的力道，沒有鳴出自命不凡的汽笛聲；沒有磅礡氣勢。對我來說，本該是驚天動地的一刻，幾乎是無聲無息地過去了。

當我們穿越預告札戈斯克（Zagorsk）的金頂建築群即將出現的白樺樹林，火車已然邁大步似的輕快行進（時速一千英里，一位愛國者告訴我，而她跟我一樣對數字沒概念）。大札戈斯克以謝爾蓋聖三一大修道院（the Convent of the Trinity of St. Sergei）的眾多中世紀修道院及教堂建築聞名，享有「最迷人的神聖俄羅斯城堡」的美譽，幾年前我第一次造訪時看見它揉合洛可可和中世紀風格的富麗堂皇，也深有同感。如今依舊這麼認為，當我從火車內眺望高踞山丘的大修道院，其絳紅、粉紅和開心果綠的牆映著西沉落日餘暉，修道院中央的聖母升天大教堂（Uspensky Cathedral）的五座高聳圓頂（最高的一座是獻給基督，較低的獻給四位聖史[14]）在戈東諾夫沙皇陵寢上方閃閃發亮。我們離開莫斯科還不到半小時，這個宗主教座堂向來是漫長艱鉅的朝聖目的地，不論貧富貴賤。有些人跋涉數日，雙腳包著樺樹皮當鞋穿，王公貴族則風風光光坐在有紫貂皮襯裡的鍍金四輪大馬車，還有雜技演員和侏儒來打發旅途的冗長乏味。**旅人**告訴我，日後成為彼得大帝的小男孩前去那裡時坐的是侏儒馬匹拉的金色迷你馬車，還有一列侏儒侍衛隨行，讓我幼小的心靈徒勞地渴望著這等榮華。

札戈斯克消失，閃閃發亮的金色鐘塔背後的落日變得緋紅，鐵道旁的白樺變得模糊；我們正穿越稀疏的林子。白樺，永遠是白樺圍在鐵道兩側——俄羅斯作家摯愛的白樺林。伏特加將是下一個地標。赫爾岑曾在伏特加度過兩年政治流亡的生活，當時他還是個年輕受挫的理想主義者。該是翻翻**旅人**黑色筆記本的時候，他在我二十一歲生日送給我這個寶藏，我自然會帶著它展開這趟旅程。但它卻不見蹤影。我開始瘋狂翻搜，焦急地慌了手腳。在莫斯科時它始終在我的梳妝盒，還用塑膠袋套著以免沾到面霜。放棄四個鋪位的車廂、沒順利啟程的前一晚，我還滿懷期待一讀再讀。它不可能消失！但它就是不見了，我心頭升起一陣恐慌，索性把皮箱內的東西全數倒在地板上，還得壓下想伸手去拉緊急煞車索的衝動。我使勁不讓奧爾嘉看見我的淚水，一面繼續慌亂地把東西放進皮箱又拿出來。當下我以為筆記本不是弄丟了就是忘了塞在哪兒，不是不小心從梳妝盒掉落，就是留在飯店裡；但後來細想，更可能的情況似乎是某些人好奇它的重要性把它拿走了。不論如何，沒有了它，我只能憑記憶。受騙和挫折感再度湧來。這下不管是**旅人**或他的魂影，就連他的筆記本也不能陪伴我了，當我終於踏上我等了半輩子的旅程。

14 Evangelists，寫作四部福音的人，瑪竇、瑪爾谷、路加、若望。

此時，供茶的服務生現身，打斷了我這些陰鬱的想法，他端來用爐式茶炊（batchok）剛泡好的茶。每條走廊底端都放著這麼一具茶炊；我們這一節的茶炊，標籤上寫著「泰坦」，一路上猛烈噴著蒸氣。為乘客泡茶的慣例，以及熱切地把所有金屬或木製表面拋光打亮，似乎是我們的服務生一整趟車程的主要職務。能夠在這列火車上提供服務，他表現一種得體的驕傲，聽到我說柴油引擎令我些許遺憾時，他的表情看似不解甚或受傷。他認為柴油引擎是格外傑出的創新，但也急著安慰我說，在鄂木斯克，「或者至少在托木斯克」，就會換成蒸汽火車頭——真正的漏斗狀火車頭。途中通常會更換火車頭，他流利地說。後來，改換古典型號火車頭之後，火車行進的方式不一樣了，那只是我的想像嗎？原先的邁大步行進似乎更形明顯；它噴發的蒸氣和煤灰，它徹夜奔馳的淒涼呼嘯，在在讓我篤定安心。它仍舊是傳奇的西伯利亞大火車，九天的奇妙旅程——只消數日就能橫越白令[15]耗費六年才走完的廣袤亞洲；悲慘的囚犯拖著腳鐐蹣跚而行，有時要花上兩年時間才抵達半途的分發站，譬如杜斯妥也夫斯基所熟知的死屋。

我們時時刻刻、日日夜夜橫越的土地，跟我想像中的簡直一樣。罕見的一道強光照亮地平線；鼓風爐；**旅人**也從未見過的一些巨大建物，其煙囪高聳入天，像新式信仰的教堂。製造廠、兵工廠、不知名的工廠和新設施，跟城區一樣有舊有新，大部分距離鐵道好幾英里。沙皇尼古拉一世最初在商議彼得堡到莫斯科的第一段鐵路時，他打斷七嘴八舌出主意的專家們，拿一把尺劃一條直線把一個點接上另一個點。

「眾卿家，鐵軌就按這一條線來鋪。」他說，工程師們很識時務，沒有爭辯。這不容分說的原則，在他孫子沙皇亞歷山大三世在位，西伯利亞鐵路計畫終於要付諸實行時，仍一而再被重申。因此，火車軌道像一條綿延的鋼帶從海參崴往西捲開之際，它行經沼澤和森林，越過洶湧河流，穿透幾乎無法通過的針葉林，很少偏離轉向以觸及城市，所以大多數的車站或路邊小站距離沿途城市都約莫有十英里之遙。

根據帝詔，「朕已下令修築橫越西伯利亞的鐵道，將蘊藏豐富的西伯利亞地區納入國內鐵道系統」，沙皇亞歷山大三世命令兒子，當時的皇太子，後來的尼古拉二世，於一八九一年前往海參崴主持橫貫東西的大鐵路東部路段開工儀式。當時這位年輕大公跟聖彼得堡首席芭蕾女伶瑪蒂爾達・克謝辛斯卡（Mathilde Kshessinskaya）的戀情傳得沸沸揚揚，他父皇不得不把他調開，於是他登上軍艦環遊世界，展開更快意的消遣。最後他從遠東地區進入海參崴，隆重地動土開工，推起裝載首批西伯利亞土壤的獨輪手推車，而二十七年後，他將走上覆蓋這些土壤的坎坷道路，前往葉卡捷琳堡的「特殊用途之屋」。

當我們急速東行，經過的車站都美得出奇——賣弄風情似的，彷彿要以人為的成就來對抗大自然的荒蕪。農舍的回紋浮雕木工以及有鵝卵石嵌工和質樸原木飾物的夢幻小花園，呈現強烈的維多利亞風格，但用色大膽，亮藍或艷橘以白漆襯底顯得搶眼。修剪過的樹叢裡，時而可見一尊比實物尺寸還大的樹雕造型熊，與一尊威風凜凜的列寧鋁漆雕像爭風奪采。但樹雕熊勝出，因為牠的眼珠子總是用西伯利亞盛產的半寶石做的。這些紫水晶或黃玉的閃亮雙眸，似乎比列寧高舉的手臂更能

15 Vitus Jonassen Bering，1681-1741，出生於丹麥，受彼得一世之邀加入新建立的俄羅斯海軍，一七二五年奉彼得的命令開始對西伯利亞的北岸進行考察，一七二八年到達亞洲的最東端。一七三〇年回到聖彼得堡。

激勵鐵道官員，你總會看到他們穿著等身的毛皮大衣像小一號的熊熱心地快步走，吹著哨子或讓人想起貝武夫（Beowulf）的彎曲號角，在火車離開月台時立正並揮動紅旗送行。我發現，火車仍受到隆重對待。倘若它不再是世上最奢華的火車，也仍是最美妙的火車，當它蜿蜒走在五千英里的軌道上，甚或深入「杳無人跡或自開天闢地以來便存在的荒原」。如此廣袤的空曠有時看似無邊無際。

偶爾可見老鷹在頭頂上盤旋，然後我看見土撥鼠棲地。我兒時夢裡的法老王老鼠，昂首挺胸蹲坐著，看見火車轟隆駛過，就像**旅人**描述過的一臉驚愕。這麼多年來，超過半世紀（沒有人算得出來這些是繁衍了多少代之後的土撥鼠），火車似乎仍叫牠們吃驚。當火車在不知名的小站慢慢停下來，我得以更貼近觀察牠們，因為牠們在鐵軌的另一側頑強地堅守陣地。隔著車窗撞見幾對晶亮如珠的雙眸，我向這些勇敢的小傢伙致意，想起牠們因土撥鼠巴托而不朽，這位我兒時崇拜的土撥鼠英雄，曾用他的弓箭射下高掛天上的十二個灼烈太陽的當中幾個。土撥鼠在牠們的棲息地自有一套傳遞消息的方式，因而知曉遠方地域的動靜：牠們比人類早一步察覺到天氣變化，因此西伯利亞人把牠們視為最可靠的晴雨表。

越過窩瓦河是表現愛國情操的一刻，就像我常聽說的，屆時火車上每個男人都會起立向窩瓦河母親脫帽致意。

只是當火車轆轆響地過橋之際，有人這麼做嗎？不管如何，餐車廂內的人沒有，而那歷史性一刻，我人在餐車廂內；就像我來到歐洲的盡頭茲拉托烏斯特（Zlataotist），火車不巧正駛入隧道。當我們出了隧道，鐵軌旁的一面巨大告示牌上寫著AZIATIKA，亞洲。亞洲！亞洲的西伯利亞。西伯利亞！西伯利亞到了！

女侍者放下盛著玻璃杯噹啷響的托盤奔向我，緊握我的手。「這是妳在亞洲的第一次握手！」她熱情地說。俄羅斯人天生愛交際，而火車旅行最重要的是社交聯誼。我請每個人喝一杯。

「西伯利亞！革命理念的大道！」我第一眼看到心目中的景致時，脫口說出興度斯（Maurice Hindus）的句子，奧爾嘉笑臉吟吟迎向我，她也許以為這激昂的句子是我有感而發。

～

突然間，我們進入一片人造的繁榮地帶，一個牧歌般的世界。整潔的村莊依偎在突出的屋頂下，農舍色彩鮮麗，一扇扇窗爬滿綠簾子似的植物，而且鑲著傳統的雕花窗框（nalichniki），蕾絲般精緻的木雕框格，全漆成白色，強烈予人裱貼花邊紙的錯覺。整潔的花圃上方冠著一片已經被霜凍傷的巨大向日葵。奇形怪狀的蜂箱，大多是滑稽的木雕鳥、貓或熊的造型，跟非洲雕像一樣原始，成群蜜蜂從挖空的眼睛或肚子飛進飛出。然而每一幢農舍，不管多麼傳統，都各自架了天線和電視設備。我不禁在想，在西伯利亞的漫長黑夜裡他們都看什麼節目？這些不知名的村莊沒有危厄，也沒有孤寂。它們看起來平靜舒適，泰然自若，我喜歡它們甚於西伯利亞近郊在城市邊緣蔓延發展的新市鎮。

白樺，鐵道兩側永遠是白樺。以前我總覺得白樺很無趣，直到我看見那一大片銀柱，就跟「火鳥」[16]傳說以及芭蕾舞劇裡被囚禁的公主們居住的魔法森林一樣優雅。騎手們。隻身的騎手以**旅人**

16 以俄國民間童話為背景的芭蕾，史特拉汶斯基作曲，達基列夫俄羅斯芭蕾舞團的經典劇目，於一九一〇年首演。

跟我描述過的蒙古方式，拿著長竿甩著套索驅攏吃草的牛。馬匹，奇特的矮馬，大草原的馬——那些毛髮蓬亂的矮傢伙其祖先曾凱旋馳入巴黎；玩具似的塌鼻子矮馬。牠們被套在農用搬運車的挽具上，看起來像大鼠似的，拉南瓜車也許更恰當。

當火車進站停駐，乘客紛紛走出車外買葵花籽、甜食或是大口吸入北方空氣，對於月台上的少數西伯利亞市民（一夥高壯結實的普通人，通常戴著有耳罩的皮毛帽子）來說，火車似乎是日常景象，我們顯然對他們更感興趣，或者說，我對他們更感興趣，因為我大抵是那一列火車唯一一個來自墮落西方的外國人或觀光客。儘管在一天三回的進站停靠時段下車伸展筋骨的一大群乘客堪稱怪異有餘的奇觀，各種裝束都有，從大衣到條紋睡衣、印花棉晨衣，乃至於帶勁地做體操的幾個運動員傢伙身上的汗衫短褲。一群越南軍官包下兩節車廂，無疑是結束莫斯科的進修要返鄉，那些嬌小俊俏的傢伙，在整潔優雅方面學了一課。他們脫掉軍服換上了燙平的連褲工作服，用餐時穿紫紅的，上月台則穿深藍的，先做一輪耗力的體操，然後照例打奇怪的毽子板球（Battledore and shuttlecock），以天然橡膠般的活力旋身、彈跳。他們渾身散發遠東地區人們的考究出眾。我記得在某處讀到，印尼的官方語言把火車稱為「考究的乘具」，我在想，這些越南戰士是否也這麼看待西伯利亞火車，格外努力要達到標準。不過我得出的結論是，他們天生是優雅考究的民族；就連他們的骨架也讓我們其他人像遲鈍的凡俗之人。隨著我們往前——或往後——到另一個時區，損失或得到鐘錶上的每二十四小時，什麼都不會中斷他們的運動、進餐或毫無瑕疵的外觀。

對其餘的乘客來說，沒有時間感的慵倦四處瀰漫，時刻、日期與進餐在不知不覺中攪混了。因此，對於從莫斯科出發的人，眼下比如說應該是星期五的午餐時間，在餐車廂內卻詭祕地像是星期六早餐時段；對於也許是在鄂木斯克上車的人，此刻則是晚餐時間，但他們過的是星期幾，你猜不出來。衣著上的隨興放縱也給不了線索，因為有些人自始至終把睡衣當行裝穿，其他人比較正統，只在就寢時穿，一如有人剛起床那樣。不論如何，餐車廂提供無止境、說不出名稱的菜餚（菜單只印俄文和中文），包含隨時供應的基本餐點和客製化的餐食。如此的運作據信是表現俄羅斯式的自由作風，因為準點供餐，譬如訂定進餐時間，會造成困擾；因此有些常備菜餚永遠以文火保溫，隨時可以上桌，不管在車站食堂或餐車廂都是如此。火車上每一餐都會供茶，因此配上魚子醬就成了充滿異國風情的早餐或魚子茶（fish tea），而豐盛的羅宋湯則變成午餐或晚餐。在如此盛宴之後，晚到的人款待一杯亞美尼亞白蘭地，對某些人來說是飯後烈性甜酒，然而對同桌的其他人來說是早餐前的開胃酒。**旅人**沒有提到火車生活把人搞糊塗的這一面。

西伯利亞火車曾經沒有用餐車廂，或者說俄羅斯任何火車一度都沒有，因此乘客只得將就著，直到下一個停靠站。但話說回來，火車站的食堂相當出色甚至氣派：在鄉下地區，前往火車站食堂用餐可是很時髦的事；此外，觀看旅客來來去去打破了鄉村生活的沉滯。我們在書裡讀到，曾有女侍穿晚禮服上菜，供應六道菜和香檳的盛況；還有，殘暴的軍隊突然霸占餐廳大吃大喝，弄得一片狼藉，結果到站的貨車廂婦孺除了鹹魚和伏特加什麼也沒得吃。但就像俗話說的，天高皇帝遠，軍隊的暴行很少被懲罰。我想，現今車站的餐食並不吸引人，但火車上的菜色一般都不錯。因為可以彈性使用等同現金的餐券，我總設法全數折換成魚子醬。

「將近一星期在火車上，妳都吃些什麼？」後來我常常被這麼問。我總答說，「魚子醬」，每每惹惱發問者。

每次在腦海裡想像這趟旅程，**旅人**和我不會到餐車廂用餐；我們總是和愛情及魚子醬反鎖在專屬包廂裡；也許我們會到圖書室去，聽聽「下等」貨車廂的人組成的唱詩班圓潤宏亮的歌聲；或者，如果是週日的話，我會趁**旅人**睡覺時偷溜出去，加入小教堂車廂內跪地的人群中，親吻聖像並接受某個神職人員賜福，然後再回到我的愛人身邊。

被亞美尼亞白蘭地增強的這般幻想消散後，我會定下神來，告訴自己別再嘆息，別再回眸。當今朝聖者坐有冷氣的公車抵達麥加，人類坐太空梭上月球。莫再嘆息，姑娘，莫再嘆息。但是，我依舊嘆息，踉踉蹌蹌地走過整列火車，有時在半途停步，被某個「下等」包廂吸引，裡面有幾個六角手風琴演奏者在有限的空間內隨意搖滾扭舞。我發現大部分的下等車廂都會盡力布置得舒適。總有插著鮮花的果醬罐擺在桌几；不管手頭如何拮据，乘客會沿路買花；遞給路過的遊客一瓶什麼；書，當然還有很多六角手風琴、俄式三弦琴或吉他。我沒看到寵物，很遺憾地，蘇聯不鼓勵人民養寵物。但乘客可以帶著鳥籠上西伯利亞火車。

回到我的包廂時，我通常看到對美食敬而遠之的奧爾嘉仍依舊蜷縮在毯子底下。但慢慢地，她先前打招呼時帶有惡意的眼眸逐漸透出善意。我們的友誼在彼此互不干預的氛圍中熟成。

「吃得愉快嗎？」她會這麼問。

「……喝得很愉快，」我答道，頭暈目眩地爬上我的臥鋪，打算來個晨間打盹或午後小睡，我的腦袋浸潤著亞美尼亞白蘭地，裝滿了西伯利亞歷史。沿途重要的站名在我耳裡反覆響起，和著車輪壓著鐵軌行走的喀吋喀吋聲，直到它們終於和鐐銬的噹啷聲混在一起——無數囚犯戴的腳鐐發出的聲響，當他們被趕向加掛在西伯利亞火車後面、裝了鐵條的囚車，繼而擠進置於渡輪和汽船甲板上的牢籠，往北被送至更悲慘的境地；囚犯拖著腳鐐邁著沉重步子沿著伏拉迪米爾（Vladirmirka）大道——橫越烏拉山的西伯利亞幹道——走；不幸的魅影進入蠻荒，列斯科夫如此難忘地描述：「……少數人忍痛離開這世界，對更好未來不抱一絲希望，他們淹死在未鋪砌的道路上冰冷黑泥中。周遭的一切醜惡得瀕臨恐怖：永無止境的泥濘，鉛灰的天空以及光禿禿的濕透柳條，羽毛皺亂的渡鴨棲在簡直張牙舞爪的樹枝上。風時而悲鳴，時而狂嘯，隨而哀號怒吼……」

囚犯往往因為天候狀況而拖延行進。往極北的行程有時不得不在伊爾庫茨克等候，直到寒冬讓一大片泥塘似的土地結凍才可通行。某些隊伍只有在夏季才到得了目的地，他們乘駁船航行，順著大河緩慢漂浮，但全數擠在牢籠中。只有搭短程渡船囚犯才不必關在牢籠；否則自殺、逃跑、嘩變以及非得打到你死我活的那種械鬥，譬如列斯科夫的《姆欽斯科縣的馬克白夫人》和死對頭的那種打鬥，將會頻頻發生。

還有其他較沒那麼悲慘的人，這些是越過烏拉山來到新土地的拓荒先驅，但**旅人**說過，他們既不戲劇化也不邪惡，你不會覺得他們有趣。說得好。不過我對西伯利亞有不同看法：這一批批與西伯利亞惡劣的大自然對抗，渺小、貧窮又準備不足的開拓者，有其可歌可泣的故事。然而，彷彿大自然最終愛上了征服它的人，這片土地結出無可想像的豐饒果實。西伯利亞黑土賜予豐收；礦藏帶來大量財富。

托博爾斯克和鄂木斯克是兩大分發中心，在帝俄時期，囚犯在這裡被分類，然後發配深入西伯利亞荒地的偏遠勞改營。在這裡，他們和家人永別，部分家人會想方設法陪伴他們千里跋涉至此。在這裡，無可想像的哀傷和苦難是日常一部分，囚犯們鏈著五磅重的鐵腳鐐出發，頭髮半剃光模樣醜怪，有些人的臉上有烙印，這暗灰魅影行列蹣跚越過烏拉山，一天十五英里，他們吃黑麵包和稀湯水，還有路途上農民給的一些額外小量食物。犯人（很多沒經過審判就被定罪）分四大類：服勞役的罪犯、刑事犯、被流放的人、跟隨丈夫自願流放的婦孺。只不過跟隨了這麼遠之後，他們不見得能持續，有時他們體力耗盡，或者因為行政上的疏忽草率被分開，就此永遠斷了音訊。有時候他們沒法買通守衛，結果被蓄意趕到反向的縱列，開始往北或往東跋涉上千英里遠，前往恐怖的喀拉海（Kara）地區，或貝加爾湖以外的尼布楚銀礦坑。鏈著腳鐐，穿著爛了數月的破靴子，衣衫破爛，像濕冷的破布條掛在身上一樣，這些悲哀的縱列行走著，在中途不支倒地死亡，或祈求一死了之。

～

當我們更往東行，我慢慢體會到丟失**旅人**的筆記本是多麼重大的損失。親眼看到真實的城鎮和地域之際，原本在**旅人**筆下變得鮮活的地名、軼事或史料，我以為銘印在腦海，不料竟幻覺似的混為一團。那化名費道爾·庫茲米奇（Feodor Kouzmitch）的神祕僧人是在鄂木斯克還是托木斯克歸隱山林？他應該就是沙皇亞歷山大一世而不是別人，在漫長人生的晚年歸隱出家為的是贖清罪孽——弒父篡位是其一。這會兒我得仰賴記憶，因為歷史或奇聞軼事不是奧爾嘉的長項。當我告訴她，英國小孩對西伯利亞的最初概念來自凡爾納的《俄皇密使》，而這本小說堪稱是對當時的俄國情況有著相當精確的描述，她也沒什麼話可說。凡爾納從友人何克律[17]獲取很多資料，而何克律的資料又是從同行的理想主義者克魯泡特金得來的，沒有人比克魯泡特金更能貼切地描述西伯利亞。

斯維爾洛夫斯克已經在我們眼前，我來不及想起，根據那筆記本的觀點，斯維爾洛夫斯克代表了葉卡捷琳堡的一段闇黑記憶。但那筆記本完成之際，大革命尚未投射其光與影，尚未改造人民與土地、加諸新的內涵——英勇的或邪惡的。從火車窗內望去，斯維爾洛夫斯克似乎是個繁榮現代的城鎮，有一條美觀的大道貫穿其中。我徒勞地在水泥天際線仔細搜索舊屋頂，看看是否有冠著老教堂圓頂的高聳地段，那裡可能就是「特殊用途之屋」所在的地標，羅曼諾夫家族在地窖被槍殺的伊帕提夫之屋。要是我下火車尋找發生這樁慘劇的場景，想必很難說服奧爾嘉我不是前來追懷敬悼的。沙皇及皇后任性盲目而非邪惡。但誰有權利如此盲目？套一位歷史學家的話說，他們在位時（他們成了一股除不盡的頑強力量）「進行一場又一場大屠殺」，羅曼諾夫王朝的暴虐達到巔峰。即便如此，沙皇在其子民心中長久以來保有一種神祕意義：他是慈父沙皇，小父親——上帝賜予神聖俄羅斯的神受膏者。然而到了一九〇五年，起義失敗的那一年，這樣的信念開始被質疑。

當羅曼諾夫一家人蹣跚走上即將把他們帶向西伯利亞牢房的火車，我總是在想，沙皇是否想起法貝熱的工藝匠在一九〇〇年為他製作的珠寶奇想。西伯利亞大鐵路彩蛋是法貝熱聞名遐邇的那些精緻奢華逸品的完美典型，王室家族親友格外喜歡在重大紀念日——不管是全國性或自家內的——彼此互送法貝熱的那些夢幻精品。西伯利亞大鐵路彩蛋是個特殊的珍品：它紀念火車開通。莫斯科到海參崴，火車路線就雕刻在它琺琅表面的圓周上。蛋殼內有個迷你火車模型，火車展開後全長約有十二英寸；車廂是金子製成的，火車頭是白金製的，鑲著紅寶石的前照燈。那是個完美的活動模型，上緊發條後火車可軋軋前進數英寸。我們可以想像它在沙皇村的孔雀石茶桌上，在各色一口蛋

---

17 Iysee Reclus，1830-1905，法國地理學家、作家、無政府主義思想家。

糕和茶杯之間蜿蜒而行，在有蕾絲邊的餐巾前打住；當舊俄遜帝的火車徐徐停止在烏拉山區某個路邊小站，遜帝的隨從——總共四十名或更多——拉下窗簾擋開窺探的眼睛。在那一刻，沙皇身邊仍圍繞著一群可觀的隨從，這種排場如今不再有人記得，比起葉卡捷琳堡的滅門慘劇相形失色。但遜位之初，他被克倫斯基送往托博爾斯克時仍備受禮遇，他認為那裡將是安全的棲身之所，他們的旅行仍具有某些格調。

兩名親隨（及其侍女），兩名武官侍從（及其僕從），在臨時政府看來不會不合理；兩名御醫、皇子的兩名家庭教師、被稱為宮廷侍讀的女士及其兩名女僕、一名理髮師、一名侍酒師、侍者總管、五名馬伕、三名廚師及其三名助手、幾名貼身女僕和男僕、女大公的侍從，以及水手納戈爾內——孱弱皇太子的忠心侍從。緊跟著五十口大皮箱塞滿居家用品，畢竟這是拜占庭宮廷最後殘跡的大出走。

在絕大部分的農民眼裡，羅曼諾夫家族依舊有如拜占庭馬賽克拼鑲嵌畫般輝煌。在偏遠的村莊，大革命背後的必然驅力滲透緩慢；鄉野村民有他們的見解，不過卻是古老神話的觀點。對他們來說，沙皇仍是傳奇人物，超越人類的理解——一名西伯利亞農人表達得很貼切，我們有她談話的文字紀錄。該年七月十五日，塞梅諾娃（Eudoxia Semenova）被當地的蘇維埃強徵去刷洗「特殊用途之屋」——商人伊帕提夫之屋——的地板，她是見過在世的沙皇一家人的最後幾個人之一。她目睹被拘禁的一小群人——抵達葉卡捷琳堡之後，五十名隨從已減為六人——的悽慘，道出她的驚愕；而她感知的真實和事實並不吻合。她後來在調查庭上的證詞，代表了當時眾多單純鄉下人的心聲，對他們來說，沙皇是君王，或者更親切地說，是他們的小父親。

「上帝為證，大人，我常常夢見小父親。一回，在夢裡，我看見我們的君王們全數穿金袍，金光圍繞，不知從哪兒來的花朵落在他們身上。樂音繚繞，旗海飄揚，鐘聲響個不停……我們的君王尼古拉二世，就像我一直認得的是個巨人，相貌堂堂的巨人。皇后是我們標致的真正俄羅斯美人，儀態氣度雍容華貴，嗓音像天籟……皇太子，我國的希望與驕傲，是個強壯快樂的胖娃，有福的孩子。至於公主們，她們是你見過最完美無瑕的美人。有一個正在打扮自己，因為上帝下令把她許配給英國國王。次女，要嫁給法國國王，三女，嫁給德國國王。」

當時偏遠鄉下的大多數農民仍舊抱持這般天真爛漫的想法。而城裡人和工人想像的羅曼諾夫家族則是另一回事。

～

前往未知目的地途中，在荒涼小站等候的時刻，沙皇是否想起他有過很多機會可以了解子民的需要？一九〇五年那個冬季星期天，聚集在冬宮的群眾唱著聖歌，捧著聖像，拉著布條，向他們的小父親請願，但他的哥薩克騎兵射殺了他們。

當莫斯科—喀山鐵路工人加入罷工，把補給品運給反叛份子，正是與沙皇夫婦格外親近的奧洛夫將軍（General Orlov）下令軍隊血腥鎮壓。三百名罷工工人被殺害，七十人遭群槍狂射，一名不願——或無法——提供火車的站長被吊死。

這期間，西伯利亞鐵路也落入反叛份子手中，結果在同樣暴力的手段下淪為附庸。罷工工人受到甫自日本戰敗返鄉的許多幻滅軍人鼓動。最後，載著特殊部隊的兩列火車，各有一名將軍坐鎮指揮，同時從東、西兩端出發，沿路停靠，捉拿反叛份子，將之鞭打處死（「別忘了，俄羅斯人喜歡笞刑！」皇后在寫給沙皇夫君的一封信裡如此敦促，殘忍卻敏銳）。當兩位將軍終於碰首，開香檳慶祝聯手征戰大獲全勝，罷工者的適度要求再也無人理會。罷工在西伯利亞引起格外嚴重的傷亡，有好一段時間鐵路運輸陷入混亂，不合格的人員接管火車頭，火車相撞的致命事故天天發生，而不計任何代價的秩序似乎是沿線乘客想要的。避居沙皇村、有打扮講究的中產階級隨從圍繞、自我中心的沙皇夫婦，無疑也要不計任何代價的秩序。沙皇尼古拉二世及亞歷山德拉・費奧多羅芙娜皇后（Alexandra Feodorvna）代表著可憎體制，因此他們免不了應當隨之消亡。

西伯利亞的這樁慘案辛酸地令人難以釋懷；它具有希臘悲劇的必然性；此外，它也籠罩在怪異的巧合和預言中。羅曼諾夫王朝發跡於科斯特羅馬（Kostroma）的伊帕提夫修道院，三百年後，它在葉卡捷琳堡的伊帕提夫之屋殞落，「我死即我生」。沙皇一家被解送至位於托博爾斯克的西伯利亞頭一個監禁處，部分的旅程必須搭船，當他們順著蜿蜒曲折的河流緩緩而下，經過河岸村落波克羅夫斯科耶（Pokrovskoie）的一幢幢白色小屋之際，肯定想起了他們敬重的「聖人」兼「吾友」、「西伯利亞人」拉斯普京的話：他曾預言，有朝一日他們將路過他的老家，不管是否出於自願。身處聖彼得堡之際，要造訪如此偏遠的西伯利亞村莊似乎不太可能。但他們終究是路過了，就像這位聖人的無數預言應驗。他們當下肯定也想起了他的另一則預言：一旦他死亡，他們的末日也屈指可數。眼下，拉斯普京的屍首躺在皇后為他在沙皇村庭園裡修建的小禮拜堂地下墓穴，而羅曼諾夫一家人正前往他們的葬身處，葉卡捷琳堡郊外的一個礦井。

第二十三章

火車朝東往托木斯克奔馳，我想起另一位羅曼諾夫家族的人，沙皇亞歷山大一世，他在西伯利亞找到心靈的平靜，或者一般深信如此。這位沙皇的死總是罩著一團迷霧，鄉野民間依舊深信，他並未在一八二四年於塔甘羅格（Taganrog）駕崩，而且十年後以聖人費道爾・庫茲米奇的面貌現身托木斯克；鄉野之外也有人如此深信，因為這種令人捉摸不透的插曲，足以打破冷硬事實，又被濃彩渲染，交織著確鑿細節，因而繚繞不去。

那一整天我回想著奇聞軼事。不管值不值得尋思，都因為罩著神祕氣息令我執迷。魯道夫[18]是皇儲？在梅耶林（Mayerling）到底發生什麼事？誰是鐵面人？真有格拉密斯怪獸（Monster of Glamis）？安娜塔西亞[19]呢？我在莫斯科遇到一位傑出的歷史學家，他得知我對她感到興趣，似乎很訝異。「你們外國人為何對安娜塔西亞那麼困惑？假使他們當中有人逃脫……？現在也無關緊要了。」他的語氣透著權威，他的興趣缺缺不是裝出來的，不像他的很多同胞對於有關羅曼諾夫王朝、尤蘇波夫殺戮拉斯普京的劇碼和被揭開面紗的其他插曲興趣高昂。尤蘇波夫還在世？真的？住

18 Naundroff，奧匈帝國皇帝法蘭茲・約瑟夫之子，一八八九年在梅耶林的皇家狩獵城堡，與情婦馬莉・維瑟拉（Mary Vetsera）殉情。

19 Anastasia，沙皇尼古拉二世的小女兒，傳聞她逃過了葉卡捷琳堡的滅門屠殺。

在巴黎？怎麼可能？末代沙皇的妹妹去到美國……？歷史就像舞台有很多側屏；在蘇聯，聚光燈似乎照向更迫切的議題，或是遙遠的從前。

~

派對主持人對著擴音器高呼，嗡嗡聲持續響著。一隻新來的蚊子逗留不去，飢餓地繞飛。我記得**旅人**描述過西伯利亞的蚊子格外兇猛。牠們在修建鐵道的工人之間引發恐怖的瘧疾疫情。他說，夏天時架線工和工務組全都戴著手套和蒙上厚紗的草帽，很像愛德華時期駕車的優雅女士。

我們的服務員米哈伊爾前來滅蚊時，我們決定到餐車廂去。他愛用格外濃烈的香水噴灑所有包廂和走廊；但顯然滅不了蚊。俄羅斯人跟亞洲人一樣喜歡香氣，生產很多種香水。我問米哈伊爾那些香水的名稱，有些是花名，銀百合、紫丁香；有些不是，赤紅莫斯科、克里姆林人，和另一個名稱一樣怪異的「黑桃皇后」——通常被認為是惡兆，就像普希金的同名小說。米哈伊爾讓我聞他那些瓶瓶罐罐的香水，但黑桃皇后不在其中。也許黑桃皇后才是能徹底消滅蚊子的剋星。

~

「你知道西伯利亞每小時可產出什麼？」一名工程師問，滿面笑容迎向餐桌邊所有人。幸好沒人期待我回答。「六百噸鋼，五百噸疊片鐵心，七百噸礦鐵，兩萬一千米的棉布料，六千立方米的木材，一千五百萬千瓦的……」

他的嗓音透著驕傲和亞美尼亞白蘭地氣味；我遞出玻璃杯，汲取更多「瘋狂露滴」，布里亞特——蒙古人所謂的酒精。不論統計數字多麼驚人，我總覺得累人。但再啜一口提神的「瘋狂露滴」後，我開始對於學術城（Akademgorodok）這座新興城市的描述感到驚奇，那是靠近新西伯利亞科學城的一處雲集頂尖科學家的奇蹟之地；在那裡，核子物理學、細胞學、神經機械學、固態物理學和地球物理學全是家喻戶曉的詞。此時奧爾嘉加入我們，她眉開眼笑，終於發現我回應了她應當感到驕傲的國家發展。托洛斯基（Trotsky）稱西伯利亞是俄羅斯嚴重的落後地區——一條鐵路貫穿一片荒地。而今呢？而今它無疑是俄羅斯進步的核心。

學術城的發展始於一九五七年，當局斥資打造成一個特許的頂級社區，以便吸引科學智識菁英從烏拉山區之外、過度擁擠的俄羅斯城市來到這裡定居。但來到這裡沒有流放之感。學術城坐落在美麗鄉間，有滑雪場和打獵場，在短暫卻炎熱的西伯利亞夏天也有泳池。我聽說這裡的歌劇院比莫斯科大劇院（Bolshoi）還大（我發現，一座城市的等級可以從歌劇院的規模來推估），所有頂尖的公司都來到這裡。這裡有電影院、超市、業餘的演奏團和很多俱樂部。科學家社群住在舒適的現代「別墅」，別墅散布在白樺樹林之間。有一所特殊的神童學校，招收來自蘇聯各地各種族裔、在科學方面有傑出天分的孩童，譬如來自烏克蘭的娃兒地震學家或數學天才，從撒馬爾罕來的少年物理學家等等。

我想到另一批更早期的智識菁英，十二月黨人。他們也辦學校，第一所就在西伯利亞，當他們的徒刑最後被改判為流放西伯利亞。這些不得志的人授課相當高明，他們教出來的一些學生後來進入莫斯科大學或聖彼得堡大學，表現遠遠超越其他學生。他們終究報仇雪恨，因為他們培養的這些年輕知識份子，醞釀出更堅強、更有組織力的反叛精神，而這股精神終於清出了一條道路，讓我放眼所見的嶄新俄羅斯到來。

～

那一整晚，火車又在幼兒房奔馳，快速越過搖椅，穿過玫瑰色花樣的牆，帶我到西伯利亞……在火車包廂天花板上的極小藍光，變成我第一座聖像前的銀燈閃爍的紅寶石光輝，很久以前掃窗婦人擔憂過的小火光……在另一個臥鋪弓著身的不再是奧爾嘉而是奶媽，我回到自己的床，想像西伯利亞旅程。床隨著火車奔馳的節奏搖晃，我聽到狼嚎，拉起棉被蒙住頭；強力火車頭發出尖囂，加快速度，和緊追在我們身後的恐怖狼群拉開距離……此時我們在三駕馬車上……我把貂皮暖手筒往身後一丟，希望狼群之首踩滑摔倒慢下速度；我們不斷穿破黑暗往東急奔……狼群追上我們。**旅人就要射出最後一槍……**

猛烈撞擊聲吵醒了我。狼群在哪？不見森林，不見奶媽，也不見聖像。一口皮箱從架上掉下來；奶媽換成了奧爾嘉，她不安地動了動身子，又再睡去。不管有沒有狼群，火車疾馳，其餘的行李不安地晃動。蒸氣噴發的嘶嘶聲和火車頭發出的規律尖嘯交替著，彷彿被催逼得超過它的耐力。漸漸地，這些聲音疲弱下來，變成舒緩的雜音，在寤寐中，我為這些雜音配上了名稱——奇幻的西伯利亞地名，這些永遠在我腦海響起……鄂木斯克、托木斯克、齊齊哈爾、克拉斯諾亞斯克、巴可洛夫（Pokrova）……這些字眼的音節和火車節奏交疊成韻，哄我再次入睡，直到火車驟然停頓，絕對的寂靜喚醒我，和聽到一聲雷鳴沒兩樣。我聽到下方的鐵軌傳來輕叩金屬的聲音，巡線工人測試輪圈蓋的輕叩聲，讓人篤定的聲音，打破了大草原上壓迫著我們的凝重靜默。

在幼兒房開始的另一趟旅程，我幾乎每晚展開的旅程，**旅人**和我總會掀起窗簾的一角，看著發出磷光似的邪惡眼睛——又是那一夥狼群——潛伏在森林邊緣……那是格外愉快的一刻，舒適地蜷伏在火車裡，而不是三駕馬車，雖然為了逃命在雪地上狂奔也有其驚險刺激……鏗鏗……巡線工的鎚子鏗鏗作響。愈來愈近，就在外面，然後隨著火車的縱長慢慢遠去。聽著那斷奏，我配上另一首歌，蒙古牧人的歌謠，神箭手。戈壁沙漠的游牧民族從前會圍著營火唱這首歌，**旅人**這麼告訴我，當我們躺在科西嘉島瑪西灌木叢。愈來愈靠近的瑪西灌木叢和外蒙古荒野眼下融合在一起。「他說吾乃神箭手……」

「大汗！大汗！」鎚子鏗鏗。

「大汗之子！」

「大汗之子的閨女！」他們應和。

「大汗之子閨女的頭紗。」

「遠來微風掀起大汗之子閨女的頭紗。」

「飄著花香的遠來微風掀起大汗之子閨女的頭紗。」

「神箭手的熱情讓花兒飄香，飄香的微風掀起大汗閨女的頭紗。」

「為了與她成親，神箭手讓花兒飄香，飄香的微風掀起大汗閨女的頭紗。」

～

天破曉，火車噴氣靠站。我們抵達托木斯克。

生命跡象。

第二十四章

此刻晝夜交融，就如無止境掠過的森林與大草原連成一氣。「單調正是俄羅斯神性之所在。」古斯廷寫道，我在想他會對西伯利亞有何看法。那片綿亙的大地沒有生物，那不變的空無，看不到生命跡象。

倘若沒有這片空無激發想像力，注入形形色色的人物和事件，讓這片廣袤天地鮮活起來，它會單調如沙漠。此時我想起丟失的筆記本及其評論，失落感油然而生。我告訴自己，杜斯妥也夫斯基服滿西伯利亞苦役後，肯定行經這條路。筆記本裡有談到嗎？從《死屋手記》，我看到他乘俄式四輪馬車（tarantass）南行，穿越火車正橫跨的這一片廣袤土地，前往塞米巴拉金斯克。在那裡，沐浴在中亞短暫夏天的火辣驕陽下，他將用一碟碟牛奶馴養一隻隻蜥蜴，和年輕又思想開明的弗蘭格爾男爵結為知己，這位在地官員非常賞識他的才華，熱情款待他。

往東就是恰克圖，曾是中國邊境的商隊集散中心（我從前常在巴黎的俄羅斯雜貨店買的鮮豔茶包封面的那個恰克圖）。商人捐贈給教堂的厚實銀製大門鑲嵌著鑽石、紅寶石和祖母綠。西北邊的遠方，越過那冷杉山脊，蘊藏庫茲巴斯（Kuzbass）的黑鑽石，整個蘇聯最優質的煤礦產地。從那裡到烏拉山之間散布著豐富的原物料，就像商人捐贈的銀門綴滿貴寶石：黑鑽石煤礦、綠鑽石、木材、白鑽石、棉花田、從油井湧出的液態鑽石——尤其是稀有的「白礦油」。鎂、金、銀和天然氣也藏量充沛，在鑽石工業中心米爾內（Mirny），據說就鑽石礦密度來說，超過南非任一座礦場。

這些是現今西伯利亞土地上豐盛物產的其中一些；彷彿被當成囚犯的傾卸場、「歐洲俄羅斯的汙水坑」長久被忽略，或被封建時代的少數人長久剝削後，這片土地非常大方地回應新政權施予每個自信滿滿的新標誌；看到大河川被整治成水力發電廠和大壩，你幾乎能想像河水流勢更強勁，更歡騰地奔向人為的目標。從前它們狂暴地奔流，或無精打采地漫流，這些西伯利亞大河，額爾齊斯河、勒那河、鄂畢河、安加拉河（有四百一十四條支流）；但它們的特色和俄羅斯中南部河流——聶伯河、窩瓦河、頓河——迥然不同。在西伯利亞大河河畔寫得出《靜靜的頓河》嗎？這些大河當然也有平靜的流域，但也都較原始。自冰凍北方南流，一路上少有人煙或棲地；這些河流運送木材筏子，還有甲板上堆滿關囚犯的鐵籠駁船。據說薩滿[20]住在岩石之間，但那裡少有村莊；少有戀人在北國午夜的灰白陽光下來到河畔幽會；少有孩童在河流淺灘戲水。

我把我對河流特色的浪漫觀點說給奧爾嘉聽，她頗有同感。她冰冷的唯物論漸漸解凍，有時候她也會跟著我徜徉在我腦海的景象。

即便現在，坐在柴油引擎的西伯利亞火車上，我仍透過十九世紀的浪漫眼光來觀看鄉間，如同我觀看俄羅斯其餘一切，而她當然無法共鳴。同車乘客們只提到外貝加爾湖地區有老虎出沒，而我腦中瞬間閃現一連串舊版阿特金森的《黑龍江上游及下游流域紀行》裡的亮麗插圖。在**旅人**送我的生平第一本藏書裡，有一些格外浪漫的插畫，描述美人艾卡嫩和年輕的喀喇部族（Kara）——也就是黑色吉爾吉斯（卡姆朗母親的出身）——酋長蘇克的悲傷故事。餐車廂慢慢淡出，沾上肉汁的餐

20 Shamans，出現於西伯利亞的古亞洲族群，以及中國東北的通古斯系民族，通古斯族稱為薩滿。

桌布連同上面的麵包屑、菸灰缸，還有盛著茶、伏特加和高加索紅酒的一大堆顫動碰觸而叮噹響的玻璃杯，以及我們晚餐後的一片狼藉全都消失，席上每一張臉孔亦然；火車頭淒涼的呼嘯在不知不覺中調子低了，變成了山隘間的狂風颯颯。

艾卡嫩的父親勃然大怒反對這門婚事，這對戀人於是私奔，但追捕者追上他們。蘇克隻身擊退追兵（插圖畫著眼角上挑的韃靼人英勇揮舞一把戰斧迎向包圍的敵人）。歷經千辛萬苦，這對戀人最後來到肥沃的低地，他們歡喜相擁，深信度過所有難關。當太陽西沉，蘇克去獵野畜作為喜筵晚餐，艾卡嫩這位虔誠的穆斯林，倉促地把斗篷鋪在湖邊一處空地，俯伏禱告，讚美上帝的庇佑——就在那瞬間，她被一隻在附近高聳的蘆葦叢裡潛行覓食的兇猛老虎給叼走了（插畫裡的那位溫柔美人，垂下了目光，秀髮自然飄垂，穿著土耳其褲和一雙外觀怪異地具有維多利亞風格的短靴。她身後那隻西伯利亞老虎潛伏在蘆葦叢中，目不轉睛地盯著她，彷彿她是個藝術品而非牠的獵物）。一聲淒厲的尖叫劃破薄暮，當蘇克返抵空地，只見艾卡薩血跡斑斑的斗篷。蘇克怪自己不該留下愛人去尋找食物。叼著晚餐消失在沼澤地的老虎再也不見蹤影，也不見艾卡嫩的遺物。阿特金森並沒有說到蘇克後來的遭遇……

「妳很沉默，在想什麼呢？」一位年輕的紅軍少校問我，打破我的遐想。

「不同種的狩獵。」我含糊地回答了他完全理解的滿意答案。

偶爾火車會轉大彎側身前進，我探身窗外可以看到煞是壯觀的車身全長；在陽光照耀下投射出移動的長長影子，在大草原的暗淡草地上搖曳晃顫。當柴油引擎換成較傳統的舊型號時，那長影令我永誌難忘；我看見高聳漏斗狀煙囪的傳統火車頭剪影，我心目中的火車頭，往前奔馳，吞噬里程，噴著煙，呼嘯著狼嚎似的淒涼聲音，既強有力，又像玩具似的——每晚奔向我心裡的火車頭。

當我們轟隆隆東行，穿越蠻荒的一段顫顫悠悠路徑與鐵道平行，那是無數囚犯和各階級的人長途跋涉過的御道——大西伯利亞驛道——的一部分。走上這條路的有朝聖者、「向神祈求的人」、不知悔改的罪犯、流浪漢和政客，以及從教堂最寶貴的聖像拿走珠寶被判有罪的貴婦。她們一副激切親吻聖像的樣子，實則咬下最珍貴的寶石，結果跟著在劫難逃的一幫人一同蹣跚行走，為貪財受苦贖罪。

作曲家阿拉畢耶夫也走過這條御道，在鎖鏈鐐銬的噹啷聲之外，他聽到他那首如巧囀鳥鳴的「夜鶯」；在火車輪喀嚓喀嚓行進聲之外，我也再次聽到那曲子，瞬時把我拉回從前，回到科西嘉旅館的歇業大廳，**旅人**和我在有老鼠窩的老式鋼琴前四手聯彈……

更後來，還有其他弱勢團體、不配合的族裔，或遭史達林政權驅逐的人走在這條路上，朝向索忍尼辛在他的《伊凡．傑尼索維奇的一天》裡詳述的恐怖勞改營。不過我那老舊筆記本沒有談到勞改營；雖然勞改營幾乎可說是在俄羅斯史上反覆出現。還是別問奧爾嘉這個一再出現的模式比較好，再說，既然二十世紀的西伯利亞場景在我心目中仍失焦模糊，我不如回到它更為生動清晰的更早年代。**旅人**也許涉入太深，無法喚起他消失之際仍不成形的當代俄羅斯場景；也許他對它認識太深，以致跟我一樣渴望著更遙遠而浪漫的景象。也許不是。不論如何，那筆記本著眼於純然歷史與個人的觀點；沒有明顯的政治觀點。因此我透過我的東洋鏡看到的仍是過時的景象，我也偏好如此。

這當兒來了個趾高氣揚的人物，十惡不赦，一頂哥薩克皮草軍帽瀟灑地罩在他狡詐又橫肥的臉孔上——謝苗諾夫（Ataman Semienov）和他的滿洲土匪部隊，協約國一個最不幸的選擇，就其在一九一八至一九二〇年期間要守住西伯利亞戰區來說。

眼下火車趕上了孩子組成的散漫隊伍，幽魂似的流浪兒，大革命的殘餘，他們成群獵劫，以偷竊和殺戮維生，兇殘惡毒；這幫年紀不一的亡命之徒目無法紀，但形成自己的兄弟會，年長的會大力保護年幼的。成千上萬的這些流浪兒在俄羅斯遊蕩，在所到之處進行恐嚇。其中很多人往南部漂浪，前往克里米亞島或烏克蘭存活下來，最後被拘捕，接受再教育的新體制而成功被感化；那是嚴厲的體制，但並非沒有理想。懲處只會讓這些絕望的年輕孩子更麻木頑強。往北漂浪至西伯利亞的數千孩童，很多撐不過嚴酷氣候。那些長大成人的融入了新土地，他們賣力奮鬥，也得到了報償。今天他們成了最有責任感的公民。

火車穿越濃密的森林，不見前方的路。樹蔭遮蔽天光，好一會兒看不到高聳冷杉枝椏上的天空。未見樹林變得稀疏，便又突然像是自隧道竄出。大草原再次在眼前無限延伸，御道再次伴我們同行。

在這裡，一名孤獨人物逆著東流的人潮踽踽獨行，一個纖弱的年輕女子，穿著借來的羊皮大氅，這西伯利亞少女在當時引起莫大關注，也給了德梅斯特靈感寫下故事，也就是我母親為我的西伯利亞書庫捐贈的那本書。

接著，孤獨女子換成一幫尋歡作樂的人，個個都穿著皮草圓滾滾的，歡快地唱歌。她們是六名堪察加半島處女，伊莉莎白女皇希望了解最遠東邊疆地區的子民，下令將她們帶往聖彼得堡。處女們動身展開漫長旅程，由一名御林軍官負責護送，但幾個月後抵達伊爾庫茨克，幾乎走不到一半路程，這六人卻明顯引人側目。不難想像，負責的軍官受到總督嚴厲譴責，不再是處女之身的堪察加半島六女子無疑也聽聞了總督尖刻的話。但也沒法子補救了；只好在伊爾庫茨克搭起活動篷頂屋，直到個個都平安地把孩子生下來。旅程又重新展開之際，這一行人新增了六個小傢伙。唉！慣性的力量就是這麼強大，他們要跨越的土地就是這麼廣袤，抵達聖彼得堡時，她們又再次處在令人側目的情況。歷史沒有提及女皇有什麼表示，也沒有提及她對這位大膽進取的軍官有什麼懲處。

此時我看見一名哥薩克百夫長策馬疾馳，泥濘濺到了馬勒上，正護送著穆拉維耶夫，一八四七年至一八六一年的東西伯利亞總督。他裹著斗篷坐著，沉浸在帝國擴張的美夢裡，計畫著那些有遠見的一步步棋，將中國的遠東屬地納入俄羅斯版圖，而我的火車不久將行經那區域。

我正經過的這條路——冒險者、無政府主義者、探勘者、愛國者、神祕主義者、善人和惡人、壓迫者和被壓迫者走過的一條路——未來會如何？

時間與空間的無盡視野一個個消散，我坐在角落觀看魅影流連的廣袤地景，據說，在這廣闊天地裡，放眼僅見的小丘無不是流放者的墳塚。而今墳塚周圍的一圈白樺樹也無力遮掩，「寒地裡的深情白樺」，就如十七世紀詩人布朗恩（William Browne）在他的《布列塔尼牧歌》形容的。那布著條紋的纖弱幼樹在淒風冷雨的抽打中顫動搖擺。我想起它們在西伯利亞偶爾的駭人用途。偷牛的人不會有好下場；西伯利亞農人會把馬賊的手腳綁在兩棵事先被折彎的白樺幼樹上，當樹被放開彈了回去，竊賊也被扯得身首異處。

一回，凝望著中央大草原一帶的荒蕪，我召喚來的一群魅影忽然閃開，讓路給一小排蘇維埃公民行列，他們正走向遠處的一間教堂，其圓頂在浩瀚的天際線裡顯得孤寂。那是送葬隊伍，傳統的白棺木由一輛搖搖欲墜的運貨馬車運載，送葬者緩步尾隨其後。

從前，送葬若要用火車運送棺木可是陣容浩大，有穿紫祭袍的教士、唱詩班、捧聖像的人、蠟燭和焚香，到頭來每列火車一個班次只能運送一口棺材。若不如此，東正教這浩大陣仗，會把鐵路公司為了克服俄羅斯民族性裡天生對時刻表的漠視，一種決心去做卻少有成果的努力，給破壞殆盡。早期的旅客描述過西伯利亞火車如何偷懶，乘客可以下火車去採花，再不慌不忙地在回到座位上。有好些年，火車站似乎是想發車或能發車才發車。樂觀的乘客帶著鋪蓋和食糧，聚集在路邊車站，安穩地等待，從無抗議。

一回，某位生者讓火車大大延遲，完全不輸死者的影響。當二十一歲的斯琵里多芙娜（Spiridovna），恐怖份子眼中的女英豪，被押上西伯利亞火車送往西伯利亞遠東監獄終身監禁，場面非常壯觀。

一九〇六年，她成功刺殺盧熱諾夫斯基將軍（General Luzhenovsky），這位暴虐殘酷的地主惡名昭彰，當局卻坐視不管。「刺客斯琵里多芙娜」被判死刑，但輿論排山倒海聲援她，結果改判終身監禁（就像薇拉·查蘇利奇〔Vera Zassoulitch〕，另一個年輕的恐怖份子，她在一八七八年槍殺聖彼得堡警察總長）。義憤的怒火橫掃俄羅斯，甚至越過邊境延燒至倫敦的特拉法加廣場。一九〇七年七月的一個星期日，「自由俄羅斯之友」聚集該廣場，康寧漢·葛蘭姆[21]對著熱烈群眾譴責俄羅斯（帝俄）暴政，巧的是我母親和**旅人**也在人群中。多年後他跟我描述過那次集會，並告訴我斯琵里多芙娜的故事。他和我母親原本打算要去國家美術館，在義大利原始藝術（Italian Primitives）中度過愉快的下午，不料卻意外走進大規模的抗議集會中。**旅人**對抗議的主題格外感興趣，於是他們便待到最後。

在特拉法加廣場，群眾的情緒高漲，在莫斯科也是。在莫斯科，斯琵里多芙娜遭拘留和拷問的布特奇清算監獄（Butirky clearing-house prison）外，群眾聚集在她牢房窗下唱革命歌曲，並要求釋放她。哥薩克衛兵的粗鞭將他們驅散，但他們一而再返回。斯琵里多芙娜被押上西伯利亞火車時，她對著蜂擁圍繞的歡呼群眾致詞。「同志們，我們將在自由的俄羅斯相會。」是她的臨別贈言，隨後被推入加設鐵條的車廂，前往比尼布楚的險惡礦坑更偏遠的監獄。

然而原本的入監旅程變成了凱旋的行進。不可思議地，火車每次靠站，就有歡呼的群眾聚集。有消息說，在莫斯科監獄刑求她的獄吏阿弗拉莫夫和日丹諾夫，暴民已經出手討回公道。在鄂木斯克和克拉斯諾亞斯克更是群情激憤。民眾拿石塊砸火車司機，高唱馬賽曲，紅旗飛揚；受刑人自鐵條後方向群眾發表談話，群眾投以大量捐助品：戈比小銅幣、五盧布金票、鮮花、水果。每到下一站，她被營救出去的可能性增高，結果衛兵增加兩倍。但他們似乎也被這不尋常的熱情感染，很快地斯琵里多芙娜便在車廂台階上莊嚴地接見群眾。她沒有試圖逃脫，當局擔憂的營救情節也沒有發生。接受磨難一向是俄羅斯鮮明的民族性。也許當時所有人都明白，斯琵里多芙娜究竟是囚犯，她能跑哪兒去？誰能夠長久窩藏她？

---

21 Cunningham Graham，1852-1936，蘇格蘭政治家及作家。

在庫爾干（Kurgan），有人遞給她一疊紙片——「為我們寫點什麼！」群眾吶喊，異常激動地崇拜這位屠龍女英豪。一路上她談吐高尚，火車每次停靠的時間愈拉愈長，進站時刻愈來愈離譜，不過很多站長也加入熱烈群眾，因此放手不管。人民沿著鐵軌跑，對她高呼打氣，又或者，再次對著倒楣的火車司機砸石頭。一位熬過了西伯利亞牢役在此安頓下來、身子硬朗的灰鬍老人，跟著火車跑了八俄里，他舉起要獻花的孫子。

「收下花，收下花，小姊妹。」他大喊，壓過一片喧囂。「他們這一生都會記得為了誰採花。」

也許他們牢記心中；也許他們仍住在西伯利亞某處，仍舊因那短暫相遇煥發光彩。有件事很確定。「刺客斯琵里多芙娜」的西伯利亞火車之旅鮮少有人比得上，皇儲尼古拉．亞歷山德羅維奇肯定也比不上，當他十五年前在海參崴鐵路開通後西行返鄉時。西伯利亞把它真正堂皇盛大的歡迎留給革命者。

～

寂靜再一次喚醒我，急切得就像車輪運轉的節奏。火車停頓。我望向窗外，看見飛雲掠過一輪明月，月光如此明燦，縱然雲馳風捲，銀白的北國午夜絲毫不顯黯淡。這是我在火車上的最後一夜，我最後決定在伊爾庫茨克中斷旅程。為了火車行進的意象以及消失的旅伴一抹魅影，太多地點被捨棄，而未現身的旅伴可能在某處。也許他在沿線某城鎮等著我。或者在伊爾庫茨克，我們將在街上正面相逢，就那麼簡單，不再費事。在那地點，與所愛的人……但時間呢？我沒想過我們會在意時間。我始終留在二十多歲，我們最後一次在一起的時光。他也許比我大二十五歲或更多，但對我來說他沒有年齡，他是我幼兒房裡不變的神怪。我無法想像他像屠格涅夫動人句子描述的「繫泊於老年的碼頭」。他不是會悲悵的人，「……因為我是神箭手。」他如是說。

~

我跟奧爾嘉說，我決定在伊爾庫茨克下車，進城裡走走看看，再繼續前往凡肯烏丁斯基（Verkne Udinsk）及更遠處，總之，不會全程坐到底。她熱情地接受這消息，著手列出鄰近地區的許多工程建設、教育事業、地質機構和集體農場，全是偉大的成就，若非親眼目睹，否則真難以置信。她相當引以為豪，而那些建樹無疑也令人讚嘆，但我知道還有很多迷人事物向我招手，其中包括外蒙邊境，說不定我會在那找到喇嘛廟，**旅人**曾在那裡與穿藏紅袍的僧人待了一年，療癒情傷。他是否在那裡隱遁，不再問世事？還有一封要在伊爾庫茨克寄出去的信；一封我不知如何下筆的信，對陌生人提議在我仍想不出來的地點會面；問他關於久違的愛人下落——雖然這件事簡直透著神祕感，就像我的老朋友亞奇曼卡雅區的女巫一樣。要不是她給了我這個安穩躺在皮夾裡的地址，我會認為這一切只是夢。

還有貝加爾湖北岸天然泥漿浴的醉人體驗也不容錯過，那泥漿浴對鄰近地區野生動物起的功效，似乎只有少數在地人和更少的遊客領受過。自古以來，海豹、麋鹿、狐狸和熊等等在北極圈凍原邊緣的西伯利亞針葉林出沒的所有生物，都會南下到這有療效的泥漿裡愜意地打滾。我聽說，直到現在，一小撮人現身泥漿似乎不會嚇跑牠們。當今的西伯利亞嚴格執行狩獵法，居民不會到處屠殺，不像其他國家的人那樣不分皂白地任意獵殺。我愈是想到這種原始的療浴，愈想和懶洋洋的海豹一起打滾。與這個吸引力相比，蒙特卡蒂尼[22]、巴德嘉斯坦[23]和歐洲其他水療能提供什麼？奧爾嘉說，風濕病人泡這種泥漿浴特別有療效。我沒想過海豹有風濕病，在當時，貝加爾湖海豹是特殊品種——體型特別大，而且牠們會在湖裡出現，總是令科學家們不解，因為貝加爾湖是內海，沒有人能解釋海豹最初是如何抵達那裡。

此外赤塔也很有魅力。赤塔在貝加爾湖以東，越過凡肯烏丁斯基，十二月黨人的公爵夫人們最終得以在那裡和被判刑的丈夫相會，一同承擔命運。在那裡，我會親眼看見她們曾經住過的悽楚小巷，而今成了紀念她們的歷史古巷——夫人街。曾經養尊處優的這些少婦，住在狹窄得連躺在地板上身子都無法打直的粗鄙農舍，起初屋內連床都沒有。**旅人**常常敘述沃孔斯基公主和丈夫團圓的故事，她並不愛他，但欣賞他的政治理念。經過一番艱辛的跋涉，吃足苦頭後，當她進到惡臭牢房看見他腐爛的身軀，她先跪下來親吻他的腳鐐。

十二月黨人的妻子們激發普希金寫了一些美麗的詩篇讚頌她們，她們也當之無愧。我自問，我舒舒坦坦坐在頭等包廂中思忖這些女性的經歷是何等冒昧？在這樣的安樂窩裡無所事事地想像，怎能理解西伯利亞及其壯烈。

「我感受到你那宏大的聲音，你那龐然卻優雅的身軀……
豪華的列車！
……在亮漆木門後
百萬富翁在沉睡」

縱使這列火車上沒有百萬富翁，但我也好比那種人。事實上，我正穿越西伯利亞，而我認識的人當中少有人到過這裡，但確切來說，我還在玩出走遊戲——這肯定無法認識西伯利亞，不如我曾深信的那樣。我混淆了這問題，舒舒服服待在頭等包廂一面領略這片國土，一面思忖**旅人**的失落。我有辦法像十二月黨人的妻子那樣？我有辦法越過險惡蠻荒，忍受緩慢的痛苦煎熬，前去跟他相會——甚至更深入認識長久以來令我魂牽夢縈的這片土地？

我想起**旅人**說過的話：「妳真是浪漫，小姑娘！我常在想，妳會用最典型的方式跟隨我到西伯利亞……？如果會的話，難道不是因為妳更愛那片土地甚於那個男人……？」我再次聽到那嘲弄的嗓音：「我相信妳愛那火車勝過我！」

在精神上我也許願意，但是，我的肉體很虛弱！唯有見過西伯利亞大草原的遼闊無垠，或是西伯利亞針葉林的綿亙無邊，你才能逐漸體會自願跟隨囚徒流放至此的婦孺，他們的克己犧牲與勇氣。歲月和舒適生活降伏了我，而今我其實愛上了安逸更勝一切，僅僅滿足於隔著窗戶觀看新世界。

「冰山從我眼前掠過，

西伯利亞和薩莫奈山脈（les Monts du Sammion）……」

透過蒙上水汽的霧面窗戶一處缺口，我看見鐵軌周圍的樹林的朦朧輪廓。針葉林——高聳參天

22 Monte Catinis，義大利水療中心，以礦泉浴療聞名。

23 the Bad Gasteins，奧地利水療。

原始森林——與濃密的灌木叢混雜交錯，遮蔽著其深層土壤終年結冰的沼澤地。窗外勁風颯颯狂吹，頭頂上行雲疾馳，卻沒有攪擾針葉林。那一大片密林自外於世，威脅恫嚇。沒有人類深入穿越（直到直升機出現），據估計，針葉林從東到西綿延四千英里，從北到南大約一千五百英里。獵人、逃犯和野生動物，總在貫穿密林的幾條河附近生存。即便是火車經過的邊緣地帶，也是耗費洪荒之力才強行打開的一條路。

～

奧爾嘉睡得很沉，舒服地窩在毯子下。我小心地搖下車窗，身子探出窗外，吸入冰涼的樹脂氣息，自以為捕捉到針葉林茂密處幾許沙沙聲或低語呢喃。我想起俄羅斯友人描述過小時候在俄羅斯中部廣闊森林採蘑菇的情景，以及農民如何深信森林裡的暴風雨是樹魔——住在林間深處，模樣像牧羊神——在交戰。據農民說，松鼠和老鼠是樹魔的俘虜，這些小傢伙一年一度的遷徙是樹魔之間的交易——償付賭債，兩千隻或更多的老鼠賭一百隻松鼠。樹魔陷人類於險境，每個農人或獵人都知道。牠們埋伏在森林裡等待闖蕩其中的人類，用實現心願換取人類靈魂。

假使那一刻，模樣像弗魯貝爾[24]畫裡的巨人，雙眸狂野慘白又懾人的樹魔，聚集在空地邊緣，許我一個願望誘我出賣靈魂？我想我會欣然答應，只要牠們把**旅人**召喚至我身旁，伴我度過西伯利亞火車的最後一夜。

好似要重申自身更正面的威力，火車乍然猛一晃，打起精神一般發出尖嘯，開始加速奔向伊爾庫茨克，把樹魔及其魔咒遠遠拋在後面。

第二十五章

火車往伊爾庫茨克靠近，我踉踉蹌蹌走到餐車廂享用告別的早餐。這列火車將繼續開往環貝加爾湖支線，那些說不出名稱的餐點照舊供應來吃午餐或晚餐的人。我最後一次聆聽我的西伯利亞火車特有的聲響——嗚笛聲、無限淒涼的哀號、金屬架上的茶杯咯咯作響，一如它們越過西伯利亞的一路上不安地晃動。我傾身探向窗外，使勁想望見第一眼的伊爾庫茨克之際，再次看到火車的影子並排疾馳著，也看到遠處的火車頭有著雄偉的長煙囪，自命不凡地噴著煙，得知最終是經典的火車頭，而不是沒有靈魂的柴油引擎把我帶往伊爾庫茨克，我感到很高興。

告別的一刻不免感傷；我的「喜樂之屋」盡了全力沒令人失望！我在月台上伸手拍拍它喘著氣的側身——其金屬側身這會兒在我看來像喘著氣。要道別的人很多，我在整列火車上交了許多朋友。「回來！回來！」他們喊道，塞給我甜點和鮮花，我好似揮別待我如上賓的家庭。廚子們自廚車廂探出身子，揮動抹布，彷彿在高加索碉堡上的塔瑪麗女王[25]高貴迷人。我們包廂的服務生再次要我練習當時流行的蒙古話：「早安」——「我愛你」——「謝謝你」，他在途中教我的時候跟我保證這幾句很有用。越南軍人要繼續前往中國邊境，此刻正例行做體操，在月台上蹦蹦跳跳；他們即

24 Mikhail Vrubel，1856-1910，俄羅斯象徵主義畫家。

25 Queen Tamara，喬治亞女王，在位期間為一一八四年至一二一三年。

將上前線，於是我送上祝福，他們翻筋斗翻到一半也停下來祝我好運。

奧爾嘉終於從幽閉恐懼的折磨中解脫，一路眉開眼笑地帶我前往車站大樓，一棟美觀大方的建物，裝飾著整齊的花壇和民族英雄的胸像。我和車上的人道別時，她的神情顯得既滿意又不以為然，就像在學期末的表揚典禮上孩子表現優秀的家長。

驅車前往飯店，行經寬敞的林蔭大道，兩側羅列著裝飾過度的龐然建物，讓人想起世紀之交的品味；當代水泥建築亦錯落其中，我想起伊爾庫茨克曾有「西伯利亞的巴黎」的美名。若不看沿途經過的農舍和村落或蔓延城郊的工業區，它非常都市化；但其他城市有的摩天樓在這裡並不受鼓勵，因為這裡經常發生猛烈的地震，奧爾嘉辯解著說，是大自然不肯為進步發展而給予通融。

對於城市周圍及更遠處的無垠地域，伊爾庫茨克總有莫大的吸引力，它的傳說也很精彩。這城市的紋徽是一頭奇獸（babyr），雖是紋章但貌似真實，彷彿在針葉林可能遇見的動物。在古老的版畫或雕刻裡，牠的爪子和耳朵像狼，尾巴則像狐狸。嘴裡叼著一隻紫貂。我聽說這是原生於中國的動物。

第二代的西伯利亞人、開拓者或革命囚犯的孩子、服完刑後在勒那河金礦區發了橫財的人還有因貿易致富的商人，很少去到莫斯科或聖彼得堡，而是跟俄羅斯邊境內外的大城市做生意。他們喜歡進口奢華的裝飾品，加諸在鄉土風格上。他們新建的房屋掛著枝形大吊燈，擺放錦緞面料的鍍金家具、撞球桌和自動鋼琴，美輪美奐。奢侈品諸如小山羊皮手套、法國女帽和香檳、蘭德瑟[26]的版畫等也來到這裡；這些本地先鋒在縱情享受之餘，也忠於早期的生活方式，據說他們有時會把有頂篷的舒適大床擺一邊，偏愛全副裝束睡在地板上，蓋著大抵有貂皮襯裡的斗篷。

這些西伯利亞人形成強烈的市民自豪感，他們修建教堂，贊助藝術、捐贈孤兒院、劇院和歌劇院以留住最頂尖的藝術家。然而淘金熱年代的風格持續著，賭場及其招搖的姑娘到處都是。不過根據一名訪客的描述，大約一九〇〇年，一股瘋狂的煩悶席捲居民，縱使目無法紀的生活也驅不散。有些市民習慣從臥房窗戶發射左輪手槍才就寢，提醒潛在的搶劫者屋主有武器。不過說不定也是要打破讓人心煩的寂靜，在那些冗長不堪的冬季裡，針葉林、乾草原以及凍原將他們包圍封鎖。

環顧周遭，我認為這城區非常繁榮，洋溢活力又井然有序，有健美的女警在街上指揮。我看到四處有海報告示著芭蕾舞和歌劇表演、特別演出或到訪的管弦樂團。來自提比里斯的「火爆爵士小子」將在明晚演出，我決定給自己一個豐盛的組合，在抵達伊爾庫茨克的頭一晚欣賞來自塔什干（Tashkent）的塔吉克民俗歌劇。「迎接歡樂上場」就像享樂主義者哈麗葉特・威爾遜（Harriette Wilson）常說的。我也計畫好晚餐的菜單：貝加爾湖白鮭（omoul），貝加爾湖特有的「肉質滑嫩如絲」的魚，令梅爾尼科夫（Melnikov-Pertcherski）那本描述舊禮儀派的書裡克拉斯尼雅隱修院院牧（Abbot of Krasny Yar）高興不已的食材。

「請先來一份貝加爾湖白鮭，接著是西伯利亞蘋果，透明的那一種。」我坐在過熱又嘈雜的餐館，感覺夢想有幾分成真，並在俄文菜單裡尋找透明「prozratchni」一字，料想此處應該有這款在地美味才是。「蘋果還是柳橙？」女侍者問（柳橙的俄文是「appelsini」，很容易和蘋果「apple」一字搞混），兩者的發音毫無差別。屋子裡熱得難受，也吵得難受，滿屋子人，用餐者大多臉色紅

26 Edwin Henry Landseer，1802-1873，英國動物畫家，擅長畫馬，狗和雄鹿，他最有名的作品是特拉法加廣場的獅子雕塑。

褐，我得知是蒙古來的醫學院學生，其餘的則是從烏蘭巴托來看足球賽的——伊爾庫茨克隊對布里亞特聯隊。

蒙古族！但早期遊客描述過的藏紅袍子和土爾扈特靴子到哪去了？我想起遠古時代攻下莫斯科後一連擺了七天慶功宴的那些部族，那些荷馬時代的酒宴，用降伏的莫斯科人撐起桌子和長椅，很多人不是被大盤子和大桶酒的重量壓死，就是被酒足飯飽四肢大張的壯碩征服者壓死。餐廳內在我周遭的蒙古人相形之下溫和許多，但無疑格格不入——在西式的小館子——他們應該更猙獰可怖才對。他們吃中盤的西伯利亞餃子（pilmeni），討論著「租球」，通常沒有表情的臉孔，此時因熱情和瓶裝啤酒煥發光彩。「薩滿極了」（Shamanite）這字眼被熱烈掛在嘴邊，頻頻出現，我很訝異外蒙古的年輕人仍信奉原始信仰，伊爾庫茨克的年輕人也是。不過奧爾嘉別有解讀。她告訴我，「薩滿極了」是最新的流行語，新造的形容詞，形容各種精彩美妙的事，從「租球」的傳球到破紀錄的收成。這字眼確實源自薩滿，也就是祭司般的巫醫靈媒，其法術曾威震這些地區。但他們已經不存在，她斷然地說。

我發現扭擺舞在伊爾庫茨克年輕人之間很熱門，外蒙古來的年輕人也熱中。由於西方遊客很少見，不久便有人前來邀請我示範最新的版本。談話進行得非常客氣有禮，用的是多種方言（我沒把我學到的那三句蒙古話用出來）的古怪混合。

「抱歉叨擾，請問妳英國夫人？」

「英國人出身，嫁給法國人。」我答道，趁機利用兩個國家。

「妳讀拿破崙？讀約翰·彌爾？」

「常常讀。」

「妳跳扭擺舞？」

「這個嘛，不常跳……」

「妳很愛西伯利亞？」

「很愛。」

「妳說說手提錄音機裡英國扭擺舞曲的歌詞？」

「我試試看……」

於是我靠向某位美國考古學家留在烏蘭巴托的一台錄音機，盡力從堆積著通往伊爾庫茨克的戈壁沙漠沙塵的錄音帶分辨每個字句。

「它說：『寶貝！我們扭擺吧！寶貝！讓我們再次扭擺！』」我說，接著帶子轉到沙礫格外多而聲音粗嘎的一段……亞洲沙塵……略帶紅色的戈壁沙塵，那裡草木不生，只有無數有色石塊，淡紫色、橘色、金色，讓人目不暇給……一股沙漠旋風把我捲走，遠離迷上扭擺舞的蒙古人，向東穿越時光，前往成吉思汗威震天下的首都哈剌和林（Karakorum）。我聽到伴隨蒙古軍開拔的鐃鈸撞擊聲和狂野旋律。**旅人**在筆記本裡描述過，他們橫掃多瑙河地區之際，帶著印度北部的樂師同行，其彈奏的狂暴旋律激發蒙古部隊更兇猛的征討劫掠，而那類音樂便是我們今天所知的匈牙利吉普賽音樂的源頭。我四周盡是陣容盛大的韃靼軍營。我看見絲綢軍旗和馬尾旗和白色戰馬拴在金色或銀色的椿柱上……

時間慢慢往前轉，我回到飯店交誼廳，裡頭擺放著人造皮革沙發，牆上鑲嵌黑色飾面。當這些東西變得清晰，我看見一張克里姆林宮的彩色照片掛在自助餐檯上方，微微歪斜，而餐檯堆滿了歡慶的啤酒瓶。我一向討厭啤酒，這會兒它分外顯得突兀。蒙古人都應該喝他們的「瘋狂滴露」，我這麼想；至於西伯利亞人，那裡照例該有西伯利亞潘趣酒。我能背出酒譜。

「三瓶香檳、一瓶伏特加、半瓶白蘭地、四杯柑香酒、糖、蘋果片、肉豆蔻粉、檸檬皮絲，喜歡的話加蘇打水。拌勻後焰燒。」

磚褐色的扁平蒙古臉孔和蒼白的斯拉夫臉孔開懷笑著，縱使喝的是啤酒。他們想知道有關熱門音樂的一切；他們可不是天天會遇到能夠拆解錄音帶歌詞的人。儘管我已證實不能勝任，況且錄音帶受損嚴重，他們還是不滿足。

「沒其他句子了嗎？都是『寶貝，我們扭擺』？」

「這個嘛，接下來它說：『讓我們再次扭擺，寶貝……』」他們圍了過來，齊聲說話，我簡直被逼到牆角。情急之下，我殘酷地告訴他們，扭擺舞不流行了，過時了；現在什麼都是搖滾，或是麥迪遜風格，我最後待在舊金山期間，它已經風靡一時。這是致命一擊，他們朝我撲過來。

「搖滾？麥迪遜風格？拜託？請唱一下麥迪遜，拜託！跳一下搖滾！」

他們又一發不可收拾。無疑我那兩種初級程度的示範，在他們眼裡充滿異國色彩蔚為奇觀，但在我看來，有如塔吉克民俗歌劇團脖子甩到脫臼的荒腔走板演出。

那一晚在入夜後的熱情氣氛中結束。雖然奧爾嘉有她的原則，但顯然也玩得開心。後來她向我坦承，她不得不修正她對我的看法。先前她以為我是思想嚴肅的人。

「在火車上妳談很多十二月黨人的事。妳讀赫爾岑。我欽佩妳的學養。但在伊爾庫茨克，我看妳對扭擺舞更有興趣。」

「我是對蒙古人更有興趣。」我跟她說，她似乎很滿意我說實話。

~

在我冒險寄信給西伯利亞修鐘人之前，我想我應該看看邊遠的鄉間，並在城裡觀望形勢比較好。外國人觀光局體貼地給了我一份街道地圖，但要降低奧爾嘉對我的旺盛好奇心並不容易，不管我進行的活動事實上有多單純。我加入一系列令人振奮的參訪行程當作是巴結她，前往集體農場實驗所、學校、醫院及社區中心參觀。一旦親眼目睹，我發現這些機構都引人入勝。看到諸如六十六萬千瓦的新發電廠的顯赫成就，沒有人不感動；聽到在布拉茨克（Bratsk）的另一個更偉大工程，四千五百萬千瓦發電量的巨大電廠，不管這意味著什麼，也不可能無動於衷。然而正是在這類不可思議的詞彙裡，我慢慢了解西伯利亞工業化的規劃。

不過對我來說，大自然更令人驚豔。佇立在貝加爾湖畔的原始地帶，安加拉河流出貝加爾湖之處，我想起貝多斯的詩句：

「怒濤翻騰咆嘯
時間進入永恆
落在荒頹天地……」

我原本希望能避開安加拉水壩，不想看到進步建設強加在迷人風景上，而那風景我從**旅人**的描述，以及令阿特金森遊記生色不少的浪漫版畫熟悉不已。可當我看到這項驚人的成就，我原諒了奧爾嘉的堅持。同樣地我也為古老地標──薩滿岩──的消逝哀悼；如今只剩峻峭的岩石尖頂高出不斷侵蝕的水域。很快地那尖端也將消失──連同布里亞特傳說的核心──自這片土地存在之初所有薩滿巫術和獻祭的原鄉。

貝加爾湖──傳奇的聖海，「內陸海」，世上最大的淡水湖，奧爾嘉──智慧之聲──說，要花五百年的時間才能把水抽乾。它的深度，依目前的聲波測深法，測得五千三百一十五呎；湖水清澈，天氣好時就像太平洋環礁湖，藍綠色的澄淨湖水可顯露水下一百三十呎深的物體。

天氣壞時湖象凶險惡劣，名不虛傳。在陰沉天空下，不一會兒升起十八呎高的巨浪，沖撞著北方來的可怖山風猛力攪盪的黑色水域。西南風也不遑多讓，而巴爾古津河（Bargouzine）的洶湧惡水由東至西肆虐湖面。這類的暴風和巨浪激發了無數的西伯利亞歌謠。

「狂怒的貝加爾湖猛撲岩岸
針葉林的野獸也膽寒……」

另一首歌，逃犯之歌，則催促巴爾古津河加快竹筏橫越湖面投奔自由的速度。我自幼便知曉這些歌謠，而今沿湖畔走著又再次聽到。

當湖面覆蓋結凍六個月之久的冰殼，貝加爾湖格外變化莫測。儘管冰殼達六呎厚以上，它會毫無預警地驟然斷裂，形成冰凍峽谷，也許有十五英里長，寬得足以吞沒整隊雪橇、貿易商隊及當時正橫越湖面的一切。這些事實與數字有一些是奧爾嘉事先提供給我的，此外我想知道的科學性資料，都在湖畔的利斯特維揚卡（Listvyanko）小鎮的湖沼學院（Limnological Institute）等著我。但我懷疑自己有耐力取得這類精確資料，我先前往湖岸漁村，那裡的花崗岩峭壁長出許多松樹，木造屋構成的淒清小聚落，集中在往內陸延伸形成天然屏障的狹窄縱谷，避開了寬闊湖口的惡劣天候。僅剩的幾間綠穹頂木造小教堂維繫著傳統的一面；進步的一面則有賴建得恰到好處的氣象站維持，時時觀測著變幻無常的天氣。登上史普尼克號（Sputnik）太空艙的太空犬萊卡（Laika）就是來自這地區，牠們為了科學的利益忍受孤獨的太空航行，生還的就成了蘇聯狗英雄。我見過幾隻太空犬，毛髮蓬鬆的強壯傢伙，有金色眸子和一臉忠心；牠們守衛著主人們用柵欄圍起的小花園。顯然牠們並不習慣人們隨意輕拍，但看起來營養充足。我記得在**旅人**筆記本裡讀到，在魚子醬商品化之前，布里亞特和雅庫特的漁民認為魚子沒有價值；他們尚不知鹽醃貯藏，所以都把魚子扔給狗吃。

我們走了很長的路，湖濱路的盡頭是利斯特維揚卡小鎮，那裡有破冰渡船和水翼船進港載客或載貨，穿越湖面定期往返外貝加爾湖地區。我們繼續沿著環繞峭壁的蜿蜒陡峭山路走，那北向的險崖是成形中的火山，崖壁上的玄武岩和熔岩似的粗礪花崗岩會叫地質學家樂開懷。隨著天光變得更暗，道路也更險峻，我們攀爬摸索落腳之處，抓牢岩石和枯萎的大松枝，我想到**旅人**會多麼憎恨這趟出遊（他總強調他痛恨大自然，就像他痛恨走路）。一陣刺骨的冷雨飄落，波浪滔滔的湖面乖戾陰灰。不管我多麼想找到他，或深信他的魂影陪著我，我知道這種遠足他不會出現。

但我繼續挺進，渴望腳下有雙「一步七里靴」[27]，讓我大步邁向奧爾洪島（Olkhon Osle），位

27 seven-league boots，來自希臘旅行之神荷米斯（Hermes）。

於湖北岸四十英里處。分隔該島與大陸的海峽被稱為小貝加爾湖，在布里亞特人眼裡，這裡是聖海最神聖的部分。奇形怪狀的巨岩聳立水面，頂峰達海拔一千兩百呎，島上有許多蜂巢似的洞窟、拱形岩和水灣，洶湧的波濤暗潮形成漩渦，很少有船隻會冒險前來。傳說基督來過這裡（也許這裡和另一個亞洲傳說有關，傳說基督在十字架上被誤以為死亡之際，曾越過阿富汗）。布里亞特人深信，祂登上奧爾洪島最高的岩石，俯瞰廣袤水域和土地。在賜福北方的山岳和林地後，祂轉身面向南方，遙望外貝加爾湖山區的道里亞（Daouria），說：「這裡以外什麼也沒有」，在地人相信，這句話意味著那地區是貧瘠的不毛之地。深入內陸的赤塔和尼布楚正是囚犯服刑的礦坑，無疑和當地人的看法吻合。

貝加爾湖以東有比羅比詹（Birobidjan），俄羅斯當局曾計畫在那裡建立新以色列。約有兩萬五千名猶太人本來會在這裡追尋他們的生活方式，遠離曾在俄羅斯遭受的迫害和屈辱。但這計畫沒有結果，猶太人興趣缺缺——奧爾嘉說不出原因。今天，所有猶太人都是蘇維埃公民，持有蘇維埃國籍，成為愛沙尼亞人、烏茲別克人、烏克蘭人或其他猶太人。原屬沙皇恐怖統治的那些計畫已不復見；雖然我聽聞某種的成見依舊鮮明。數百年的積習難移。

天氣變得很糟，我們都同意調頭往回走，前往利斯特維揚卡的一間小客棧，奧爾嘉打包票說，那裡有全西伯利亞最棒的白鮭；還有最棒的炸魚肉餅，盧斯蘭加了這一句，他是我的司機，也陪著我們出遊。我之所以稱呼他盧斯蘭，是因為我想不起他的名字，而他老婆又名叫柳蜜拉，所以我就順理成章叫他盧斯蘭。這典故來自普希金的一首詩《盧斯蘭與柳蜜拉》，此外他喜歡哼哼唱唱格林卡譜的同名歌劇的曲子，而我的文化素養深度不僅令他開心，也贏得他的敬重。盧斯蘭十八歲時在史達林格勒打過仗，是第三代西伯利亞人，知道很多我從**旅人**得知、而奧爾嘉這位年輕的莫斯科人不知道的傳說和古老故事，我甚至可以搶在他之前說起，很早以前狗拉的雪橇，其滑槽是用鯨魚下顎骨製成的，這是西伯利亞獨有的做法，在北極地帶未曾聽聞。後來，美洲商人引進金屬滑槽，也就是一般所知的「鐵骨」。交換這類我父親所謂的無用資訊，讓我和盧斯蘭之間形成某種默契與理解，當我經常每隔幾英里便要求下車去看看不在行程內的某個景點，也許是某間我希望能找到迷人聖像的小教堂，或是通往幽深針葉林的一片格外漂亮的林地，他總表現出特殊的耐性，而我這種習慣總叫大部分的司機惱火。

雄偉參天的西伯利亞針葉樹，往前延展成一片不見底的深黑，入夏後最為蓊鬱。在地人把這片森林稱為「tcherm」，「tchorny」的衍生字，意思就是黑。我幻想著可以在此瞥見熊或山貓，甚或伊爾庫茨克紋徽裡的奇獸。「上星期才有一隻大熊闖進市中心。」盧斯蘭告訴我，「牠直接走向在交通哨值勤的警察，以後腿直立——這是非常危險的徵兆，表示牠就要發動攻擊。但那名警察以為這頭熊是從馬戲團跑出來的，只是在表演把戲而已，於是繼續指揮交通。等到熊撲向他撕咬，他才搞明白。他只好射殺牠……」

我讀過這地區發生的一個案件使得警方強化武備。

和動物有關的故事、森林法規、薩滿傳說和鄉野傳奇，都是我和盧斯蘭的共通話題，就像野餐和鄉間出遊都是我們喜歡的單純樂趣。一回，趁奧爾嘉謹慎地等在車裡，我們打破了山林法的每一條規定，用一支扳手挖起一株冷杉小樹苗，我希望把它移植到法國作為長青紀念品。

勇敢的小樹苗！它藏在盥洗用品袋內撐過了漫長的回鄉路，因為各個邊境海關通常都不允許外來植物入境。我把它移到巴黎屋頂陽台的花盆裡倍加呵護，儘管它始終翠綠，而且還結出迷你毬果，但長得不茂盛。最後我把它重新移植到泰晤士河畔花園，在玫瑰和忍冬圍繞下，它開始長大；不過還是生長得很緩慢，依舊備受疼愛。每次我回英國就會去看看它，遙想它原生的西伯利亞針葉林。

~

神奇的貝加爾湖！「妳一定要在六月回來。」盧斯蘭說，他不談關於該湖科學潛力的統計數字，反而告訴我，到六月時，湖面會短暫地覆蓋著粉紅色的花，一種百合花。這就是著名的「聖海開花」。湖的深處也奇異地開花：我兒時渴望養在水族箱裡的那些翠綠色、紫羅蘭色的蝦子，就生活在湖水深處其他奇特動物群之中；或者棲息在一千五百呎深、會直接生出小魚苗而非下卵的球形魚（生存艱難時會吃掉牠們的後代），假使牠們意外浮出水面，因水壓不同又照到天光，就會爆破或融化。盧斯蘭說的這些和其他乍聽之下頗為離譜的說法，後來被湖沼學院的主任證實和補充，他以真摯熱情誇耀院內的陳列品。

這一切在阿特金森那本寶藏書都有記載，而且不只這些。我彷彿回到從前逃避必修的曲棍球、躲在學校廁所的時光……「第三章　如何越過亞洲沙漠」我讀著，當然我已熟記在心……「大清早我看見酋長尤巴爾為我們的長途騎行指揮發落……十二名吉爾吉斯人被派來當我的隨員……我可以仰賴的人馬，他們很了解這個地區……」是的，阿特金森走過這條路，他令人陶醉地描寫了西伯利亞東部的景象；描寫了越過湖面的情景，而此刻我也正在湖面上。

倚在船杆上俯身向前，我想起這渡船的先驅，一八九八年從新堡造船廠[28]訂購來的第一艘強大的蒸氣渡輪。整艘船被分裝成七千二百個包裹再分段組裝，由鐵路運送至克拉斯諾亞斯克。當時西伯利亞鐵路只修築到克拉斯諾亞斯克，從那裡開始，包裹改由雪橇或駁船遞送，因此在貝加爾湖（當時那裡沒有造船廠）等候的俄羅斯工程師開始組裝各個部分時，發現有些零件不見了也不教人訝異。比較讓人訝異的是，不論如何船還是組裝好了，而且在隔年順利出航。內戰期間，與白軍結盟的捷克軍隊把它炸沉了。盧斯蘭告訴我，在後續半世紀的動盪期間，人們經常看到船的煙囪靜靜躺在湖底下。盧斯蘭總能帶給我這類令人玩味的資訊。

靠某種打電報方式，我們總能溝通。比起更老練世故的市民，他講的俄文我更容易聽懂，反過來說，他似乎也能聽得懂我努力擠出的日常會話程度的俄語，雖然常常需要靠一些紙上的塗畫來彌補不足，而且主要是我在紙上塗畫。他懶得理會確切年月，當他說「在我曾祖父的年代」，指的是比前革命年代更早期的任何時候。我私底下還滿喜歡這大而化之的作風，因為奧爾嘉的專業精準度雖然很必要，但有時缺乏盧斯蘭在講述時的個性十足或鮮活生動。盧斯蘭是我在旅行中遇見的很多單純的俄羅斯人之一，我將永遠帶著敬愛懷念他們。

28 Newcastle，在英國東北部。

當我們靠近更遠的南岸，我看見一列火車沿著湖泊邊緣的峭壁前進，陡峭的岩石自玻璃般的湖面拔起。火車穿過一連串隧道忽隱忽現，循著貝加爾湖環湖路線前行，我搭的那列火車離開伊爾庫茨克後，轉入內陸朝中國邊境之前，想必就是走在這條路線上。修築這一段鐵路對於工人來說尤其殘酷。爆破工程造成很多人死亡，山崩也經常使得鐵道落入湖中。未能如期竣工，當局頗為焦急，於是強徵在地軍營的士兵組成施工隊，如同囚犯或中國苦力。軍令如山，軍紀似鐵，部隊士兵哪有置喙餘地。將早期沙皇明令的二十五年軍役縮減的軍隊改革實施不到五十年。被強徵來的士兵據說每天工作十八小時，拖拉枕木和建材，之後還要整隊進行軍事操演。然而在當時，窮兵黷武的軍國主義傳統仍是俄羅斯不可忽視的一股力量，保羅一世十分看重，他兒子尼古拉一世亦然。

據說皇太子尼古拉二世在一八九一年訪問西伯利亞之際，首都派遣一名侍從武官，十萬火急橫越歐洲俄羅斯和亞洲俄羅斯，飛奔趕往太平洋邊緣的海參崴，他受命日夜趕路不得休息。他靠雪橇和馬匹創紀錄完成這一趟路途，之後精神崩潰，在瘋人院接受好一陣子治療。只因當時情況非常緊急。皇儲剛獲得所屬軍團的晉升，參謀本部有令，皇儲的佩章和肩章必須立時抵達不得延誤。

俄羅斯過往的每一面，不論瑣碎或壯闊的歷史，在在指向大革命的必然性。一切都回歸一個逃不掉的事實。一切說明了這土地的人民所忍受的暴虐無道。革命家巴枯寧於一八四五年在《改革》一書簡明寫道：

「儘管殘暴的奴役壓榨，儘管打擊從四面八方來，俄羅斯人在本能和習性上都是民主的。俄羅斯不是腐敗，只是不幸……當起義叛變匯聚成一場革命，民主的一刻也許不遠了；假使政府不加速解放人民，將有無數人流血犧牲。」

我在有柱廊的白色宅邸主階梯拾級而上，這棟宅邸當初是西伯利亞一位商人暴發戶所建，後來成為一連幾任都督的官邸，我兒時英雄穆拉維耶夫—阿穆爾斯基伯爵（Count Mouraviev-Amursky）就是其一。他有遠見卓識，也有膽識才幹。他不僅為俄羅斯取得黑龍江地區（因此贏得阿穆爾斯基伯爵頭銜[29]），也是最早力主修築西伯利亞鐵路的人之一。在伊爾庫茨克，穆拉維耶夫身旁圍著一群志同道合的傑出年輕軍官。他是個理想主義者兼行動家，也是個獨裁者，不過是個宅心仁厚的獨裁者。

他的雕像，一尊蓄著絡腮鬍的結實人物，依舊佇立在俯瞰安加拉河故居附近的一座小公園。**旅人**記得，從前忠心的西伯利亞人會脫帽向雕像致敬；但我沒看到如此虔敬的示意。當今的西伯利亞人對於這位了不起的恩人似乎僅是緬懷，而非敬重。我想到我曾在他長眠的巴黎墓地獻花就很開心。這幢他曾經入主並施展雄圖大略的優雅白色大宅，布滿彈痕坑坑疤疤，紀念著內戰期間白軍和紅軍的激烈戰役。今天這裡成了市立科學圖書館兼地方檔案館，我想館藏應格外豐富，於是好奇地查看館內檔案。

最大的西伯利亞書庫之一隸屬於華盛頓的美國國會圖書館。創立者根納度・尤金（Gennadius Yudin）於一九〇七年以純然是象徵性的數字出售，「以強化兩地區人民的聯繫與了解」。此乃這位

29 阿穆爾斯基伯爵，Count Mouraviev-Amursky中「Amursky」一字的「Amur」即黑龍江。

白手起家，因克拉斯諾亞斯克釀酒廠致富者的心願，於是他著手收集和西伯利亞及俄羅斯歷史、民族學和藝術有關的一切。尤金希望西伯利亞併入美國，這個願望在五十年前左右也在穆拉維耶夫的內心滋長。克魯泡特金親王在其《革命者回憶錄》裡寫道：「在穆拉維耶夫的書房，年輕的軍官以及被流放的巴枯寧，」（巴枯寧也是穆拉維耶夫的表親），「他們研議創造西伯利亞合眾國，隔著太平洋和美利堅合眾國結成聯邦的可能性。」

在這些富有想像力以及更務實可行的討論中，圍繞穆拉維耶夫的七位才俊，有幾位果然是他們的年代最傑出的人物。伊格納蒂夫伯爵（Count Ignatiev），這位成功的外交官也是爾虞我詐國際競局裡的高明無賴，從中國巧奪大幅土地，最被人記得的是在中亞的土地擴張。年輕的庫科（Kukel）將軍是都督的參謀長，不久之後便有更年輕的克魯泡特金這位未來的「無政府親王」擔任他的副官，一同投入行政改革的計畫。年輕有為的弗蘭格爾男爵也在這裡，也是學養豐富又開明前衛的行政者，他在塞米巴拉金斯克結識了杜斯妥也夫斯基。這些都是與他們的長官並駕齊驅的人物，而且在西伯利亞適才適所。這就是西伯利亞，才幹出眾的俄羅斯人不論好歹都會在這裡登峰造極。

「哪一間是穆拉維耶夫的書房？」我問，我正穿越宅府內漂亮的房間，裡面有高起的瓷爐台、華麗的波西米亞玻璃枝形吊燈——綠松石藍或紅寶石紅吊燈，和俯瞰寬闊河面的高聳窗戶。我想瞧瞧這一群富有創意而相互爭輝的施政者運籌帷幄的場景，想像在穆拉維耶夫主政之前和之後發生的一些重大事件背景。他的繼任者延續自由開明傳統一段時間，不過在這年代之前和之後，總督府的氣氛大體來說是僵化反動的。

我穿越的房間目前陳列著書架，學生們在長桌前閱讀。我羨慕他們有機會在這裡做研究，因為伊爾庫茨克自然有關於十二月黨人的豐富第一手資料。我不禁在想，他們之中有誰曾進到這棟屋子裡？我好奇的不是他們早年戴著手鐐腳銬長途跋涉那段期間；而是在一八二五年至一八三〇年之間追隨夫婿前來的那些勇敢堅毅的女子，她們身軀嬌弱但有鋼鐵般鬥志，對抗穆拉維耶夫的前任者之一；那位都督和穆拉維耶夫不是同類人，他想方設法百般刁難和羞辱這些女子。她們喪失了頭銜與財物，只要夫婿在西伯利亞服刑，她們就不可能回到俄羅斯。她們的孩子也失去名字，或失去就學的權利；在西伯利亞出生的孩子自動被歸類為農奴之子。大部分的地方行政官跟沙皇有同樣想法，哪怕一絲絲的寬容大量也會招致無政府的混亂，他們跟沙皇一樣服膺一句名言：「我偏好不義勝過動亂」。

尼古拉一世兇殘處決十二月黨人的五位領導人震驚全國。俄羅斯當時尚未施行絞刑，臨時搭起的絞架非常粗陋。五名被判處死刑的人直到親眼看到搖晃不牢固的裝置才知大勢已去。因為國內找不到有經驗的絞刑吏來行刑，當局不得不從芬蘭找來行刑官。即便如此，還是出了差池。囚犯們被吊起之際絞繩突然斷裂，立刻摔落下方的窪坑，手腳骨折。「不幸的俄羅斯！他們甚至不曉得該怎麼把人吊死！」等著就死的阿波斯托（Mouraviev-Apostol）說。最後一個個骨折斷裂的身軀被抬走，後來被重新送上絞架，這一回絞架展現了效率。

多年來沙皇始終難以息怒。西伯利亞必須終結其餘的叛亂份子。他沒絞死的那些人在他眼裡形同死亡。十八年後，當謝蓋爾．沃孔斯基親王（Prince Sergei Volkonsky）的女兒荷蓮娜跟叔父在聖彼得堡觀賞歌劇，她的青春美貌吸引了沙皇的注意。

「那迷人的小姑娘是誰？」他問。

「我的姪女，謝蓋爾的閨女，陛下」

「真的？那死掉的親王的女兒？」

「我的兄弟並沒有死，陛下，他在西伯利亞。」

「我說誰死了就是死了。」那專制君主答道。

「妳在看什麼？」奧爾嘉問我，我們正走下總督府陡峭的石階。我發現這些石頭已經嚴重磨損，被踩踏出木缽狀的兩個凹陷，就上世紀初期才建造的房屋來說，深陷得很不自然。但隨後我想起，無數的流放者曾爬上這石階，懇求公義、憐憫和一條活路。在長年苦難之前和之後，啟蒙與慈悲的年月跟穆拉維耶夫及其繼任者的任期一樣短暫。渺茫的希望很快破滅，拾級上下步履沉重，在西伯利亞，石階就像人心被磨損。

第二十六章

伊爾庫茨克不愧為首府，自有標準。我發現它有所不為——很不西伯利亞（Siberski）。我喜歡這字眼，它散發在地的驕傲。尤其老想著剛結束的史達林主義大整肅和勞改營很不西伯利亞。市民自豪於目前的狀態，也專注未來，他們勤奮工作，希望因此得到讚賞。但我越過五千英里路或更遠，為的是沉湎於伊爾庫茨克所呈現的豐富內涵，不管是歷史面向或我個人的興趣，因此我持續花定量的時間參訪當代建樹，也繼續一意孤行。

在邊遠村莊的不知名古老教堂裡，我仍發現聖像有美麗名稱，而且據說會顯靈。西伯利亞聖徒聖普拉斯科維亞（St. Praskovia）和聖伊諾肯提（St. Innokenti）到處可見；聖伊諾肯提是鄉村的守護聖徒。教堂裡有幾個老婦忙著打掃地毯和清理蠟燭，她們駝著背披著披肩，經常拖著腳步抽著鼻子四處走動。她們有時會分發喪禮小蛋糕，在悼念故人之際吃下小蛋糕是守喪習俗。靈柩會打開，直到入土那一刻為止，這是希臘及俄羅斯東正教的習俗，來到蘇聯，我也堅強到能看一眼已故者平靜的面容，蒼白又漠然，戴著鮮麗的紙花環，被抬在街道上或放置在教堂內，圍繞著一小群悼念者。這做法也有其務實的一面。在蘇聯，殯儀館似乎很罕見，由於住房不足的情況仍舊很嚴重，比起大量親友湧入兩房的公寓，死者躺在安靜幽黑的教堂直到入土還是比較清靜。

這些古老的村莊教堂有些格外漂亮，簡約中帶著華麗。其粉刷白色或赭色的低矮厚牆和黑深木工，與鑲著豪華金屬框的聖像相比顯得木訥樸拙，而鑲框的聖像有些達三或四呎正方，映著繽紛小燈火的光暈閃閃發亮。我問老婦人各個聖像的名稱，她含糊咕噥地說給我聽，彷彿偷偷摸摸透露似的。聖母、「罪人的面貌」、「慰藉之最」或「受苦者之喜」似乎格外適合祂們的西伯利亞背景和祂們所撫慰的漫長苦難史。就如克里姆林宮或舊禮儀派教堂有莫斯科最富麗貴重的一些聖像，在西伯利亞，俄羅斯人熱愛華麗的天性也顯而易見。昔日進宮晉見或拜訪商會的人經常談到俄羅斯人對於珠寶有一種東方式的熱中，這股熱中也表現在宗教性的奢華裝飾上。聖母有時會罩著鑲珍珠的網格，身上穿戴的珠寶可媲美士巴女王[30]，其背景布幕乃純金或錘琢銀飾面，而耶穌十字架受難像則流著紅寶石血滴或戴著祖母綠荊冠。比起無數天主教形象純然世俗的華麗，這種風格略顯野蠻或偏向東方；主教和高階教士仍舊穿戴嵌鑽石的冠冕和鑲珠寶的法衣，不下於加冕典禮的隆重。（即便在更有用途、沒那麼璀璨繽紛的當代場景裡，務求富麗堂皇的這種不羈的熱愛，仍可在莫斯科地鐵站裡看到——肯定是世上最輝煌奪目的地鐵站。）

「非常古老的畫，大概是拜占庭聖徒。」奧爾嘉說，我想她相當不快，當我在前兆修道院（Znamenski Monastery）流連，欣賞奇特地戴著冠冕的費歐多羅夫斯卡雅聖母（Virgin of Feodorofskaya）。離開時我得小心穿過幾個蹲伏在台階上無聲祈求的乞丐。

「他們都找得到工作，如果想找的話。」奧爾嘉說，怒視著木頭似不動的人物。「他們會乞討是因為他們認為某個神會賜予。」

乞討的倫理問題果然是當晚在餐館裡進一步討論的熱烈話題。

我得知，伊爾庫茨克一度有三十間美麗的教堂，但一座工廠也沒有。

「當時難免會有乞丐……但今天，今天我們在伊爾庫茨克有超過一百家工廠。」

「卻只有兩間教堂？」

「妳因為這一點批判我們？」與我們同桌用餐的陌生人大聲嚷著。聽來他頗好辯，但他不得不大聲說話來壓過鷹笛和口簧琴的響亮音調，那是塔吉克奇特的本土樂器，下榻在同一飯店的塔吉克民族歌劇團成員正用極強音演奏著，無疑他好鬥的口氣不是針對我。

我急著解釋說，我只是不巧發現老教堂和聖像比工廠更有美感。但我看得出來，這說法很不西伯利亞，於是我興味盎然聽他談論最新型的蒙古包，那是為橫越戈壁沙漠的布里亞特─蒙古人紮營而製作的。支承桿（有三種尺寸）現在是用玻璃纖維做的，從前的毛氈帳現在由泡沫塑料取代，抵擋風雪的絕佳保護……但昔日的雪──何在？

~

在鞭子抽似的狂風夾帶少許雪花的悲戚秋日，西伯利亞罩著一股憂鬱，但有人跟我保證，它很快會變得絕美。冬天會把大地結凍成雪白世界，在湛藍明燦天空下閃閃發亮，每個西伯利亞人都這麼吹噓。這是他們引以為傲的另一面，除了尺寸規模和揮霍程度之外。俗話說：「在西伯利亞，一百英里是很平常的距離，一百盧布是很平常的數額，但沒有陽光的一天是很反常的。」不過我很滿足於我在這裡看到的灰暗天空；它符合我的心情。

漫長又濕答答的午後，連喜歡在針葉林裡野餐的盧斯蘭也提不起勁，於是我們在歷史博物館消磨時間，或和熟悉該城歷史背景的人會面。從他們身上，我了解這片土地數世紀以來的變遷模式。

在這座博物館裡，民族誌、歷史、政治和經濟發展交織在一起。這裡重建了西伯利亞的史前起源、原始部落的住所與習俗、哥薩克人攻克此地的史詩傳奇、探勘考察和殖民擴張，以及商人沿著中國邊境在有老虎出沒的黑龍江流域的貿易冒險。在這裡，一如預期，我發現一整區的古籍資料，關於囚犯開墾區、勒那河金礦區、亞歷山德羅夫斯基（Alexandrovsky）分發監獄以及這類的很多恐

30 Sheba's queen，在希伯來聖經記載中，乃統治非洲東部士巴王國的女王，與所羅門王同年代。

怖紀錄。這裡有在庫頁島牢獄生活的陰森照片，而契訶夫在他的《西伯利亞遊記》裡曾記述過。從國土末端東北海岸的這座島的泛黃照片，可見險惡的海岸線自海面陡峭聳立，島上除了牢房建築和開拓者——通常是在土地上幹過活的昔日囚犯——的荒涼小屋之外什麼也沒有。

如我所料，歷史博物館（有角塔的絳紅色建物，帶有盜寇大亨的風格）有一整區關於西伯利亞鐵路的史料，包括創建者、施工建設、首度通車及其支線的盛衰變遷。這裡有多年來使用過的各種型號火車頭及車廂的照片。有浮誇官員身穿綴滿金穗帶的軍服和一身綢緞袍褂的中國高官並立的照片，一旁掛了彩旗的平台上有大樂隊在吹奏，慶祝清東鐵路於一八八七年開通。有精美火車包廂的照片，其輝煌富麗超出我的想像，也是旅人沒描述過的，讓人忘卻搭火車旅行的勞頓。蕾絲窗簾、鏡子、摩爾人妓院風格的壁龕，精雕彩繪的裝潢與流蘇飾邊爭艷，還有一間新藝術風格的浴室，有賴某種高超技術而相當穩固，不管火車如何顛簸，水都不會泗溢漫流。

一列奢華無比的火車原初是特地為一九〇〇年巴黎世界博覽會設計的，意在招徠潛在的西方乘客。它也有餐車廂，表現同樣的精雕細琢，好讓坐安樂椅旅行的巴黎人在機械搖晃和喀嚓喀嚓行進的伴奏下盡情吃喝，而窗外急速掠過一幅又一幅大草原、山嶽之巔、洶湧河流的風景畫，以及金色圓頂璀璨奪目的克里姆林宮全景突顯在地色彩。（我若能在久遠以前便把這一切搬進幼兒房，為簡單的晚餐增添滋味，何其幸福呀！但它是否能在氄絨被蒙古包下召喚出更強烈的綺麗風情？）

在內戰檔案的館區裡，有裝甲火車（broneviki）的照片，那是用鐵板片和層層沙包，以及架在貨車廂頂上的槍砲塔臨時湊成的裝甲火車。這些移動堡壘在一九一七至一九二〇年戰火肆虐期間被大量使用，當時西伯利亞鐵路是紅軍和白軍爭奪的主要命脈。然而當白軍獲得協約國部隊支援，有英法部隊加入陣營，後來又有美國部隊加入，軍力多達九千名士兵，外加一萬七千名日本軍，紅軍只能單打獨鬥，武備不足又組織散亂。

「一旦火車停止，一切都將結束。」列寧說；但不知怎地，火車始終運行。雖然西伯利亞火車最後一次全線通車，是在一九一八年二月從海參崴開往彼得格勒，後來各個區段仍斷斷續續運行，先是由一方掌控，後來又落至另一方，但它們依然在運行。

接著有捷克軍團，他們在西伯利亞的革命年代起主導作用，而這裡也有相關照片檔案。布爾什維克黨人於一九一七至一八年冬天在布列斯特─立陶夫斯克簽下和平條約[31]後，將捷克軍團五萬名武備精良的士兵遣返回國成了一大問題。協約國的其餘部隊已經撤離俄德前線。總統馬薩里克（Masaryk）指望協約國支持，取回先前在奧匈帝國壓制下的斯洛伐克及其他省分。因此協約國同意他的軍隊從俄羅斯撤離，並調往西線戰場作戰。但烏克蘭遭德軍封鎖，除了從北借道西伯利亞前往海參崴之外沒有其他出路。到了來春，軍團開拔啟程，但軍隊湧入西伯利亞之後，疑慮和枝節倍增。布爾什維克黨擔心捷克軍團會被利用，變成協約國侵占西伯利亞的先鋒部隊；捷克軍團也不太相信布爾什維克黨人會讓他們帶著武備完好無損地離開。他們違反與蘇維埃政府的協定藏匿武器[32]，最終爆發流血事件。一些捷克士兵被逮捕，此時紅軍軍事人民委員會（Red Commissars）下達一道命令，要求捷克軍團繳械，拒交武器的捷克兵格殺勿論。捷克軍團臆斷這一切是德軍敵方在

31 Brest-Litovsk，蘇俄與同盟國在當時隸屬波蘭的布列斯特簽訂《布列斯特─立陶夫斯克條約》，退出第一次世界大戰。

32 捷克斯洛伐克民族委員會與蘇維埃政府簽訂奔薩協定，規定捷克軍團交出大部分武器，以換取安全通行去海參崴的權利。

背後教唆，於是迅速形成一支支游擊隊，與白軍聯手。他們就是在這期間奪取運輸工具，把火車改裝成裝甲車，作為發動攻擊的先鋒，或是用來打後衛戰。其中最出名的是小鷹號（Little Orlik），此刻我看到它出任務的照片，在雪地疾行，機槍塔火光四射。

捷克軍團看清世局，在西伯利亞殺出了一條歸鄉路，最後收復家土，脫離奧地利統治。他們不想再捲入哪一邊牽扯不清，紅軍也好白軍也罷；他們只想返鄉，最後只要出手阻擋的都是敵人。他們的團結精神是他們能存活的一大要素，這種兄弟義氣和他們的先祖胡斯派弟兄會（Hussite Brethren）奉行的精神是一貫的。部隊稱呼軍官為將軍弟兄、上校弟兄，紀律嚴明，但不拘禮儀。捷克軍團展現的足智多謀，傳遍西伯利亞。儘管他們武備齊全地從西戰線前來，他們懂得如何把最簡單的物資轉為優勢，和高爾察克手下不成材白軍的揮霍，或紅軍一度僅靠少量裝備或糧食作戰的堅忍耐力，形成強大對比。

是捷克人最先把鐵路貨車廂搭上粗糙鐵板，改裝成裝甲車。還有些簡直像勤儉持家般節約又舒適的東西，例如他們把當成營房的貨櫃車（teplushki）（一車四十人）改造成溫馨的營區。在戰役的後半期間，他們在每個貨櫃車漆上花卉或抽象的設計，掛上窗簾也有了熱水，最重要的是，他們發明了暖氣設施。

對於一群群四處飄浪、幾乎凍僵又挨餓的絕望難民、流離失所的在地村民或逃離俄羅斯城市被追捕的資產階級來說，這類貨櫃屋有如天堂。在荒涼的森林空地，他們可能來到一條岔路，發現一連串這類的貨櫃屋洋溢著溫暖，油燈和搖曳爐火散發著光芒，有人在攪動著大鍋裡的熱湯……天堂就在這裡。但沒有烈焰之劍堵住入口。捷克人慷慨地回應他們的悲慘處境。

這些軍團一度掌控鐵路的大部分路段，從奔薩（Penza）到貝加爾湖，接應鐵路沿線的反革命份子；他們甚至奪取了布爾什維克政府的儲備黃金，在喀山安穩地落腳。整個形勢對於被包圍的貧困布爾什維克黨人來說肯定看似無望。在貝加爾湖以外，權力落在另一個敵人手裡，以日本人當靠山的謝苗諾夫，這位浮誇又陰險的人物有一段時間設法討得了協約國司令部的歡心。他身上流淌著俄羅斯和蒙古的混雜血統，宣稱要建立一個布里亞特—蒙古政權，而飽受騷擾的一九一七年臨時政府也同意。因此，大革命和西伯利亞戰役期間，他在外貝加爾湖指揮了一支相當小的武力，在他自己的巢穴內姦淫擄掠。他的本部在邊境一帶、在滿洲，在西伯利亞鐵路和東清鐵路至關重要的會合處，他荒淫度日，也氣派十足。

在俄羅斯白軍司令官之中，獨自作戰而未效力於謝苗諾夫的一號人物，就是瘋狂的波羅的海男爵馮恩琴將軍，其血腥殘酷的聲名與謝苗諾夫不相上下，我記得**旅人**這麼說過。不過兩人有一個差別：當謝苗諾夫沉迷於純屬個人的施虐幻想時，男爵的狂暴是被某種神祕狂熱所激發，他深信自己肩負著淨化蘇維埃反基督世界的神聖使命。凶殘的兩人在西伯利亞和外蒙古邊境地區肆虐，與白軍聯合對抗共同敵人。

當我低頭看著西伯利亞戰役的這些紀錄，地中海黃昏飄著檸檬香的溫暖微風似乎再次吹拂著我；褐色木製展示櫃、破損的紅軍軍旗慢慢淡出，我又置身科西嘉島某飯店露台，在金色餘暉中，我聽著**旅人**（或者是優鐸希亞舅媽）談到馮恩琴篤信塔羅牌占卜。他深深陷溺於亞洲亡靈術的幽冥世界，經常聽信喇嘛和薩滿之言。他的死法與死亡時辰早被預言，他對自己或他人生命表現出宿命論的漠然。在軍服外罩上中國人的長袍馬褂，別上厚重的俄軍肩章，他在蒙古城庫倫——今天的烏蘭巴托——橫行，燒殺擄掠，荼毒生靈；化身為人的死神，手持左輪槍冷血處決犯人，同時也在荒漠中如花朵盛開的絳紅與金色的塔寺尋求各種神諭，如此度過死前的殺戮歲月。

我始終對這位不尋常的人物很感興趣，他是條頓武士的料，夢想著建立一個能把共產黨人從地表上剷除殆盡的佛教武裝騎士團。他吹噓他的家族源於匈奴大帝阿提拉[33]，數世紀以來承襲其殘暴作風。他以冷血的效率維持軍紀，比如他壓制霍亂疫情的方式，是把受害者全數槍殺。這位異乎尋常的人締結一樁同樣怪異的婚約，憑藉自負的波羅的海貴族血統和袁世凱（當時中國大總統）之女聯姻，藉此拉近他與樹立傳奇的亞洲腹地的距離。他夢想在西伯利亞邊境建立布里亞特—蒙古帝國，說不定與西伯利亞土地部分重疊，而且高呼佛教預言、啟示和業力，聲討最終會滅亡人類的邪惡共產主義。以救世者為名義，他利用不容置疑的預知力量，在迷信的士兵之間建立神一般的地位。最後，他帶領一萬一千名騎兵，攻入蘇維埃所屬的土地，結果負傷被俘，經過俄羅斯軍事法庭的一套程序，所有密契玄說全數被摧毀。男爵的癡人夢語被冷酷打斷，他洩氣漠然聽著死刑的宣判。很早以前他就知道這一刻會來臨。一九二一年六月他被槍決，據說，正是巫師所預言的那一天。

他的同路人也在蘇維埃軍事法庭走上死路，若非如此也是死在大漠裡。謝苗諾夫不若馮恩琴獻身建國大業，但屠殺除外。他喜歡把戰爭事業和洗劫的樂趣結合在一起，沉迷於施虐的奇想。為了確保他頻繁的殺戮不會令手下士兵感到膩煩，他讓士兵決定每一天的處決方式。這減少士卒們要把一整村子的人處死的單調乏味，村民相繼被斬死、毒死、吊死或活活燒死。

這種人被協約國司令部視為同盟實在不幸，不過對日本人（他接受日本人資助，日本覬覦滿洲地區，指望他出力協助）來說，他的做法似乎很有效。日方准許他在專屬的鐵路貨車廂外漆上旭日東升的日帝國徽，作為特殊禮遇。當這名土匪在西伯利亞東部四處作惡，他帶著一支「獨立軍團」，一支蒙古人和布里亞特人占大多數的游擊兵，其中僅有兩百人是俄羅斯人——俄羅斯白軍，這些人仍期待著他們效忠的惡人復辟神聖俄羅斯的帝制。

在這博物館的檔案室裡，我仔細端詳這些西伯利亞劫掠者的面孔：馮恩琴有一對慘白雙眸和狂熱神情，一如**旅人**形容過的；一臉橫肉的謝苗諾夫，蓄著濃密的八字鬍，像夢魘裡的猛獸。還有一些較好看的面孔，死得安詳，或者被手電筒照亮而神情緊張——在地下隱蔽處的某個非法印刷廠裡。紅黨人、白黨人；在地英雄或惡棍；行刑隊、受害人和行刑者。屍體堆疊在覆雪戰場，在西伯利亞鐵路某個毀損的路段旁，於上方盤旋的烏鴉，在廣闊天空裡顯得寂寥，和橫陳下方大草原上的死者一樣孤涼。這裡有一支婦女陸軍營，尊貴的亞馬遜女戰士，穿著羊皮一身臃腫，有如圓滾滾玩具走得東倒西歪地上戰場；但是她們篤定地握在手裡的東西可一點也不好玩。這裡有一名激昂政客的照片，雖然他戴著夾鼻眼鏡坐在桌前，但外觀並不鼓舞人心。這裡有從突厥斯坦、內蒙古或高加索來的人奇特黝黑的臉孔，他們北征加入戰役。這是英雄史詩的西伯利亞，我聽**旅人**描述過。我的追尋最終會在這裡結束嗎？是一張模糊照片上的驚鴻一瞥，而不是看見墓碑上的一個名字或聽到某人的追憶？

此時一張照片裡緊閉嘴唇的冷漠臉孔瞪視著——為人剛毅的海軍上將高爾察克，短暫自任白軍政權最高領袖，也是西伯利亞的一頁傳奇。俄羅斯艦隊的一名海軍上將如何變成西伯利亞白軍勢力

33 Attila Hun，古代歐亞大陸匈人最為人熟知的領袖和皇帝，曾多次率領大軍入侵東羅馬帝國及西羅馬帝國。

的統帥，這故事太過複雜，在此略過不談。一言以蔽之，高爾察克上將之所以能掌權，全是因著無私的愛國情操——為了拯救俄羅斯，從不是為了個人權勢的擴張。他從未贏得他期盼的全心支持，不管是俄羅斯人民或協約國司令部。他與前者失去聯繫，而後者不願涉入俄羅斯內部政治事務而躊躇退縮。高爾察克上將真能代表整個國家？莫非布爾什維克黨更具代表性？捷克軍團把他交給當地的蘇維埃政府了結此事，他在一九二〇年二月某日深夜，在伊爾庫茨克被槍決，他的屍首消失在冰層某個洞口下方。

～

我把參觀博物館收藏的十二月黨人紀念物當壓軸；它們是我等了大半輩子想看的東西，而今親炙這些感傷的遺物，我不禁淚盈滿眶。這裡沒有恐怖的氣息，沒有烙鐵，沒有鎖鍊；但有幾件精美的鍛鐵製品，別司圖熱夫（Bestoujev）用囚犯的腳鐐製成的手環和戒指，當那些腳鐐終於被拆走之後。囚犯妻子們呼籲要留下這些紀念品，有些人戴著十二月黨人的婚戒直到過世。

一八三〇年十二月黨人被移往彼得羅夫斯基扎洛德（Petrovsky Zarod）的新監獄，沙皇顯然盛怒未消。他批准建築師的設計圖，但設計圖裡沒有窗戶。他們在這些寒凍囚房（監獄位於沼澤地邊緣）內繼續他們的人生，隱沒無聞。囚犯坐在面朝走廊的門邊閱讀；監獄內有辯論社和音樂社，他們舉辦下棋比賽，在短暫的夏季栽種花卉蔬菜（最先在那裡種出番茄的一批人）。孩子出生，美麗的安妮．穆拉維耶娃（Anny Mouravieva）過世，葬在監獄的圍柵旁。這類的里程碑標示著時間的緩慢推移。

九年後，十二月黨人的中堅份子獲釋。身為「自由的西伯利亞開拓者」，他們被分發前往新的居住地，顯然是聖彼得堡當局隨意分發的：當權的隨手往地圖某處一指，某個偏遠村莊，或破落小鎮，甚至有時是布里亞特人貿易營地。此後，他們真正的流放苦刑才開始，眼下不再有長久支撐他們的同志情誼。他們嚴禁離開分發地。他們的孩子不得就學，被列為農奴。他們甚至被剝奪冠父姓的權利，因此謝爾蓋·沃孔斯基親王的兒子只能被登記為謝爾蓋耶夫。

十二月黨人的全新「自由」生活，彷彿另一道監獄的牆。但漸漸地，這些被剝奪權利者的英雄氣魄令西伯利亞人讚嘆不已，他們變成了國家菁英，對西伯利亞來說，形成了陌生而全新的教化中心。「我們的親王們」，西伯利亞人如此稱呼他們，歡迎那些如今與之共同生活的人。

沃孔斯基家族和特魯別茨基家族都很幸運，被分發到伊爾庫茨克，他們在這裡過著某種格調的生活，他們的住屋最終總計有二十五名僕役。這兩個家族領導當地社會，很多人渴慕受邀參加他們的音樂晚會。當瑪莉公主（儘管仍被官方列為沃孔斯基家的罪犯）前往音樂會或劇院，她受到狂烈的歡迎，場面之歡騰喧囂，最後總督不得不下令禁止十二月黨人之妻在公共場合露面。

一八四九年，另一群受迫害的自由主義者，「彼得拉舍夫斯基圈子」朝這邊來了，杜斯妥也夫斯基就是其中一員。他們是知識份子和科學菁英，而十二月黨人多半是軍事貴族。但是理念把他們連結在一起，當「被釋放」的十二月黨人的妻子們在那白茫茫冬日於托木斯克外的一個停留處與他們會面，一條補給帶被鍛造出來。婦女們獨自前往，因為她們的丈夫被禁止參加當局視為政治表現的會晤。但妻子們設法到了那裡，帶著食物、溫暖衣服和書籍在覆雪小徑等待，藉由她們的現身給他們勇氣，支撐頭一次路過那條路的那批人繼續走下去。

「妳想不想看看沃孔斯基一家住在哪？」奧爾嘉問，她帶我到舊城區安靜落後的一帶，坐落著華美小木屋的街道未見損壞，舒適地嵌入土地，半埋在木頭鋪砌的路面下。這一帶的房屋可以追溯到一八七九年肆虐伊爾庫茨克的那場大火之前。火災後嚴禁木造房屋，改成石砌；儘管火勢猛烈，很多石砌房屋也遭祝融吞噬。沃孔斯基家的房子寬大並有兩個樓層，可見久經日曬雨淋褪成灰色的木門面，門框與窗框鑲有典型的回紋浮雕裝飾，目前似乎隔成幾戶廉價屋。一道高高的圍柵分隔房屋與繞過一個小廣場的小街道，那小廣場確實說來是一小塊地，裡面樹叢蓬亂還有幾棵高大老樹。再過去則矗立著一間老教堂的優雅白色鐘塔，如今是政府出版品的倉庫。一道寬拱門洞穿沃孔斯基家的圍柵，通往一座有庫房和馬廄的庭院。大門邊面向小廣場有一張小型長椅，街上常見的那種長椅，俄羅斯古老的風景之一，彷彿索求著契訶夫式對話，或杜斯妥也夫斯基筆下人物陷溺其中的那種叨叨絮絮的獨白。

這人跡罕至的一區非常安靜，霎時我發覺這裡是會見那位西伯利亞炸彈專家的好地方——倘若他會來——倘若我的信抵達他手中——倘若我設法在不被發現的情況下寄出去。這房屋的歷史意義給了我很好的理由在此晃蕩發呆；我似乎可以坐在長椅上而不引人好奇；因此任何人都可以到此與我會面。

我仍在衡量這個可行性，當奧爾嘉帶我走向坐落著低矮木屋的另一條安靜街道，並停駐在一間有紀念性的屋子前，那屋樓和沃孔斯基家的一樣有著褪色的灰木門面。這裡是特魯別茨基一家住過的地方；而今這裡也同樣住著好幾戶人家，只是屋況更破舊不堪，有一股濃烈氣味懸宕著，來自附近的鹹魚工廠。奧爾嘉說，當局計畫把這裡改造成十二月黨人博物館。我希望鹹魚工廠遷至他處，在讓人發思古之幽情的地方，那氣味很煞風景。

當晚，我以寫信為由提早回房，寫了那封攸關命運的信；將信封口封上時我心忖，這信寫得簡明中肯又發自肺腑；隨後我又不禁想著，但願這不會是個錯誤……我耳邊再次響起**旅人**沙啞的嗓音引述白朗寧詩句。「蘋果紅了莫窺探……」但我渴盼的果實從未變紅；我對真相的好奇始終又青又澀。

第二十七章

隔天我把信放入包包（還是別把信留在房裡為妙）隨身帶著，忖著何時能找到合適的地點投遞而不被發現。我知道最好還是別投入飯店信箱，也別被奧爾嘉瞧見我在他處投遞。她當然提議過為我處理信件，也如此預期著，看見一封寫上俄文地址的信肯定會非常吃驚。那晚我們動身前往附近的青年俱樂部觀賞一場蒙古摔角比賽之際，那封信仍在我的包包裡。我選擇看摔角而不是伊爾庫茨克音樂學校的小學生音樂會，奧爾嘉一臉無奈，但她還是欣然前往；摔角至少是當代生活的樣本，縱使不是俄羅斯文化的展現。

我們走進湧入建築物的人群，我注意到有個再便利不過的郵筒就在入口處外，於是我趁奧爾嘉在門口出示官方通行證，推推搡搡想辦法擠過人群走向郵筒。我以迅雷之速將信往郵筒一塞，隨即悄悄回到她身旁，她渾然不察我的這些舉動。

接下來只剩等待了；等著單獨前往沃孔斯基故居外約定的會面地點。又或者，等著被跟蹤然後被逮捕？很難說我會在那裡遇上什麼事；不過我覺得應該罪不至吊死，再說我也不會被送往西伯利亞，因為我已經在西伯利亞。於是我帶著大功告成而非焦慮的心情，入座觀賞蒙古摔角比賽。

我更想看蒙古摔角手在他們真正的背景裡比賽：在我稚氣幻想中的戈壁大漠，坐在布置得堂皇隆重的蒙古包前，一旁有呼圖克圖相陪，觀賞我的一群戰士贏得每一場比賽。不過即使在這裡，在一棟充滿流線感的西伯利亞建築內，摔角手和整個儀式異國情調十足。這項運動似乎和我在土耳其村莊看到的雷同，土耳其民眾每星期五會圍聚在某個場地觀看若干參賽者比賽；他們穿傳統的及膝短褲，身體浸潤著油，像鰻魚似的滑溜，好讓對手難以箝制。這些蒙古摔角手個個精瘦，肌肉緊實而非粗硬；現場也沒有西式摔角用正邪對決的杜撰戲碼，讓雙方戰得筋疲力竭的那種荒唐滑稽的誇張動作。

摔角乃源起於亞洲的體育活動，在這裡，蒙古人依循其最正統的古禮進行。摔角手們以古怪的儀式性跳躍進入會場，藉此暖身，土耳其摔角手稱之為alchik-balchik，我沒發現蒙古人是否也用同樣字眼。每個動作或手勢都有其含意，很可能始於成吉思汗的紮營地。他們在頭頂上揮舞手臂，遙想雄鷹展翅；他們弓起軀幹，訴說猛虎威力，然後奮力擊腿（完全不像提洛爾民俗舞蹈〔Tyrolean〕那般的嬉戲方式），表現猛禽振翅。他們腳蹬軟皮長靴，穿一件小巧鮮豔的綢料遮羞布，臂膀上罩著坎肩，上面繡著別致圖案，此外身體其餘的部分皆赤裸。他們是英俊男人，黑色平頭，身軀像拋光的象牙，個個頂著教練取的驕傲頭銜。「Darkhan Avraga」不敗巨人，意指三連霸冠軍；「Arsalan」

雄獅；「Nachin」隼，諸如此類。

「妳的國家有這類競賽嗎？」隔壁座的男人問我，他是醫學院學生，說一口流利英文，熱情為我解說比賽細節。我試著描述諸如外太空來的蝙蝠俠少男對抗邪惡殺手大猩猩等滑稽人物時，他似乎很吃驚——就亞洲觀點來看，那似乎比較是道德劇，而不是體育。

～

過去幾天，惦著寄出的那封信，我心情時而低落時而高昂，在伊爾庫茨克四處走動之際，無時無刻不留意著時間。我沒有要求回信。我只單純說，某天下午六時我會在沃孔斯基故居外等上一小時。我心想，這場會面可能會讓情況變得複雜，結果發現自己淪為多年來耳聞的所有陰險政治宣傳的犧牲品；然而在切切實實跨越了半個亞洲之後，被二手的恐懼給唬了也不成。

待在伊爾庫茨克期間，**旅人**的魂影說也奇怪竟消失了；彷彿我真正來到我們一起在夢裡頻頻造訪的國度，卻截斷了他用來加入我的脈絡。也許我來到西伯利亞，就如我決心要得知他的下落一樣，是侵犯隱私。

值此之際，其他類的事實帶給我些許慰藉。一位傑出的西伯利亞人，一名大學教授也是十二月黨人歷史專家，邀請我到他府上作客。這一場會面，我倒是毫無憂慮。

教授住在城市邊緣一個全然是水泥建物的街區，他的窗朝向「十二月黨人街」，他們前往礦區服刑的途中走過的一條路。我納悶這位教授是碰巧被住屋委員會分發到這一層樓房，或者他是出於浪漫聯想而選擇這裡。那張慈祥的闊臉微笑著，獅子般的頭點了點。

「在夜裡有時我自然會幻想著聽到他們拖著腳鐐行走……」

我看得出來，十二月黨人的祕辛這位教授多有涉獵，無視他的學術地位，我安穩坐定，準備享受一個下午的至喜至福。他藏書豐富的書房直比市立文獻館，不久我的心情便墮入挫敗與懊悔。為什麼我從來沒能把俄文學好？這位教授說話的速度飛快，連口譯也不見得跟得上。他的第一外語德語也幫不了我，他顯然能輕鬆閱讀法文和英文，卻不願意開口說，除非我們走入死胡同。此外，他會把「歷史性的」（historic）一字的音發錯，發成「歇斯底里的」（hysterique），「這歇斯底里的一刻」或「一個歇斯底里的人物」，而這字眼又頻頻出現，常把我搞糊塗。但這無損於他的學識淵博，我聚精會神聽著他的每一個字，不論他用哪種語言。

「妳對於我們的過去知道得很多，妳怎麼會知道拉季謝夫[34]或帕塞克（Passek）家族？」他恭維地問，接著又說，「這不是觀光客會知道的一般知識」，聽到自己被看成觀光客，我的心跌到谷底。在俄羅斯，我從沒把自己看成觀光客。在這裡，我始終是歸鄉的流亡者。

接著，教授談到托爾斯泰原本打算寫一本關於十二月黨人的小說，以及後來放棄的原因。托爾斯泰本來想把那部小說當成巨大的歷史畫布，讓那次起義和相關人物永垂不朽。他認識兩位年邁的生還者，多年來著迷於這個主題（那是他開始寫《戰爭與和平》之前），但是他最終打消了念頭。因為，教授說，托爾斯泰漸漸不再贊同造反，也不贊成使用暴力。在不同年代，在不同人眼裡，他也許看起來像偶像破壞者，但他開始痛恨暴力，從此固守這個立場。在俄羅斯日益高漲的恐怖份子運動（源自十二月黨人的立場）得不到他的支持。

從一架搖搖晃晃的摺梯頂端，教授抽取一本本書來證實他的觀點。小冊子和四開大的書本撞上我們口譯的頭，而他正替教授穩住梯子。

「托爾斯泰的思想總被歸類為具有普世性，」教授說，在高處的他搖晃得很厲害。「但他超越所有思想深刻的俄羅斯人。他不信任外國影響力，譬如影響十二月黨人的法國自由主義。他開始批判他們是拿俄羅斯人對付俄羅斯人……他甚至離譜到說這整個運動沒有根基，意思是說在俄羅斯沒有根基。」

教授的神情苦惱，因為他的忠誠在這一點上不幸地分裂了。

「那麼普希金呢？」我提醒他這位詩人熱愛法國傳統，而且渴望獲准到法國旅行。「您認為他在那一點上沒那麼俄羅斯嗎？」我逼問著。「而且他十足同情十二月黨人，他的朋友們。」

「小姑娘，別爭！」**旅人**的嗓音！古老又熟悉的命令！於是他的魂影終於加入了我，在教授的書房裡——他在這裡，在某處，在他肯定會愛不釋手的十二月黨人大量文獻資料中。我環顧房間四周，半信半疑他會現形，在那扶手椅，在那些書架旁……

「妳在找什麼嗎？」教授問，他擺明了替十二月黨人辯護，不會岔開話題。

「記得一點，」他繼續說，從眼鏡後方俯視我，貓頭鷹似的，而且神情威嚴。「記得！正是為了計畫中那本十二月黨人的書收集大量資料，托爾斯泰才找到《戰爭與和平》的主題。而《戰爭與和平》不僅是我國文學的最高成就，也是舉世最出色的小說。」教授斷然地說；顯然在他眼裡，這部曠世鉅作必須歸因於十二月黨人。

34 Alexander Radistchev，1749-1802，俄羅斯革命家、思想家和文學家，代表作《從彼得堡到莫斯科旅行記》。

他走下階梯，提議喝茶。

將房間隔開的一道簾子此時被拉開，教授的妹妹像魔術師的助手那般現身，站在堆滿驚喜的桌子旁。一具古老的茶炊坐鎮在豐盛的蛋糕、皮羅什基油炸包、派餅和精美麵包之中，還有七種不同果醬，用西伯利亞特有的莓類、蔓越橘、紅醋栗、蔓越莓之類自製的。

「每一樣都要嚐嚐看，」教授說，當我著手進行這令人快意的實驗，他妹妹顯然非常滿意，她輕聲跟口譯說，她原本擔心我是那種她從報章上讀過的節食西方女人，不會在她擺的盛宴上飽餐一頓。

「她是該擔心沒錯。」我答道，這樣的口語表達那口譯很陌生，而他正大快朵頤。

若不看她戴的一串琥珀項鍊和頭上綁的一條布哈拉綢緞頭巾，教授的妹妹和她兄長簡直是一個模子鑄出來的；同樣有張笑容滿面的闊臉，同樣雍容大度。她不斷把我們的茶杯斟滿，茶炊不停噴著煙嗚嗚響，教授和我都滿口食物地交談；他危險地揮動著茶杯強調某個論點，或者拿木匙當書籤。最後筋疲力竭的口譯把我拋在一旁時我了解到，這一整場學術演說是專為我開講的。在這醉人的勝利之後回到現實，我發現教授的妹妹把一罐蔓越橘果醬塞進我手裡，而教授則送我一本他關於西伯利亞的著述。俄羅斯式的好客！俄羅斯式的友誼！如此溫暖盛情，我永遠懷念。

～

隔天一整日我們參訪遠處的一間集體農場，令奧爾嘉吃驚的是，我表現出乎意料的耐力，從大農場的一端走到另一端，參觀學校、工人俱樂部、集體擠奶場和行政總部，並在二次大戰黨部某位女傑的廚房裡短暫地享用點心。我打定主意，稍後回到飯店，我自然會感到疲倦，即可順勢請求別被打擾，藉口小睡直到晚餐時段。我心想，如果奧爾嘉也筋疲力竭在她房間小睡，而不是像平常那樣坐在飯店大廳，也很有好處。那晚黃昏，我要前往在沃孔斯基故居外不確定的會面。在我心底，我知道道**旅人**已死；但我想知道他的朋友能告訴我的，打從我失去他之後的他的一切。

隔著陰濕而下垂的薑黃色絲絨窗簾，我看著午後天光暗淡下來，轉為蕭索的淺灰色；不出半小時就會是黃昏。動身的時刻到了。參觀集體農場確實很耗體力，我手腳不靈活地起床，穿上我的羊皮外套，比起另一件引人注目的外國大衣，這一件更像西伯利亞風格的皮外套。我離開房間，走過奧爾嘉的房門之際，步態像是在密謀什麼。

「晚餐前想出去透透氣，頭實在痛得厲害。」我跟櫃台職員說，但她專心在記帳，幾乎沒抬頭看我。他們現在已經很習慣我的存在，某些事還會特別遷就我。譬如他們總會把晨間茶送到我房內；我之所以贏得這項特權，大概是因為我沒有纏著他們要大廠牌的早餐食物或可樂。況且我已經待得夠久，能夠以讓人滿意的深度欣賞那座城市及周圍地區。我沿著大道漫步，表面上像是漫無目的，直到遠遠離開他們的視線。越過主幹道後地勢陡然下傾，我快步走進人跡罕至的舊城區，高起的鋪木路面沿著壕溝般的小溪延伸，小溪上架有木板鋪的橋，路旁的小木屋深深沉入地面，窗戶只露出一半，彷彿淘氣地偷窺。從屋裡往外瞧，肯定只看得到一雙雙腳套著靴子縱列行進，看不到路過的人。我的腳加入其中，急忙往前走。我不禁在想，在下方窗內的觀看者看來，一連串匆匆掠過的雙腳，是否透露他們的各種目的——趕赴晚餐、與愛人見面、政治會晤？又或者，看到拖著步伐閒蕩的一雙腳，是否會讓觀看的人心情也跟著悠哉了起來？我想，我的急切肯定明明白白表現在腳步上。

我匆忙前進，演練著倘若有人等在那裡我該說些什麼。彎過一個轉角，我看見那變成出版品倉庫的金色教堂白色鐘塔；再彎過另一個轉角，我看見小廣場，那裡就是沃孔斯基故居，其褪色的灰木門面和沒有窗簾的窗戶逼視著我。沒有人在那附近。大門仍敞開，除了鴨群搖搖擺擺走著，庭院裡沒有人煙。我坐在長椅上等候，看著灰色薄暮轉濃，當老式街燈先是閃爍不定最終平穩地發出微弱光輝之後，暮光繼而略帶藍色。四下靜闃無聲；在呈褐色的樹梢上，葉子動也不動。我聽見遠方有尖銳煞車聲，有汽車不耐的喇叭聲，以及遠處工廠警報器的哀號，但這裡，沃孔斯基一家的流亡歲月最後幾年待的地方，這類聲音很不真實；昔日的衝擊，沃孔斯基傳說的震撼，反倒更為真切。如煙往事飄盪在小廣場，每當逐漸減少的一群老邁的反叛者在那裡相聚時，我尋思著十二月黨人會聽到什麼樣的回音。是那決定性的十二月某日在樞密院廣場上，沙皇的加農砲對著他們開火的聲響？在彼得堡羅要塞的牢房聽到的鳴報鐘響和隆隆擂鼓聲？當他們的同伴被帶往絞刑場，鎖鏈的噹啷作響？

那些轟轟烈烈的生命鮮活地縈繞我腦際，我渾然不覺有腳步聲趨近。一抹人影越過廣場，從朦朧晦暗的光線中現身，在我身旁佇立之際，我才完全回過神來。我抬起頭，看見一名個頭很小的男人帶著厚眼鏡低頭盯著我。他戴一頂鴨舌帽穿著皮夾克，照例穿著高筒靴。他微微一笑，開朗燦爛的微笑，並伸出瘦削的手。

「我們談談吧。」他說，並坐到我身邊。

我想，亞奇曼卡雅區友人的引介，讓他拋開了原本跟陌生人或可疑的外邦人談話時會有的謹慎和保留。不論如何，他似乎了解我的飢渴。他的英語說得很慢，也說得有點吃力，他在腦中蒐尋某字眼而猶豫時，臉上流露苦惱的神情；他似乎焦急地不想讓我失望。

天色幾乎暗了；遲緩的北國暮光流連在煙燻灰的西方，但沃孔斯基故居樓上窗外一盞光禿禿的電燈泡突然亮起，照亮我們坐的長椅。其刺眼強光落在西伯利亞老人身上，我看見他在厚鏡片之後的那雙眼睛，呈棕色而溫柔——牛一般的眼睛，沉思而平靜；不像是恐怖份子的眼睛。

他認識**旅人**很多年，也跟他待過很多地方，他說。

「在貝爾格勒、日內瓦、巴黎……還有倫敦。妳在倫敦認識他，是吧？他在西方的工作結束後回到俄羅斯。他不可能永遠待在海外……不會為了某個人……」

他那牛一般的眸子轉向我，細細端詳著。「他屬於這裡，他的工作，他的信仰，全都在這裡。」

我開口問起確切的情況，他人在哪？

「妳想找他？要在這裡找人很難。這麼大的一個國家……他們離開，消失。最好別去找他們。」

他突然住口，從口袋裡拿出一顆蘋果，用一把小刀小心地切成兩半，並遞給我一半。我嚼著蘋果，同時相當大膽地問起我的愛人是否涉入反間諜活動——雙面間諜。

「雙面人？不。他是很率直的一個人。絕對是！但他對很多事、也對很多人感到悲痛。這是他們送他到這裡來的原因。不過一開始他圓滿達成很多任務，危險的任務，因為他在太多地方變得很出名。」

所以總算真相大白。舊日那一切似真似假的懷疑都獲得證實。一個間諜。「我總在想，我的家人總在想，他不太可能真的是間諜……他似乎太明顯，他那麼公然地神祕兮兮，如果你懂我的意思？」

他笑了笑，神情流露寵溺。「啊！那是他的伎倆！他費了好大的勁，讓自己看起來本性流露……如果他是間諜，他自然更會掩藏——或者人們會這麼想……就這麼簡單，因此，多年來進行得很順利……但最後，情勢改變，非得回俄羅斯不可。但他回來那當時，不見得很明智。他很固執。在這裡表現固執很不明智。他批判很多事，於是有一天他被送往西伯利亞……喔，不，不是被送去勞改營。他深受敬愛，他有門路……他們送他到這裡來是要他遠離西方。他說一口流利的中文，也懂蒙古及布里亞特方言。他主要是在邊防機關工作。他來這裡不久後，他們也把我送來，所以我們又見面了。生活在這裡真好啊，集體農場很安靜，食物也很好。西伯利亞是個好地方。」

「沒錯，他總是這麼說。他告訴我很多這裡的歷史，以及他年輕時過的那種生活。他的家族有礦坑，而且我相信在鄰近鄂木斯克的某處有房宅。你知道這些吧？」

「我知道，但這些都沒了。我們再見面時，他告訴我他是個流亡者，在自己的土地上流亡。我問他，他想去哪？他跟我說了一句英國俗語——也許妳知道？『心在的地方就是家。』『我的心』，他說，『再也不在這裡了……』當時，他也不聰明。他說太多心裡話，也太常上教堂。這裡上教堂的人不多。我跟他說，那樣做很傻，他聽了總大笑，說凡人都有惡習。當他參加聚會——我們在這裡的那種聚會，討論當地政治的——他很快就覺得無聊，然後大動作離開。我經常得去把他找回來，我總知道上哪去找他。上教堂去找！」（惹是生非的人！他總是惹是生非，優鐸希亞舅媽說過，在科西嘉島那遙遠的夏天算塔羅牌時。）

這位西伯利亞老人小心地把他那一半的蘋果核和我的併攏，整潔地用一張紙包起來，然後將之扔到沃孔斯基家的圍籬外。

「妳的朋友經常到前兆教堂，」他繼續說，「妳知道那間教堂吧？非常漂亮……總是做同樣的事。他點三根蠟燭，看著它們燃盡。一回我問他，『你在禱告什麼？』他回答說，『沒有。』然後我說，為何是三根蠟燭？為誰點的？他告訴我：『為從前的我，為現在的我，以及我所愛的一個人。』」

「然後呢？」

「然後有一天他走了，我沒再見過他。」

「你是說他死了？」

「我不知道。當時戰爭爆發了，很多人消失。他去德國前線當口譯。我在兵工廠工作。不過我聽過一次關於他的消息……戰爭結束有個人來到這裡，說他被納粹俘虜，後來和俄羅斯士兵從奧地利戰俘營逃了出去。他們加入我國游擊隊，在塞爾維亞……今天他們稱為南斯拉夫。

「他受重傷，也不再年輕了，戰事結束，游擊隊把他帶到第里雅斯特[35]，送上開往黑海的一艘俄羅斯醫療船。越過威尼斯朱利亞[36]地區一路上，他一直嚷著他要待在第里雅斯特，要前往那裡的

35　Trieste，義大利東北部靠近斯洛維尼亞邊境的一個港口城市。

36　Venezia Giulia，義大利東北部的一個自治區，毗鄰威尼托大區、奧地利、斯洛維尼亞和亞得里亞海。

英國軍事代表團。他說他們會協助他前往英國……他也許是說譫語……他一直說他必須去倫敦找一個人。但他傷得很重，所以他們把他送上前往敖德薩的船。跟我說起這一切的人也在同一艘船上。很漂亮的一艘船，非常奢華，他說。本來是為羅馬尼亞人享樂而建造的一艘遊輪，那些羅馬尼亞人很看重享樂。我們可不。不過有些俄羅斯小子把客艙的門把拆下來當紀念品。那個人也有一個，他把它裝在農舍的門上，看起來很不錯，他也經常把它拋光打亮……」

四周的夜色更深濃了，小廣場另一頭有一片光，從比街面低、半埋在地下的屋子裡發散出來。那些屋子發出光芒，像蜷伏的貓的雙眼閃爍著光亮。兩名老婦拖著腳步走過，咕噥著聊天。她們從包著頭的披巾內打量我們。附近的一把手風琴響起，伴著一首想望俄羅斯的悲戚歌曲。西伯利亞老人再次開口，我屏息聆聽，等待著為我這一趟旅程加冕的最終揭示。

「就這樣了，我確知的就這些。」他帶著歉意說。「我不認為妳找得到他。何必試呢？說不定他死了，說不定沒有。他傷得很重……而且妳要記得，那是二十年前的事了。我們最後一次見面時，他已不再年輕。現在他也老了，就像我一樣……在這裡我們不太曉得外面發生什麼事。西伯利亞距離一切仍有好幾英里、好幾天的距離。不過現在的人一天之內就可以飛抵這裡。妳坐飛機來的吧？我沒有……我一度被要求製作一種特殊炸彈炸掉一台飛機……但我拒絕他們。我說這違反我的原則。乘客坐飛機已經承受夠多風險了，這不公平。但我的話沒被聽進去。這就是我被送到這裡在鐘錶修理廠工作的原因。不過就像我說的，我過得很快樂。」

一陣沉默之後，彷彿要下總結似的，他說：「我沒再聽說過妳朋友的消息……不過就跟妳一樣，我永遠記得他。」

一陣冷冽強風吹向樹林，幾片秋葉窸窸窣窣飄落到我們腳邊。我的同伴豎起他羊皮夾克的衣領。

「妳不覺得冷嗎？妳為什麼不約在飯店見面？那裡舒適多了。」

他的嗓音裡透著一絲渴望，我突然意會到，他會喜歡坐在俱樂部沙發裡享用一杯亞美尼亞白蘭地，當他在過於擁擠的餐廳吃過豐盛的晚餐後——享受一下在集體農場生活之外的世俗、肉身和惡魔[37]。我怎會如此招待不周？也如此盲目？我早該想到，如果他終究能來跟我見面，這種緊張懸疑的會面其實很沒必要。

「你是說我們大可在飯店見面？」我問。

「有何不可呢？」

此刻提議一道回到飯店喝一杯，難免狗尾續貂的意味，但我還是開口邀請。

「謝謝妳，不過時候不早了，有個朋友會載我回農場，我不能讓他枯等。」（或說不定是無法跟適當單位報告我們的談話？）

兩個男人自廣場的遠端朝我們走來；他們踩在未鋪砌地面的腳步聲聽起來輕柔。他們緩緩掠過我們，沒有朝我們的方向看，這說來奇怪，因為在西伯利亞，每個人都對其他人感興趣，尤其是對用外語交談的人。他們的腳步聲漸漸消失，他們也消失在黑暗中。西伯利亞爆炸專家僵硬地站起來。

「我該走了。」他說，跟我握了手，微笑一下便離開，跟他們一樣融入夜色中，留我獨自在原處。

旅人始終是個無從捉摸的人，這樣很符合他的作風，他也應該一直如此，我只能從回聲來追

37「the world, the flesh and the devil」，引誘靈魂的三個敵人，與天主聖三的聖父、聖子、聖靈對立。

憶，縱使在西伯利亞亦然。

剎那間我想離開。赤塔，色楞格河流域，就跟蒙古國境一樣消逝……是時候了，該離開我頹喪哀嘆的境地；該是回到我的來處的時候，西向，再次西向，越過亞洲，回到歐洲城市的煩憂擾攘，我本質上的家鄉。我想起寂靜主義者柯曼斯基（Komemsky the Quietist）的句子：「歸去！歸去汝之來處，歸去心之居所，關上身後之門。」

心之居所永遠有一處留給西伯利亞的一切，所有回憶。

~

當我跟奧爾嘉說我決定結束西伯利亞之旅，她十足錯愕。

「妳想離開，現在？妳的海參崴通行證才剛核發下來。這可是很難得的殊榮！妳的住處也都訂好了。我不懂。」

她曾指責任性的遊客更改行程很不應該。同樣地，她也不可能理解改變心意這種事，我沉默不語。我也無法跟盧斯蘭解釋，他興匆匆在安排進一步考察令人垂涎的在地美食，聽到我的決定像是碰了釘子很難過。

我離開的那個早上，他拿著一個籃子等在車邊，「裝我們的冷杉樹苗用的。」他解釋，我們打包之際，他焦慮地走來走去。隨後他把一小包東西塞進我手中。那是一把彩繪木匙，紅金交錯的一把迷人的農家傳統湯匙。

「西伯利亞的道別。」他說。此後我一直使用它，它在我餐桌上有個專屬的光榮位置，鄰著阿瓦爾人沙米爾的刀叉，偉大的伊瑪目的後代贈與我的寶物。

～

驅車前往機場途中，我再次望著長久以來魂牽夢縈的古老風景。荒涼的一大片開闊鄉間，連著針葉林稀疏的邊緣，和一處處很快會凍結的沼澤地。初雪已落下，陰沉的天空壓下來。一輛雪橇疾速朝我們駛來，又一閃而過，濺起一片白茫茫。我回頭看見它向北方奔入冰凍荒原。毛髮蓬亂的矮馬勇敢地向前衝，我可以聽到鈴鐺叮咚響。交會的一瞬間，我瞥見雪橇上兩人的輪廓，一個男人和一個孩子蜷伏在厚重的皮草下。男人頭上戴著狐皮帽，俯身在孩子的兜帽之上。他們似乎專心說話，忘卻了他們急速奔向的空無。我想叫盧斯蘭把車調頭跟上他們……但我發現他們的雪橇沒在雪地上留下痕跡；**旅人**和我，正展開我們的另一趟心目中的旅程。

國家圖書館出版品預行編目資料

心靈之眼的旅程／萊斯蕾・布蘭琪（Lesley Blanch）
著；廖婉如譯. -- 初版. -- 臺北市：馬可孛羅文化
出版：家庭傳媒城邦分公司發行，2018.04
面；　公分. --（當代名家旅行文學：MM1138）
譯自：Journey into the mind's eye
ISBN 978-986-95978-9-0（平裝）
1. 布蘭琪（Blanch, Lesley）　2. 傳記
784.18　　107003395

【當代名家旅行文學】MM1138

心靈之眼的旅程

Journey Into the Mind's Eye

作　　者❖萊斯蕾・布蘭琪（Lesley Blanch）
譯　　者❖廖婉如
封面設計❖高偉哲
內頁排版❖張彩梅
總 策 畫❖詹宏志
總 編 輯❖郭寶秀
責任編輯❖力宏勳
校　　對❖魏秋綢
行銷企劃❖力宏勳

發 行 人❖凃玉雲
出　　版❖馬可孛羅文化
104台北市中山區民生東路二段141號5樓
電話：02-25007696
發　　行❖英屬蓋曼群島商家庭傳媒股份有限公司城邦分公司
104台北市中山區民生東路二段141號11樓
客服服務專線：(886) 2-25007718；25007719
24小時傳真專線：(886) 2-25001990；25001991
服務時間：週一至週五9:00～12:00；13:00～17:00
劃撥帳號：19863813　戶名：書虫股份有限公司
讀者服務信箱：service@readingclub.com.tw
香港發行所❖城邦（香港）出版集團有限公司
香港灣仔駱克道193號東超商業中心1樓
電話：(852) 25086231　傳真：(852) 25789337
E-mail：hkcite@biznetvigator.com
馬新發行所❖城邦（馬新）出版集團【Cite(M) Sdn. Bhd. (458372U)】
41, Jalan Radin Anum, Bandar Baru Sri Petaling,
57000 Kuala Lumpur, Malaysia.
電話：(603) 90578822　傳真：(603) 90576622
E-mail：cite@cite.com.my
輸出印刷❖中原造像股份有限公司
初版一刷❖2018年4月
定　　價❖480元

ISBN：978-986-95978-9-0（平裝）

城邦讀書花園
www.cite.com.tw